HÉLIODORE

LES ÉTHIOPIQUES

(VIII-X)

COLLECTION DES UNIVERSITÉS DE FRANCE
publiée sous le patronage de l'ASSOCIATION GUILLAUME BUDÉ

HÉLIODORE

LES ÉTHIOPIQUES

(THÉAGÈNE ET CHARICLÉE)

(VIII-X)

TEXTE ÉTABLI

PAR

R. M. RATTENBURY   Rev. T. W. LUMB

ET TRADUIT

PAR

J. MAILLON

TROISIÈME TIRAGE

PARIS

LES BELLES LETTRES

1991

Conformément aux statuts de l'Association Guillaume Budé, ce volume a été soumis à l'approbation de la commission technique, qui a chargé MM. G. Dalmeyda et J. R. Vieillefond d'en faire la révision et d'en surveiller la correction en collaboration avec MM. T. W. Lumb, R. M. Rattenbury et J. Maillon.

© 1991. Société d'édition Les Belles Lettres, 95 bd Raspail 75006 Paris.

Première édition 1960

ISBN : 2.251.00132-8
020ISSN : 0184-7155

PRÉFACE

En publiant aujourd'hui notre dernier volume nous croyons devoir dire quelques mots sur l'édition récemment publiée par M. A. Colonna[1]. Il s'est laissé conduire par un examen particulier des MSS. à quelques conclusions qui ne sont pas les nôtres, mais dont nous ne voulons pas contester la majeure partie. Sa thèse que les MSS. actuels dérivent de trois plutôt que de deux copies de l'archétype n'est pas en soi inacceptable, bien que son analyse de la classe des MSS. mixtes soit certainement fautive en ce qui concerne B. Nous ne voulons pas non plus contredire à son opinion qu'aucune des traditions n'est défectueuse[2]. M. Colonna a raison quand il examine le degré de confiance que l'on doit accorder aux différentes mains de Z; et il se peut bien qu'en restreignant notre attention à Z nous ayons quelquefois méconnu la véritable tradition du groupe ZX. Ses doutes sur la valeur de C, quoiqu'en partie justifiés, sont exagérés; nous avons certainement donné plus de poids au témoignage

1. Heliodori Æthiopica. Aristides Colonna recensuit : Romae : Typis Regiae Officinae Polygraphicae, 1938.
2. Voir notre premier volume, pp. XLI-XLII.

de C que nous n'aurions dû le faire, mais M. Colonna le rejette là où — que ce soit grâce à la bonne tradition ou bien aux conjectures heureuses — il est évidemment digne de foi.

En établissant son texte, M. Colonna se montre éclectique, mais pas autant que sa thèse le permet où même qu'elle le demande. Un texte fondé sur la description des MSS. qu'il a faite ne devrait pas différer matériellement du nôtre ; le fait qu'il en diffère est dû surtout à deux causes. D'abord, M. Colonna rejette B entièrement et C généralement ; ensuite un grec que nous ne saurions accepter même de la part d'un auteur de la date et de la valeur d'Héliodore ne le trouble pas. A sa conception vraiment étrange des possibilités de la langue grecque sont dus son bizarre choix de leçons et son rejet cavalier des conjectures d'autres savants.

Puisque le choix des leçons n'est souvent qu'une affaire de goût, on doit inévitablement s'attendre à une différence d'opinion entre différents éditeurs ; ce qui va inquiéter plutôt le lecteur ce sont les divergences dans les notes critiques, car il ne peut y avoir qu'une seule description exacte du contenu d'un manuscrit. Aux livres I-VII les divergences ne sont pas bien fréquentes, mais aux livres VIII-X (matière de ce volume-ci) on en trouve plusieurs à chaque page. En revoyant les épreuves nous avons eu recours à des photographies des MSS. toutes les fois que notre citation diffère de celle de M. Colonna, et nous nous croyons autorisés à considérer que nos notes critiques sont généralement exactes ; il s'ensuit que les notes de M. Colonna qui en diffèrent beaucoup sont peu dignes de confiance. Et voici ce que nous concluons : tant que M. Colonna a su se servir de nos collations ou contrôler les siennes par les nôtres, il reste à peu près exact, bien que là où il y a divergences aux livres I-VII il semble avoir tort plus souvent que nous ; mais là où il a dû dépendre de son seul travail personnel, il se montre souverainement incompétent[1]. Les savants à venir iront sans doute examiner par eux-mêmes les MSS. ; mais si quelqu'un veut en éviter la peine nous lui conseillons de se fier à nous plutôt qu'à M. Colonna.

Les notes qui accompagnent la traduction, sauf celles qui sont attribuées à M. Maillon (M), sont exclusivement de M. Rattenbury qui désire encore une fois reconnaître sa dette à Coray.

La préparation de cette édition était déjà en grande partie achevée entre 1924 et 1930. Différentes circonstances ont concouru à en différer la publication ; mais en prenant congé nous voulons remercier de nouveau la Société des Belles Lettres de sa patience et le Conseil de Trinity College à Cambridge de sa généreuse assistance pécuniaire.

R. M. R. et T. W. L.

Janvier 1940.

1. Voir *Classical Review* LIII (1939), pp. 126-7.

SIGLA

V = Vaticanus 157............... saec. XI.
Z = Marcianus 409............... saec. XI-XII.
M = Monacensis 157.............. saec. XV in.
B = Vindobonensis 130........... saec. XV ex.
P = Palatinus 125................ saec. XV-XVI.
m = codicum VMBPZ vel omnium vel uno excepto
consensus.
A = Vindobonensis 116........... saec. XVI.
T = Taurinensis B III 29.......... saec. XVI.
Bas. = editio princeps .... a. MDXXXIV.
Lb. = Thomasii W. Lumb ⎰ sive coniectura sive sen-
Ry. = Roberti M. Rattenbury ⎱ tentia ab altero editore
non approbata.

LES « ÉTHIOPIQUES » D'HÉLIODORE

LIVRE VIII

I **1** Le roi d'Éthiopie avait réussi à tromper par une ruse Oroondatès, et atteint un des deux buts de cette guerre : il s'était emparé par surprise de la ville de Philæ dont la possession est toujours contestée et précaire. Il mit ainsi le satrape dans le plus grand embarras et l'obligea à organiser, en toute hâte, une expédition où presque tout dut être improvisé. **2** La ville de Philæ, en effet, se trouve sur le Nil, un peu au-dessus des petites cataractes, à environ cent stades de Syène et d'Elephantiné. Occupée autrefois et colonisée par des exilés égyptiens, depuis lors l'Éthiopie et l'Égypte se la disputaient : l'une la réclamait parce que les cataractes marquaient la frontière éthiopienne, l'autre invoquait cette occupation ancienne par des exilés venus d'Égypte, et prétendait que cette invasion pacifique lui donnait des droits sur la ville[1]. **3** Sans cesse, elle changeait de maîtres et passait chaque fois aux mains de l'adversaire, à la faveur d'une surprise et d'un coup de main. A cette époque, elle était occupée par une garnison d'Égyptiens et de Persans. Le roi d'Éthiopie envoya

1. La situation de la ville de Philæ est décrite de la même manière par Strabon, XVII, 1 49-50 (p. 818) : τοῦ δὲ καταράκτου (sc. τοῦ μικροῦ) μικρὸν ἐπάνω τὰς Φίλας εἶναι συμβαίνει, κοινὴν κατοικίαν Αἰθιόπων τε καὶ Αἰγυπτίων......ἤλθομεν δ' εἰς Φίλας ἐκ Συήνης ἀπήνη δι' ὁμαλοῦ σφόδρα πεδίου σταδίους ὁμοῦ τι ἑκατόν. Strabon ne prétend pas que les colons égyptiens fussent en exil, bien qu'il situe des exilés chassés par Psammétik dans une île en amont de Méroé (XVI, 4 8, p. 770, XVII, 1 2, p. 786). Cf. Hérodote, II, 30 où ces exilés sont appelés αὐτό-μολοι. Hérodote affirme qu'ils ont apporté la civilisation aux Éthiopiens : ἡμερώτεροι γεγόνασι Αἰθίοπες ἤθεα μαθόντες Αἰγύπτια.

ΗΛΙΟΔΩΡΟΥ ΑΙΘΙΟΠΙΚΟΝ ΒΙΒΛΙΟΝ

ΑΙΘΙΟΠΙΚΩΝ ΒΙΒΛΙΟΝ ΟΓΔΟΟΝ

Ι 1 Ὁ γὰρ δὴ βασιλεὺς ὁ Αἰθιόπων ἀπάτῃ περιεληλυ-
θὼς τὸν Ὀροονδάτην καὶ θατέρου τῶν ἐπάθλων τοῦ πολέμου γεγονὼς ἐγκρατὴς καὶ τὴν πόλιν ἐπίμαχον τὰς Φίλας
ἀεὶ τυγχάνουσαν ἐκ προλήψεως ὑφ' αὑτῷ πεποιημένος, εἰς
πᾶσαν ἀμηχανίαν καὶ ὥστε κατηπειγμένως ποιεῖσθαι τὴν
ἐκστρατείαν καὶ αὐτοσχέδιον τὰ πολλὰ κατηνάγκαζεν.
2 Ἡ γὰρ πόλις αἱ Φίλαι κεῖται μὲν ἐπὶ τῷ Νείλῳ τῶν
ἐλαττόνων καταρρακτῶν ἀνωτέρω μικρόν, Συήνης δὲ καὶ
Ἐλεφαντίνης ἑκατόν που τοῖς μεταξὺ σταδίοις διείργεται·
ταύτην ποτὲ φυγάδες Αἰγύπτιοι καταλαβόντες καὶ ἐνοικήσαντες ἀμφίβολον Αἰθίοψί τε καὶ Αἰγυπτίοις κατέστησαν,
τῶν μὲν τοῖς καταρράκταις τὴν Αἰθιοπίαν ὁριζομένων,
Αἰγυπτίων δὲ καὶ τὰς Φίλας κατὰ τὴν προενοίκησιν τῶν
παρ' ἑαυτῶν φυγάδων ὡς ἂν δορυαλώτους ἑαυτοῖς προσνέ-
μειν ἀξιούντων. 3 Συνεχῶς δὴ μεταπιπτούσης τῆς
πόλεως καὶ τῶν ἀεὶ προλαβόντων καὶ ἐπικρατούντων
γινομένης, τότε δὲ ὑπὸ φρουρᾶς Αἰγυπτίων τε καὶ Περσῶν
κατεχομένης, ὁ τῶν Αἰθιόπων βασιλεὺς πρεσβείαν ὡς

Tit. αἰθιοπικῶν βιβλίον Η' VZ βιβλίον ὄγδοον B manu post. Ἡλιοδώρου αἰθιοπικῶν ὄγδοον M λόγος ὄγδοος P ἡλιοδώρου αἰθιοπικῶν βυβλίον
λόγος ὄγδοος A ἡλιοδώρου αἰθιοπικῶν ὑπὲρ χαριχλείας λόγος ὄγδοος T.

Ι 1 1 ὁ Αἰθιόπων BZA : ὁ om.VMPT ‖ 4 ἀεὶ post Φίλας πιΑΤ : post
ἐπίμαχον VM ‖ 5 καὶ ὥστε mAT : ὥστε καὶ M ‖ 2 1 Φίλαι mAT : φίλους
Z ‖ 2 ἐλαττόνων mAT : ἀνωτέρω P ‖ 4-5 καὶ ἐνοικήσαντες (-ίσαντες P)
mT : om. A ‖ 6 τὴν Αἰθιοπίαν mAT : καὶ τὴν Αἰθ Z ‖ 7 καὶ τὰς mAT :
καὶ om. Z ‖ 8 ἑαυτῶν PZT : ἑαυτοῖς VM (-ῆς B) αὐτοῖς A ‖ ἑαυτοῖς BA :
-οὺς VMZT αὑτοὺς P ‖ 3 3 τότε δὲ mAT : τότε δὴ B ‖ 4 ὡς mAT :
εἰς B.

une ambassade à Oroondatès. Il réclamait Philæ en même
temps que les mines d'émeraudes. (Depuis longtemps il
avait, comme il a été dit, fait parvenir ces réclamations
et n'avait rien obtenu[1]). Il enjoignit donc à ses ambassadeurs de le précéder de quelques jours. Il les suivit avec
des troupes que depuis longtemps il préparait sous le prétexte d'une autre guerre, et ne révéla à personne le but
de l'expédition. 4 Quand il supposa que l'ambassade
avait dépassé Philæ et répandu parmi la population et les
soldats une fausse confiance, en faisant savoir qu'elle était
envoyée pour discuter un traité de paix et même d'alliance,
il surgit à l'improviste et chassa la garnison, après une
résistance de deux ou trois jours, qui dut céder devant la
supériorité numérique de l'ennemi et ses machines de
siège. Il tenait donc la ville, sans faire aucun mal aux
habitants. 5 Sur ces entrefaites arrive Achéménès.
Oroondatès, déjà bouleversé par ces événements et par
tous les récits des fugitifs, sentit son trouble augmenter
à la vue de cet homme qui n'était ni attendu, ni annoncé.
Il demanda si quelque chose de grave était arrivé à Arsacé
ou à quelque autre personne de la maison. Achéménès lui
répondit qu'il en était ainsi et qu'il désirait l'entretenir à
part. 6 Lorsqu'ils furent seuls, il lui raconta tout ce
qui s'était passé : comment Mitranès avait fait prisonnier
Théagène, et l'avait envoyé à Oroondatès pour l'offrir, si
bon lui semblait au Grand Roi, car ce beau jeune homme

---

1. Cf. B. XXXII, 2. L'ambassadeur du roi d'Éthiopie avait reçu
l'ordre de partir avant le coucher du soleil sous peine de mort parce
qu'il avait demandé au satrape persan de restituer ces mines aux
Éthiopiens comme leur bien (ἀπέχεσθαι τῶν σμαραγδίων μετάλλων ὡς
Αἰθιοπίᾳ προσηκόντων). Cette mission est d'une importance capitale pour
le récit. L'émissaire, qui se trouve être Sisimithrès (I XI, 1), raconte à
Chariclès (B XXXI, 3) qu'il s'est fait nommer ambassadeur (ἐκπεμφθῆναι πρεσβευτὴς παρὰ τὸν Λἰγύπτου σατράπην ἐπραγματευσάμην) afin
d'avoir une occasion d'emmener Chariclée hors d'Éthiopie et de la
soustraire aux dangers qu'elle y court. Cette soudaine expulsion le dis-
pensa de remplir sa promesse d'expliquer τὰ σαφέστερα καὶ ἀκριβέστερα
τῶν κατὰ τὴν κόρην (B XXXI, 5). Une explication à ce moment-là eût
évidemment compromis l'intérêt du récit.

τὸν Ὀροονδάτην στείλας ἐξῄτει μὲν [καὶ] τὰς Φίλας ἐξῄτει δὲ καὶ τὰ σμαράγδεια μέταλλα (καὶ πάλαι περὶ τούτων ὡς εἴρηται διακηρυκευσάμενος καὶ οὐ τυχών), ὀλίγαις τε προφθῆναι τοὺς πρεσβευτὰς ἡμέραις ἐπιτρέψας ἐφείπετο, πάλαι προπαρασκευασάμενος δῆθεν ὡς ἐπ' ἄλλον τινὰ πόλεμον καὶ οὐδενὶ τὴν ὁρμὴν τῆς στρατείας φράσας.

4 Κἀπειδὴ τὰς Φίλας ὑπερβεβηκέναι τοὺς πρεσβευτὰς εἴκαζεν, ὀλιγωρίαν τοῖς τε ἐνοικοῦσι καὶ φρουροῖς ἐμποιήσαντας καὶ ὡς ὑπὲρ εἰρήνης ἢ καὶ φιλίας πρεσβεύοιεν ἀπαγγείλαντας, αὐτὸς αἰφνίδιον ἐπιστὰς τήν τε φρουρὰν ἐξήλασε, δύο μέν που καὶ τριῶν ἡμερῶν ἀντισχοῦσαν πλήθει δὲ τῶν ἐναντίων καὶ μηχαναῖς τειχομάχοις ἐνδοῦσαν, καὶ τὴν πόλιν κατέσχεν οὐδενὶ τῶν ἐνοικούντων λυμηνάμενος.

5 Διὰ ταῦτα δὴ τεταραγμένον καταλαβὼν τὸν Ὀροονδάτην ὁ Ἀχαιμένης καὶ ἅπαντα πεπυσμένον παρὰ τῶν διαδράντων ἔτι πλέον ἐξετάραξεν, ἀπροσδόκητός τε καὶ ἀπρόσκλητος ὀφθείς· καὶ μή τι δεινὸν περὶ τὴν Ἀρσάκην ἢ τὸν ἄλλον οἶκον γεγόνοι πυνθανομένῳ, γεγονέναι μὲν ὁ Ἀχαιμένης ἰδίᾳ δὲ βούλεσθαι φράζειν ἀπεκρίνατο. 6 Κἀπειδὴ τῶν ἄλλων ἐχωρίσθησαν ἅπαντα κατεμήνυεν· ὡς ὑπὸ Μιτράνου ληφθεὶς αἰχμάλωτος ὁ Θεαγένης ἀπέσταλτο πρὸς Ὀροονδάτην, δῶρον εἰ δόξειεν ὡς βασιλέα τὸν μέγαν ἀναπεμφθησόμενος, καὶ γὰρ εἶναι τὸ χρῆμα τοῦ νεανίου

5 ἐξῄτει μὲν VBPZ : ἐζήτει μὲν ΜΑΤ ‖ καὶ seclusimus ‖ 6 ἐξῄτει δὲ VBPZ : ἐζήτει δὲ ΜΑΤ ‖ σμαράγδεια VMBT : -δια PZA ‖ 8 προφθῆναι mAT : προοφθ. Z ‖ 9 προπαρασκευασάμενος m et T post corr. : -ασμένος ΑΤ¹ ‖ 4 2 φρουροῖς mT : τοῖς φρ. Α ‖ 2-3 ἐμποιήσαντας καὶ ὡς (ὡς om. Z) ὑπὲρ εἰρήνης mAT : om. B qui unum verbum ἐξήλασεν (ex ὃ infra) scribit ‖ 3 ἢ καὶ mT : καὶ om. Α ἢ secl. Coraes ‖ 4 ἀπαγγείλαντας mAT : -ος Z ‖ 5 πλήθει VMPAT : -θη BZ ‖ 7 οὐδενὶ BPZAT : οὐδένα VM ‖ 5 1 καταλαβὼν mAT : λαβὼν P ‖ 2 καὶ ἅπαντα mT : καὶ om. Α ‖ πεπυσμένον VBPAT : πεπεισμ. M πεπισμένων Z ‖ 4-5 τὸν ἄλλον οἶκον mAT : τῶν ἄλλων οἴκων V ‖ 5 γεγόνοι VBP (-νε A) : ἐγεγ. T γένοι M om. Z ‖ 6 δὲ βούλεσθαι φράζειν BZAT (βεθούλ. φρ. P) : δὲ φρ. βούλ. VM ‖ 6 2 ὑπὸ mAT : ἀπὸ P ‖ 3 αἰχμάλωτος post ληφθεὶς VMZT : post Θεαγένης BPA ‖ 4 μέγαν mAT : μέγα P ‖ 5 εἶναι τὸ (τε P) χρῆμα mA : εἶναι Z εὖ χρῆμα T.

ne paraissait pas indigne de servir à la cour et à la table
du roi ; comment les Bessains l'avaient enlevé et avaient
tué Mitranès ; comment Théagène était parvenu à Memphis
et ici il rapporta l'épisode de Thyamis. **7** Enfin il révéla
l'amour d'Arsacé pour Théagène, son installation dans le
palais, les prévenances qu'on avait pour lui, la façon dont
il accomplissait la fonction d'échanson à lui confiée. Il
ajouta que sans doute, jusqu'ici, il ne s'était pas commis
de faute, à cause de la résistance obstinée du jeune homme,
8 mais il fallait craindre que la violence ou peut-être le
temps lui-même ne viennent à bout de cet étranger, si on
ne se hâtait auparavant de l'enlever de Memphis, et de
couper court à toutes les entreprises d'Arsacé. Voilà
pourquoi il avait dû lui aussi aller vite. Il s'était échappé
sans rien dire pour apporter cette dénonciation inspirée
par le dévouement d'un serviteur incapable de cacher à
son maître ce qui se tramait contre lui.

II **1** Lorsqu'il eut, par ce récit, excité la colère d'Oroondatès (celui-ci se livrait tout entier à son ressentiment et
à son désir de vengeance), il tenta d'allumer aussi en lui
une passion pour Chariclée dont il lui fit un portrait
séduisant et vrai[1]. Il exalta de toute son éloquence la beauté
et la grâce divines de la jeune fille dont on n'avait jamais
vu et on ne verrait jamais la pareille[2]. **2** « C'est bien
peu de chose à côté d'elle, n'en doute pas, que toutes tes
concubines, non seulement celles de Memphis, mais celles

---

1. Ἐπὶ μέγα ὥσπερ ἦν ἐξαίρειν τι signifie **exalter quelque chose mais
sans dépasser la vérité** ; cf. ἐπὶ μεῖζον ἐξαίρειν τι = exagérer quelque
chose (par ex. Denys d'Halicarnasse, *Ant. Rom.*, VIII, 4 3 ἐπὶ μεῖζον
ἐξαίροντες τὰ γενόμενα). D'ailleurs il était vraiment impossible d'exagérer la beauté de Chariclée, cette beauté qui, au dire de ceux qui
l'avaient contemplée, défiait toute description (ἀμήχανόν τι κάλλος
A II, 13) et à laquelle nul cœur ne pouvait résister (ἀπρόσμαχον τὸ
κάλλος H XV, 4 6).

2. Cf. E IX, 2 7. Théagène : οἷον ἡ βασίλειος αὐλὴ κόσμον οὔτε πρότερον εἶδεν οὔτε αὖθις ὄψεται.

τῆς βασιλέως αὐλῆς καὶ τραπέζης ἐπάξιον· ὡς ὑπὸ Βησ-
σαέων ἀφαιρεθείη προσανελόντων καὶ τὸν Μιτράνην· ὡς
ἀφίκοιτο μετὰ ταῦτα εἰς τὴν Μέμφιν, παρενείρων ἅμα καὶ
τὰ κατὰ τὸν Θύαμιν· 7 καὶ τέλος τὸν ἐπὶ τῷ Θεαγένει
τῆς Ἀρσάκης ἔρωτα καὶ τὸν εἰς τὰ βασίλεια τοῦ Θεαγένους εἰσοικισμόν, καὶ τὰς περὶ αὐτὸν φιλοφρονήσεις καὶ
τὰς ἐκείνου διακονίας τε καὶ οἰνοχοίας· καὶ ὡς πέπρακται
μὲν ἤδη τῶν παρανόμων ἴσως οὐδέν, ἀνθισταμένου τέως
τοῦ νέου καὶ ἀντέχοντος, 8 δέος δὲ πραχθῆναι βιασθέντος ἢ καὶ τῷ χρόνῳ τοῦ ξένου πως ἐνδόντος, εἰ μὴ φθαίη
τις αὐτὸν προαναρπάζων ἐκ τῆς Μέμφεως καὶ τὴν ὅλην
τοῦ ἔρωτος ὑπόθεσιν τῆς Ἀρσάκης ὑποτεμνόμενος· διὰ γὰρ
δὴ ταῦτα καὶ αὐτὸς ἐπειχθῆναι καὶ λάθρα διαδρὰς ἥκειν
μηνυτής, εὐνοίᾳ τῇ περὶ τὸν δεσπότην ἀποκρύπτειν τὰ
κατὰ τοῦ δεσπότου μὴ ἐνεγκών.

II 1 Κἀπειδὴ τούτοις θυμοῦ τὸν Ὀροονδάτην ἐμπεπλήκει (καὶ ὅλος πρὸς ἀγανάκτησιν καὶ τιμωρίαν ἐξῄει), δι'
ἐπιθυμίας αὖθις ἐξέκαε τὰ κατὰ τὴν Χαρίκλειαν προστιθεὶς
καὶ ἐπὶ μέγα ὥσπερ ἦν ἐξαίρων καὶ τὸ κάλλος παντοίως
ἐκθειάζων καὶ τὴν ὥραν τῆς κόρης, ὡς οὔτε ὀφθεῖη πρότερον οὔτε αὖθις δυνήσεται, 2 « Μικρὰ νόμιζε » λέγων
« πάσας σοι τὰς παλλακίδας εἶναι παρὰ ταύτην, οὐ μόνον
τὰς κατὰ τὴν Μέμφιν ἀλλὰ καὶ τὰς ἑπομένας » καὶ ἄλλα

6 βασιλέως· mT : -λείας compendio male intellecto Bas. et edd. plurimi βασιλικῆς A ‖ 7 ἀφαιρεθείη mAT : ἀφῃρέθη P ‖ 8 ἅμα καὶ
mAT : καὶ om. B ‖ 7 2 τὸν εἰς MA : τὸν om. mT ‖ 4 οἰνοχοίας MPZ
(οἰχοίας A) : -χοείας VBT (οἰνοχ. τε καὶ διακονίας T) ‖ 5 ἤδη mAT :
om. Z ‖τέως VMZAT : τέος P τε B ‖ 6 νέου mA : νεανίου Z (in νέου
mut.) T ‖ 8 1-2 βιασθέντος mAT : θεαθέντος B ‖ 2 τῷ χρόνῳ mT : τοῦ
χρόνου PA ‖ 3 προαναρπάζων mAT : προαρπ. Z ‖ 5 καὶ λάθρα mAT :
καὶ om. P ‖ ἥκειν (ἥκην V) mA : ἥκει PT ‖ 7 ἐνεγκών BRAT : ἐξενεγκών
VMZ.

II 1 1-2 ἐμπεπλήκει BPA (ἐκπεπλ. T) : ἐνεπεπλ. VMZ ‖ 2 ὅλος mA : ὅλως
PT ‖ ἐξῄει VMZA (ἐξείη B) : ἐξῆγε PT ‖ 3 ἐπιθυμίας mAT : -ίαν P ‖ 2 1 μικρὰ
ZAT : μικρὰς m ‖ 2 σοι m : σου AT ‖ 3 κατὰ τὴν BPAT : τὴν om. VMZ.

qui te suivent. » Achéménès s'étendit longuement sur ce
sujet. Il comptait qu'Oroondatès, après avoir eu des relations avec Chariclée, ne tarderait pas, pour le récompenser
de ses révélations, à lui accorder sa main. **3** Le satrape
était dès lors tout feu tout flamme ; il avait mordu à l'ha-
meçon du plaisir comme à celui de la colère. Sans désem-
parer, il fait venir Bagoas[1], un eunuque de confiance, et,
avec une escorte de cinquante cavaliers, l'envoie à Memphis, pour lui ramener Théagène et Chariclée au plus vite
et en quelque lieu qu'il les trouve.

III 1 Il lui remit deux lettres. L'une, pour Arsacé,
était ainsi conçue : « Oroondatès à Arsacé. Envoie-moi
Théagène et Chariclée, le frère et la sœur, prisonniers,
esclaves du roi, pour les lui expédier. Envoie-les de bon
gré, sinon ils seront emmenés malgré toi et je serai obligé
de croire Achéménès. » **2** L'autre lettre était pour
Euphratès, le chef des eunuques à Memphis. « Tu me
rendras compte plus tard de ta négligence dans la surveil-
lance de ma maison. Pour le moment, livre les deux étrangers grecs à Bagoas, chargé de me les amener, qu'Arsacé
le veuille ou non. Il faut absolument que tu les lui remettes,
sinon, sache que j'ai donné l'ordre de t'amener enchaîné
pour t'écorcher tout vif. » **3** Bagoas se mit donc en
route avec ses gens pour exécuter sa mission, avec les
lettres revêtues du sceau du satrape, afin que ceux de
Memphis n'hésitent pas à les reconnaître authentiques et

---

1. Ce nom est fréquemment attribué aux eunuques qui se trouvent
au service du roi de Perse, par ex. Strabon, XV, 3 24 (p. 736), Diodore
de Sicile, XVI, 47 sqq., Athénée, 603 a. Ce mot semble être d'origine
persane et avoir le sens d'« eunuque ». En tout cas, il était d'un usage
courant pour désigner les eunuques chez les écrivains latins. Par ex.,
Ovide, *Amours*, II, 2 1 :

> Quem penes est dominam servandi cura, Bagoe,
> Dum perago tecum pauca sed apta vaca.

Cf. Pline, *Histoire naturelle*, XIII, 4 9 in horto Bagou (= Βαγώου) ;
ita (Persae) vocant spadones.

πολλά πρὸς τούτοις ὁ Ἀχαιμένης ἐλπίζων εἴ καὶ προσ-
ομιλήσειεν Ὀροονδάτης τῇ Χαρικλείᾳ μικρὸν γοῦν ὕστερον
ἐπὶ μισθῷ τῶν μηνυμάτων ἐξαιτήσας πρὸς γάμον ἕξειν.
3` Καὶ ὅλως ἐξηρέθιστο ἤδη καὶ διακαὴς ἦν ὁ σατράπης,
θυμοῦ καὶ ἐπιθυμίας ἅμα ὥσπερ εἰς ἄρκυς ἐμβεβλημένος·
καὶ οὐδὲ μικρὸν ὑπερθέμενος Βαγώαν τινὰ τῶν πεπιστευ-
μένων εὐνούχων προσκαλεσάμενος ἱππέας τε πεντήκοντα
ἐγχειρίσας εἰς τὴν Μέμφιν ἐξέπεμπεν, ἄγειν ὡς αὐτὸν
Θεαγένην τε καὶ Χαρίκλειαν ὡς ὅτι τάχιστα καὶ οὗπερ ἂν
αὐτὸς καταλαμβάνοιτο ἐπιστείλας.

III 1 Ἐνεχείριζε δὲ καὶ γράμματα τὸ μὲν πρὸς Ἀρσάκην ὧδε ἔχον « Ὀροονδάτης Ἀρσάκῃ. Θεαγένην καὶ Χαρίκλειαν τοὺς αἰχμαλώτους ἀδελφοὺς βασιλέως δὲ δούλους,
βασιλεῖ διαπεμφθησομένους ἀπόστειλον· ἀλλ' ἑκοῦσα ἀπό-
στειλον, ἐπεὶ καὶ ἀκούσης ἀχθήσονται καὶ Ἀχαιμένης πισ-
τευθήσεται. » 2 Πρὸς δὲ Εὐφράτην τὸν κατὰ τὴν Μέμφιν
ἀρχιευνοῦχον τοιόνδε « Ὑπὲρ μὲν ὧν οἰκίας τῆς ἐμῆς
ὀλιγωρεῖς, εὐθύνας ὑφέξεις· τὸ παρὸν δὲ τοὺς ξένους
Ἕλληνας τοὺς αἰχμαλώτους Βαγώᾳ παράδος ὡς ἐμὲ ἀχθη-
σομένους ἑκούσης Ἀρσάκης εἴτε καὶ ἀκούσης· πάντως δὲ
παράδος ἢ αὐτὸς ἴσθι δέσμιος ἀχθῆναι προστεταγμένος τῆς
δορᾶς ἀφαιρησόμενος. » 3 Οἱ μὲν δὴ περὶ τὸν Βαγώαν
ἐπὶ τὸ προστεταγμένον ἐξώρμησαν τῶν ἐπεσταλμένων παρὰ
τοῦ σατράπου κατασεσημασμένων, ὡς ἂν μᾶλλον πιστεύσειαν οἱ κατὰ τὴν Μέμφιν καὶ θᾶττον τοὺς νέους ἐκδοῖεν·

5 Ὀροονδάτης mΑ : ὁ Ὀρ. ΖΤ ‖ μιχρὸν mΤ : μιχρῷ Α ‖ 3 1 ὅλως mΤ :
ὅλος Α (fort. recte cf. 1 2 supra) ἄλλως· οσ Β ‖ ἐξηρέθιστο mΑΤ : ἐξηρέηστο
Β ‖ διακαὴς mΑΤ : διακοῆς Ζ ‖ ἦν mΑΤ : om. Ζ ‖ 2 ἄρχυς mΑΤ : ἀρσάχυς
V ‖ 6 Θεαγένην mΑΤ : -γένη V (ut III 1 2 infra).

III 1 1 γράμματα Β : γράμμα mΑΤ ‖ 3 ἀδελφοὺς ΒΡΖΑ : μὲν ἀδ.
VΜΤ ‖ 2 2 ἀρχιευνοῦχον mΑΤ : εὐν. Β ‖ 4 τοὺς αἰχμαλώτους mΑΤ : om.
Β ‖ Βαγώᾳ mΑΤ : -αν Ζ ‖ παράδος mΑΤ : -δους Ρ ‖ 5 ἑχούσης VΜΖΑΤ
(ἀχούσῃ; Β) : ἑχ. μὲν Ρ ‖ εἴτε χαὶ mΤ : χαὶ om. ΖΑ ‖ πάντως mΑ : παντοίως Ρ πάντα Τ ‖ 7 ἀφαιρησόμενος mΑ : ἀφαιρεθησ. Τ ‖ 3 3 μᾶλλον
mΑΤ : μάλιστα Ρ.

livrent plus vite les jeunes gens. De son côté Oroondatès
se mit en route contre les Éthiopiens. Il commanda à
Achéménès de le suivre, et il le fit garder secrètement et
à son insu, jusqu'à ce qu'on eût la confirmation de ses
dénonciations. 4 Pendant ce temps-là, voici ce qui se
passait à Memphis, après le départ clandestin d'Achéménès. Thyamis, rentré en possession du titre et des préro-
gatives du sacerdoce, tenait un rang considérable dans la
cité. Il s'occupa d'abord des funérailles de Calasiris et,
pendant tout le temps prescrit[1], rendit à son père les honneurs rituels. Il songea à s'enquérir de Théagène et de
Chariclée, dès le jour où la loi des prophètes lui permit
des relations avec le monde profane[2]. 5 A force de
recherches et d'enquêtes il apprit qu'ils résidaient dans le
palais du satrape. Aussitôt il alla réclamer à Arsacé les
étrangers, alléguant, entre autres bonnes raisons qu'il avait
de s'intéresser à eux, la pressante recommandation que lui
avait faite en mourant son père Calasiris de leur donner
tous ses soins et de les protéger. Il lui savait gré d'avoir
accueilli et traité avec bonté ces jeunes gens, bien qu'ils
fussent étrangers et grecs, pendant le temps où l'accès du
temple était interdit aux profanes, mais maintenant il était
juste qu'on lui rendît le dépôt dont il avait reçu la charge.
6 « Je t'admire, dit Arsacé. D'une part tu déposes en

---

1. Cf. Z XI, 5 ; la période durait sept jours.

2. Pendant le temps prescrit le temple et l'enceinte du temple étaient
interdits à tous sauf à τὸ προφήτικόν τε καὶ ἱερατικὸν γένος (Z XI, 5) et
Théagène et Chariclée avaient reçu l'ordre de partir. A l'expiration du
délai de sept jours, une fois les rites accomplis pour la mort de Calasiris,
les laïques purent rentrer, et la phrase doit conduire à ce sens. Mais le
verbe παραιτεῖσθαι, fourni par les mss., semble tout à fait impropre.
Hirschig, qui adopte διαιτᾶσθαι, était dans la bonne voie. Mais le sens
et les mss. sont mieux respectés par le composé παραδιαιτᾶσθαι qui,
bien que rare, se rencontre chez Élien, Sur les Animaux, II, 48
(κόρακες Αἰγύπτιοι ὅσοι τῷ Νείλῳ παραδιαιτῶνται) et se trouve dans
les lexiques de Suidas et Photius. Que διαιτᾶσθαι est le verbe qui convient ici, cela est indiqué par 5 9 où ἐνδιαιτᾶσθαι est employé dans un
passage analogue.

ἐξώρμησε δὲ καὶ Ὀροονδάτης ἐπὶ τὸν πρὸς Αἰθίοπας πόλεμον, ἕπεσθαι καὶ τὸν Ἀχαιμένην προστάξας ἠρέμα καὶ οὐκ
εἰδότα παραφρουρούμενον ἕως ἂν τὰ πρὸς αὐτοῦ μηνυθέντα
δείξειεν ἐπαληθεύων. 4 Κατὰ δὲ τὰς αὐτὰς ἡμέρας καὶ
κατὰ τὴν Μέμφιν τοιάδε ἐγίνετο. Ἄρτι τοῦ Ἀχαιμένους
ἀποδράντος ὁ Θύαμις ἤδη τὴν προφητείαν ὁλόκληρον ἀναδεδεγμένος καὶ τὰ πρῶτα τῆς πόλεως διὰ τοῦτο φερόμενος,
τὰ περὶ τὴν κηδείαν τοῦ Καλασίριδος ἐκτελέσας καὶ τὰ
νενομισμένα τῷ πατρὶ πάντα ἐν ἡμέραις ταῖς τεταγμέναις
ἐπενέγκας, ἀναζητήσεως ἔννοιαν τῶν περὶ τὸν Θεαγένην
ἐλάμβανεν, ὅτε δὴ παραδιαιτᾶσθαι καὶ τοῖς θύραθεν ἐκ τοῦ
προφητικοῦ νόμου διατεταγμένον ἐγίνετο. 5 Κἀπειδὴ
πολυπραγμονῶν καὶ ἐκπυνθανόμενος ἔγνω τοῖς σατραπείοις
ἐνῳκισμένους, ὡς εἶχε σπουδῆς ἐλθὼν ὡς τὴν Ἀρσάκην
ἐξῄτει τοὺς νέους ξένους ὡς αὐτῷ κατὰ πολλὰ μὲν καὶ
ἄλλα προσήκοντας πλέον δὲ ὅτι ὁ πατὴρ Καλάσιρις τελευτῶν ἐπέσκηπτε παντοίως προνοεῖν καὶ ὑπερμαχεῖν τῶν
ξένων [ἐπιστείλας], χάριν μὲν ἔχειν ὁμολογῶν ὅτι τὰς διὰ
μέσου ταύτας ἡμέρας ὑπεδέξατο νέους καὶ ξένους καὶ
Ἕλληνας φιλανθρωπευομένη, καθ' ἃς ἐνδιαιτᾶσθαι τῷ ναῷ
τοῖς μὴ ἱερωμένοις ἀπηγόρευτο, δικαιῶν δὲ ἀνακομίζεσθαι
τὴν αὐτὸς αὑτοῦ παρακαταθήκην. 6 Καὶ ἡ Ἀρσάκη
« Θαυμάζω σου » ἔφη « χρηστὰ μὲν ἡμῖν καὶ φιλάνθρωπα

5 Ὀροονδάτης VBZA : ὁ Ὀρ. MPT ‖ ἐπὶ mAT : αὐτὸς ἐπὶ Μ ‖
8 δείξειεν mT (cf. A X, 4 6) : δείξῃ A ‖ ἐπαληθεύων (cf. B XIX, 7 2) mT
(-οντα A) : ἀληθ. B ‖ 4 2 ἐγίνετο mAT : ἐγέν. B ‖ 3 ὁλόκληρον mAT: om. B ‖
3-4 ἀναδεδεγμένος mAT : ἀναδεδειγ. B ‖ 5 τὰ περὶ mAT : καὶ περὶ B ‖
5-6 καὶ τὰ νενομισμένα mAT : τὰ νεν. καὶ B ‖ 7 τὸν Θεαγένην mAT : τὸν
om. Μ ‖ 8 ὅτε δὴ VMPT : ὅτε δὲ BZA ‖ παραδιαιτᾶσθαι Ry. (διαιτᾶσθαι
Hirschig) cf. 5 9 : παραιτεῖσθαι VM -τεῖται BPZAT ‖ τοῖς θύραθεν mAT :
τῆς θύραθεν Β ‖ 9 διατεταγμένον mAT : -μένων Ζ ‖ ἐγίνετο Β : ἐγίνετο
mAT ‖ 5 4 ἐξῄτει BPZAT : ἐζήτει VM ‖ νέους ξένους codd. : aut νέους aut
ξένους eiciendum censuit Mitscherlich ‖ κατὰ mAT : τὰ Β ‖ 5 ὅτι MB :
ὅτι περ VPZAT ‖ 7 ἐπιστείλας seclusimus ‖ 8 καὶ ξένους BPZAT : καὶ
om. VM ‖ 10 ἀπηγόρευτο mAT : -γορεύετο P ‖ 6 2 θαυμάζω σου VMPT :
θαυμ. σοι ΖΑ θαυμάζουσα Β.

faveur de mes bontés et de ma bienveillance, de l'autre,
tu m'exposes à encourir le reproche d'être inhumaine, si
l'on peut supposer que je ne puis, ni ne veux veiller sur
ces étrangers et les traiter comme il convient. » **7** —
« Ce n'est pas cela, répartit Thyamis. Je sais bien qu'ils
auraient céans une vie plus large que chez moi, s'il leur
plaisait de rester ici. Mais, nés d'illustres familles, ils en
sont réduits maintenant, après mille tribulations, à mener
une vie errante et leur plus cher désir est de retrouver
leurs parents et de rentrer dans leur patrie. Mon père avait
entrepris de les y aider et c'est moi qu'il a désigné pour
lui succéder dans cette mission. J'ai d'ailleurs d'autres
raisons de leur montrer de l'amitié. » **8** « Je suis bien
aise, reprit Arsacé, qu'au lieu de t'abaisser aux prières,
tu invoques le droit. Celui-ci est pour moi évidemment, d'autant que le maître a plus de titres qu'un
vain protecteur à revendiquer la possession de ses esclaves. »
Thyamis étonné répliqua : « Ils sont tes esclaves ? de quel
droit ? » « Du droit de la guerre, répondit-elle, qui rend
esclaves les prisonniers. »

IV 1 Thyamis comprit qu'elle voulait parler de l'affaire
de Mitranès. « Mais, Arsacé, dit-il, ce n'est plus la guerre[1];
nous sommes en paix maintenant. Si l'une fait des esclaves,
l'autre leur donne la liberté. L'une est le fait d'un tyran
capricieux, l'autre, d'un sage souverain. **2** Pour la paix
et la guerre, ce n'est pas le sens propre des mots[2] qu'il faut

1. B en écrivant ὁ pour οὐ commet peut être une erreur. Toutefois le
balancement de la phrase eût été encore plus prononcé si Héliodore avait
écrit ὁ πόλεμος au lieu de οὐ πόλεμος, et nous ne sommes pas convaincus
qu'en ce passage, comme dans certains autres, B n'ait pas raison contre
tous les autres mss. Nous n'avons pas voulu, cependant, adopter sa
leçon et altérer ainsi le texte traditionnel.

2. Cette phrase est peut-être une réminiscence de Thucydide, III, 82 4
καὶ τὴν εἰωθυῖαν ἀξίωσιν τῶν ὀνομάτων ἐς τὰ ἔργα ἀντήλλαξαν τῇ
δικαιώσει. Mais il n'est pas certain qu'il y ait là, comme l'affirme Coray,
une imitation voulue.

προσμαρτυροῦντος ἀπανθρωπίαν δὲ αὖθις καταγινώσκοντος, εἰ μὴ δυνησόμεθα ἢ βουλησόμεθα προνοεῖν τῶν ξένων καὶ τὰ πρέποντα αὐτοῖς ἀπονέμειν.» 7 «Οὐ τοῦτο» εἶπεν ὁ Θύαμις· «καὶ γὰρ ἐν ἀφθονωτέροις τῇδε πλέον ἢ παρ' ἡμῖν οἶδα ἐσομένους, εἰ καὶ μένειν βουλομένοις ἦν. Νυνὶ δὲ γένους ὄντες τῶν ἐπὶ δόξης ἄλλως δὲ τύχης ἐπηρείαις ποικίλαις κεχρημένοι καὶ τὸ παρὸν ἀλητεύοντες, πάντων ἐπίπροσθεν ποιοῦνται γένος τὸ ἴδιον ἀνακομίσασθαι καὶ εἰς τὴν ἐνεγκοῦσαν ἐπανήκειν, ὧν εἰς τὴν σύλληψιν ἐμὲ κληρονόμον ὁ πατὴρ καταλέλοιπεν, ὄντων μοι καὶ ἄλλων φιλίας πρὸς τοὺς ξένους δικαιωμάτων.» 8 «Εὖ γε ἐποίησας» ἡ Ἀρσάκη πρὸς αὐτόν «τοῦ μὲν ἐκδυσωπεῖν ἀφέμενος τὸ δὲ δίκαιον προβαλλόμενος, πλέον γὰρ τοῦτο μεθ' ἡμῶν ἀναφαίνεται ὅσῳ καὶ τὸ δεσποτεύειν τοῦ προνοεῖν τηνάλλως εἰς τὸ ἔχειν ἐπικρατέστερον.» Ὁ δὴ Θύαμις θαυμάσας «Δεσποτεύεις δὲ» ἔφη «σὺ τούτων πῶς;» «Πολέμου νόμῳ» πρὸς αὐτὸν ἀπεκρίνατο «δούλους τοὺς αἰχμαλώτους ἀναδεικνύντος».

IV 1 Συνεὶς δὴ οὖν ὁ Θύαμις ὅτι τὰ περὶ τὸν Μιτράνην ἐθέλοι λέγειν «Ἀλλ' ὦ Ἀρσάκη» ἔφη «οὐ πόλεμος τάδε ἀλλ' εἰρήνη τὸ παρόν, κἀκεῖνος μὲν δουλοῦν, ἐλευθεροῦν δὲ αὕτη πέφυκε· κἀκεῖνο μέν ἐστι βούλημα τυραννικόν, τουτὶ δὲ δόγμα βασιλικόν. 2 Εἰρήνην δὲ καὶ πόλεμον οὐχ ἡ τῶν ὀνομάτων ἀξίωσις ἀλλ' ἡ τῶν χρωμένων διάταξις

3 προσμαρτυροῦντος mAT : -τας Z ‖ ἀπανθρωπίαν mAT : -ιας B ‖ δὲ VMBT : τε P δὲ καὶ ZA ‖ 4 βουλησόμεθα mT : -ευσώμεθα Z -ευσόμεθα A ‖ 7 2 γὰρ ἐν BT : γὰρ κκὶ A γὰρ καὶ ἐν VMPZ ‖ 3 νυνὶ BPZAT : νῦν VM ‖ 4 ἐπηρείαις mAT : -είας B ‖ 5 ἀλητεύοντες mAT : -ας Z ‖ 8 3 δὲ mT : τε ZA ‖ 4 ἀναφαίνεται B : ἂν φαίνηται m (-εται A -οιτο T) ὃν φαίνεται: Coraes ‖ ὅσῳ mAT : ὅσον P ‖ τηνάλλως VMP (τὴν ἄλλως Z) : -άλως BAT ‖ 5 δὴ mAT : δὲ M ‖ 6 πῶς H. Richards : ὅπως codd.

IV 1 2 οὐ mAT : ὁ B nec male ‖ 4 δὲ mAT : om. Z ‖ αὕτη mAT : αὐτὴ P ‖ κἀκεῖνο mAT : κἀκείνῳ P ‖ μέν mT : μέντοι A ‖ βούλημα mT : -ευμα ZA ‖ 2 2 οὐχ ἡ mAT : οὐχὶ B ‖ χρωμένων mT : -μάτων ZA.

considérer, mais les intentions de ceux qui en usent, s
l'on veut vraiment distinguer l'une de l'autre. En y ajoutant la notion de justice, tu en donnerais, ce me semble,
une meilleure définition. Quant à l'honneur et au profit,
ils ne sont même pas en discussion. Comment admettre,
en effet, qu'il te soit honorable ou utile de laisser apparaître et d'avouer que de jeunes étrangers t'inspirent un
si vif intérêt? »

V **1** A ces mots Arsacé ne se contint plus, et elle fit
ce que font toujours les amants. Tant qu'ils croient leur
amour ignoré, ils ont honte de l'avouer ; se voient-ils
découverts, ils perdent toute pudeur. Une passion secrète
reste timide ; dévoilée elle devient hardie. Ainsi cette
femme, révélant sa faute, par la conscience qu'elle en
avait, et jugeant que Thyamis avait quelque soupçon sur
elle, oublia le respect dû au prophète et à sa dignité pon-
tificale, et, au mépris de toute pudeur féminine, déclara :
2 « Vous vous repentirez de ce que vous avez fait à
Mitranès. Un jour viendra où ceux qui l'ont tué avec son
escorte seront châtiés par Oroondatès. Je ne les lâcherai
pas. Pour le moment ils sont mes esclaves ; bientôt on les
enverra au roi, mon frère, selon la loi des Perses. **3** Et
maintenant tu peux discourir sur la définition du juste,
de l'honnête et de l'utile[1] : celui qui dispose du pouvoir
n'a que faire de tout cela, il ne prend conseil que de son
bon plaisir[2]. Sors de mon palais immédiatement, et sans
te faire prier, sinon tu risques fort d'en être expulsé mal-

---

1. Ce morceau πρὸς ταῦτα ῥητόρευε est probablement une citation;
cf. E XXXI, 4 8 (vol. II, p. 79, note 1). Πρὸς ταῦτα, avec l'impératif
exprimant un ordre impérieux et méprisant, est courant chez les poètes
tragiques, mais se trouve rarement dans d'autres auteurs.

2. Thyamis lui aussi, comme chef de pirates, expose une conception
semblable du pouvoir, mais il se montre disposé à faire des exceptions.
Cf. A XXI, **2** εἰ μὲν γὰρ ἔδει τῷ τῆς ἀρχῆς ἀποχρήσασθαι νόμῳ,
πάντως ἐξήρκει μοι τὸ βόλεσθαι· βιάζεσθαι γὰρ οἷς ἐξὸν τὸ πυνθάνεσθαι
περιττόν· εἰ δὲ γάμος τὸ γινόμενον, τὸ παρ' ἀμφοτέρων βούλημα
συννεύειν ἀναγκαῖον.

ἀληθέστερον γνωρίζειν πέφυκε· τὸ μὲν δίκαιον τούτοις τιθεμένη βέλτιον ἂν φανείης ὁριζομένη, τό γε μὴν πρέπον ἢ
συμφέρον οὐδὲ εἰς ἀμφισβήτησιν καθίσταται· πῶς γὰρ σοὶ
καλὸν ἢ λυσιτελοῦν νέων καὶ ξένων οὕτως ἐκθύμως φαί-
νεσθαί τε καὶ ὁμολογεῖν ἀντεχομένην; »

V 1 Ἐπὶ τούτοις οὐκέτι κατέσχεν ἡ Ἀρσάκη ἀλλ'
ἔπασχεν ὃ δὴ καὶ πάντες ὡς ἐπίπαν οἱ ἐρῶντες· λανθάνειν
μὲν οἰόμενοι καὶ ἐρυθριῶσιν ἁλισκόμενοι δὲ ἀπαναισχυντοῦ-
σιν, ὁ μὲν ἀγνοούμενος ὀκνηρότερος ὁ δὲ πεφωραμένος θρασύτερος καθιστάμενος· ὡς δὴ κἀκείνῃ τὸ συνειδὸς τῆς
ψυχῆς ἔλεγχος ἐγίνετο καὶ τὸν Θύαμιν ὑπωπτευκέναι τι
τῶν κατ' αὐτὴν ὑποτοπήσασα παρ' οὐδὲν μὲν τὸν προφήτην
καὶ τὸ προφητικὸν ἀξίωμα ποιησαμένη πᾶσαν δὲ γυναικείαν
αἰδῶ παραγκωνισαμένη, 2 « Ἀλλ' οὐδὲ τῶν εἰς Μιτράνην »
ἔφη « δεδραμένων ὑμῖν χαιρήσετε ἀλλ' ἔσται καιρὸς ἐν ᾧ
τοὺς σφαγέας ἐκείνου τε καὶ τῶν σὺν αὐτῷ τὴν δίκην
Ὀροονδάτης εἰσπράξεται. Τούσδε δὲ οὐ μεθήσομαι, τὸ
μὲν παρὸν ἐμοὶ δουλεύοντας ὀλίγον δὲ ὕστερον ἀδελφῷ τῷ
ἐμῷ βασιλεῖ τῷ μεγάλῳ κατὰ νόμον τὸν Περσικὸν ἀναπεμφθησομένους. 3 Πρὸς ταῦτα ῥητόρευε καὶ δίκαια καὶ
πρέποντα καὶ συμφέροντα μάτην ὁριζόμενος, ὡς οὐδενὸς
προσδεῖται ὁ κρατῶν τὸ βούλημα τὸ ἴδιον τούτων ἕκαστον
ποιούμενος· καὶ αὐλῆς τῆς ἡμετέρας ὡς ὅτι τάχιστα καὶ
ἑκὼν μεθίστασο, μὴ δὴ λάθῃς καὶ ἄκων μεθιστάμενος. »

3 τὸ mAT : καὶ τὸ P ‖ 5 γὰρ σοὶ mAT : σοὶ γὰρ B ‖ 6 νέων mĀT : νέον
P ‖ καὶ mAT : ἢ B ‖ ξένων mιAT : ξένον P.

V 1 3 οἰόμενοι mAT : -ος Z ‖ καὶ BPZAT : om. VM ‖ ἁλισκόμενοι
mT : οἱ ἁλ. ZA ‖ 6 ὑπωπτευκέναι VMP : ὑποπτ. BZA ὑπωπεπτ. T ‖ 7 τῶν
mAT : τὸν Z ‖ 2 2 δεδραμένων mT : δεδραγμ. ZA cf. Z XXI, 1 10 ‖
ὑμῖν VMZAT : ἡμῖν BP ‖ χαιρήσετε Commelinus (= ἀπολαύσετε) :
-σεται PT χαρήσετε VM -ήσεται BZ -ίσεται A, cf. Z XXVII, 5 5 ‖ 3 ἐκείνου mT : ἐκεῖ ZA ‖ 4 τούσδε PZAT : τοὺς VMB ‖ 6 νόμον mA : τὸν νόμον
PT ‖ 6-7 ἀναπεμφθησομένους mAT : ἀναπευθησ. P ‖ 3 3 ἕκαστον BPT :
-ος VMZA ‖ 4 τάχιστα mAT : τάχα Z ‖ 5 μεθίστασο (-σαι Z) — ἄκων
mAT : om. B ‖ μεθιστάμενος mpAT : καθιστ. B.

gré toi. » 4 Thyamis sortit, en prenant les dieux à témoins, et se contenta d'affirmer que cela finirait mal. Il se proposait de tout révéler au peuple de Memphis et d'invoquer son aide. « Que m'importe un prophète comme toi, dit Arsacé, l'amour ne connaît qu'un prophète : le plaisir. » Retirée dans sa chambre, elle examina la situation, avec Cybèle qu'elle avait fait venir. 5 Elle commençait à soupçonner la fuite d'Achéménès, qu'elle ne voyait plus. Cybèle, quand elle l'interrogeait et lui demandait des renseignements à son sujet, inventait toujours quelque nouvelle explication, et tâchait d'éviter à tout prix qu'elle le crût parti vers Oroondatès. Mais elle n'arrivait pas à la convaincre complètement, et à fin, quand elle vit cette absence se prolonger, Arsacé se montra tout à fait incrédule aux raisons de Cybèle. 6 Elle lui dit alors : « Que faire ? Comment sortir d'embarras ? Mon amour, loin de diminuer, s'enflamme chaque jour davantage pour ce jeune homme dont la présence entretient en moi ce foyer dévorant[1]. Il est dur et cruel[2]. Il montrait auparavant une âme plus humaine, et cherchait du moins à me consoler par de fausses promesses. Maintenant, il m'oppose des refus nets et catégoriques. Je suis d'autant plus troublée que, j'en ai peur, il a dû apprendre de son côté ce que je soupçonne au sujet d'Achéménès, et en devenir plus timide. 7 Mais c'est Achéménès surtout qui me chagrine. N'est-il pas allé me dénoncer à Oroondatès, le persuader peut-être, ou du moins éveiller en lui des soupçons bien naturels ? Ah ! si

---

1. Cf. Δ IV, 4 5-7 ἡ γὰρ τῶν ἐρωτικῶν ἀντίδλεψις ὑπόμνησις· τοῦ πάσχοντος γίνεται καὶ ἀναφλέγει τὴν διάνοιαν ἡ θέα καθάπερ ὕλη πυρὶ γινομένη.

2. Les épithètes ἀπηνής et ἀμείλιχος sont appliquées par Homère à des personnes, tandis que, dans la langue classique, elles qualifient ordinairement des choses. On reconnaît là une fois de plus le souci qu'a Héliodore de rappeler Homère dans ses expressions, comme il l'imite dans le plan général de sa narration.

Quant à l'attitude cynique d'Arsacé, elle est à comparer à la fois à celle de la Phèdre et de la Roxane de Racine. (M.)

4 Ὁ μὲν οὖν Θύαμις ἐξῄει θεούς τε ἐπιμαρτυράμενος
καὶ τοσοῦτον ἐπισκήψας, ὡς οὐκ εἰς καλὸν ταῦτα τελευ-
τήσει, κατάδηλα ποιῆσαι πρὸς τὴν πόλιν καὶ ἐπικαλέσασθαι
πρὸς βοήθειαν ἐνθυμούμενος· ἡ δὲ Ἀρσάκη «Λόγος οὐδεὶς»
εἰποῦσα «τῆς σῆς προφητείας· μίαν ὁρᾷ προφητείαν ἔρως
τὴν ἐπιτυχίαν» εἰς τὸν θάλαμόν τε χωρισθεῖσα καὶ τὴν
Κυβέλην προσκαλεσαμένη περὶ τῶν παρόντων διεσκοπεῖτο.

5 Καὶ γάρ πως ἤδη καὶ τὸν δρασμὸν τοῦ Ἀχαιμένους οὐ
φαινομένου δι' ὑποψίας ἐλάμβανε, τῆς Κυβέλης εἴ ποτε
πυνθάνοιτο καὶ ἐπιζητοίη τὸν Ἀχαιμένην ποικίλας καὶ
ἄλλοτε ἄλλας προφάσεις ἀναπλαττούσης καὶ πάντα μᾶλλον
ἢ τὴν ὡς Ὀροονδάτην ἄφιξιν πιστεύειν παρασκευαζούσης,
πλὴν οὐ παντάπασι τὰ τελευταῖα πειθούσης ἀλλ' ἤδη διὰ
τὸν χρόνον καὶ ἀπιστουμένης. 6 Τότε δ' οὖν «Τί ποιήσομεν» ἔλεγεν «ὦ Κυβέλη; τίς λύσις ἔσται μοι τῶν περιεστηκότων; Ὁ μὲν ἔρως οὐκ ἀνίησιν ἀλλ' ἐπιτείνει πλέον,
ὥσπερ ὕλη τῷ νέῳ λάβρως ὑποπιμπράμενος· ὁ δὲ ἔστιν
ἀπηνής τε καὶ ἀμείλιχος, φιλανθρωπότερος τὰ πρῶτα ἢ
νῦν φαινόμενος, τότε μὲν ἀπατηλαῖς γοῦν ἐπαγγελίαις
παρηγορῶν νῦν δὲ παντάπασι καὶ ἀπαρακαλύπτως τὰ πρός
με ἀπαγορεύων· ὃ δή με καὶ διαταράττει μᾶλλον μὴ δή τι
περὶ Ἀχαιμένους ὧν ὑπονοῶ καὶ αὐτὸς πέπυσται καὶ πλέον
ἀποδειλιᾷ τὴν πρᾶξιν. 7 Λυπεῖ δὲ ἐπὶ πᾶσιν Ἀχαιμέ-
νης· οὐχὶ μηνυτὴς ὡς Ὀροονδάτην πεπόρευται ἢ πείσων
ἴσως ἢ οὐ πάντως ἄπιστα λέξων; Ὀφθείη μοι μόνον Ὀροον-

---

4 1 ὁ μὲν — ἐπιμαρτυράμενος om. T ‖ ἐξῄει mA : ἐξείη Z ‖ ἐπιμαρτυράμενος VMZΛ : ἐπιμαρτυρούμενος B (μρτυρούμ. P) ‖ 5 σῆς mAT :
om. B ‖ ὁρᾷ mAT : ἐρᾷ B ‖ ἔρως niAT : ἔρωτος P ‖ 6 χωρισθεῖσα niAT :
χωρηθ. B ‖ 5 6 πειθούσης mT : πεισθ. P ἀπειθ. A ‖ ἤδη mAT : om B. ‖
6 1-2 ποιήσομεν mT : -ωμεν ΡΑ ‖ 2 ἔλεγεν inA : om. P post Κυβέλλη (sic)
T ‖ 2-3 περιεστηκότων mAT : -εστώτων P ‖ 4 λάβρως mA (λαύρως B) : -ος
T ‖5 ἀμείλιχος mAT : -λιχτος B ‖7 ἀπαρακαλύπτως BPZAT : ἀπεριχ. VM‖
8 διαταράττει BPZAT : χχταταρ. Μ καταρ. V ‖ 9 ὑπονοῶ mT : -ῶν ΖΑ ‖
πέπυσται VMP (-σθαι B) : πεπίστευται ΖΑΤ ‖ 10 ἀποδειλιᾷ m : -ιῶ T ἐπι-
δειλιᾶν A ‖ 7 2 οὐχὶ (οὐχ ἡ A) μηνυτὴς BPZAT : ὃς νῦν VM ‖ 3 ἄπιστα
B : εὔπιστα mAT.

je pouvais seulement voir Oroondatès ! Il ne résistera pas
à une seule caresse, à une seule larme d'Arsacé[1]. Le regard
d'une femme, d'une épouse, a sur un homme une grande
force de persuasion[2]. Le plus terrible ce serait qu'avant de
réussir avec Théagène, je fusse prévenue par l'accusation
et peut-être par la punition d'une faute dont je n'aurais
pas eu encore le bénéfice, mais dont me croirait déjà
coupable Oroondatès. 8 C'est pourquoi, Cybèle, remue
ciel et terre, essaye tout. Tu vois que je suis au bord du
précipice. Songe aussi qu'en tout cas, si je me perds, évidemment il y en a d'autres que je n'épargnerai pas. Tu
seras la première victime des entreprises de ton fils.
Qu'elles t'aient échappé, je ne puis le comprendre. » 9
« Sur mon fils, répondit Cybèle, et sur ma loyauté à ton
égard tu t'es fait une opinion fausse. Les faits te le prouveront. Mais toi qui montres une telle indolence à t'occuper
de ton amour et qui fais preuve d'une véritable faiblesse,
ne va pas rejeter la faute sur les autres qui sont innocents.
10 Tu ne te conduis pas avec ce garçon comme une maîtresse qui commande mais comme une esclave empressée
à lui plaire. Au début, de telles manières étaient peut-être
justifiées, quand on lui croyait un cœur tendre et docile.
Mais du moment qu'il se rebelle contre l'amante, il doit
apprendre à connaître la maîtresse. Que le fouet et la torture le fassent plier à tes volontés. Les jeunes gens sont
ainsi faits : caressez-les, ils sont arrogants ; usez de violence, ils se montrent dociles. Celui-ci est pareil aux
autres ; il fera, s'il est frappé, ce qu'il refusait quand il
était flatté. » 11 « Il me semble bien que tu as raison, dit

---

1. Pour l'expression, ct. B VIII, 2 2-3 δακρύων ἀξιωθεῖσα Θεαγενείων.
Pour le sentiment, cf. Euripide, *Andromaque*, 628-630 :

> ἑλὼν δὲ Τροίαν, εἶμι· γὰρ κἀνταῦθά σοι,
> οὐκ ἔκτανες γυναῖκα χειρίαν λαβών·
> ἀλλ' ὡς ἐσεῖδες μαστόν, ἐκδάλλων ξίφος
> φίλημ' ἐδέξω, προδότιν αἰκάλλων κύνα.

2. Pour ἴυγξ cf. Z X, 3 6. Pour le sentiment, cf. Euripide, *Iphigénie
en Tauride*, 1053-4 :

> ἀλλ' ἀντίαζε καὶ λόγους πειστηρίους
> εὕρισκ'· ἔχει τοι δύναμιν εἰς οἶκτον γυνή.

δάτης· μίαν θεραπείαν καὶ δάκρυον 'Αρσάκειον ἓν οὐχ
ὑποστήσεται· μεγάλην εἰς πειθὼ κέκτηται πρὸς ἄνδρας
ἴυγγα τὰ γυναικεῖα καὶ σύνοικα βλέμματα. 'Αλλ' ἐκεῖνο
ὑπέρδεινον εἰ μὴ τυχοῦσα Θεαγένους προληφθείην ὑπὸ τῆς
κατηγορίας, ἢ κἂν οὕτω τύχῃ τῆς τιμωρίας, εἴ τι πρὶν ἐντυ-
χεῖν μοι πιστεύσειεν 'Οροονδάτης. 8 Ὥστε ὃ Κυβέλη
πάντα κίνει πᾶσαν εὕρισκε μηχανὴν πρὸς ὀξὺ καὶ τὴν
ἄκραν ἀκμὴν περιεστηκότα ἡμῖν ὁρῶσα τὰ πράγματα, καὶ
ἅμα ἐννοοῦσα ὡς οὐκ ἔστι (πῶς γάρ;) ὅπως ἐμαυτῆς ἀπο-
γνοῦσα φείσομαι ἄλλων, ἀλλὰ πρώτη παραπολαύσεις τῶν
τοῦ παιδὸς ἐπιχειρημάτων, ὃ πῶς ἡγνόησας οὐκ ἔχω συμβάλλειν.» 9 Καὶ ἡ Κυβέλη «Παιδὸς μὲν» ἔφη «τοῦ ἐμοῦ
πέρι καὶ πίστεως εἰς σὲ τῆς ἐμῆς, ὦ δέσποινα, οὐκ ἀληθῆ
δοξάζουσα γνώσῃ τοῖς ἔργοις· αὐτὴ δὲ οὕτως ὑπτίως προσ-
ιοῦσα τῷ σαυτῆς ἔρωτι καὶ τῷ ὄντι μαλακιζομένη μὴ ἄγε
τὴν αἰτίαν ἐπ' ἄλλους τοὺς οὐκ αἰτίους. 10 Οὐ γὰρ ὡς
δέσποινα κρατεῖς ἀλλ' ὡς δουλεύουσα θεραπεύεις τὸ μειράκιον, ὃ παρὰ μὲν τὴν πρώτην ὀρθῶς ἴσως ἐγίνετο, ἁπαλοῦ
τινος ἐκείνου καὶ εὐηνίου τὴν ψυχὴν νομισθέντος· ἐπειδὴ
δὲ κατεξανίσταται ὡς ἐρωμένης, λαμβανέτω πεῖραν ὡς
δεσποίνης καὶ μαστιγούμενος καὶ στρεβλούμενος ὑποπιπ-
τέτω τοῖς σοῖς βουλεύμασι. Πεφύκασι γὰρ οἱ νέοι θερα-
πευόμενοι μὲν ὑπερφρονεῖν βιαζόμενοι δὲ ὑπείκειν· ὥστε
καὶ οὗτος πράξει κολαζόμενος ἅπερ ἠθέτει κολακευόμε-
νος.» 11 «'Αλλὰ δοκεῖς μὲν» ἔφη «εὖ λέγειν» ἡ 'Αρσάκη

4 μίαν θεραπείαν BPZAT : μία θεραπεία VM ‖ 'Αρσάκειον mAT : 'Αρσά-
κης Μ ‖ 7 προληφθείην (-είη Β) mAT : προσλ. P ‖ 8 2 ὀξὺ καὶ codd. : ξυροῦ
Hemsterhuys ‖ 3 περιεστηκότα mAT : -κότων Β ‖ 4 ἔστι (πῶς γάρ ;) ὅπως
nos : ἔστι· πῶς γὰρ BPZAT ἔστιν ὅπως VM ‖ 6 πῶς mAT : πρὸς Z ‖
ἡγνόησας (ἠγνώ. P) mA : -ηκας Τ ‖ συμβάλλειν VMBT : -βαλλεῖν P
-βαλεῖν ZA ‖ 9 2 εἰς σὲ mAT : om. Z ‖ 3 αὐτὴ mAT : αὕτη P ‖ 10 2 δουλεύουσα mAT : -εύεις P ‖ 4 εὐηνίου Dalmeyda : νέου codd. ‖ τὴν VMP :
καὶ τὴν BZAT ‖ 5 κατεξανίσταται VMPAT : -το B κατεξίναστε Z ‖ ἐρωμένης mAT : ἐρώμενος P ‖ 6 καὶ στρεβλούμενος mT : om. ZA ‖ 7 βουλεύμασι codd. : -ήμασι Bekker fort. recte ‖ 11 1 ἔφη m : om. A post 'Αρσάκη
Τ ‖ εὖ λέγειν VMZAT : λέγειν Β λέγειν εὖ P.

Arsacé. Mais comment pourrais-je supporter, grands dieux!
de voir sous mes yeux ce corps admirable déchiré ou seulement frappé? » « Ah! voilà que tu faiblis encore. Ne
vois-tu pas qu'il trouvera son avantage, après quelques
légères tortures, à venir à de meilleurs sentiments? et toi,
au prix d'un déplaisir momentané, tu obtiendras ce que
tu désires. 12 D'ailleurs tu n'es pas obligée de blesser tes
yeux par ce spectacle. Tu n'as qu'à charger Euphratès de le
punir sous prétexte d'une faute commise dans son service.
Epargne-toi une vue affligeante. On souffre moins à entendre
qu'à voir. Si nous le sentons fléchir, nous pourrons toujours
le gracier, en disant que la correction est suffisante. »

VI 1   Arsacé se laissa convaincre. L'amour, quand il
n'a plus d'espoir, traite sans le moindre ménagement l'objet
aimé, et le refus appelle ordinairement la vengeance[1]. Elle
fit appeler le chef des eunuques et lui communiqua ses
instructions.   2 Celui-ci, naturellement jaloux comme
tous les eunuques, éprouvait en outre et depuis longtemps
de la haine pour Théagène, à cause de ce qui ce passait
sous ses yeux et de ce qu'il soupçonnait. Immédiatement
il le mit aux fers et l'accabla de privations et de coups,
dans le sombre cachot où il le tenait enfermé. A Théagène,
qui feignait d'ignorer[2] ce qu'il savait bien et demandait la
cause de ces mauvais traitements, il ne repondait rien.
Chaque jour il aggravait la peine et il le torturait plus cruel-
lement que ne le désirait et ne l'avait commandé Arsacé.
Il ne permettait aucune visite, sauf celle de Cybèle, sur un

---

1. Au moment où les avances de Thersandre sont rejetées par Leucippé, Achille Tatios discute longuement sur la facilité avec laquelle
l'amour se transforme en haine (; XIX-XX).

2. L'addition de μὴ, bien qu'elle ne soit pas strictement nécessaire,
est justifiée par le commun usage. Pour προσποιεῖσθαι avec une néga-
tion dans le sens de « prétendre le contraire », voir Thucydide, III, 47 4.
Polybe offre une tournure de phrase tout à fait comparable V, 25 7 σαφῶς
μὲν εἰδὼς τοὺς ἀρχηγοὺς τῆς κινήσεως γεγονότας, οὐ προσποιηθεὶς δὲ
διὰ τὸν καιρόν. Héliodore emploie souvent μὴ quand la correction
classique exigerait οὐ : par ex. en B XXIX, 5 2.

« πῶς δ' ἂν ἐνέγκαιμι, ὦ θεοί, τοῖς ἐμοῖς ὀφθαλμοῖς ἢ
ξαινόμενον ὁρῶσα τὸ σῶμα ἐκεῖνο ἢ καὶ ἄλλως κολαζόμε-
νον; » « Αὖθις αὖ σὺ μαλακίζῃ » ἔφη « ὥσπερ οὐ πρὸς
ἐκείνου τε γενησόμενον ⟨ἐπ'⟩ ὀλίγαις στρεβλώσεσιν ἑλέσθαι
τὰ βελτίονα καὶ σοὶ πρὸς μικρὸν ἀνιαθείσῃ τυχεῖν τῶν
κατὰ γνώμην. 12 Ἔνεστι δέ σοι μηδὲ λυπεῖν τὸν ὀφθαλ-
μὸν τοῖς γινομένοις, ἀλλ' Εὐφράτῃ παραδοῦσαν καὶ κολάζειν εἰποῦσαν ὥς τι πεπλημμεληκότα μήτε ἀνιᾶσθαι ὁρῶσαν
— ἀκοὴ γὰρ ὄψεως εἰς τὸ λυπῆσαι κουφότερον — καὶ εἰ
μεταβεβλημένον αἰσθοίμεθα, πάλιν ἐξελέσθαι ὡς αὐτάρκως
ἐπεστραμμένον. »

VI 1 Ἐπείθετο ἡ Ἀρσάκη, ἀπελπισθεὶς γὰρ ἔρως οὐδε-
μίαν ἔχει φειδὼ τοῦ ἐρωμένου τρέπειν δὲ φιλεῖ τὴν ἀπο-
τυχίαν εἰς τιμωρίαν, καὶ τὸν ἀρχιευνοῦχον μετακαλεσα-
μένη τὰ δεδογμένα προσέταξεν. 2 Ὁ δὲ καὶ φύσει μὲν τὴν
εὐνούχων ζηλοτυπίαν νοσῶν, σμυχόμενος δὲ καὶ πάλαι κατὰ
τοῦ Θεαγένους ἐξ ὧν ἑώρα τε καὶ ὑπώπτευεν, εὐθὺς ἐν
δεσμοῖς εἶχε σιδηροῖς καὶ ἐπίεζε λιμῷ καὶ αἰκίαις, εἰς
οἴκημα ζοφῶδες κατακλεισάμενος καὶ εἰδότι μέν, ⟨μὴ⟩ προσ-
ποιουμένῳ δὲ καὶ πυνθανομένῳ δῆθεν τὴν αἰτίαν οὐδὲν
ἀποκρινόμενος, ἐπιτείνων δὲ ὁσημέραι τὰ τῆς κολάσεως
καὶ πλέον ἢ ἐβούλετο ἡ Ἀρσάκη καὶ ἐντέταλτο τιμωρούμε-
νος, εἰσφοιτᾶν δὲ οὐδενὶ παριεὶς ἢ μόνῃ τῇ Κυβέλῃ, τοῦτο
προστεταγμένον. 3 Ἡ δὲ ἐφοίτα συνεχῶς καὶ τροφὰς

2 ἐνέγκαιμι m : -οιμι ΒΑΤ ‖ 3 τὸ σῶμα ἐκεῖνο mΑΤ : ἐκ. τὸ σῶμα Β ‖
4 αὖ mΑΤ : οὖν Β ‖ 5 τε m : τὸ ΑΤ ‖ ἐπ' addidimus ‖ ἑλέσθαι ΒΡΖΑΤ :
τῶν ἑλ. V τῷ̃ ἑλ. Μ ‖ 6 σοὶ m : σὺ ΒΑΤ ‖ ἀνιαθείσῃ VΜΒ (-θήσῃ ΖΑΤ) :
ἀνιαθείᾳ Ρ ‖ 12 3 ὥς τι m : ὥστε ΖΑ ὅστις Τ ‖ 4 λυπῆσαι mΑΤ : λυπηθ-
ῆναι Ρ.

VI 1 1 ἔρως mΤ : ὁ ἔρως ΖΑ ‖ 2 1 ὁ δὲ mΑΤ : om. Ρ ‖ 2 σμυχόμενος
mΑΤ : σμιχ. Β ‖ 5 μὴ addidimus cf. Polyb. 5, 25, 7 ‖ 7 ὁσημέραι:
VΜΡΑΤ : ὡς ἡμ. ΒΖ ‖ 8 ἡ Ἀρσάκῃ ΒΡΖΑΤ : ἡ om. VΜ ‖ ἐντέταλτο
mΑΤ : ἐτέτ. Β ‖ 9 δὲ mΑΤ : τε Ρ ‖ 10 προστεταγμένον mΑΤ : προτετ. Β,

ordre exprès. **3** Elle venait souvent sous prétexte d'apporter secrètement des vivres au prisonnier. Elle en avait pitié, disait-elle, et ne pouvait s'empêcher de pleurer sur un homme qui avait été son hôte. En réalité, elle voulait se rendre compte de l'effet produit sur lui par le traitement qu'on lui infligeait, et voir s'il ne se se rendait pas et ne faiblissait pas sous les tourments. **4** Mais il n'en montrait que plus de courage et plus d'énergie à repousser ses tentatives, le corps épuisé de souffrances, mais l'âme forte et endurcie dans sa vertueuse résistance[1]. Il se félicitait et se glorifiait de son sort qui, parmi tant de déplaisirs, lui réservait du moins une faveur essentielle[2], en lui offrant l'occasion de montrer la fidélité de son attachement pour Chariclée. Pourvu qu'elle en eût connaissance, il s'estimait très heureux et sans cesse il appelait Chariclée sa vie, sa lumière et son âme[3]. **5** Cybèle, voyant cela, prenait le contre-pied des instructions d'Arsacé qui voulait une douce contrainte et qui avait livré Théagène non pour le faire mourir mais pour le forcer à céder et elle annonçait à Euphratès qu'il fallait aggraver le châtiment. **6** Mais elle vit que tous ses efforts étaient vains, et que l'expérience suggérée par elle ne donnait pas le résultat espéré. Elle avait conscience des dangers qu'elle courait. Oroondatès ne ferait pas attendre longtemps le châtiment, une fois mis au courant par Achéménès. A moins qu'Arsacé elle-même ne la fasse périr auparavant, pour s'être jouée d'elle en lui promettant de l'assister dans son amour. **7** Elle résolut alors de foncer droit sur l'obstacle, et de faire

---

1. Cf. Xénophon d'Ephèse, B IV, 4 ἔχουσιν ἐξουσίαν μου τοῦ σώματος, τὴν ψυχὴν δὲ ἐλευθέραν ἔχω.

2. Bekker, le seul éditeur qui ait tenu pour suspect le texte traditionnel, a fort bien vu que ces deux datifs, dans des constructions différentes, étaient difficilement acceptables et a proposé, sans toutefois l'adopter dans son texte, τὰ ταπεινὰ (ou τὰ χείρω) μέρη au lieu de τῷ πλείστῳ μέρει. Pour la correction adoptée par nous, cf. *Mélanges Navarre*, p. 367.

3. L'emploi fréquent des termes ζωή καὶ ψυχή dans le langage amoureux est mis en lumière par Juvénal, 6 194-5.

κρύφα παρεισφέρειν ἐνεδείκνυτο, οἰκτείρουσα μὲν δῆθεν καὶ ὑπὸ τῆς συνηθείας ἐπικλωμένη τὸ δὲ ἀληθὲς ἀποπειρωμένη ποίαν τινὰ γνώμην ἔχοι πρὸς τὰ παρόντα καὶ εἴπερ ἐνδιδοίη καὶ μαλάσσοιτο πρὸς τῶν στρεβλώσεων. 4 Ὁ δὲ ἦν πλέον ἀνὴρ τότε καὶ πλέον ἀπεμάχετο πρὸς τὰς πείρας, τὸ μὲν σῶμα καταπονούμενος τὴν δὲ ψυχὴν ἐπὶ σωφροσύνῃ ῥωννύμενος, καὶ μεγαλαυχούμενος ἅμα πρὸς τὴν τύχην καὶ γαυριῶν εἰ λυποῦσα τὸ πλεῖστον μέρει τῷ καιριωτάτῳ χαρίζοιτο, ἐπιδείξεως ἀφορμὴν τῆς εἰς τὴν Χαρίκλειαν εὐνοίας τε καὶ πίστεως παρεσχημένη, μόνον εἰ γινώσκοι ταῦτα κἀκείνη μέγιστόν ἀγαθὸν τιθέμενος καὶ συνεχῶς Χαρίκλειαν ζωὴν καὶ φῶς καὶ ψυχὴν ἀνακαλῶν. 5 Ὥστε καὶ ἡ Κυβέλη ταῦτα ὁρῶσα καὶ παρὰ μὲν τῆς Ἀρσάκης ὡς ἠρέμα βούλοιτο πιέζεσθαι τὸν Θεαγένην ἀκούουσα, οὐ γὰρ εἰς τελευτὴν ἀλλ' εἰς ἀνάγκην παραδεδωκέναι, αὐτὴ δὲ ἐκ τῶν ἐναντίων ἐπιτείνειν τὰ τῶν κολάσεων πρὸς τὸν Εὐφράτην ἀπαγγέλλουσα, 6 ὡς ἀνύουσα ᾔσθετο οὐδὲν ἀλλ' ἀπηγόρευτο καὶ αὐτὴ παρ' ἐλπίδας ἡ πεῖρα, συνεῖσα οἷ κακῶν ἦν καὶ νῦν μὲν τὴν ἐξ Ὀροονδάτου τιμωρίαν εἰ πύθοιτο ταῦτα παρὰ Ἀχαιμένους ὅσον οὐδέπω προσδοκῶσα, νῦν δὲ ὡς φθήσεται αὐτὴν διαχρωμένη τάχα καὶ ἡ Ἀρσάκη ὡς παιχθεῖσα εἰς τὴν τοῦ ἔρωτος σύλληψιν, 7 ὁμόσε χωρεῖν ἔγνω τοῖς κατειληφόσι καὶ μέγα τι κακὸν ἐπιτελέ-

---

3 4 ἔχοι VPZAT : ἔχει MB ‖ 5 ἐνδιδοίη mT : -δύη Ζ -δοὺς ἤ Α ‖ 4 3-4 τὴν δὲ— ῥωννύμενος om. Α ‖ 3 σωφροσύνῃ MPT : -ην VBZ ‖ 4 μεγαλαυχούμενος mAT : -ουμένοις Β ‖ 5 τὸ πλεῖστον nos : τῷ πλείστῳ codd. ‖ 6 τῆς εἰς τὴν Χαρ. P : τὴν Χαρ. Β τῆς εἰς Χαρ. ΖΑΤ τὴν εἰς Χαρ. VM ‖ 7 γιγνώσκοι VPZT : -ει ΜΑ γίνωσκε Β ‖ 9 ζωὴν καὶ (καὶ om. Α) φῶς καὶ ψυχὴν ἀνακαλῶν mAT : καὶ φῶς καὶ ψ. καὶ ζ. ἀνακ. Μ et edd. ‖ 5 3 ἀκούουσα mT : ἀκούσασα Α ‖ 4 αὐτὴ (-ῆ Ζ) mA : αὐτῆ PT ‖ 5 ἐκ τῶν ἐναντίων mT : εἰς τὸ ἐναντίον Α ‖ 6 ἀπαγγέλλουσα VZT : -γέλουσα ΜΒΑ ἐπαγγελοῦσα P ‖ 6 2 ἀπηγόρευτο VMB : -γορεύετο PZAT ‖ αὕτη nos : αὐτὴ VMBAT αὐτῆ PZ ‖ ἐλπίδας mAT : -ίδα Μ ‖ post ἐλπίδας add. Τ ἡ προσβολὴ ὅπου καὶ εἰς ποῖον μέρος ‖ ἡ πεῖρα BPZAT : τῇ πείρᾳ VM ‖ 3 οἷ (οἵ Ζ) mT : οἷα Β οἵων Α ‖ κακῶν mAT : κακόν Ζ ‖ 5 νῦν δὲ mAT : νῦν μὲν P ‖ ὡς φθήσεται mT : ὀφθήσ. P προσφθήσ. Α ‖ 7 2 καὶ mT : om. ZA.

quelque malheur, qui assurerait le succès d'Arsacé et la
délivrerait elle même de la menace immédiate que sa maîtresse faisait peser sur elle. Sinon, elle ferait disparaître
toute trace de cette intrigue par la mort de tous les témoins.
8 Elle alla trouver Arsacé : « Nous nous donnons du mal
inutilement, Madame. Il ne se rend pas ce féroce garçon,
chaque jour il devient plus insolent. Il n'a à la bouche que
le nom de Chariclée, il l'appelle, il l'invoque et ce lui est,
semble-t-il, un calmant et un baume pour apaiser ses douleurs. **9** Jetons l'ancre[1] du salut comme dit le proverbe,
et débarrassons-nous de celle qui embarrasse notre route.
Quand il apprendra qu'elle n'est plus, il changera sans
doute de sentiment et se décidera à nous satisfaire, en
voyant qu'il ne peut plus compter sur l'amour de cette fille.»

VII 1 Arsacé saisit immédiatement ce qu'elle voulait
dire. La jalousie qu'elle nourrissait déjà s'accrut à entendre
ces paroles irritantes. « Tu as raison, dit-elle. Je vais m'occuper de donner des ordres pour faire disparaître cette
peste. » « Mais, reprit Cybèle, qui voudra t'obéir? Tu as
tout pouvoir, sauf celui de mettre à mort sans un jugement
des magistrats persans. La loi l'interdit. **2** Que d'affaires
et d'ennuis en perspective s'il te faut inventer contre cette
jeune fille des griefs et des accusations. Sans compter que
nous ne sommes pas sûres d'obtenir créance. Mais, si tu
veux, moi qui suis prête à tout faire et à tout endurer
pour toi, je me chargerai de mener à bien cette affaire au
moyen du poison et par un breuvage magique je te débar-
rasserai de ton adversaire. » Arsacé approuva Cybèle et

---

1. Il convenait à un navire d'avoir plus d'un ancre; c'était un
proverbe , par ex. Euripide, Fragment 774 (Nauck) :

νᾶυν τοι μί' ἄγκυρ' οὐχ ὁμῶς σῴζειν φιλεῖ
ὡς τρεῖς ἀφέντι.

Les Grecs aimaient à donner à ce sentiment une application métapho-
rique. Ainsi la phrase τελευταίαν ῥίπτειν ἄγκυραν signifie : accomplir
un acte de désespoir et tenter l'ultime chance de salut ; cf. le Scoliaste
d'Euripide, *Hécube*, 76 τελευταία ἄγκυρα, ἀπὸ μεταφορᾶς τῶν ναυτιλ-

σασα ή κατορθῶσαι τῇ Ἀρσάκῃ τὰ κατὰ γνώμην καὶ τὸ
παρὸν τὸν ἀπ' ἐκείνης προσδοκώμενον διαδῦναι κίνδυνον ἤ
τοὺς ἐλέγχους τῶν πάντων πραγμάτων ἀφανίσαι θανάτους
ἅμα πᾶσιν ἐπινοήσασα. 8 Καὶ πρὸς τὴν Ἀρσάκην ἐλθοῦσα
« Μάτην » ἔφη « κάμνομεν, ὦ δέσποινα· οὐ γὰρ ἐνδίδωσιν
ὁ ἀπηνὴς ἐκεῖνος ἀλλ' ἀεὶ γίνεται καὶ πλέον θρασύτερος
Χαρίκλειαν διὰ στόματος ἔχων καὶ ταῖς ἐκείνης ἀνακλή-
σεσιν ὥσπερ θεραπείαις παρηγούμενος. 9 Τελευταίαν
οὖν, εἰ δοκεῖ, τὸ τοῦ λόγου, ῥίψωμεν ἄγκυραν καὶ τὴν ἐμποδὼν γινομένην ἐκποδὼν ποιησώμεθα. Εἰ γὰρ μάθοι μὴ
οὖσαν, εἰκός που καὶ μεταβληθῆναι αὐτὸν πρὸς τὸ βούλημα
τὸ ἡμέτερον ἀπογνόντα τὸν ἐπ' ἐκείνῃ πόθον. »

VII 1 Ἅρπαγμα τὸ ῥηθὲν ἐποιήσατο ἡ Ἀρσάκη καὶ τὴν
ἐκ πολλοῦ ζηλοτυπίαν ὀργῇ τῶν εἰρημένων ἐπιτείνασα
« Εὖ λέγεις » ἔφη « καὶ μελήσει μοι προστάξαι τὴν ἀλιτήριον ἀναιρεθῆναι. » « Καὶ τίς ὁ πεισθησόμενος; » ἀπεκρίνατο ἡ Κυβέλη. « Πάντων γὰρ ἐν ἐξουσίᾳ σοι τυγχανούσῃ
τὸ ἀναιρεῖν δίχα κρίσεως τῶν ἐν τέλει Περσῶν πρὸς τῶν
νόμων ἀπηγόρευται. 2 Δεήσει τοίνυν πραγμάτων σοι καὶ
δυσχερείας, αἰτίας τινὰς καὶ ἐγκλήματα κατὰ τῆς κόρης
ἀναπλαττούσῃ, καὶ πρόσεστι τὸ ἄδηλον εἰ πιστευθησόμεθα.
Ἀλλ' εἰ δοκεῖ, πάντα γὰρ ὑπὲρ σοῦ καὶ πράττειν καὶ
πάσχειν ἕτοιμος, φαρμάκῳ τὴν ἐπιβουλὴν διακονήσομαι καὶ
ποτῷ γεγοητευμένῳ τὴν ἀντίδικον ἐκποδὼν ποιήσομαι. »

3 τὰ κατὰ VMT : τὰ om. BPZA ‖ 4 διαδῦναι mT : διαδοῦναι ZA ‖ 6 πᾶσιν
mAT : om. P ‖ 8 4 διὰ mAT : ἐπὶ M ‖ 9 1 τελευταίαν VMPT : -αῖαν B
-αῖον ZA ‖ 2 δοκεῖ mAT : -εῖν Z ‖ τὸ τοῦ mT : τὸ om. ZA ‖ 3 μάθοι μὴ
mT : μάθοι οὐκ M μάθοιμεν A ‖ 4 βούλημα B : -ευμα mAT ‖ 5 ἐκείνῃ m :
-ης ZAT.

VII 1 2 ἐπιτείνασα mT : -νουσα ZA ‖ 3 λέγεις mAT : -ειν P ‖ 5 πάντων
mAT : πάντα B ‖ 6 περσῶν mAT : om. B ‖ 6-7 τῶν νόμων mAT (post corr.
P) : τὸν νόμον B ‖ 2 3 πρόσεστι T (πρός ἐστι ZA πρόσετι B) : πρὸς ἔτι V
προσέτι MP ‖ 6 γεγοητευμένῳ VMZAT : γοητευομένῳ P -ευσαμένῳ B

lui donna l'ordre d'agir. **3** Elle partit aussitôt et trouva Chariclée en train de gémir et de pleurer; abîmée dans sa douleur elle se demandait comment elle pourrait se délivrer de la vie[1]. (Car elle se rendait compte maintenant du sort de Théagène, malgré les efforts tentés dès le début par Cybèle pour la tromper et expliquer par divers prétextes pourquoi on ne le voyait plus venir comme avant dans leur logis.) **4** « Malheureuse, lui dit-elle, quand cesseras-tu de te tourmenter et de te consumer pour rien? Ton Théagène est délivré; il viendra ici dès ce soir. Madame, un peu irritée contre lui, à cause d'une faute dans son service, l'avait fait enfermer. Elle a promis de le mettre en liberté aujourd'hui, à l'occasion d'une fête solennelle qu'elle doit célébrer, et pour répondre à mes instantes prières. Reprends courage, ressaisis-toi un peu et décide-toi à partager mon repas. » **5** « Comment pourrais-je te croire ? répartit Chariclée. Tes mensonges continuels m'enlèvent toute confiance dans tes paroles. » — « Je le jure par tous les dieux du ciel, tu seras aujourd'hui délivrée de tous tes maux et à l'abri de tout souci. Garde-toi seulement de te donner toi-même la mort. Depuis tant de jours tu n'as pas mangé ! Allons goûte, pour me faire plaisir, à ces mets qui se trouvent là servis à souhait. » **6** Chariclée à grand' peine se laissa persuader. Elle flairait comme d'habitude quelque tromperie. Mais les serments avaient parfois raison

---

λομένων οἳ τὰς ἄλλας ῥίψαντες ἀγκύρας, ἂν μηδὲν δι' αὐτῶν ἀνύσωσιν, ἐπὶ τῇ τελευταίᾳ τὰς ἐλπίδας ἔχουσι. Malgré la parenthèse d'Héliodore (τὸ τοῦ λόγου), la phrase semble être seulement post-classique; cf. Nicétas Eugénianus. VI, 349-50.

> ῥίψω τὸ λοιπόν, ὡς ὁ γηράσας λόγος,
> ἐν κινδύνοις ἄγκυραν αὖθις ἐσχάτην.

La dernière ancre était aussi appelée ἱερὰ ἄγκυρα, cf. Lucien, *Les Fugitifs*, 13, τὴν ὑστάτην ἄγκυραν, ἣν ἱερὰν οἱ ναυτιλλόμενοί φασι, καθιέναι, et Pollux, I, 93 ἄγκυρα ἱερά, ᾗ χωρὶς ἀνάγκης οὐ χρῶνται.

1. La périphrase ἐξάγειν τοῦ βίου (ou τοῦ ζῆν) dans le sens de « faire périr » semble avoir été usitée exclusivement par les auteurs de la période post-classique, et appliquée spécialement à l'acte du suicide. On la trouve par exemple chez Polybe 24 12, 13 et chez Plutarque, *Œuvres Morales*, 837 e, etc. (M.)

Ἐπήνεσε ταῦτα ἡ Ἀρσάκη καὶ ποιεῖν ἐκέλευεν. 3 Ἡ δὲ
αὐτίκα ὥρμησε καὶ καταλαβοῦσα τὴν Χαρίκλειαν ἐν ὀδυρ-
μοῖς καὶ δάκρυσι καὶ τί γὰρ ἄλλ' ἢ πενθοῦσαν καὶ ὅπως
ἑαυτὴν ἐξάξει τοῦ βίου διανοουμένην, (ἤδη γὰρ ὑπήσθητο
τὰς ἀμφὶ Θεαγένει τύχας ποικίλως αὐτὴν καὶ ταῦτα τῆς
Κυβέλης τὰ πρῶτα βουκολούσης καὶ τοῦ μὴ ὁρᾶσθαι αὐτὸν
μηδὲ φοιτᾶν συνήθως εἰς τὸ δωμάτιον ἄλλοτε ἄλλας προφάσεις ἀναπλαττούσης), 4 [καὶ] « Ὦ δαιμονία » φησὶν
« οὐ παύσῃ σαυτὴν τρύχουσα καὶ καταναλίσκουσα μάτην;
Ἰδού σοι καὶ Θεαγένης ἀφεῖται καὶ ἥξει τήμερον εἰς ἑσπέραν. Ἡ γὰρ δέσποινα πλημμελήσαντά τι κατὰ τὴν διακονίαν εἰς βραχὺ παροξυνθεῖσα καὶ καθειρχθῆναι προστάξασα
τήμερον ἀφήσειν ἐπηγγείλατο, ἑορτήν τινα πάτριον εὐωχεῖν
μέλλουσα καὶ ἅμα καὶ πρὸς ἐμοῦ λιπαρηθεῖσα· ὥστε ἀνίσ-
τασο καὶ σαυτὴν ἀναλάμβανε μικρὸν καὶ τροφῆς σὺν ἡμῖν
νῦν γοῦν ποτε μεταλαβοῦσα. » 5 « Καὶ πῶς ἂν » ἔφη
« πεισθείην; » ἡ Χαρίκλεια· « τὸ γὰρ συνεχῶς σε πρός με
διαψεύδεσθαι τὸ πιστὸν τῶν παρά σου λεγομένων ὑποτέμνε-
ται. » Καὶ ἡ Κυβέλη « Θεοὺς » ἔφη « ἐπόμνυμι πάντας ἦ
μὴν λυθήσεσθαί σοι πάντα τήμερον καὶ πάσης σε φροντίδος ἀπαλλαγήσεσθαι. Μόνον μὴ προαναίρει σαυτὴν ἡμερῶν
ἤδη τοσούτων ἄπόσιτος οὖσα, ἀλλ' ἀπόγευσαι εἴκουσα τῶν
εἰς καιρὸν ηὐτρεπισμένων. » 6 Μόλις μὲν ἐπείθετο
δ' οὖν ὅμως ἡ Χαρίκλεια, τὸ μὲν ἀπατηλὸν συνήθως ὑφο-
ρωμένη τοῖς δὲ ὅρκοις ἐν μέρει πειθομένη καὶ τὸ ἡδὺ τῶν

7 ἐπήνεσε mAT : ἐπήνευσε B ‖ ἐκέλευεν mT : -ευσεν ZA ‖ 3 2 καὶ mAT :
om. B ‖ 4 ἑαυτὴν BPT : om. ZA ποικίλως αὐτὴν VM ‖ ἐξάξει VBA : -ξῃ
PZ -ξοι MT ‖ διανοουμένην mT : -μένη ZA ‖ ὑπήσθητο mT : -ετο PA ‖
5 Θεαγένει BZA : -γένη VT -γένην M (τὸν -γένην P) ‖ ποικίλως αὐτὴν
BPZAT : om. VM ‖ 7 μηδὲ mAT : καὶ μὴ B ‖ 4 1 καὶ seclusimus ‖ 3 Θεαγένης mA : ὁ Θεαγ. PT ‖ 6 ἐπηγγείλατο VMZAT : ἀπηγγ. BP ‖ 7 καὶ πρὸς
(παρ' B) ἐμοῦ λιπαρηθεῖσα mT : λιπ. πρὸς ἐμοῦ A ‖ 8 μικρὸν καὶ BT : καὶ
μικρᾶς P καὶ VMZA ‖ 9 νῦν γοῦν VBPT : γοῦν M γε νῦν ZA ‖ 5 2 πεισθείην mAT : -είη B ‖ συνεχῶς mT : -εχῇ ZA ‖ 5 πάντα BPZAT : τὰ
VM ‖ 6 προαναίρει (-αίρη Z) m : -αιρέσης A -αιρήσης T ‖ 7 οὖσα VM :
om. BPZAT ‖ εἴκουσα mAT : ἤκουσα Z.

de sa défiance, la joie de cette nouvelle l'avait disposée à l'accueillir comme vraie. Car chacun croit aisément ce qu'il désire[1]. 7 Elles se mirent à table et mangèrent. Au moment où une fille d'honneur[2] apportait les coupes de vin trempé, Cybèle lui fit signe d'en offrir à boire à Chariclée d'abord ; ensuite elle prit la coupe et but à son tour. La vieille n'avait pas achevé de boire qu'on la vit prise de vertige. Elle vida à terre le peu qui restait et jeta sur la servante un regard furieux, tandis que des spasmes et des convulsions atroces la torturaient.

VIII 1 Le trouble et l'effroi envahirent l'assistance, et Chariclée elle-même qui faisait des efforts pour la ranimer. Nulle flèche empoisonnée n'aurait causé des ravages aussi rapides, et ce breuvage, capable de tuer un être jeune dans la force de l'âge, était encore plus meurtrier pour un corps usé et flétri par l'âge, et il se répandit dans les organes vitaux plus vite qu'on ne pourrait le dire. 2 Les yeux de la vieille étaient enflammés ; ses membres, lorsque les convulsions eurent cessé, se paralysèrent, et sa peau devint noire. Mais je pense que le cœur de cette fourbe était encore plus méchant que le poison. Cybèle, même entre les bras de la mort, ne renonçait pas à sa traîtrise : par signes ou paroles entrecoupées elle désigna Chariclée comme

1. Cf. Chariton, Γ IX, 3 ὁ γὰρ βούλεται· τοῦθ' ἕκαστος καὶ οἴεται et ς V, 1 φύσει γὰρ ἄνθρωπος, ὃ βούλεται, τοῦτο καὶ οἴεται.

2. On ne sait s'il faut écrire ἄδρα ou ἅδρα. Le mot est probablement d'origine sémitique et sans rapport avec le grec ἁδρός. Ménandre est le premier auteur où on le trouve employé, par exemple, **Fragment 64** (Kock) :

> ᾤμην, εἰ τὸ χρυσίον λάβοι
> ὁ γέρων, θεράπαιναν εὐθὺς ἠγορασάμην
> ἄδραν ἔσεσθαι,

mais il est commun chez les écrivains postérieurs ; par ex. *Les Septante :* Plutarque, *César*, 10 ; Lucien, *Toxaris*, 14, etc., Alciphron, IV, 7 (I, 34). Le seul autre exemple parmi les romanciers semble être chez Chariton A IV, 1 τὴν ἄδραν (ἅδραν ms.) γὰρ τῆς Καλλιρόης καὶ τιμιωτάτην τῶν θεραπαινίδων. Beaucoup d'exemples prouvent que ἄδρα n'est pas un nom propre mais un terme général pour désigner une servante favorite ; cf. Βαγώας = eunuque (p. 5, note 1).

ἐπαγγελθέντων ἑκοῦσα καταδεχομένη· ἃ γὰρ ἐπιθυμεῖ ἡ
ψυχὴ καὶ πιστεύειν φιλεῖ. 7 Κατακλινεῖσαι τοίνυν εἰσ-
τιῶντο· καὶ τῆς, διακονουμένης ἅβρας οἴνου κεκραμένου
κύλικας ἐπιδούσης, προτέρᾳ τῇ Χαρικλείᾳ προσφέρειν ἡ
Κυβέλη νεύσασα μετ' ἐκείνην αὐτὴ λαβοῦσα ἔπινε. Καὶ
οὔπω τὸ πᾶν ἐκπέποτο καὶ ἰλιγγιᾶν ἐφαίνετο ἡ πρεσβῦτις,
τό τε περιττεῦσαν ὀλίγον ἐκχέασα δριμύ τε εἰς τὴν θερά-
παιναν ἐνεώρα καὶ σπασμοῖς τε καὶ σφακελισμοῖς ὀξυτάτοις ἐπιέζετο.

VIII 1 Θόρυβός τε κατειλήφει μὲν καὶ τὴν Χαρίκλειαν
καὶ ἀναλαμβάνειν ἐπειρᾶτο, κατειλήφει δὲ καὶ τοὺς παρόν-
τας· τὸ γὰρ κακὸν ὡς ἐῴκει τοξεύματος παντὸς ὀξύτερον
ἰῷ φθοροποιῷ δεδευμένου καὶ ἱκανὸν καὶ νέον τινὰ καὶ
ἀκμάζοντα διαχρήσασθαι τότε καὶ πλέον εἰς γηραιὸν σῶμα
καὶ ἀπεσκληκὸς ἤδη προσομιλῆσαν ὀξύτερον ἢ ὥστε εἰπεῖν
τῶν καιριωτέρων καθίκετο. 2 Καὶ τό τε ὄμμα ἡ πρεσβῦτις ἐπίμπρατο καὶ τὰ μέλη τῶν σπασμῶν ἐνδόντων πρὸς
τὸ ἀκίνητον παρεῖτο καὶ χροιὰ μελαίνουσα τὴν ἐπιφάνειαν
ἐπεπόλαζεν. Ἀλλ' ἦν οἶμαι καὶ δηλητηρίου ψυχὴ δολερὰ
πικρότερον· ἡ γοῦν Κυβέλη καὶ ἐκθνήσκουσα οὐ μεθίετο
τῶν πανουργημάτων ἀλλὰ τὰ μὲν νεύμασι τὰ δὲ παραφθεγγο-
μένη Χαρίκλειαν εἶναι τὴν ἐπιβουλεύσασαν ἐνεδείκνυτο.

6 4 καταδεχομένη πιΑΤ : κατεχ. Β ‖ ἡ ψυχὴ ΒΡΖΑΤ : ἡ om. VM ‖
7 1 κατακλινεῖσαι (cf. Ε ΧΧΧΙ, 3 1) πι : -κλιθεῖσαι ΡΑΤ ‖ 2 τῆς
VΡΖΑΤ : τοῖς ΜΒ ‖ διακονουμένης (cf. Ε ΙΧ, 2 4 ; Ζ ΙΧ, 4 3) mΑΤ :
διακονούσης Β ‖ ἅβρας (ἅδ. Ζ) mΑΤ : αὖρας Μ ‖ 4 λαβοῦσα ΒΡΖΑ : ἀντι-
λαβ. VΜΤ ‖ 5 ἐκπέποτο mΤ : -ωτο ΜΑ ‖ 7 ἐνεώρα mΑΤ : ἑώρα Ρ ‖ τε
καὶ mΤ : καὶ Β τε Α ‖ 7-8 ὀξυτάτοις mΑΤ : -ης Β.

VIII 1 4 ἰῷ nos cf. Θ ΧΙΧ, 2 8 : τῷ codd. ‖ δεδευμένου hoc vertit
Amyot : -μένον (ex -μένων mut. Α) codd. ‖ 6 ἀπεσκληκὸς (cf. κατεσχ.
Ε ΧΧΙΙ, 1 3) Ρ : ἀπεσθηκὸς mΤ ἀπέσθη καὶ ὡς Α ‖ 7 καιριωτέρων
VΜΤ : χυρ. ΒΡΖΑ ‖ 2 1 ἡ πιΑΤ : καὶ Ρ ‖ 2 ἐπίμπρατο ΒΡΖ : ἐπίπρ. V
ἐμπίπρ. ΜΑ ἐνεπίμπρ. Τ ‖ ἐνδόντων mΑΤ : om. Β ‖ 6 πανουργημάτων
mΑΤ : -γιῶν Β ‖ νεύμασι mΑΤ : νεύματα Ρ ‖ 7 ἐπιβουλεύσασαν ΒΡΖΑΤ :
-ευσαμένην VΜ ‖ ἐνεδείκνυτο ΒΡΖΑΤ : ἐπεδ. VΜ.

auteur de l'attentat ; **3** puis elle rendit l'âme. Chariclée
est enchaînée et emmenée tout de suite devant Arsacé.
Celle-ci lui demande si c'est elle qui a préparé le poison,
et la menace, au cas où elle refuserait d'avouer la vérité,
des supplices et de la torture. Alors Chariclée offrit aux
regards des assistants un spectacle inattendu [1]. **4** Loin de
manifester de l'abattement, ni la moindre bassesse de sentiments, on la vit rire et se moquer de ce qui arrivait. La
conscience de son innocence [2] lui faisait mépriser cette
calomnie. Elle était heureuse de suivre Théagène dans la
mort, et de se voir épargner un acte de désespoir impie,
puisque d'autres allaient exécuter le dessein qu'elle avait
formé. **5** « Merveilleuse princesse, dit-elle, si Théagène
est vivant, je me déclare innocente de ce meurtre. S'il lui
est arrivé malheur par suite de tes infâmes machinations,
nul besoin de me mettre à la question : c'est moi qui ai em-
poisonné celle qui t'a donné son lait et une si belle édu-
cation. Tue-moi tout de suite. C'est là le plus cher désir
de Théagène, fidèle contempteur d'une femme infidèle. »

IX **1** Mise en fureur par ces paroles, Arsacé la fit
souffleter. « Conduisez cette peste en prison, chargée de
ses liens. Faites-lui voir son bel amoureux traité comme
elle et comme il le mérite. Couvrez-les de chaînes. Confiez-
là à Euphratès : il la gardera ; dès demain une sentence
des magistrats perses la condamnera à mort [3]. **2** Tandis

---

1. Théagène, mis à l'épreuve par Arsacé, fait preuve lui aussi de beaucoup de constance (VI, 4). L'auteur semble avoir voulu créer entre ses
héros une rivalité de vertu et de générosité. Par là apparaît l'intention
moralisatrice de son roman. (M.)

2. Cf. ς VII, 7 7 μετὰ ἀγαθοῦ τοῦ συνειδότος et E XX, 7 avec la
note (vol. II, p. 64, note 1). Chariton Γ IV, 13, emploie τὸ συνειδός dans le
même sens.

3. Arsacé, qui avait les pleins pouvoirs de son mari pendant son absence,
ne possédait pas cependant le droit de vie et de mort, lequel, au dire
d'Héliodore, appartenait à l'Assemblée perse (cf. 5 4-7 et VII, 1 5-7 πάντων γὰρ ἐν ἐξουσίᾳ σοι τυγχανούσῃ τὸ ἀναιρεῖν δίχα κρίσεως τῶν ἐν

3 Καὶ ὁμοῦ τε ἡ γραῦς ἀπέπνει καὶ ἡ Χαρίκλεια δεσμῶτις
εἵχετο καὶ παρὰ τὴν Ἀρσάκην αὐτίκα ἤγετο· τῆς δὲ πυνθα-
νομένης εἰ τὸ φάρμακον αὐτὴ σκευάσειε καὶ εἰ μὴ βούλοιτο
λέγειν τὸ ἀληθὲς κολαστήρια καὶ βασάνους ἀπειλούσης,
καινὸν ἦν ἡ Χαρίκλεια τοῖς ὁρῶσι θέαμα. 4 Οὔτε γὰρ
κατηφήσασα οὔτε ἀγεννές τι παθοῦσα γέλωτα ἐφαίνετο
καὶ χλεύην τὰ παρόντα ποιουμένη, τὸ μὲν ὑπὸ ἀγαθοῦ τοῦ
συνειδότος τῆς συκοφαντίας ἀφροντιστοῦσα τὸ δὲ χαίρουσα
εἰ Θεαγένους οὐκέτι ὄντος τεθνήξεται καὶ κερδήσει τὸ
ἐναγὲς τῆς πράξεως, ὃ καθ' ἑαυτῆς ἐγνώκει ποιεῖν, ἑτέρων τοῦτο δρασάντων. 5 Καὶ « Ὦ θαυμασία » ἔφη « εἰ
μὲν ζῇ Θεαγένης καθαρεύω κἀγὼ τοῦ φόνου· εἰ δέ τι πέπον-
θεν ὑπὸ τῶν σῶν ὁσίων βουλευμάτων, οὐδὲν δεῖ σοι τῶν
κατ' ἐμοῦ βασάνων· ἔχεις με τὴν φαρμακίδα τῆς καὶ θρε-
ψαμένης σε καὶ πρὸς τὰ κάλλιστα τῶν ἔργων παιδευσαμέ-
νης, καὶ ἀπόσφαττε μὴ μελλήσασα· οὐδὲν γὰρ οὕτως ἐφίλει
Θεαγένης ὁ τῶν σῶν ἀνόμων βουλευμάτων ἔννομος ὑπε-
ροπτής. »

ΙΧ 1 Ἐξέμηνε τὰ εἰρημένα τὴν Ἀρσάκην καὶ διαρραπισθῆναι κελεύσασα « Ὡς ἔχει » ⟨ἔφη⟩ « δεσμῶν ἄγετε τὴν
ἀλιτήριον καὶ ἐν τοῖς ὁμοίοις ὄντα κατ' ἀξίαν ἐπιδείξαντες
τὸν θαυμαστὸν αὐτῆς ἐρώμενον παντί τε μέλει τὰ δεσμὰ
ἐπιβαλόντες Εὐφράτῃ καὶ ταύτην παράδοτε φυλαχθησο-
μένην εἰς αὔριον τήν τε διὰ θανάτου τιμωρίαν ὑπὸ κρίσει
τῶν ἐν τέλει Περσῶν ὑφέξουσαν. » 2 Ἤδη δὲ ἀγομένης

3 1 δεσμῶτις (-ότις Ζ) ΒΡΖΑΤ : δὲ δεσμ. VM ‖ 3 αὐτῇ VMA : αὐτῇ
Ζ αὐτη ΒΡΤ ‖ σκευάσειε mΑΤ : κατασχ. Ρ ‖ 4 2 ἀγεννές VT : ἀγενές
mΑ ‖ γέλωτα nos : γελῶσα mΑ γέλων Ρ ‖ 4 τῆς mΑΤ : τὰ τῆς Β ‖
5 ὄντος mΑΤ : -ως Ζ ‖ 7 τοῦτο mΑΤ : τούτων Ζ ‖ 5 3 ὁσίων mΑΤ : ἄνοσ.
Μ ‖ δεῖ mΑΤ : δή Ζ ‖ 4 post φαρμακίδα add. καὶ πολλῷ μᾶλλον Ρ ‖ τῆς
καὶ mΑΤ : τῆς Ρ ‖ 6 μελλήσασα VMZA : μελήσ. ΒΡΤ.

ΙΧ 1 1-2 διαρραπισθῆναι VMBAT : διαραπ. ΡΖ ‖ 2 ἔφη addidimus (εἶπε
post ἄγετε add. Coraes) ‖ 4 τε mΤ : om. ΖΑ ‖ 5 ἐπιβαλόντες VMΡΑΤ :
ἐπιβάλλόντες Ζ ἐπιβάλλοντες Β.

qu'on l'emmenait, la jeune fille qui avait offert le vin à
Cybèle (c'était un des deux esclaves ioniens qu'Arsacé au
début avait donnés aux jeunes gens pour leur service
personnel[1]), soit par sympathie pour Chariclée avec qui
elle avait vécu familièrement, soit par une inspiration
divine[2], s'écria, en pleurant et en gémissant : « La malheureuse! elle n'a rien fait! » **3** Les assistants surpris lui
demandèrent d'expliquer clairement ce qu'elle voulait dire.
Elle avoua que c'était elle qui avait donné le poison à
Cybèle. Celle-ci le lui avait remis à l'avance pour le donner à Chariclée, mais ensuite, bouleversée par l'idée de
participer à une action louche, ou bien troublée par Cybèle
qui lui faisait signe de servir Chariclée la première, elle
s'était trompée de coupe et avait offert le poison à la
vieille. **4** On l'emmena immédiatement devant Arsacé.
Tous considéraient comme une bonne aubaine la décou-
verte de l'innocence de Chariclée. La noblesse des sentiments et du visage dispose à la pitié même un cœur bar-
bare[3]. La déclaration de la servante n'eut d'autre effet que
de faire dire à Arsacé : elle est sans doute complice.
5 Elle la fit enchaîner et mettre en prison, en attendant
qu'elle fût jugée. Elle envoya convoquer pour le lendemain, en vue du jugement[4], les magistrats perses qui avaient
pouvoir de délibérer sur les affaires de l'État, de rendre

τέλει Περσῶν πρὸς τῶν νόμων ἀπηγόρευται). Il semble bien qu'il n'y
ait pas d'autre exemple de la limitation des pouvoirs d'un satrape.

1. Cf. Z XIX, 6 1-3 σιναπέστειλε δὲ καὶ ἀνδράποδα ὑπηρετησόμενα,
κόριον μὲν τῇ Χαρικλείᾳ παιδάριον δὲ τῷ Θεαγένει τὸ μὲν γένος Ἰωνικὰ
τὴν δὲ ἡλικίαν ἤδης ἐντός. C'est la servante appelée ἄβρα VII, 7 2.

2. Ici apparaît ce souci constant qu'a Héliodore de proposer deux
explications des événements ou des actes de ses personnages : une explication « socratique », si l'on peut dire, et une explication surnaturelle
ou religieuse. Au lecteur de choisir, selon ses sentiments. (M.)

3. Héliodore a déjà noté cette « humanité » des barbares. Cf. Λ IV,
3 3-4 οὕτως εὐγενείας ἔμφασις καὶ κάλλους ὄψις καὶ λῃστρικὸν ἦθος ὑπο-
τάττειν καὶ κρατεῖν καὶ τῶν αὐχμηροτέρων δύναται et E VII, 3 4-6
τοὺς γὰρ καλοὺς καὶ βάρβαροι χεῖρες ὡς ἔοικε δυσωποῦνται καὶ πρὸς τὴν
ἐράσμιον θέαν καὶ ἀπρόσφυλος ὀφθαλμὸς ἡμεροῦται.

4. Cf. p. 16, note 3.

τὸ οἰνοχοῆσαν τῇ Κυβέλῃ παιδισκάριον (ἦν δὲ τῶν Ἰωνικῶν
θάτερον τῶν εἰς διακονίαν παρὰ τὴν πρώτην ὑπὸ τῆς
Ἀρσάκης τοῖς νέοις δωρηθέντων) εἴτε τι παθὸν εὐνοίᾳ τῇ
περὶ τὴν Χαρίκλειαν ὑπὸ συνηθείας τε καὶ συνδιαιτήσεως,
εἴτε καὶ δαιμονίᾳ βουλήσει χρησάμενον, ὑπεδάκρυσέ τε καὶ
ἐστέναξε καὶ « Ὦ τῆς ἀθλίας » ἔφη, « τῆς οὐδὲν αἰτίας. »
3 Τῶν δὲ περιεστώτων θαυμασάντων καὶ σαφῶς ὅτι βούλοιτο λέγειν ἐκφαίνειν ἀναγκαζόντων, αὐτὴ δεδωκέναι διωμολόγει τῇ Κυβέλῃ τὸ φάρμακον εἰληφέναι δὲ παρ' αὐτῆς
ἐκείνης ἐφ' ᾧ δοῦναι μὲν τῇ Χαρικλείᾳ, προληφθεῖσαν δὲ
εἴτε ὑπὸ θορύβου τῆς κατὰ τὴν πρᾶξιν ἀτοπίας εἴτε καὶ
συγχεθεῖσαν ὑπὸ τῆς Κυβέλης προτέρᾳ δοῦναι τῇ Χαρικλείᾳ
νευούσης, ἐναλλάξαι τὰς κύλικας καὶ τῇ πρεσβύτιδι προσ-
ενεγκεῖν ἐν ᾧ ἦν τὸ φάρμακον. 4 Ἤγετο οὖν ἐπὶ τὴν
Ἀρσάκην εὐθέως, ἕρμαιον ἁπάντων ποιουμένων ἐλευθέραν
εὑρεθῆναι τῶν ἐγκλημάτων τὴν Χαρίκλειαν· εὐγενοῦς γὰρ
ἤθους καὶ ὄψεως καὶ βάρβαρον γένος οἶκτος εἰσέρχεται.
5 Καὶ εἰπούσης ταῦτα τῆς θεραπαινίδος πλέον ἐγένετο
οὐδέν, ἀλλ' « Ἡ καὶ αὕτη συνεργὸς ἔοικεν εἶναι » εἰποῦσα ἡ
Ἀρσάκη δεσμεῖσθαι καὶ φρουρεῖσθαι εἰς τὴν κρίσιν ἐκέ-
λευσε· τούς τε δυναστὰς Περσῶν οἳ τοῦ βουλεύεσθαι ὑπὲρ
τῶν κοινῶν καὶ δικάζειν τε καὶ τιμωρίας ὁρίζειν τὴν ἰσχὺν
εἶχον ἐπὶ τὴν κρίσιν εἰς τὴν ἑξῆς παρεκάλει διαπέμπουσα.

2 3 θάτερον Coraes : ἄτερον mT ἀστέρων ΖΑ ‖ 4 νέοις mAT : om. B ‖
τι mAT : om. B ‖ παθὸν mAT (ex -ὼν mut. P) : -ῶν Ζ ‖ εὐνοίᾳ mT :
ἐννοίᾳ ΖΑ ‖ 4-5 τῇ περὶ mT : τῆς περὶ ΖΑ ‖ 3 1 θαυμασάντων mAT : θαυμά-
των Ζ ‖ 1-2 βούλοιτο λέγειν ΒΡΖΑΤ : λέγ. βούλ. VM ‖ 2 αὐτὴ mAT : αὕτη Β ‖
2-3 διωμολόγει (διομ. V) post δεδωκέναι mAT : post Κυβέλῃ Β ‖ 3 εἰληφέναι mT : -έται Ζ εἴληφε Α ‖ δὲ ΒΡΤ : τε VMΑ τῇ Ζ ‖ 4 μὲν mT : om. A Bas. et
edd. plurimi ‖ 4-6 δὲ εἴτε — συγχεθεῖσαν om. Ρ ‖ 4 δὲ ΒΖΑΤ : τε VM ‖
5 ὑπὸ VMZAT : ἀπὸ Β ‖ 6 συγχεθεῖσαν (cf. Ζ IV, 1 6) Coraes : συσχεθ.
codd. (om. P) ‖ 4 2 ἐλευθέραν mT : -ερίαν ΡΑ ‖ 4 βάρβαρον mAT : εἰς
βάρβ. Ρ ‖ 5 1 θεραπαινίδος (-ενίδος Ζ) mAT : θεραπένης Ρ ‖ ἐγένετο ΡΖΑ :
ἐγίν. VMBT ‖ 2 αὕτη nos : αὐτὴ codd. ‖ ἔοικεν εἶναι mA : ἔοικεν om. M
εἶναι ἔοικεν Τ ‖ 4 οἳ mAT : οἷον Β ‖ τοῦ βουλεύεσθαι ΒΑΤ : τὸ βουλ. m ‖
5 τε mAT : om. Ρ ‖ ὁρίζειν mAT : εὑορίζειν Β.

des sentences judiciaires et de fixer les peines. **6** Quand ils furent réunis en séance matinale, Arsacé prononça son réquisitoire. Elle dénonça l'empoisonnement, sans omettre aucun détail. De temps en temps, elle versait un pleur sur sa nourrice en qui elle avait perdu l'amie la plus chère et la plus dévouée et elle prenait les juges à témoins de l'ingratitude de cette étrangère qui, accueillie chez elle et traitée avec toutes sortes d'égards, l'avait ainsi payée de retour. **7** En un mot, elle l'accusa avec la plus grande violence. Chariclée ne se défendit pas. Elle reconnut à nouveau le crime qu'on lui imputait, déclara qu'elle avait donné le poison, et ajouta qu'elle aurait volontiers fait mourir Arsacé, si elle n'eût été prévenue. Elle lança en outre à celle-ci les insultes les plus directes, et mit tout en œuvre pour appeler sur sa propre tête la vengeance du tribunal. **8** Au cours de la nuit, dans la prison, elle avait fait part de ses intentions à Théagène qui, à son tour, lui avait communiqué les siennes. Il avait été convenu que, s'il le fallait, elle accueillerait toute espèce de mort qu'on lui voudrait infliger, pour être ainsi délivrée d'une existence vouée par un sort implacable à d'irrémédiables malheurs et à un exil éternel. Enfin, elle lui avait fait de tendres adieux, les derniers sans doute. Elle avait toujours eu la précaution de garder sur soi, secrètement, les colliers exposés autrefois avec elle. Elle s'en ceignit le ventre à même la peau, et s'orna de ses bijoux comme pour le tombeau, avant d'aller se présenter au tribunal et, non contente d'avouer tout ce dont on l'accusait, elle inventait spontanément de nouveaux crimes[1]. **9** Aussi les juges prirent-ils

---

1. Les mots καὶ θάνατον ne conviennent pas au contexte, car le châtiment n'a pas encore fait l'objet d'une délibération. Théagène et Chariclée, pendant la nuit passée en prison (τῆς νυκτὸς καὶ κατὰ τὸ δεσμωτήριον), ont convenu que n'importe quelle mort serait préférable à une vie de misère et devait être acceptée volontiers. Le meilleur moyen de rendre inévitable une sentence de mort était de plaider coupable pour toutes les accusations portées contre eux et même d'en inventer de nouvelles, quand ils seraient en présence des juges. Le succès de leur plan

6 Καὶ ἡκόντων εἰς ἕω καὶ προκαθημένων κατηγόρει μὲν
ἡ Ἀρσάκη καὶ τὴν φαρμακείαν κατήγγελλεν ἅπαντα ὡς
εἶχεν ἀπαγγέλλουσα καὶ συνεχὲς ἐπιδακρύουσα τὴν θρεψα-
μένην καὶ ὡς τὴν πάντων τιμιωτέραν καὶ εὐνουστέραν ἀπο-
λέσειε, μάρτυρας τοὺς δικαστὰς ἐπικαλουμένη ὡς ξένην
ὑποδεξαμένη καὶ πάσης μεταδοῦσα φιλοφροσύνης τοιαῦτα
ἀντιπάθοι. 7 Καὶ ὅλως ἡ μὲν ἦν πικροτάτη κατήγορος·
ἀπελογεῖτο δὲ οὐδὲν ἡ Χαρίκλεια ἀλλ' ὡμολόγει καὶ αὖθις
τὸ ἔγκλημα καὶ τὸ φάρμακον ὡς δοίη συγκατετίθετο, προστι-
θεῖσα ὡς καὶ τὴν Ἀρσάκην διεχρήσατο ἂν ἡδέως εἰ μὴ
προείληπτο καὶ ἕτερα πρὸς τούτοις, τὴν μὲν Ἀρσάκην ἐκ
τοῦ εὐθέος λοιδορουμένη καὶ παντοίως τοὺς δικαστὰς εἰς
τὴν τιμωρίαν ἐκκαλουμένη. 8 Τὰ γὰρ καθ' ἑαυτὴν ἅπαντα
τῷ Θεαγένει τῆς νυκτὸς καὶ κατὰ τὸ δεσμωτήριον ἀναθεμένη
τὰ παρ' ἐκείνου τε ἐν μέρει πυθομένη, συνθεμένη τε ὡς
δεήσει πάντα θάνατον ἐπαγόμενον αὐθαιρέτους δέχεσθαι
καὶ ἀπηλλάχθαι λοιπὸν ζωῆς ἀνιάτου καὶ ἄλης ἀνηνύτου
καὶ τύχης ἀσπόνδου, τὰ τελευταῖά τε ὡς ἐδόκει κατασπα-
σαμένη τούς τε συνεκτεθέντας ὅρμους ἀεὶ μὲν καὶ ἀπορρή-
τως ἐπιφέρεσθαι προνοουμένη τότε δὲ τῆς ἐσθῆτος ἐντὸς
καὶ ὑπὸ γαστέρα ζωσαμένη καὶ οἷον ἐντάφιά τινα ἐπιφερομένη, πᾶν ἔγκλημα [καὶ θάνατον] ἐπαγόμενόν τε ὡμολόγει
καὶ μὴ ἐπαγόμενον ἀνέπλαττεν. 9 Ἐφ' οἷς οἱ δικάζοντες

6 2 κατήγγελλεν VMZT : -γειλεν ΒΡΑ ‖ 3 συνεχὲς mΑΤ : -ῶς Β ‖ 5 ὡς
VMPT : καὶ ὡς ΒΖΑ ‖ ξένην πιΑΤ : ξένη Β ‖ 6 ὑποδεξαμένη mT : ἐπι-
δειξ. ΖΑ ‖ 7 4 διεχρήσατο VMΖΑΤ : διαχρήσαιτο ΒΡ ‖ ἂν ΖΑ : om.
mT ‖ 5 προ (προσ- Α) εἴληπτο mΑΤ : -ται Μ ‖ μὲν codd. : secl.
Coraes ‖ 6 εὐθέος ΒΡΤ et V post corr. : -έως V¹ΜΖΑ ‖ 6-7 καὶ παντοίως — ἐκκαλουμένη mT : om. ΖΑ ‖ 8 2 τῆς νυκτὸς VMΖΑΤ : τῆς
om. ΒΡ ‖ καὶ κατὰ (μετὰ Α) mΑΤ : καὶ om. Β ‖ 3 ὡς Β : ὡς εἰ mΑΤ ubi
ὡς redundat; at cf. Α XXIX, 3 3, Ε XVII, 1 1 ‖ 4 δεήσει mΑΤ : -σειε Ρ ‖
αὐθαιρέτους ΒΖΑ : -ως VMPT ‖ 5 ἄλης VMT : ἄλλης ΒΡΖ ἄλλως Α ‖
6 τε mT : om. Β δὲ Α Bas. ‖ 7 τούς mΑΤ : τοῦ Β ‖ συνεκτεθέντας mT :
συνεχθέντας ΖΑ ‖ 8 δὲ VMΖΑΤ : δὴ ΒΡ ‖ 9-10 ἐπιφερομένη mT : ἐπιφαι-
νομ. Ζ (καὶ οἷον — ἐπιφ. om. Α) ‖ 10 καὶ (τε καὶ VM) θάνατον codd. :
seclusimus ut ex 8 4 supra ‖ τε mΑΤ : om. Μ.

une prompte décision. Peu s'en fallut qu'ils ne la livrent
aux sauvages supplices usités en Perse [1]. Émus sans doute
à la vue de sa jeunesse et de son irrésistible beauté, ils la
condamnèrent seulement à être brûlée vive. 10 Saisie
aussitôt par les bourreaux, elle fut emmenée à quelque
distance hors des murs. Un héraut la précédait, procla-
mant sans arrêt que l'on conduisait au bûcher une empoisonneuse. Une foule d'habitants suivait le cortège : les
uns l'avaient vue emmener, les autres, avertis de la nouvelle qui s'était vite répandue en ville, étaient accourus
pour assister au spectacle. On vit arriver Arsacé elle-même
qui s'installa sur le rempart pour regarder. Elle eût été
désolée de ne pas se trouver là pour rassasier ses regards
du supplice de Chariclée. 11 Les bourreaux dressèrent
un énorme [2] bûcher, puis l'allumèrent. Quand il fut bien
embrasé [3], ils voulurent y traîner Chariclée. Mais elle
demanda quelques instants de répit, et promit d'y monter
ensuite toute seule. Alors, les mains aux ciel, du côté où brillait le soleil, elle s'écria 12 : « Soleil, terre et divinités,
qui, sur terre et aux enfers, épiez et châtiez le crime, je
suis innocente de celui dont on m'accuse, vous le savez.
Volontairement j'entre dans la mort, pour échapper aux
coups insupportables de la fortune : accueillez-moi avec

---

est marqué au paragraphe 9. Les mots καὶ θάνατον furent vraisemblablement ajoutés par quelqu'un qui se rappelait la phrase πάντα θάνατον
ἐπαγόμενον αὐθαιρέτους δέχεσθαι mais qui n'avait pas remarqué la
différence entre les situations décrites par les deux phrases.

1. Les Perses étaient bien connus pour la cruauté des châtiments qu'ils
infligeaient. Le plus terrible était d'être écorché vif ; cf. la menace
d'Oroondatès à Euphratès πάντως δὲ παράδος ἢ αὐτός ἴσθι δέσμιος,
ἀχθῆναι προστεταγμένος τῆς δορᾶς ἀφαιρησόμενος, III, 2 5-7). D'après
Plutarque (Artaxercès, 19), il y avait une mort spéciale réservée aux
empoisonneurs, ἀπολήξκουσι δ' οἱ φαρμακεῖς ἐν Πέρσαις κατὰ νόμον
οὕτως· λίθος ἐστὶ πλατὺς ἐφ' οὗ τὴν κεφαλὴν καταθέντες αὐτῶν ἑτέρῳ
λίθῳ παίουσι καὶ πιέζουσιν, ἄχρις οὗ συνθλάσωσι τὸ πρόσωπον καὶ τὴν
κεφαλήν.

2. Pour ὡς ὅτι avec le superlatif, cf. ⅃ XX, 2 8 (vol. II, p. 34, note 3).

3. Tous les éditeurs sauf Hirschig impriment ἐξῆπτον (sc. οἱ δήμιοι)

οὐδὲ μελλήσαντες μικροῦ μὲν ἐδέησαν ὠμοτέρᾳ τε καὶ
Περσικῇ τιμωρίᾳ ὑποβαλεῖν, ἴσως δέ τι πρὸς τὴν ὄψιν καὶ
τὸ νέον τε καὶ ἄμαχον τῆς ὥρας παθόντες πυρὶ κατανα-
λωθῆναι κατέκριναν. 10 Ἥρπαστο οὖν αὐτίκα πρὸς τῶν
δημίων καὶ μικρὸν τοῦ τείχους ἐκτὸς ἤγετο, κήρυκος ὅτι
ἐπὶ φαρμάκοις εἰς πυρὰν ἄγοιτο συνεχὲς ἐκβοῶντος, πολλοῦ
καὶ ἄλλου πλήθους ἐκ τῆς πόλεως ἐπακολουθήσαντος· οἱ
μὲν γὰρ αὐτόπται γεγόνεσαν ἀγομένης οἱ δὲ πρὸς τῆς
ἀκοῆς τάχιστα κατὰ τὸ ἄστυ διαδραμούσης ἐπὶ τὴν θέαν
ἠπείχθησαν. Ἀφίκετο δὲ καὶ ἡ Ἀρσάκη καὶ θεωρὸς ἀπὸ
τῶν τειχῶν ἐγίνετο, δεινὸν γὰρ εἰ μὴ καὶ τὴν ὄψιν ἐμφορη-
θείη τῆς εἰς Χαρίκλειαν κολάσεως ἐποιεῖτο. 11 Κἀπειδὴ
τὴν πυρκαϊὰν ὡς ὅτι μεγίστην ἔνησαν οἱ δήμιοι καὶ τὴν
φλόγα ὑποβαλόντων λαμπρῶς ἐξῆπτο, μικρὸν ἐνδοθῆναι
αὐτῇ πρὸς τῶν ἑλκόντων ἡ Χαρίκλεια παρακαλέσασα καὶ
ὡς ἑκοῦσα ἐπιβήσεται τῆς πυρᾶς ἐπαγγειλαμένη, τὰς χεῖρας εἰς οὐρανὸν καὶ καθ᾽ ὃ μέρος τὴν ἀκτῖνα ἔβαλλεν ὁ
ἥλιος ἀνατείνασα, 12 « Ἥλιε » ἀνεβόησε « καὶ Γῆ καὶ
δαίμονες ἐπὶ γῆς τε καὶ ὑπὸ γῆν ἀνθρώπων ἀθεμίτων ἔφοροί
τε καὶ τιμωροί, καθαρὰν μὲν εἶναί με τῶν ἐπιφερομένων
ὑμεῖς ἐστε μάρτυρες ἑκοῦσαν δὲ ὑπομένουσαν τὸν θάνατον
διὰ τὰς ἀφορήτους τῆς τύχης ἐπηρείας· ἐμὲ μὲν ⟨οὖν⟩ σὺν

9 2 μελλήσαντες VMZAT : μελήσ. BP ‖ 3 ὑποβαλεῖν (ὑποβάλλειν T)
mT : ὑπερῦ. A ‖ τι mAT : om. Z ‖ 4 τὸ νέον mAT : τὸν νέον P ‖ 10 2 κήρυ-
χος mAT : κηρύχου B ‖ 3 πυρὰν ἄγοιτο mT : πῦρ ἀνάγ. ZA ‖ συνεχὲς
mAT : -ῶς M ‖ 5 γεγόνεσαν (-εισαν M) mT : -ασαν A -ασι P ἐγεγόνεσαν
Coraes ‖ πρὸς mAT : πρὸ Z ‖ 6 κατὰ mAT : καὶ P ‖ διαδραμούσης BPZAT :
δραμ. VM ‖ 7 ἠπείχθησαν mT : ἐπείχθ. ZA ‖ 8 καὶ BPZAT : om. VM ‖
11 2 τὴν (1) mAT : om. B ‖ μεγίστην mAT : ταχίστην B ‖ ἔνησαν P (ἐνῆσαν
BZA) : ἐνῆψαν VMT ‖ 3 ὑποβαλόντων AT : ὑποβαλλόντων m ‖ ἐξῆπτο
BZAT : -τον VMP ‖ 6 καὶ καθ᾽ VMAT : καὶ om. BPZ ‖ τὴν ἀκτῖνα
(post ἥλιος M) mAT : τὰς ἀκτῖνας P ‖ ἔβαλλεν B (ἔβαλεν P) : ἐπέβαλλεν
VZA (ἐπέβαλεν MT) ‖ 12 2 ἐπὶ mAT : οἱ ἐπὶ P ‖ γῆς mAT : γῆν P ‖
ἀθεμίτων mAT : om. P ‖ 3 ἐπιφερομένων mT : ἐπιφορομένων Z ἐπιφο-
ρουμένων A ‖ 4 ὑπομένουσαν (-σα P) mAT : -μείνασαν B ‖ 5 τύχης codd. :
ψυχῆς Bas ‖ οὖν add. Coraes.

bienveillance. La maudite, l'impie, l'adultère Arsacé qui
a tout machiné pour me priver de mon époux, punissez-la
sans tarder. » 13 A ces mots, tous se récrièrent; on
voulait que la peine fût différée et le jugement révisé; les
uns se disposaient à empêcher le supplice, d'autres s'étaient
déjà élancés. Mais Chariclée les prévint et montant sur le
bûcher, elle s'avança jusqu'au milieu. Elle resta longtemps
immobile, sans subir la moindre atteinte du feu. Les
flammes tournaient autour d'elle, ne la touchaient pas et
ne lui faisaient aucun mal[1]. Elles reculaient devant Chariclée dès que celle-ci s'avançait et se contentaient de
l'éclairer et de faire resplendir sa beauté. Enveloppée
d'un cercle de feu, on eût dit une jeune épousée couchée
sur un lit de flammes. 14 Elle sautait de côté et d'autre,
étonnée de ce prodige. Elle avait hâte de mourir, mais
toutes ses tentatives étaient vaines. Le feu toujours fuyait
à son approche. Les bourreaux, loin de se relâcher, redou-
blaient d'efforts, encouragés par Arsacé qui leur faisait
des signes menaçants. Ils accumulaient les bûches, entassaient les roseaux du fleuve et par tous les moyens atti-
saient le feu. 15 Mais rien n'y faisait. Le peuple, de
plus en plus ému, attribuait le fait à une intervention
divine. « Elle est pure, cette pauvre femme! Elle est innocente! » s'écriaient les spectateurs, et ils s'approchaient
menaçants du bûcher pour l'en retirer. Thyamis en per-

---

au lieu de ἐξῆπτο (sc. ἡ πυρκαϊά). La phrase est mauvaise dans les deux
cas, mais bien que ἐξῆπτο implique un assez violent changement de
sujet, il semble moins répréhensible que ἐξῆπτον ; car si οἱ δήμιοι est le
sujet du verbe, il est difficile de voir auquel se rapporte le génitif absolu
(φλόγα ὑποβαλόντων).

1. Cf. Elien, *Histoires variées*, V, 6 où un Indien accomplit le miracle
de rester sain et sauf sur son bûcher en flammes, ἀνελθὼν ἐπὶ μέσης
τῆς πυρᾶς ἔστη ἐστεφανωμένος καλάμου κόμῃ, καὶ ὁ μὲν ἥλιος αὐτὸν
προσέβαλλεν, ὁ δὲ αὐτὸν προσεχύνει, καὶ τοῦτο ἦν τὸ σύνθημα ἐς τὸ ἐξάπ-
τειν τὴν πυρὰν τοῖς Μακεδόσι, καὶ τὸ μὲν ἐδέδρατο, ὁ δὲ περιληφθεὶς
ὑπὸ τῆς φλογὸς ἀτρέπτως εἱστήκει καὶ οὐ πρότερον ἀνετράπη πρὶν ἢ
διελύθη.

εὐμενείᾳ προσδέξασθε τὴν δὲ ἀλάστορα καὶ ἀθεμιτουργὸν
καὶ μοιχαλίδα καὶ ἐπ' ἀποστερήσει νυμφίου τοῦ ἐμοῦ ταῦτα
δρῶσαν Ἀρσάκην ὡς ὅτι τάχιστα τιμωρήσασθε.» **13** Καὶ
εἰποῦσα, πάντων ἐκβοώντων τι πρὸς τὰ εἰρημένα καὶ
ἐπέχειν τὴν τιμωρίαν εἰς δευτέραν κρίσιν τῶν μὲν εὐτρε-
πιζομένων τῶν δὲ καὶ ὁρμησάντων, ἐπέβη προλαβοῦσα τῆς
πυρᾶς καὶ εἰς τὸ μεσαίτατον ἐνιδρυθεῖσα αὐτὴ μὲν ἐπὶ
πλεῖστον ἀπαθὴς εἰστήκει, περιρρέοντος αὐτὴν μᾶλλον τοῦ
πυρὸς ἢ προσπελάζοντος καὶ λυμαινομένου μὲν οὐδὲν ὑπο-
χωροῦντος δὲ καθ' ὃ μέρος ὁρμήσειεν ἡ Χαρίκλεια καὶ
περιαυγάζεσθαι μόνον καὶ διοπτεύεσθαι παρέχοντος ἐπιφαιδρυνομένην ἐκ τοῦ περιαυγάσματος τὸ κάλλος καὶ οἷον
ἐν πυρίνῳ θαλάμῳ νυμφευομένην. **14** Ἡ δὲ ἄλλοτε ἄλλῳ
μέρει τῆς πυρᾶς ἐνήλλετο θαυμάζουσα μὲν τὸ γινόμενον
ἐπισπεύδουσα δὲ πρὸς τὸν θάνατον· ἤνυε δὲ οὐδέν, ὑποχω-
ροῦντος ἀεὶ τοῦ πυρὸς καὶ ὥσπερ ὑποφεύγοντος πρὸς τὴν
ἐκείνης ἐφόρμησιν. Οἱ δήμιοι δὲ οὐκ ἀνίεσαν ἀλλ' ἐνέκειντο
πλέον (καὶ τῆς Ἀρσάκης νεύμασιν ἀπειλητικοῖς ἐγκελευο-
μένης) ξύλα τε ἐπιφορτίζοντες καὶ τὴν ποταμίαν καλάμην
ἐπισωρεύοντες καὶ παντοίως τὴν φλόγα ἐρεθίζοντες.
15 Ὡς δὲ ἠνύετο οὐδέν, ἔτι καὶ πλέον ἡ πόλις ἐκτετά-
ρακτο καὶ δαιμονίαν εἶναι τὴν ἐπικουρίαν εἰκάζουσα «Καθαρὸν τὸ γύναιον, ἀναίτιον τὸ γύναιον» ἀνεβόα καὶ προσιόντες
ἀπὸ τῆς πυρᾶς ἀπεσόβουν, τοῦ Θυάμιδος ἐξάρχοντος καὶ

---

7 ἐπ' ἀποστερήσει: mAT: ἀποστερήσειν P ‖ νυμφίου mAT: τοῦ νυμφίου P ‖
13 3 τὴν τιμωρίαν mAT: τὰ τιμ. P ‖ 4 προλαβοῦσα mAT: προσλαβ. P ‖
5 ἐνιδρυθεῖσα mAT: ἐνιδρυνθεῖσα V ‖ αὐτὴ (-ῇ Z) mA: αὕτη PT ‖ 6 πλεῖστον
mAT: πλέον B ‖ αὐτὴν VMZA: -ῇ BPT ‖ 7 οὐδὲν mAT: μηδὲν P ‖
9-10 ἐπιφαιδρυνομένην mAT: -μένη P ‖ 10 περιαυγάσματος mAT:
αὐγάσμ. P ‖ 11 νυμφευομένην mAT (P post corr.): -μένη BP¹ ‖ **14** 2 ἐνήλλετο BZAT: -ατο VM ἐνῄλετο P ‖ 4 ὑποφεύγοντος mAT: ἐπιφ. P ‖
5 ἐφόρμησιν BPZAT et Vᵐˢ: κίνησιν VM ‖ ἐνέχειντο mT (ἐνέχειτο A):
ἐνεγχεῖν τὸ Z ‖ 8 παντοίως mAT: -ας Z ‖ **15** 1 ἠνύετο codd.: ἤνυστο Amyot
sive coniectura sive errore ‖ ἔτι καὶ mA: ἔτι BT cf. I, 5 3 ‖ 3 τὸ γύναιον (1)
mA: om. T ‖ ἀνεβόα post γύναιον (2) BPZAT: post γύναιον (1) VM.

sonne dirigeait le mouvement et encourageait le peuple à
sauver la jeune fille. (Il était venu lui aussi, averti de ce
qui se passait par la clameur immense). Ils auraient voulu
la retirer du feu, mais, n'osant s'approcher, ils lui criaient
de sauter hors du bûcher : du moment qu'elle pouvait
rester impunément au milieu des flammes, elle ne courrait
aucun risque à s'en échapper [1]. **16** Encouragée par leurs
gestes et leurs cris et persuadée elle aussi que le Ciel lui-
même la préservait de la mort, elle ne voulut pas se montrer ingrate envers les dieux tout puissants en refusant
leur bienfait. Elle sauta hors du feu. Les habitants, d'une
voix unanime, criaient leur joie et leur admiration et célébraient la grandeur des dieux. Arsacé, hors d'elle-même,
sauta du rempart, sortit en courant par une petite porte,
accompagnée d'une garde nombreuse et des seigneurs
perses. Elle jeta elle-même les mains sur Chariclée et
s'écria, en regardant le peuple hardiment : **17** « Vous
n'avez pas honte d'essayer de soustraire au châtiment cette
criminelle [2], cette empoisonneuse, cette tueuse qui, prise
sur le fait, a avoué son crime? Vous portez secours à une
scélérate? Vous résistez aux lois perses, au roi lui-même,
aux satrapes, aux magistrats et aux juges? Sans doute,
c'est parce qu'elle n'a pas été atteinte par le feu que vous
vous êtes laissés tromper par une pitié injustifiée, et vous

---

1. Le sens exigé par le contexte est « Chariclée qui était vivante
(indemne) au milieu des flammes ne risquait pas de mourir si elle voulait
les quitter ». Par conséquent les accusatifs τὴν ἐνδιαιτωμένην et
βουλομένην, que donnent la plupart des manuscrits doivent être une
faute, et nous avons peu hésité à adopter les datifs donnés par B. On
peut cependant prétendre qu'il n'est pas nécessaire de changer τῇ
φλογί en τὴν φλογά (cf. III, 5 9 ἐνδιαιτᾶσθαι τῷ ναῷ) ; mais outre que
cette suite de deux datifs serait peu élégante, il est vraisemblable que
l'accusatif τὴν ἐνδιαιτωμένην est dû à une transposition de terminai-
sons : un copiste étourdi, en présence de τῇ ἐνδιαιτωμένῃ τὴν φλόγα a
pu facilement substituer τὴν ἐνδιαιτωμένην τῇ φλογί.

2. Le mot ἐργάτις avec un complément au génitif est rare en prose
et seulement usité dans le grec post-classique. Cf. N. T. *Luc.* 13,27
ἐργάτης ἀδικίας. (M.)

τὸν δῆμον εἰς τὴν βοήθειαν ἐπιρρωννύντος (ἤδη γὰρ κἀκεῖνος παραγεγόνει τῆς ἀπείρου βοῆς τὸ γινόμενον μηνυού-
σης), καὶ τὴν Χαρίκλειαν ἐξελέσθαι προθυμούμενοι πλησιάζειν μὲν οὐκ ἐθάρσουν ἐξάλλεσθαι δὲ τῇ κόρῃ τῆς πυρ-
καϊᾶς ἐνεκελεύοντο· οὐ γὰρ δὴ δέος τῇ ἐνδιαιτωμένῃ τὴν
φλόγα καὶ ἀπολιπεῖν βουλομένῃ. 16 Ἅπερ ὁρῶσα καὶ
ἀκούουσα ἡ Χαρίκλεια νομίσασά τε καὶ αὐτὴ πρὸς θεῶν
εἶναι τὴν ὑπὲρ αὑτῆς ἄμυναν ἔγνω μὴ ἀχαριστεῖν πρὸς τὸ
κρεῖττον ἀρνουμένη τὴν εὐεργεσίαν ἐξήλατό τε τῆς πυρᾶς
ὡς τὴν μὲν πόλιν ὑπὸ χαρᾶς ἅμα καὶ ἐκπλήξεως μέγα τε
καὶ σύμφωνον ἐκβοῆσαι καὶ μεγάλους τοὺς θεοὺς ἐπικα-
λεῖσθαι, τὴν δὲ Ἀρσάκην μὴ κατασχοῦσαν καθάλλεσθαί τε
ἀπὸ τῶν τειχῶν καὶ διὰ πυλίδος ἐκδραμοῦσαν σὺν πολλῇ
δορυφορίᾳ καὶ τοῖς δυναστεύουσι Περσῶν ἐπιβάλλειν τε
αὐτὴν τῇ Χαρικλείᾳ τὰς χεῖρας καὶ εἰς τὸν δῆμον ἰταμὸν
ἐνορῶσαν, 17 « Οὐκ αἰσχύνεσθε » εἰπεῖν « ἀλιτήριον
γυναῖκα καὶ φαρμακίδα καὶ φόνων ἐργάτιν ἐπ' αὐτοφώρῳ
ληφθεῖσαν καὶ ὁμολογήσασαν ἐξελέσθαι τῆς τιμωρίας πει-
ρώμενοι; καὶ ἅμα μὲν ἀθεμίτῳ γυναίῳ βοηθοῦντες ἅμα δὲ
καὶ νόμοις τοῖς Περσῶν καὶ βασιλεῖ τε αὐτῷ καὶ σατράπαις
καὶ δυνασταῖς καὶ δικασταῖς ἀνθιστάμενοι ὑπὸ τοῦ μὴ
ἐμπεπρῆσθαι αὐτὴν ἴσως εἰς ἔλεον ἀπατώμενοι καὶ θεοῖς τὸ

5 τὴν βοήθειαν mAT : τὴν om. P ‖ 6 παραγεγόνει VPZA : παρεγ. MBT ‖
τὸ mAT : τὸ γὰρ B ‖ 8 ἐθάρσουν (-ους P) mAT : ἐθάρρ. M ‖ ἐξάλλεσθαι
mAT : ἐξελέσθαι M ‖ 9 τῇ ἐνδιαιτωμένῃ B : τὴν ἐνδιαιτ (διαιτ- Z) ωμένην
mAT ‖ 9-10 τὴν φλόγα nos : τῇ (om. B) φλογί codd. ‖ 10 ἀπολιπεῖν MBT :
-λειπεῖν Z –λίπειν V –λείπειν PA ‖ βουλομένῃ B : -μένη mA -μένην τι
παθεῖν T ‖ 16 2 καὶ αὐτὴ mAT : καὶ om. B ‖ 4 ἀρνουμένη VMB (ἀρχ. A) :
-μένην PZT ‖ ἐξήλατό VPZAT : ἐξήλατό MB ‖ 7 καθάλλεσθαί MPAT (καὶ
θάλλ. V κατάλλ. B) : καθαλέσθαι Z ‖ τε mAT : τε καὶ Z ‖ 8 ἐκδραμοῦσαν
mAT : συνδρ. P ‖ 10 αὐτὴν mAT : -ῇ Z ‖ 17 2 γυναῖκα mAT : γύναιον P ‖
3 ληφθεῖσαν mAT : -σα B ‖ 4-5 ἅμα δὲ καὶ B : καὶ om. mAT ‖ 5 σατράπαις mAT : -πῃ P ‖ 7 ἐμπεπρῆσθαι VMBAT : ἐπεπρῆσθαι P ἐμπρῆσθαι Z ‖
αὐτὴν mAT : -ῆς Z ‖ ἀπατώμενοι codd. : ὑπαγόμενοι Hemsterhuys ; at
Heliodoro valde placebat verbum ἀπατᾶσθαι (cf. A XXX, 6 4, E VIII
5 6 et al.)

voyez là un miracle divin ? **18** Mais ne serait-il pas plus
sage de reconnaître là une nouvelle preuve du crime de
cette sorcière empoisonneuse, si savante en recettes
magiques qu'elle peut triompher même de la force du
feu ? Je vous donne rendez-vous, si vous le voulez, à la
séance publique que je tiendrai demain matin. Vous l'en-
tendrez s'accuser elle-même et vous verrez ses aveux con-
firmés par les complices que je garde en prison. » **19** Ce
disant, elle lui mit elle-même la main au collet et l'en-
traîna en se faisant ouvrir par ses gardes un passage à
travers la foule. Les uns, furieux, cherchaient à résister.
Les autres se retiraient docilement, se laissant persuader
que c'était une sorcière[1]. Quelques-uns s'écartaient, effrayés
par Arsacé et les forces qui l'entouraient. **20** Chariclée
est livrée de nouveau à Euphratès pour être enchaînée
plus lourdement qu'auparavant et gardée en prison, en
vue d'un second jugement et d'un second supplice. A ses
yeux, le seul et précieux avantage d'une aventure si
extraordinaire était de retrouver Théagène et de pouvoir
lui raconter ce qui s'était passé. **21** Arsacé, en effet,
pour satisfaire sa vengeance, avait imaginé par un jeu
cruel, d'enfermer dans une même prison les deux jeunes
gens pour qu'ils se voient l'un l'autre dans les chaînes et
au milieu des châtiments. Elle savait que l'amant est plus
affligé par les souffrances de l'objet aimé que par les
siennes propres[2]. **22** Mais pour eux c'était au contraire
une consolation de se trouver ensemble, et ils considéraient comme un avantage d'endurer les mêmes souffrances : si l'un d'eux était moins durement châtié que
l'autre, il croyait être vaincu et donner moins de preuves

1. Le mot φαρμακεία signifie ordinairement soit « médicament » soit
« empoisonnement ». Mais comme les sorcières avaient comme occupation habituelle de faire périr par le poison, le mot φαρμακεία pouvait
avoir le sens plus général de sorcellerie. Telle nous paraît être la signification du mot dans ce passage. (M.)

2. Cf. XII, 1 2-3 πλέον ἀντᾶσθαι καὶ ἀγωνιᾶν ἄτερος ὑπὲρ θατέρου
διεγγυώμενοι.

ἔργον ἐπιγράφοντες; 18 Οὐδὲ ἐννοήσετε σωφρονήσαντες
ὡς τοῦτο καὶ μᾶλλον αὐτῆς βεβαιοῖ τὴν φαρμακείαν ἢ
τοσοῦτον περίεστι τῆς γοητείας ὡς καὶ πρὸς τὴν πυρὸς
δύναμιν ἀπομάχεσθαι; συνέλθετε εἰ δοκεῖ πρὸς τὸ συνέδριον
εἰς αὔριον δημοσίᾳ δι' ὑμᾶς ἐσόμενον καὶ γνώσεσθε αὐτήν
τε ὁμολογοῦσαν καὶ ὑπὸ τῶν συνειδότων οὓς ἔχω φρουροῦσα
διελεγχομένη.» 19 Καὶ ἅμα ἀπῆγεν αὐτὴν τῷ τραχήλῳ
προσφῦσα καὶ τοὺς δορυφόρους ἀναστέλλειν τὸν ὄχλον
ἐπιτάξασα. Οἳ δὲ τὰ μὲν ἠγανάκτουν καὶ ἀνθίστασθαι διεσκοποῦντο, τὰ δὲ ὑπεῖκον ἅμα τι καὶ τῇ ὑπονοίᾳ τῆς φαρμα-
κείας ὑπαγόμενοι, τινὲς δὲ καὶ δέει τῆς Ἀρσάκης καὶ τῆς
περὶ αὐτὴν δυνάμεως ἀποτρεπόμενοι. 20 Καὶ ἡ μὲν
Χαρίκλεια αὖθις τῷ Εὐφράτῃ παραδίδοται καὶ αὖθις πλείοσι
τοῖς δεσμοῖς ἐνεβέβλητο δευτέρᾳ κρίσει καὶ τιμωρίᾳ φυλατ-
τομένη, κέρδος ἓν μέγιστον ὡς ἐν δεινοῖς εὑρισκομένη τὸ
συνεῖναι Θεαγένει καὶ τὰ καθ' ἑαυτὴν ἐκδιηγεῖσθαι.
21 Τῇ μὲν γὰρ Ἀρσάκῃ καὶ τοῦτο εἰς τιμωρίαν ἐπινενόητο ὥσπερ ἐπικερτομούσῃ καὶ πλέον νομιζούσῃ τοὺς
νέους ἀνιάσειν εἰ καθ' ἓν δεσμωτήριον καθειργμένοι θεαταὶ
γίνοιντο ἀλλήλων ἐν δεσμοῖς καὶ κολάσεσιν ἐξεταζομένων·
ᾔδει γὰρ ὡς πάθος τοῦ ἐρωμένου τὸν ἐρῶντα πλέον ἢ τὸ
ἴδιον ἀλγύνει. 22 Τοῖς δὲ ἦν παραψυχὴ μᾶλλον τὸ γινόμενον καὶ τὸ ἐν ὁμοίοις τοῖς πάθεσιν ἐξετάζεσθαι κέρδος
ἐνόμιζον, εἰ ἔλαττον αὐτῶν τις κολασθήσεται νενικῆσθαι ὑπὸ
θατέρου καὶ μειονεκτεῖν τῶν ἐρωτικῶν οἰόμενος. Προσῆν

[Deficit Z post ἐπιτάξασα (19 3)]

18 1 σωφ (σοφ- P) ρονήσαντες mAT : σωφρονοῦντές B ‖ 2 ῇ MPAT (ῇ
V) : ἢ BZ ‖ 3 πρὸς mAT : om. B ‖ 6 φρουροῦσα mAT : φρονοῦσα B ‖
19 2 προσφῦσα mAT : -φύσαν B ‖ ἀναστέλλειν mAT : ἀνατ. B ‖ 3 ἐπιτάξασα mAT : ἐπέταττεν Z qui post hoc verbum deficit usque ad περιέσωσε
(XI, 8 9) ‖ 3-4 διεσκοποῦντο (cf. V, 4 7) Cornes : διεσκόπουν codd. ‖ 4 τὰ
δὲ VMBP : τὸ δὲ AT ‖ ὑπεῖκον BPAT : ὑπείκοντες VM ‖ τι BPAT : om. VM ‖
5 καὶ τῆς VMPAT : καὶ om. B ‖ **20** 1-2 μὲν Χαρίκλεια VMPAT : Χαρ. μὲν B ‖
4 ὡς VMPAT : om. B ‖ **21** 1-2 ἐπινενόητο MBAT : ἐπεν. VP ‖ 2 καὶ πλέον
νομιζούσῃ BPAT : om. VM ‖ 3 ἓν VMBAT : ἑνὸς P ‖ **22** 3 ἐνόμιζον VMBAT :
-εν P ‖ αὐτῶν τις BPAT : τις αὐτῶν VM ‖ κολασθήσεται VMPAT : -σεσθαι B.

d'amour. Ils pouvaient ainsi s'entretenir, se consoler et s'encourager à supporter noblement et généreusement leurs maux et la lutte qu'ils devaient soutenir pour leur vertu et leur mutuelle fidélité.

X 1   Leur conversation se prolongea fort avant dans la nuit, comme il était naturel entre deux amants qui pensaient ne plus se revoir et voulaient jouir l'un de l'autre autant qu'il était possible. A la fin ils se mirent à examiner le miracle du bûcher. Théagène y voyait une intervention bienveillante du Ciel, outré de voir l'injustice et les calomnies d'Arsacé, et ému de pitié pour une innocente qui n'avait pas mérité ce supplice. Chariclée ne paraissait pas en être convaincue. 2 « La façon extraordinaire dont j'ai été préservée, disait elle, semble bien être le fait de la providence divine et un bienfait du Ciel. Mais toutes les épreuves qui nous accablent sans répit, les tourments qui nous affligent paraissent prouver que les dieux s'acharnent contre nous et que leur colère nous poursuit. A moins que ce ne soit là un miracle opéré par une divinité qui se plairait à nous jeter dans les pires dangers pour nous sauver ensuite d'une situation désespérée. »

XI 1   Théagène l'arrêta. Il l'exhortait à ne pas blasphémer et à se montrer plus pieuse et plus retenue [1], quand

---

1. Si ἤ est une bonne leçon, σωφρονεῖν est inacceptable ; que Théagène recommande à Chariclée d'être plus pieuse que vertueuse ou retenue est non seulement hors de propos mais un non-sens. Bekker proposait τοῦ ρφονεῖν au lieu de σωφρονεῖν, avec le sens probable d'« être pieuse plutôt qu'adroite » mais il est douteux que φρονεῖν sans qualification puisse signifier adresse. Il semble préférable d'admettre que la faute est dans ἤ. Dans les membres de phrase contenant des adverbes ou des adjectifs au comparatif, il y a tendance à insérer ἤ ou à le substituer à un autre mot ; par ex. Sophocle, *Ajax* 635 κρείσσων γὰρ ῞Αιδᾳ κεύθων ὁ (ἤ codd.) νοσῶν μάταν. Nous avons donc écrit ici καί au lieu de ἤ ; cette confusion est fréquente dans les manuscrits. Les reproches de Chariclée en X, 2 peuvent passer pour une offense à la piété et à la maîtrise de soi.

δὲ καὶ τὸ προσομιλεῖν ἀλλήλοις καὶ τὸ παρηγορεῖν τε καὶ
ἐπιθαρσύνειν εὐγενῶς τε καὶ γενναίως τὰς προσπιπτούσας
τύχας καὶ τοὺς ὑπὲρ σωφροσύνης τε καὶ πίστεως τῆς εἰς
ἀλλήλους φέρειν ἀγῶνας.

X 1 Πολλὰ γοῦν μέχρι πόρρω τῶν νυκτῶν ἀλλήλοις
διειλεγμένοι καὶ ὅσα εἰκὸς τοὺς μετὰ τὴν νύκτα τὴν παροῦσαν ἐντεύξεσθαι ἀλλήλοις ἀπεγνωκότας καὶ οἷον ἀλλήλων
ἐφ' ὅσον ἔξεστι κορεννυμένους τέλος καὶ περὶ τῆς κατὰ
τὴν πυρκαϊὰν θαυματουργίας ἀνεσκοποῦντο. Καὶ ὁ μὲν
Θεαγένης εἰς θεῶν εὐμένειαν τὸ αἴτιον ἀνέφερε, στυγησάντων μὲν τὴν ἄδικον Ἀρσάκης συκοφαντίαν κατελεησάντων δὲ τὴν ἀθῷον καὶ οὐδὲν αἰτίαν· ἡ Χαρίκλεια δὲ ἀμφι-
βάλλειν ἐῴκει. 2 « Τὸ μὲν γὰρ καινουργὸν » ἔφη « τῆς
σωτηρίας δαιμονίᾳ τινὶ καὶ θείᾳ παντάπασιν ἔοικεν εὐεργε-
σίᾳ τὸ δὲ ἐν τοσούτοις ἐξετάζεσθαι δυστυχήμασιν ἀδιαστάτως καὶ κολάσεσιν αἰκίζεσθαι ποικίλως τε καὶ ὑπερβαλλόντως θηλατουμένων εἶναι καὶ δυσμενείας κρείττονος πειρω-
μένων, πλὴν εἰ μὴ θαυματοποιία τίς ἐστι δαίμονος εἰς τὰ
ἔσχατα μὲν βάλλοντος ἐκ δὲ τῶν ἀπόρων διασῴζοντος. »

XI 1 Καὶ ἔτι ταῦτα λέγουσα τοῦ Θεαγένους εὐφημεῖν
παρακαλοῦντος καὶ τοῦ εὐσεβεῖν πλέον καὶ σωφρονεῖν
ἀντέχεσθαι παραινοῦντος « Ἱλήκοιτε, θεοί » ἀνεβόησεν

[Deficit Z]

6 προσπιπτούσας VMPAT : προπ. Β ‖ 7 τε VMPAT : om. Β.

X 1 1 γοῦν VMPAT : οὖν Β ‖ πόρρω ΒΡΑΤ : om. VM ‖ 2 τοὺς μετὰ
VMPAT : τὰ κατὰ Β ‖ 3 ἐν (ἀν- Ρ) τεύξεσθαι VMPT : -ασθαι ΒΑ ‖ 5 πυρκαϊὰν VBRA : πυρὰν ΜΤ ‖ θαυματουργίας VMBAT : -ίαν Ρ ‖ ἀνεσκο-
ποῦντό ΒΡΑΤ : ἐνεσκ. VM ‖ 6-7 στυγησάντων VMPAT : στυγνασάντων
Β ‖ 7-8 κατελεησάντων VMPAT : κατελεξάντων Β ‖ 8 δὲ τὴν VMPAT : δὲ
om. Β ‖ 2·4 αἰκίζεσθαι VMPAT : om. Β ‖ ποικίλως VBPAT : -αις Μ ‖
ὑπερβαλλόντως VBRAT : -βαλόντως Μ ‖ 6 πλὴν εἰ μὴ VMPAT (cf.
I XXXIII, 2 3 et Ach. Tat., Ζ XIII, 3) : μὴ om. Β.

XI 1 2 καὶ σωφρονεῖν nos : ἢ σωφρ. codd. ἢ τοῦ φρονεῖν Bekker ‖
3 ἱλήκοιτε VT : ἱλίκ. Μ (ἱλίκοις τε Ρ) ἡλίκ. ΒΑ.

elle s'écria soudain : « O dieux soyez-nous propices! Quel
songe, à moins que ce fût une vision réelle, est revenu à
l'instant confondre mon esprit. Je l'ai eu la nuit dernière
et je ne sais comment je l'avais oublié. Voici qu'il se présente à ma mémoire. **2** L'apparition s'exprimait en vers
et c'était le divin Calasiris qui les prononçait. Est-ce une
vision que j'ai eue pendant un sommeil où je me serais
laissée aller sans m'en rendre compte ? ou bien s'est-il
montré à moi en chair et en os ? Voici, je crois, ce qu'il
me dit : « Si tu as sur toi une pantarbe [1], ne crains pas la
violence du feu. Il est aisé aux Destinées d'accomplir
même les prodiges les plus inattendus [2]. » **3** Théagène
fut saisi d'un frisson prophétique et s'agita autant que lui
permettaient ses chaînes : « Bonté divine! s'écria-t-il. Moi
aussi j'ai des réminiscences poétiques. Le même prophète
Calasiris ou un dieu sous la forme de Calasiris m'est venu
visiter et a prononcé cet oracle : » Vers la terre éthiopienne tu iras en compagnie de la jeune fille, et demain
tu t'échapperas de la prison d'Arsacé ». **4** Le sens de
cette prédiction me paraît clair [3]. La terre éthiopienne, c'est
apparemment l'empire des morts que j'irai habiter en compagnie de la jeune fille, c'est à dire de Perséphone, après

1. **Voir vol. II, p. 17, note 1 (Δ VIII, 7).**

2. **La seconde ligne de ce couplet rappelle un sentiment exprimé**
par le chœur à la fin de cinq pièces d'Euripide (*Alceste, Andromaque,*
Les Bacchantes, Hélène, Médée) :

$$\text{καὶ τὰ δοκηθέντ' οὐκ ἐτελέσθη}$$
$$\text{τῶν δ' ἀδοκήτων πόρον ηὗρε θεός.}$$

Le texte est incertain ; καὶ τἀδόκητα péche contre la métrique et καὶ τὰ
δόκητα donné par les ms. de l'*Anthologie* où ce couplet réapparait, ne
donne pas de sens. H. Richards, ainsi que Colonna plus récemment, pro-
posent καί τ'ἀδόκητα, mais cet emploi épique de καί τε qui signifie « et
aussi » est assez impropre. Nous avons adopté la conjecture de M. Lumb,
mais la leçon καὖτ' ἀδόκητα (Jacobs) est peut-être aussi, sinon plus, satisfaisante.

3. **Théagène commet la faute de traiter un rêve dont le contenu se**
réalise dans la suite (θεωρηματικὸς ὄνειρος) comme s'il s'agissait
d'un symbole (ἀλληγορικὸς ὄνειρος) nécessitant une explication ; cf.
Artémidore, *Onérocritie* IV. 1 τῶν δὲ ὀνείρων πάντων οὓς μὲν θεω-

« οἶον γάρ μοι νῦν ὄναρ εἴτε καὶ ὕπαρ ἦν ἐνθύμιον γέγονεν
ὃ τῆς προτεραίας ἰδοῦσα νυκτὸς τότε μὲν οὐκ οἶδ' ὅπως τῆς
διανοίας ἀπέβαλον νυνὶ δέ μοι εἰς μνήμην παραγέγονε.
2 Τὸ δὲ ὄναρ ἔπος ἦν εἰς μέτρον ἡρμοσμένον, ἔλεγε δὲ τὸ
ἔπος ὁ θειότατος Καλάσιρις, εἴτε καταδαρθεῖν λαθούσῃ
φανείς, εἴτε καὶ ἐναργῶς ὀφθείς· εἶχε δέ, οἶμαι, ὧδέ πως

παντάρβην φορέουσα πυρὸς μὴ τάρβει ἐρωήν,
ῥηίδι' ὡς μοίραις χᾶ τ' ἀδόκητα πέλει. »

3 Καὶ ὁ Θεαγένης διεσείσθη τε ὥσπερ οἱ κάτοχοι καὶ ἐφ'
ὅσον ἐνεδίδου τὰ δεσμὰ ἀνήλατο καὶ « Εὐμενεῖς εἴητε,
θεοί » ἀνέκραγε· « κἀγὼ γάρ τοι ποιητὴς ἐξ ὑπομνήσεως
ἀναδείκνυμαι καὶ χρησμὸς δή μοι παρ' ὁμοίου τοῦ μάντεως,
εἴτε Καλάσιρις ἦν εἴτε θεὸς εἰς Καλάσιριν φαινόμενος,
πεφοίτηκε καὶ λέγειν ἐδόκει τοιάδε

Αἰθιόπων εἰς γαῖαν ἀφίξεαι ἄμμιγα κούρῃ
δεσμῶν Ἀρσακέων αὔριον ἐκπροφυγών.

4 Ἐμοὶ μὲν οὖν ὅποι τείνει τὸ χρήσιμον ἔχω συμβάλλειν
γῆν μὲν γὰρ Αἰθιόπων τὴν τῶν καταχθονίων ἔοικε λέγειν
ἄμμιγα δὲ κούρῃ τῇ Περσεφόνῃ με συνέσεσθαι καὶ λύσιν

[Deficit Z]

4 μοι νῦν VMPA : μοι καὶ νῦν T νῦν μοι B ‖ καὶ VMT : om. BPA ‖
5 προτεραίας mAT : om. B ‖ 6 ἀπέβαλον MBPAT : ἀπέβαλλον V ‖ μοι
BPAT : μου VM ‖ 2 2-3 εἴτε καταδ — ὀφθείς om. M ‖ καταδαρθεῖν (-δρα-
θεῖν V) λαθούσῃ VBPAT : καταδαρθούσῃ Coraes ; at cf. Kühner-Gerth.,
II, 76 ‖ 4 φορέουσα VMBAT : φέρουσα P ‖ μὴ VMPAT : μὲν B ‖ 5 ῥηίδι'
ὡς H. Richards : ῥηιδίως VM -ίου P -ία AT ῥηίδια B ‖ χᾶ τ' ἀδόκητα
Lb. : καί τ' ἀδ. vel καὶ τὰδ. codd. Hi versus legi possunt etiam apud *Anth.
Palat.* (IX, 490) ubi codex καὶ τὰ δοκητα habet : καῦτ' ἀδόκητα Jacobs ‖
3 1 τε BPAT : om. VM ‖ 2 ἐνεδίδου VMPAT : ἀνεδ. B‖ ἀνήλατο B :
ἐνήλ. T ἀφήλ. VMPA ‖ 4 ἀναδείκνυμαι VMBT : -υμι PA ‖ μοι VMBAT :
τοι P ‖ 6 πεφοίτηκε VMBAT : πέφυκε P ‖ 7 ἄμμιγα VMPAT : ἄμμικτον
B ‖ κούρῃ VMPAT : κόρῃ B ‖ 8 Ἀρσακέων Mitscherlich : -είων codd. ‖
ἐκπροφυγών VMP : -φεύγων AT ἐκφεύγων B ‖ 4 1 ὅποι BT et M¹ : ὅπη
VPA superscr. M ‖ τείνει VMBAT : om. P ‖ 3 ἄμμιγα AT et M post
corr. : ἄμιγα MP ἄμιγγα V ἄμμικτα B ‖ κούρῃ VMBAT : -ην P ‖ με
BPAT : om. VM.

m'être échappé de la prison du corps. Et toi, quel sens
trouves-tu à tes vers faits de contradictions? Car le mot
pantarbe signifie « qui crains tout. » Cependant l'oracle
annonce que tu n'auras rien à craindre du feu. » —
5 « Théagène, mon doux ami, répartit Chariclée, l'habitude du malheur te fait voir toujours le pire et te suggère
toujours les explications les plus défavorables[1]. L'esprit
humain, à l'ordinaire, tourne au gré des événements[2].
Cette prophétie me semble contenir des promesses plus
heureuses que tu ne le crois. La jeune fille c'est peut-être
moi-même, avec qui on t'annonce que tu iras en Ethiopie,
ma patrie, une fois délivré d'Arsacé et des chaînes d'Arsacé.
6 Par quels moyens? nous ne le savons pas, et il nous est
difficile de l'imaginer. Mais c'est chose facile aux dieux et
ceux qui ont rendu cet oracle y pourvoiront. Leur promesse, tu vois bien qu'ils l'ont déjà réalisée en ce qui me
concerne. Ta Chariclée est vivante, elle dont le salut était
tout à fait désespéré. Je portais sur moi la sauvegarde de
ma vie, et je ne le savais pas. Mais maintenant je crois comprendre. **7** J'avais toujours eu la précaution de garder
sur moi les signes de reconnaissance exposés avec moi. Je
voulais moins que jamais m'en séparer, quand j'allais être
jugée, quand je croyais venu mon dernier jour. Je les
cachai alors autour de ma poitrine : si j'étais sauvée, ces
trésors me permettraient une vie facile, s'il m'arrivait
malheur, ils seraient pour moi une dernière parure et
l'ornement de ma dépouille. **8** Or, mon cher Théagène,
parmi des colliers d'un grand prix et des pierres précieuses

ρηματικούς, οὓς δὲ καὶ ἀλληγορικοὺς καλοῦμεν· καὶ θεωρηματικοὺς
μὲν τοὺς οὕτως ἀποβαίνοντας ὡς θεωροῦνται, ἀλληγορικοὺς δὲ τοὺς
τὰ σημαινόμενα δι' αἰνιγμάτων ἐπιδεικνύντας.

1. Cf. **Eschyle**, *Les Perses* 598-600 :

> φίλοι, κακῶν μὲν ὅστις ἔμπειρος κυρεῖ
> ἐπίσταται βροτοῖσιν ὡς, ὅταν κλύδων
> κακῶν ἐπέλθῃ, πάντα δειμαίνειν φίλον.

2. Cf. **Homère**, *Odyssée* XVIII 136-7 :

> τοῖος γὰρ νοῦς ἐστὶν ἐπιχθονίων ἀνθρώπων
> οἷον ἐπ' ἦμαρ ἄγῃσι πατὴρ ἀνδρῶν τε θεῶν τε.

δεσμῶν τὴν ἐνθένδε ἀπὸ τοῦ σώματος ἀπαλλαγήν. Σοὶ δὲ
ἄρα τί φράζει τὸ ἔπος οὕτως ἐξ ἐναντίων πρὸς ἑαυτὸ
συγκείμενον; Τοὔνομα μὲν γὰρ ἡ παντάρβη πάντα φοβουμένη
δηλοῖ, τὸ παράγγελμα δὲ μὴ δεδοικέναι τὴν πυρὰν ἀξιοῖ. »
5 Καὶ ἡ Χαρίκλεια « *Ω γλυκύτατε » ἔφη « Θεάγενες,
ἡ συνήθειά σε τῶν δυστυχημάτων πάντα πρὸς τὸ φαυλότα-
τον νοεῖν τε καὶ εἰκάζειν παρεσκεύασε, φιλεῖ γὰρ ἄνθρωπος
πρὸς τὰ συμπίπτοντα τρέπειν τὴν γνώμην. Χρηστότερα δὲ
ἢ ὥς σοι παρίσταται μηνύειν μοι τὰ μαντευθέντα φαίνεται,
καὶ ἡ κόρη τάχ' ἂν εἴην ἐγώ, μεθ' ἧς σε πατρίδος τῆς
ἐμῆς Αἰθιοπίας ἐπιβήσεσθαι ἐπαγγέλλεται, Ἀρσάκην καὶ
δεσμὰ τὰ Ἀρσάκης ἀποφυγόντα. 6 Τὸ δὲ ὅπως ἡμῖν μὲν
οὔτε δῆλα οὔτε εὔπιστα, θεοῖς δὲ καὶ δυνατὰ καὶ μελήσει
τοῖς καὶ τὰ μαντεύματα φήνασιν· ἡ γοῦν εἰς ἐμὲ πρόρρησις
ἤδη, ὡς οἶσθα, βουλήματι τῷ ἐκείνων τετέλεσται καὶ ζῶ σοι
τὸ παρὸν ἡ παντοίως ἀπελπισθεῖσα, καὶ σωτηρίαν ἐμαυτῆς
ἐπαγομένη τότε μὲν ἠγνόουν συνίημι δὲ τὸ παρὸν ὡς ἔοικε.
7 Τὰ γὰρ συνεκτεθέντα μοι γνωρίσματα καὶ παρὰ τοὺς
ἔμπροσθεν ἀεὶ χρόνους ἐπιφέρεσθαι προνοουμένη, τότε καὶ
πλέον, τῆς κρίσεως μοι γενησομένης καὶ τῆς τελευταίας
προσδοκωμένης, περὶ τῇ γαστρὶ ζωσαμένη κρύφα ἐτύγχανον,
εἰ μὲν σῳζοίμην εὐπορίαν βίου καὶ τῶν ἀναγκαίων, εἰ δέ τι
πάσχοιμι καλλωπίσματα ἔσχατα καὶ ἐντάφια γενησόμενα.
8 Ἐν δὴ τούτοις, ὦ Θεάγενες, οὖσιν ὅρμοις πολυτελέσι
καὶ λίθοις ἐριτίμοις Ἰνδικοῖς τε καὶ Αἰθιοπικοῖς ἔστι καὶ

[Deficit Z]

6 συγκείμενον VMBPT : -χειμένη A tum δηλοῖ (7) ceteris omissis ‖ γὰρ
BPT : om. VM (A) ‖ 5 1 γλυκύτατε VMPAT : φίλτατε B ‖ 5 μηνύειν
VMBAT : -ύει P ‖ 8 δεσμὰ τὰ AT (δ. τὰ τῆς B) : τὰ δεσμὰ VMP ‖
6 2 εὔπιστα Bekker : ἄπιστα codd., cf. V, 7 3 ‖ 3 καὶ τὰ VMPA : κατὰ
B καὶ T ‖ μαντεύματα VMPAT : -μασι B ‖ 4 ἐκείνων VBPRAT : -ου M ‖
τετέλεσται VMAT superscr. P : -εσθαι P -εσαι B ‖ 7 3 γενησομένης
VMBPT (cf. IX, 8) : γεγενημένης A ‖ 5 μὲν VMBAT : μὲν γὰρ P ‖
σῳζοίμην VMPA (ζωσοίμην B) : σώζοιμι T ‖ εὐπορίαν BPAT : -ία VM ‖
8 1 πολυτελέσι VMPAT : ἐριτίμοις B ‖ 2 ἐριτίμοις VMPA (ἐρυτ. T) :
πολυτελέσι B ‖ ἔστι BPAT : ἔστι δὴ VM.

Héliodore : Les Éthiopiques. III.   4

de l'Inde et de l'Ethiopie, se trouve aussi une bague,
offerte par mon père à ma mère au moment de leurs fiançailles. Dans le chaton est enchâssée une pierre appelée
pantarbe, sur laquelle ont été gravés certains signes
sacrés [1]. Cette inscription, je suppose, a une vertu secrète
et divine, et communique à la pierre le pouvoir de
repousser le feu et de mettre à l'abri de ses atteintes
celui qui la porte. C'est elle qui m'a sauvée, sans doute,
avec la grâce des dieux. 9   Voici sur quoi je fonde mon
hypothèse et ma conviction : le divin Calasiris m'a souvent raconté [2] que cette propriété singulière est mention-
née et décrite dans l'inscription brodée sur la bande
exposée avec moi, qu'en ce moment je porte enroulée
autour de ma poitrine [3] ». 10   « Cette explication, dit
Théagène est vraisemblable, ou plutôt vraie et conforme
à ce qui s'est passé. Mais contre les dangers qui t'attendent
demain quelle autre pantarbe te préservera ? Car celle-ci
ne promet pas l'immortalité, hélas ! si elle est efficace
contre le feu des bûchers. Et cette scélérate d'Arsacé, vraisemblablement, est en train de méditer quelque autre supplice inédit. 11   Plût aux dieux qu'elle nous condamnât
tous les deux à mourir ensemble de la même mort [4]. Ce ne
serait pas pour moi mourir, mais trouver enfin le repos,
après tant de tribulations. » « Rassure-toi, reprit Chari-

---

1. Cf. Δ VIII, 7 7-10 où Persinna dans sa lettre à Chariclée indique
que le chaton de la bague exposée avec elle est doué d'une secrète
vertu. Voir la note sur ce passage et Préface du Traducteur, vol. I,
p. LXXXVII. (M.)

2. Cf. Δ XI, 4 5-7 où Calasiris dit ὡς δὲ ἀνακαλύπτειν ὅσα ἔχω
γινώσκειν ἱκέτευεν (sc. ἡ Χαρίκλεια), ἔλεγον ἅπαντα τήν τε γραφὴν
ἐπιὼν ἐν μέρει καὶ πρὸς ἔπος ἑρμηνεύων.

3. Il est évident qu'ici le sens requiert une forme du verbe εἱλεῖν et
non du verbe λαμβάνειν. Mais bien que le composé ἐνειλεῖν soit tout
à fait à sa place en Δ VIII, 6 10 (σε... ταινίᾳ τῆσδε... ἐνειλήσασα), il
ne convient pas ici, et du moment que ἐν donné par les mss. a fort bien
pu glisser du mot précédent ἐμήν nous avons écrit εἰληιμένη. Héliodore
cependant aime les composés en ἐν-. Cf. p. 30, note 2.

4. Cf. XIII, 5 4 καθ' ἡμῶν τὸν αὐτὸν ἅμα καὶ ἕνα θάνατον ἀμφο-

δακτύλιος δῶρον μὲν παρὰ τοῦ πατρὸς τσδμοῦ τῇ μητρὶ
παρὰ τὴν μνηστείαν δοθείς, λίθῳ δὲ τῇ καλουμένῃ παντάρβῃ
τὴν σφένδονην διάδετος γράμμασι δὲ ἱεροῖς τισιν ἀνάγραπ-
τος καὶ τελετῆς, ὡς ἔοικε, θειοτέρας ἀνάμεστος παρ' ἧς
εἰκάζω δύναμίν τινα ἥκειν τῇ λίθῳ πυρὸς φυγαδευτικήν,
ἀπάθειαν τοῖς ἔχουσιν ἐν ταῖς φλογώσεσι δωρουμένην, ἣ
κἀμὲ τυχὸν συμβουλήσει θεῶν περιέσωσε. 9 Ταῦτα δ' ἔχω
καὶ συμβάλλειν καὶ γινώσκειν ἐξ ὧν ὁ θειότατός μοι Καλάσιρις ὑπετίθετο, πολλάκις ταῦτα καὶ φράζεσθαι καὶ ἐκδε-
διδάχθαι πρὸς τῶν ἐνεστιγμένων τῇ συνεκτεθείσῃ μοι ταινίᾳ
(νυνὶ δὲ κατὰ γαστέρα τὴν ἐμὴν εἰλημένῃ) διηγούμενος. »
10 « Ταῦτα μὲν εἰκότα καὶ ὄντα, πλέον καὶ τοῖς ὑπηργμέ-
νοις συμβαίνοντα » ἔφη ὁ Θεαγένης· « ἐκ δὲ τῶν εἰς αὔριον
κινδύνων ποία τις ἄρα παντάρβη ἄλλη ἐξαιρήσεται ; οὐ
γάρ που καὶ ἀθανασίαν ὡς ὤφελε, καθὰ τὴν πρὸς τὰς
πυρκαιὰς ἀντιπάθειαν, ἐπαγγέλλεται, τῆς ἀλάστορος
Ἀρσάκης, ὡς εἰκάζειν ἔνεστιν, ἕτερόν που καὶ καινότερον
τιμωρίας τρόπον τὰ νῦν ἐπινοούσης. 11 Καὶ εἴθε γε ἅμα
κατ' ἀμφοτέρων καὶ θάνατον ἕνα καὶ ἐν ὥρᾳ μιᾷ καταδικ-
άσειεν ὡς οὐδὲ τελευτὴν ἂν τοῦτο ἐθέμην ἀλλὰ πάντων
κακῶν ἀνάπαυλαν. » Καὶ ἡ Χαρίκλεια « Θάρσει » ἔφη· « παν-

[Deficit Z usque ad περιέσωσε (8 9)]

3 τοῦ πατρὸς Β : τοῦ om. VMPAT ‖ 4 τὴν μνηστείαν VMPAT : τῆς
μνηστείας Β ‖ 5 ἱεροῖς τισιν ΒΡΑΤ : τισιν ἱεροῖς VM ‖ 6 ἧς VMAT :
ἣν Ρ ἧς ἣν Β ‖ 7 ἥκειν ΒΑ : εἴχειν VPT (εἴχειν Μ)ἐνοικεῖν Coraes et Ry.,
cf. Ε XIII, 4 5 ‖ φυγαδευτικὴν VMPAT : -δευτὴν Β ‖ 9 1 ταῦτα δ' ἔχω
his verbis rursus incipit Ζ ‖ 3 ὑπετίθετο mAT : add. μοι Ρ ‖ 3-4 ἐχ(ἐν-
Ρ)δεδιδάχθαι VMPT : ἐκ (ἐν- Β)διδ. ΒΖΑ ‖ 4 πρὸς mAT : παρὰ Β ‖
4-5 ἐνεστιγμένων — γαστέρα om. Ρ ‖ 5 δὲ VMZAT : om. Β (Ρ) ‖ εἰλημένη
nos (ἐνειλ. Coraes) : ἐν(συν- Β)ειλημμένῃ ΒΤ -μένην mA ‖ 10 1 ταῦτα mAT :
καὶ ταῦτα Ρ ‖ 2 συμβαίνοντα mAT : σημαίγ. Ρ ‖ 3 κινδύνων mAT : κίνδυνον
Β ‖ ἄλλη m : om. Τ καὶ ἄλλη Α ‖ 3-5 οὐ γάρ — ἐπαγγέλλεται om. Ζ ‖
που VBPAT : om. Μ (Ζ) ‖ ὤφελε VPT : ὄφελε ΜΒΑ ‖ καθὰ codd. :
κατὰ Commelinus typographi errore et edd. seqq. ‖ 6 που καὶ VMT :
κα̇ι om. ΒΡΖΑ ‖ 11 3 ὡς mAT : ὃς Ρ ‖ οὐδὲ mAT : δὲ Β ‖ ἀλλὰ
ΒΡΖΑΤ : ἀλλὰ καὶ VM.

clée. Nous avons une autre pantarbe : la prédiction qui t'a été faite. Reposons-nous sur les dieux ; notre salut nous causera plus de joie, et, si des épreuves nous attendent, nous les supporterons plus saintement.[1] »

XII 1   Telles étaient les considérations auxquelles ils se livraient. Tantôt ils se lamentaient et chacun d'eux prétendait être torturé d'angoisse plus pour l'autre que pour soi-même ; tantôt ils se faisaient leurs dernières recommandations et se juraient, au nom des dieux et de leur fortune présente, de rester fidèles à leur amour jusqu'à la mort. Ainsi se passait la nuit pour eux. 2 Cependant Bagoas et ses cinquante cavaliers arrivèrent à Memphis en pleine nuit, tandis que tout reposait encore dans la ville. Ils éveillent doucement les sentinelles, se nomment, se font reconnaître et se dirigent vers le palais du satrape rapidement et sans bruit. 3 Bagoas dispose ses cavaliers autour du palais, pour qu'ils soient prêts à l'aider en cas de résistance, puis il entre seul par une petite porte secrète, dont il force la barre peu résistante. Il se nomme au portier et lui commande de se taire. Il va tout droit trouver Euphratès, guidé par sa parfaite connaissance des lieux et par la faible clarté de la lune. 4 Il le surprend dans son lit, l'éveille brusquement[2]. Euphra-

τέροις χαρίσασθε et E. XXIV, 3 3-5 ἡ μὲν (sc. Χαρίκλεια) ἵνα μηδὲ παρὰ τὸν θάνατον ὡς ἔφασκε χωρίζοιτο ξίφει δὲ ἑνὶ καὶ πληγῇ μιᾷ τοῦ πάθους ὁμοίου κοινωνήσειεν.

1. Cette réflexion montre bien que Chariclée, si elle a pu précédemment sous l'empire de la douleur, se laisser aller à se plaindre des dieux et se faire rappeler à l'ordre par Théagène (cf. X et XI), n'en garde pas moins une âme religieuse et confiante en la Providence. Elle ne désespère pas de son salut et de celui de son fiancé. Mais s'ils doivent succomber, elle, veut que leur sacrifice soit agréable aux dieux et sanctifié par une parfaite soumission à la volonté des dieux. Le mot ὅσιος et ses dérivés comportaient l'idée de purification par ou pour un sacrifice ; cf. Euripide, *Iphigénie en Tauride*, 1194 :

ὁσιώτερον γοῦν τῇ θεῷ πέσοιεν ἄν. (M.)

2. Héliodore, si lent quand il ratiocine ou analyse des sentiments, sait être rapide et concis dans le récit des faits. (M.)

τάρβην ἑτέραν ἔχομεν τὰ μεμαντευμένα καὶ θεοῖς ἐπανέ-
χοντες σφζοίμεθά τε ἂν ἥδιον καί, εἰ δέοι, πάσχοιμεν
ὁσιώτερον. »

XII 1 Οὗτοι μὲν δὴ ταῦτα ἀναθεωροῦντες καὶ νῦν μὲν
θρηνοῦντες καὶ πλέον ἀνιᾶσθαι καὶ ἀγωνιᾶν ἅτερος ὑπὲρ
θατέρου διεγγυώμενοι, νῦν δὲ τὰ τελευταῖα ἀλλήλοις ἐπισ-
κήπτοντες καὶ ὡς μέχρι θανάτου πιστοὶ τὰ ἐρωτικὰ πρὸς
ἀλλήλους ἔσονται θεούς τε καὶ τὰς παρούσας τύχας ἐπομ-
νύντες οὕτω διῆγον. 2 Ὁ δὲ Βαγώας καὶ οἱ σὺν αὐτῷ
πεντήκοντα ἱππεῖς νυκτὸς ἔτι βαθείας ὕπνῳ τὰ πάντα
ἐχούσης ἀφικνοῦνται εἰς τὴν Μέμφιν καὶ τοὺς ἐπὶ τῶν
πυλῶν ἡσυχῇ διαναστήσαντες καὶ οἵτινες εἶεν εἰπόντες
τε καὶ γνωρισθέντες ἐπὶ τὰ σατραπεῖα σὺν σπουδῇ καὶ
ἀθορύβως εἰσέρχονται. 3 Καὶ τοὺς μὲν ἱππέας ὁ Βαγώας
αὐτοῦ κατέλιπε τοῖς σατραπείοις ἐν κύκλῳ περιστήσας ὡς
εἴ τις καὶ γένοιτο ἀντίστασις ηὐτρεπίσθαι πρὸς ἄμυναν,
αὐτὸς δὲ κατά τινα παραπυλίδα τοῖς πολλοῖς ἀγνοουμένην
ἀσθενεῖς τὰς θύρας ἐκμοχλεύσας καὶ τῷ κατοικοῦντι φράσας
τε ἑαυτὸν καὶ τὸ σιωπᾶν ἐπιστείλας ὡς τὸν Εὐφράτην
ἐμπειρίᾳ καὶ γνώσει τῶν τόπων ἔσπευδεν ἅμα τι καὶ τῆς
σεληναίας τότε μικρὸν ὑπαυγαζούσης. 4 Καὶ καταλαβὼν
ἐπὶ τῆς εὐνῆς ἀφύπνισέ τε καὶ θορυβούμενον καὶ « Τίς

6 τε mAT : om. Z.

XII 1 2 ἅτερος; mAT : θάτ. Z ‖ 2 1 Βαγώας; mAT : Γαβώας B ‖
2 τὰ πάντα (cf. ⸖ XIV, 2 2) mAT : πάντα P ‖ 3 ἐχούσης; BP : ἐπεχ.
VMZAT κατεχ. (cf. A VIII, 1 1) Naber ‖ τοὺς ἐπὶ mAT : τὰ ἐπὶ B ‖ 4 καὶ
mAT : om. P ‖ οἵτινες mAT : εἶτ. B ‖ 5 σὺν mAT : ἐν B ‖ 6 ἀθορύβως (cf.
Θ VIII, 2 2) B : -βῳ Z ἀθρόως; P θορύβῳ VMAT ‖ 3 1 μὲν mAT : om. M ‖
3 γένοιτο mA : γίν-οιτο B (γίγν. T) ‖ ηὐτρεπίσθαι : εὐτρεπίσθαι BA εἶσ-
θαι VM -τεῖσθαι PZT ‖ 5 ἀσθενεῖς; VMBAT : -ῆς Z εὐσθενῶς; P ‖ θύρας
mA : χεῖρας T ‖ 6 τὸ σιωπᾶν B : σιωπᾶν mA σιωπῆς T ‖ ἐπιστείλας mAT :
ἐπὶ μέλλοντες στείλας B ‖ 7 ἐμπειρίᾳ mAT : ἐπηρείᾳ B ‖ τόπων mAT :
τόπον P ‖ post ἔσπευδεν add. B εἰς κρί (sic) ‖ 8 ὑπαυγαζούσης; mAT : ἐπ.
P ‖ 4 1 καταλαβὼν mAT : λαβὼν P ‖ 2 τε mAT : τε εὐθὺς P.

tès effrayé s'écrie : « Qui est là ? » Bagoas lui dit de rester tranquille : « C'est moi Bagoas; fais apporter de la
lumière. » Il appelle un jeune esclave qui couchait près de
sa chambre et lui commande d'allumer un flambeau sans
éveiller les autres. Le garçon arrive, pose la lampe sur
son support [1] et s'en va. Euphratès dit alors : « Qu'y a t-il ?
Quelle fâcheuse nouvelle nous apporte ta présence soudaine et inattendue ? » 5 « Trêve de discours, répond
Bagoas. Lis-moi cette lettre et reconnais d'abord le cachet,
qui te prouvera que l'ordre émane bien d'Oroondatès [2]. Exé-
cute-le tandis qu'il fait nuit et fais vite, si tu ne veux pas
qu'on te voie. Est-il utile de remettre auparavant à Arsacé
le message qui lui est adressé ? Tu en jugeras, toi-même. »

XIII 1   Euphratès prit les deux lettres et quand il eut
fini de les lire : « Pour Arsacé, dit-il, le coup sera rude,
d'autant qu'elle est en ce moment à toute extrémité. Un
mal, châtiment divin, semble-t-il, l'a saisie hier ; une fièvre
ardente l'a envahie et la tient encore. Il y a peu d'espoir
qu'elle s'en tire. Pour moi, je ne lui aurais pas communiqué cette lettre, même si elle était en bonne santé, car
elle aurait mieux aimé mourir et nous perdre avec elle

1. Il n'est pas douteux que le texte κατὰ τὴν λυχνοῦχον ἐπιθείς est
fautif, et il est difficile d'admettre que la seule faute réside dans le genre
de l'article. Non seulement, il est très invraisemblable que τὴν ait pu
être écrit par erreur au lieu de τόν, mais de plus si κατὰ τὸν λυχνοῦχον
est restitué l'absence d'un complément direct à ἐπιθείς est singulière.
Hirschig se tire de la difficulté en ajoutant τὸν λύχνον après λυχνοῦχον,
mais il laisse subsister τήν, Cet article féminin, qui ne convient pas à
λυχνοῦχον, permet de supposer qu'un nom féminin est tombé du texte.
En écrivant τὴν δᾷδα κατὰ λυχνοῦχον ἐπιθείς nous nous appuyons sur
B qui donne τὴν κατά au lieu de κατὰ τήν et nous supposons que
cette dernière leçon représente une correction faite après la disparition
de δᾷδα. Δᾷς est employé ailleurs par Héliodore, par ex. B III, 4 1.
(Cf. *Mélanges Navarre*, pp. 367-8).

2. Cf. III, 3 1-4 οἱ μὲν δὴ περὶ τὸν Βαγώαν ἐπὶ τὸ προστεταγμένον
ἐξώρμησαν τῶν ἐπεσταλμένων παρὰ τοῦ σατράπου κατασεσημασμένων
ὡς ἂν μᾶλλον πιστεύσειαν οἱ κατὰ τὴν Μέμφιν.

ούτοσί ; » βοῶντα κατέστελλε « Βαγώας ἐγώ » λέγων, « ἀλλὰ
φῶς ἥκειν πρόσταττε. » Προσκαλεσάμενος δή τι παιδάριον
τῶν προσεδρευόντων, λύχνον ἅψασθαι τοὺς ἄλλους καθεύδειν
ἐάσαντα προσέταττεν. Ἐπειδὴ δὲ ἧκεν ὁ παῖς καὶ τὴν ⟨ δᾷδα ⟩
κατὰ λυχνοῦχον ἐπιθεὶς μετέστη, « ⟨ Τί ⟩ τοῦτο » ἔλεγεν
ὁ Εὐφράτης· « τί ἄρα καινὸν ἀγγέλλει πάθος ἢ αἰφνίδιος σου
καὶ ἀπροσδόκητος ἄφιξις ; » 5 Ὁ δὲ « Οὐ πολλῶν »
ἔφη « δεῖ λόγων ἀλλὰ τουτὶ τὸ γράμμα ἀναγίνωσκε λαβὼν
καὶ πρό γε τούτου τῆς σφραγῖδος τοὐπίσημον ἀναγνώριζε
καὶ ὡς Ὀροονδάτης ἐστὶν ὁ κελεύων πίστευε καὶ τὰ ἐπεσταλμένα πρᾶττε νυκτὶ καὶ τάχει συμμάχοις εἰς τὸ λαθεῖν
ἀποχρώμενος. Εἰ δὲ καὶ τὰ πρὸς Ἀρσάκην ἐπεσταλμένα
λυσιτελὲς ἀποδοῦναι πρότερον, αὐτὸς δοκίμαζε. »

XIII 1 Ὑποδεξάμενος οὖν ὁ Εὐφράτης τὰς ἐπιστολὰς
καὶ ἀμφοτέρας ἐπελθὼν « Ἀρσάκῃ μὲν » ἔφη « ἄλλως τε
οἰμώξει καὶ τὸ παρὸν ἐν ἐσχάτοις διάγει, πυρετοῦ τινος
ὥσπερ θεηλάτου τῆς προτεραίας ἐνσκήψαντος καὶ θερμῆς
ὀξείας ὑποδραμούσης καὶ εἰς δεῦρο κατεχούσης καὶ ὀλίγας
τοῦ περιέσεσθαι τὰς ἐλπίδας ἐνδεικνυμένη. Ἐγὼ δ' ἂν
ταῦτα οὐδὲ ἐρρωμένῃ ἔδωκα, θᾶττον ἂν προαποθανούσῃ
καὶ ἡμᾶς συναπολεσάσῃ ἢ ἑκούσῃ τοὺς νέους ἐκδούσῃ.

3 ούτοσί mT : ούτος PA ‖ βοῶντα mAT : -τος B ‖ 4 προσκαλεσάμενος mAT : -αμένη B ‖ 5 καθεύδειν (πχρεδρεύειν B) ἐάσαντα mAT :
ἐάσ. καθ. M et edd. ‖ 6-7 τὴν ⟨ δᾷδα ⟩ κατὰ nos : τὴν κατὰ B
κατὰ τὴν mAT ‖ 7 μετέστη mAT (bis P) : ἐπέστη B ‖ τί add.
Coraes ‖ 8 ὁ mAT : om. B ‖ ἀγγέλλει mAT : -οις B ‖ σου BPZAT : σοι
VM ‖ 5 2 δεῖ λόγων mAT : λόγων δεῖ P ‖ 3 πρό VMPAT : πρὸς BZ ‖
4-5 ἐπεσταλμένα mAT : ἐστ. B ‖ 5-6 πρᾶττε — ἐπεσταλμένα om. VM ‖
6 ἐπεσταλμένα PZA : ἀπεστ. BT.

XIII 1 2 καὶ ἀμφοτέρας mAT : om. B ‖ ἐπελθὼν BPZAT : διελθὼν VM ‖
4 ὥσπερ mAT : ὡς B ‖ 5 κατεχούσης BPZAT : κατασχ. VM ‖ καὶ (2)
mAT : om. P ‖ 6 ἐνδεικνυμένη Bas. et edd. (-μένην Didot male) : -μένης
codd. (δεικνυμένης B) ‖ 7 ἐρρωμένῃ (post ἔδωκα B) VBZAT : ἐρωμ.
MP ‖ προαποθανούσῃ VM : προ(προσ- T)απο(απε- A)θανοῦσα BPZAT ‖
8 συναπολεσάσῃ VM : -έσασα PZAT συναπελάσουσα B ‖ ἑκούσῃ VM :
ἑκοῦσα BPZAT ‖ ἐκδούσῃ VM : ἐκδοῦσα BPZAT.

plutôt que de rendre ces jeunes gens. **2** Mais te voici
arrivé bien à point, je t'assure. Prends ces étrangers,
emmène-les, et fais tout ton possible pour les secourir. Ils
méritent toute ta pitié : ils sont malheureux et infortu-
nés ; ils ont enduré mille outrages et tortures que j'ai
dû à contre cœur leur infliger, sur l'ordre d'Arsacé. Ce
sont d'ailleurs, semble-t-il, des jeunes gens bien nés, et,
je les connais pour les avoir vus à l'œuvre, parfaitement
sages. » Ce disant il le mena à la prison. **3** Bagoas, à
la vue des jeunes gens enchaînés que les tortures avaient
éprouvés, fut frappé cependant de leur haute taille et de
leur beauté. Eux, croyant que c'en était fait et que Bagoas,
à cette heure indue, était venu pour les conduire à la
mort, eurent un moment de trouble. Mais ils se ressai-
sirent vite, et leur visage joyeux et épanoui [1] prouva aux
assistants que loin de se tourmenter ils étaient heureux. **4** Euphratès déjà s'approchait et s'apprêtait à
détacher leurs chaînes des billots auxquels on les avait
fixées, quand Théagène s'écria : « Bravo Arsacé ! La scélérate s'imagine que les ténèbres de la nuit cacheront ses
entreprises criminelles. Mais l'œil de la justice est assez
perçant pour découvrir et mettre en lumière les crimes
les plus secrets. **5** Quant à vous, exécutez les ordres
qu'on vous a donnés. Quel que soit le supplice auquel on
nous ait condamnés : le feu, l'eau ou le glaive, faites-nous
la grâce de nous donner à tous deux ensemble la même [2]

---

1. Διαχεῖσθαι implique détente et aussi joie ; cf. E XXIX, 2 1-2
διεχεῖτο πρὸς ταῦτα ὁ Τραϊνὸς καὶ χαίρων οὕτω προστάξειν ἐπηγγέλλετο et Plutarque, *Alexandre*. 19 τοῦ μὲν Ἀλεξάνδρου φαιδρῷ τῷ προσώπῳ καὶ διαχεχυμένῳ τὴν πρὸς τὸν Φίλιππον εὐμένειαν καὶ πίστιν
ἀποφαίνοντος. Le nom διαχύσις est employé de la même façon ; cf.
Z XIV, 1 2-3 τῇ διαχύσει τοῦ προσώπου κατάδηλος ἐγεγόνει σφόδρα
ὑπερησθεῖσα. Socrate (Platon, *Cratyle* 419 c) examinant la formation
des mots signifiant tristesse ou joie admet, ce qui est assez bizarre, que
χαρά est composé de χεῖν et de ῥοή (χαρὰ τῇ διαχύσει καὶ εὐπορίᾳ
τῆς ῥοῆς τῆς ψυχῆς ἔοικε κεκλημένη).

2. Cf. XI, 11 1-3.

2 Σὺ δὲ εἰς καιρὸν ἥκων ἴσθι καὶ ὑποδεξάμενος ἄγε τοὺς ξένους καὶ τὴν εἰς δύναμιν ἐπικουρίαν σύσπευδε. Καὶ κατελέει παντοίως ἀθλίους μὲν ὄντας καὶ κακοδαίμονας καὶ μυρίαις αἰκίαις καὶ κολάσεσιν οὗτοι ἑκόντος ἐμοῦ κελευομένου δὲ πρὸς Ἀρσάκης ὑποστάντας τἄλλα δέ, ὡς ἔοικεν, εὖ γεγονότας καὶ ὡς ἡ πεῖρά μοι καὶ τὰ ἔργα παρέστησε τὰ πάντα σώφρονας. » Καὶ ἅμα λέγων ἦγεν ἐπὶ τὸ δεσμωτήριον. **3** Ὁ μὲν δὴ Βαγώας ἰδὼν τοὺς νέους, δεσμώτας καὶ ταῦτα καὶ ἤδη πρὸς τῶν βασάνων τετρυχωμένους, ἐκπέπληκτο τοῦ μεγέθους ἅμα καὶ κάλλους· οἱ δὲ τοῦτο ἐκεῖνο εἶναι νομίσαντες καὶ ἀωρὶ τοὺς περὶ τὸν Βαγώαν ἥκειν τὴν ἐπὶ θανάτῳ καὶ τὴν τελευταίαν ἀπάξοντας εἰς βραχὺ μὲν διεταράχθησαν, εἶτα ἀνενεγκόντες ἱλαρῷ καὶ διακεχυμένῳ τῷ βλέμματι ὅτι ἀφροντιστοῦσι καὶ πλείονα χαίρουσιν ἐπίδηλοι τοῖς παροῦσιν ἐγίνοντο. **4** Ἤδη γοῦν τῶν περὶ τὸν Εὐφράτην πλησιαζόντων καὶ ἐπιδραττομένων καὶ ἀπὸ τῶν ξύλων πρὸς οἷς τὰ δεσμὰ κατακέκλειστο ὑπεκλυόντων ὁ Θεαγένης « Εὖγε ἡ ἀλάστωρ Ἀρσάκη » ἀνεβόησεν « ὅτι νυκτὶ καὶ ζόφῳ τὰς ἑαυτῆς ἀθεμίτους πράξεις ἐπικρύπτειν οἴεται. Δεινὸς δὲ ὁ τῆς δίκης ὀφθαλμὸς ἐλέγχῳ καὶ τὰ ἀμήνυτα κρύφια καὶ ἀθέμιτα φωτίζειν. **5** Ἀλλ' ὑμεῖς τὰ προστεταγμένα πράττετε καὶ εἴτε πῦρ εἴτε ὕδωρ εἴτε ξίφος ὥρισται καθ' ἡμῶν τὸν αὐτὸν ἅμα καὶ ἕνα θάνατον ἀμφοτέροις χαρίσασθε. » Συμπαρεκάλει δὲ τὰ αὐτὰ καὶ ἡ

---

2 2 σύσπευδε VMPAT : σοι σπεῦδε ΒΖ ‖ 4 μυρίαις mAT : -ίας; Μ ‖ αἰκίαις mAT : -ίας Μ ‖ κολάσεσιν ΒΡΖΑΤ : κολάσεις VM ‖ οὗτοι MBT : οὔτι VPZA ‖ 3 2 καὶ ταῦτα καὶ ἤδη nos : καὶ ἤδη ταῦτα καὶ codd. καὶ ταῦτα ἤδη καὶ Hirschig ‖ πρὸς τῶν mAT : πρὸ τῶν Ζ ‖ 3 μεγέθους mAT : Θεαγένους Β ‖ κάλλους mAT : τοῦ κάλλους Ρ ‖ 4 εἶναι m : om. Τ post τοῦτο ΒΑ ‖ 5 θανάτῳ mAT : τῷ θαν. Β ‖ καὶ τὴν τελευταίαν (τὴν om. A) codd. : secl. Hirschig κλῆσιν τελ. Lb. ‖ 7 πλείονα mT : πλέονα ΖΑ ‖ 4 2 καὶ ἀπὸ mAT : καὶ om. Β ‖ 3 τὰ δεσμὰ post οἷς mT : post κατακέκλειστο Α ‖ ὑπεκλυόντων mAT : ἀπεκλείόντων Β ‖ 5 νυκτὶ mAT : om. Β ‖ 6 ἐλέγχῳ VBZ : -ων MPAT ‖ 7 ἀθέμιτα mAT : τὰ ἀθ. Ρ ‖ φωτίζειν mAT : -ων Ρ ‖ 5 4 ἀμφοτέροις χαρίσασθε ΒΡΖΑΤ : χαρ. ἀμφ. VM ‖ τὰ αὐτὰ (ταὐτὰ Β) mA : ταῦτα Τ ‖ καὶ ἡ mAT : καὶ om. Β.

mort. » Chariclée à son tour leur fit cette prière. Les
ennuques en pleurant, car ils comprenaient un peu ce qu'ils
disaient, les emmenèrent tout enchaînés.

XIV 1   Quand ils furent sortis du palais, Euphratès
demeura là. Bagoas et ses cavaliers les soulagèrent de la
plupart de leurs chaines et ne laissèrent que ce qu'il fallait
pour les garder sans les faire souffrir. Ils les placèrent
chacun sur un cheval, se formèrent en cercle autour d'eux
et, à bride abattue, prirent le chemin de Thèbes. 2 Pendant le reste de la nuit leur marche se poursuivit sans
arrêt, et le jour suivant ils ne débridèrent pas avant la
troisième heure. L'ardeur du soleil, si chaud en été et en
Égypte, devenait insupportable. Le sommeil les accablait.
Surtout ils voyaient Chariclée épuisée par cette chevau-
chée ininterrompue. Ils décidèrent de s'arrêter là [1], pour
respirer, laisser souffler les chevaux et permettre à la jeune
fille de se reposer. 3 Le rivage du Nil forme en ce lieu
une sorte de promontoire, sur lequel vient se briser le
courant du fleuve. Les eaux détournées de leur direction
font un demi-cercle et reprennent leur cours en ligne
droite, après avoir contourné cette langue de terre, formant ainsi et enveloppant, pour ainsi dire, un golfe terrestre. Cet endroit, tout entouré d'eau, nourrit de riches
prairies. La nature y produit d'elle-même une herbe abon-
dante [2] et offre aux troupeaux une nourriture inépuisable.

---

1. Tel doit être le sens général du participe qu'a écrit Héliodore, si
toutefois c'est bien un participe qu'il a écrit. Κατασκήψαντες (= fondant
sur terre) peut difficilement se justifier et aucune des explications
proposées n'est convaincante. Comme le mot le plus proche doit être
certainement ἀναπνεῦσαι (Coray) et non πνεῦσαι (mss.), il se peut que
la terminaison de participe soit venue de ἀνα après une division fautive
des mots et que κατασκήψαντες recouvre une phrase prépositive ; mais
cette possibilité n'amène pas une solution.

2. Δαψιλής et ses dérivés appartiennent en somme au grec post-classique, bien qu'ils soient à l'occasion employés par Hérodote. Ἐνδαψιλεύ-
εσθαι, en dehors de ce passage, ne se trouve que chez les auteurs byzan-
tins, et il est possible que l'on doive lire ἐπιδαψιλεύεσθαι ; cf. Hérodote

Χαρίκλεια. Ἐπιδακρύσαντες οὖν οἱ εὐνοῦχοι, συνίεσαν γὰρ
ἠρέμα τῶν λεγομένων, αὐτοῖς δεσμοῖς ὑπεξῆγον.

XIV 1 Κἀπειδὴ τῶν σατραπείων ἐκτὸς ἐγεγόνεσαν, ὁ
μὲν Εὐφράτης κατὰ χώραν ἔμενεν· ὁ δὲ Βαγώας καὶ οἱ
ἱππεῖς τῶν πολλῶν δεσμῶν ἐπικουφίσαντες τοὺς νέους καὶ
ὅσα φυλάττειν οὐ κολάζειν ἔμελλεν ἐγκαταλιπόντες ἐφ'
ἵππου τε ἑκάτερον ἀναθέμενοι καὶ μέσους εἰς κύκλον
περιστοιχισάμενοι τάχους οὐδὲν ἀνιέντες ἐπὶ τὰς Θήβας
ἤλαυνον. 2 Τὸ δὴ λειπόμενον τῆς νυκτὸς ἀδιαστάτως
ὁδοιπορήσαντες καὶ κατὰ τὴν ἑξῆς ἡμέραν εἰς ὥραν που
τρίτην οὐδαμοῦ γόνυ κάμψαντες τῆς τε ἡλιακῆς ἀκτῖνος
τὸν φλογμὸν οἷα δὴ θέρους ὥρᾳ καὶ κατ' Αἴγυπτον οὐκέτ'
ἀνεχόμενοι πιεζόμενοί τε ὑπ' ἀγρυπνίας καὶ πλέον τὴν
Χαρίκλειαν πρὸς τῆς συνεχοῦς ἱππηλασίας ἀπειρηκυῖαν
ὁρῶντες ἔγνωσαν αὐτοῦ που † κατασκήψαντες † ἀναπνεῦσαι μὲν αὐτοὶ ἀναπνεῦσαι δὲ καὶ τὴν ἵππον ἀναψῦξαι δὲ
καὶ τὴν κόρην. 3 Καὶ ἦν γάρ τις ὄχθη καὶ ἄκρα τοῦ
Νείλου καθ'ἣν τῆς ἐπ' εὐθὺ στάθμης τὸ ὕδωρ ἀνακοπὲν
καὶ πρὸς ἑλιγμὸν ἡμίκυκλον ἐκτραπὲν πρός τε τὸ ἀντίθετον
τῆς ἐκτροπῆς ἐπιστρέψαν οἷον ἠπειρωτικόν τινα κόλπον
ἀπετέλει τὸ περιγραφόμενον πολλοῦ μὲν λειμῶνος οἷα δὴ
διαρρεομένου τοῦ παντὸς ἀνάπλεως πολλὴν δὲ πόαν καὶ
χιλὸν ἄφθονον ἐνδαψιλεύσασθαι κτήνεσι νομὴν ἀπαυτομ‌ατ-

5 οἱ mAT : καὶ οἱ Z || συνίεσαν mAT : συνήεσαν B || 6 ὑπεξῆγον mAT :
ἐξεπῆγον B.

XIV 1 1 ἐγεγόνεσαν VZA : -εισαν MBPT || 3 ἱππεῖς mAT : ἱπποῖς P ||
4 ἔμελλεν BPZAT : -ον VM || 6 περιστοιχισάμενοι mAT : περιστυχης. Z ||
2 2 κατὰ τὴν ἑξῆς mAT : om. B in lacuna || 4 καὶ PZAT : om. VMB ||
οὐκέτ' mAT : οὐκ P || 7 κατασκήψαντες codd. : locus nondum sanatus
κατασκηνώσαντες Hirschig καταζεύξαντες coni Dalmeyda. an κατα-
κρύψαντες ? Ry. || 7-8 ἀναπνεῦσαι Coraes : πνεῦσαι mAT σπεῦσαι Z ||
8 ἀναψῦξαι mAT : ἀνάψυξιν B || 3 1 ὄχθη mAT : -ους B || τοῦ mAT : τε
B || 2 στάθμης mAT : στάχυν B || 5 πολλοῦ mAT : πολλὰ P || δὴ mAT :
om. B || 7 ἄφθονον mAT : om. M || νομὴν mA : δένδρα καρπῶν νομὴν T.

Des arbres de Perse, des sycomores et d'autres essences qui vivent au bord du Nil, couvrent ce lieu de leurs ombrages[1].
4 C'est là que Bagoas et les siens s'arrêtèrent sous le couvert des arbres. Il mangea et offrit à Théagène et Chariclée de partager son repas. Ils refusèrent et Bagoas dut les forcer à accepter. « A quoi bon manger quand on va mourir, » disaient-ils. Mais Bagoas eut raison de leur résistance, en leur affirmant qu'il n'était pas question de cela et en leur faisant connaître qu'on les conduisait non à la mort, mais auprès d'Oroondatès.

XV 1 Midi ne répandait plus sa chaleur excessive, et le soleil, ayant baissé du zénith à l'occident, ne dardait plus que des rayons obliques[2]. Bagoas se préparait à partir. Soudain se présente un cavalier, qu'une marche forcée avait mis hors d'haleine, et qui arrêta à grand'peine l'élan de son cheval tout ruisselant de sueur. Il prit à part Bagoas, lui fit une recommandation et alla se reposer. 2 Bagoas resta un moment triste et songeur ; il semblait réfléchir à la nouvelle qu'on venait de lui apporter. Il dit ensuite : « Étrangers, soyez tranquilles. Votre ennemie à payé sa dette. Arsacé est morte ; elle s'est pendue, dès qu'elle a appris votre départ avec nous. Elle a prévenu par cette fin volontaire une mort inévitable. Car elle

V 20 τάς τε ἑωυτῶν μητέρας καὶ τὰς ἀδελφεὰς ἐπιλαψιλευόμεθα ὑμῖν. D'autre part Héliodore aime les composés en ἐν, par ex. ἐνυδρίζειν (E XVIII, 2 3).

1. Les deux arbres spécifiés ici sont notés par Théophraste comme particuliers à l'Égypte (*Histoire des plantes*, IV 2 1) et Héliodore peut s'être inspiré de cette liste, en nommant ces deux spécimens et en rappelant le reste en termes généraux. Bien que φίλοις ait été accepté par les autres éditeurs, φύλλοις est plus autorisé par les manuscrits et il convient mieux au contexte. L'adoption de φύλλοις nécessite la suppression de τε καί. On peut supposer que les particules de liaison ont été ajoutées par quelqu'un qui a pris συνήμοις et φύλλοις (ou φίλοις) pour des noms (ou adjectifs) indépendants.

2. Οὐκέτι τὴν κορυφὴν ἡλίου...βάλλοντος (mss.) ne signifie rien, et la correction οὐκ ἐπὶ τὴν κορυφὴν ἡλίου βάλλοντος (Colonna) n'apporte pas d'amélioration. Coray avait certainement raison en restau-

ίζοντα δένδρεσί τε Περσέαις καί συκομόροις καί άλλοις
τοῖς Νείλου συννόμοις [τε καί] φύλλοις ἐπηρεφῆ τε καί
κατάσκιον· 4 ἐνταῦθα ὁ Βαγώας ἅμα τοῖς ἀμφ' αὐτὸν
ἐνηυλίσατο σκηνὴν τὰ δένδρα ποιησάμενος καὶ αὐτός τε σίτου
μετέλαβε καὶ τοῖς περὶ τὸν Θεαγένην μετέδωκε διωθου-
μένους τὰ πρῶτα ἐπαναγκάσας, καὶ ὡς περιττὸν εἴη σιτεῖσ-
θαι τοὺς αὐτίκα τεθνηξομένους φάσκοντας μετέπειθεν, ὡς
οὐδὲν ἔσται τοιοῦτο διεγγυώμενος καὶ ὡς οὐκ ἐπὶ θάνατον
ἄγοιντο, ἄγοιντο δὲ πρὸς Ὀροονδάτην ἐκδιδάσκων.

XV 1 Ἤδη δὲ τῆς ἄγαν μεσημβρίας χαλώσης οὐκέτι
κατὰ κορυφὴν ἡλίου πλάγια δὲ καὶ ἀπὸ τῶν δυσμικωτέρων
βάλλοντος τῶν τε περὶ τὸν Βαγώαν εἰς τὴν πορείαν
διασκευαζομένων ἐφίσταταί τις ἱππεὺς ὑπὸ συντόνου τῆς
ἐλασίας ὡς ἐδόκει, πνευστιῶν μὲν αὐτὸς ἱδρῶτι δὲ καταρρεόμενον τὸν ἵππον χαλεπῶς ἀνέχων, καὶ πρὸς τὸν Βαγώαν
ἰδίᾳ τι φράσας ἡσύχαζεν. 2 Ὁ δὲ εἷς βραχὺ κατηφήσας
καὶ ἐν συννοίᾳ τῶν ἀπαγγελθέντων γεγονέναι δόξας « Ὦ ξένοι » ἔφη « θαρσεῖτε. Δίκην ὑμῖν ὑπέσχεν ἡ πολεμία·
τέθνηκεν Ἀρσάκη βρόχον ἀγχόνης ἀψαμένη ἐπειδὴ τὴν
ἡμετέραν σὺν ὑμῖν ἔξοδον ἐπύθετο καὶ τὸν ἐξ ἀνάγκης θάνατον
⟨τῷ⟩ αὐθαιρέτῳ προὔλαβεν, οὐκ ἂν διαδράσασα τὴν ἐξ Ὀροον-

8 τε ΒΡΖΑΤ : om. VM ‖ περσέαις ΒΡΖΤ : -αίαις VMA ‖ συχομόροις
ΜΒΤ : -μώροις VΖΑ -μώρα; Ρ ‖ 9 τοῖς mAT : τοῦ Ρ ‖ συννόμοις VMBT
(σὺν νόμοις Α) : συννώμ. Ζ συνόμ. Ρ ‖ τε καὶ seclusimus ‖ φύλλοις VB :
φύλοις Ζ φίλοις ΜΡΑΤ ‖ ἐπηρεφῆ VT : ἐπηρρ. ΒΡ ἐπιρρ. ΜΖΑ ‖ 4 2 ἐνηυλίσατο mAT : -αντο Β ‖ ποιησάμενος mAT : ποιούμενος Β ‖ 6 διεγγυώμενος
mAT : ἐγγ. Ζ ‖ 7 ἄγοιντο bis Ζ : semel mAT ‖ δὲ mA : om. ΡΤ ‖
Ὀρ(Ὀρρ-Τ)οονδάτην mAT : τὸν Ὀρ. Β.

XV 1 2 κατὰ Coraes : τὴν codd. ‖ πλάγια δὲ καὶ (καὶ om. Α) VMPZA :
πλαγίαν καὶ Τ om. Β in lacuna ‖ ἀπὸ mAT : ὑπὸ Β ‖ δυσμικωτέρων
ΖΑΤ (δυσμηχοτ. Ρ) : δυσικωτ. VM δυσκωτ. Β ‖ 4 ἐφίσταταί mAT : ἀφ.
Β ‖ 5 ὡς mAT : καὶ Ζ ‖ 5-6 καταρρεόμενον VMT : -ος ΒΡΖΑ (καταρρ.
δὲ ἱδρῶτι ΒΑ) ‖ 7 τι mAT : τις Β ‖ 2 2 γεγονέναι mAT : om. Μ ‖ δόξας
mAT : δόξαι Ρ ‖ 5 ἡμετέραν σὺν ὑμῖν ΒΖ : ὑμετ. σὺν ἡμῖν VMPAT ‖
ἐπύθετο mAT : ἐπίθετο Β ‖ 6 τῷ addidimus ‖ αὐθαιρέτῳ mT : -έτως
ΡΑ ‖ διαδράσασα (cf. Β XII, 3 5, Ζ XXIV, 2 7) mAT : -σουσα Β.

n'aurait pu échapper à la vengeance d'Oroondatès et du
roi et, si le couteau l'avait épargnée, elle eût été condam-
née à mener jusqu'au bout une existence ignominieuse.
3 Voilà ce que vient de m'apprendre Euphratès par ce
messager. Confiance donc maintenant et bon courage, car
vous êtes innocents, je le sais pertinemment, et celle qui
vous maltraitait ne vous gênera plus. » Ainsi tâchait de les
amadouer Bagoas[1], dans un mauvais grec, en cherchant ses
mots et avec des tours pénibles et barbares. 4 Mais il
était trop heureux de satisfaire la haine que lui inspiraient l'intempérance et les manières tyranniques d'Arsacé
et de prodiguer à ces jeunes gens encouragements et consolations. Il espérait à juste titre une brillante récompense d'Oroondatès, s'il lui amenait vivants un jeune
homme dont le mérite effaçait tous les autres serviteurs du
satrape et une jeune fille que son incomparable beauté
destinait à prendre la place de son épouse disparue. 5
Non moins joyeux étaient Théagène et Chariclée. Ils célébraient la puissance des dieux et de la justice, convaincus qu'ils n'avaient désormais plus rien à redouter même
si les pires épreuves les attendaient, du moment que
leur plus cruelle ennemie etait morte .Tant il est vrai que
la mort elle-même paraît douce, quand on a le bonheur
de voir mourir avant soi ses ennemis[2]. 6 Une légère
brise du soir commençait à souffler et, rafraîchissant
l'atmosphère, invitait au voyage[3]. Ils se mirent en
selle et partirent. Pendant le reste du jour, toute la nuit

rant οὐκέτι κατὰ κορυφήν ; cf. Θ XXII, 4 4 et Plutarque, *Œuvres
Morales* 938 a.

1. Παρίστασθαι semble être employé ici dans le sens de « gagner à son
parti ». Le futur de Z doit donc être préféré à l'aoriste. L'addition de ὡς
n'est peut-être pas strictement nécessaire, mais il a pu facilement tomber
après Βαγώας.

2. Le sentiment n'est pas facile à concilier avec la thèse de Coray qui
fait de l'auteur un chrétien.

3. Cf. B III, 2 6-9 τῆς σποδιᾶς...πρὸς τὸ βάσιμον ἀποφυγείσης, et
Θ VII, 3 7-9 θᾶττον ἀναψύξαι τὰ περὶ τὴν Συήνην καὶ εἰς τὸ βάσιμον
ἐξικμασθῆναι.

δάτου καὶ βασιλέως τιμωρίαν ἀλλ' ἢ σφαγεῖσα ἢ τῷ λειπομένῳ
τοῦ βίου πάντως ἐνασχημονοῦσα. 3 Ταυτὶ γὰρ φράζει
καὶ ἐπιστέλλει διὰ τοῦ νῦν ἥκοντος Εὐφράτης, ὥστε θαρσεῖτε
πλέον καὶ θυμὸν ἔχετε ἀγαθὸν αὐτοὶ μὲν οὐδὲν ἠδικηκότες
ὡς ἀκριβῶς ἔγνων τὴν δὲ ἀδικήσασαν ἐκποδὼν ἔχοντες. »
Ταῦτ' ἔλεγεν ὁ Βαγώας ⟨ὡς⟩ παραστησόμενος, ἀλλὰ ψελλιζόμενος τὴν Ἑλλάδα φωνὴν καὶ παράσημα τὰ πολλὰ ἐπισύρων.
4 Ἔλεγε δὲ ἅμα μὲν καὶ αὐτὸς χαίρων, τὸ ἀκόλαστον
τῆς Ἀρσάκης καὶ τυραννικὸν ζώσης βαρυνόμενος, ἅμα δὲ
τοὺς νέους ἐπιρρωννύς τε καὶ παρηγορούμενος, ἐλπίζων,
ὅπερ ἦν, ἐπὶ μέγα παρὰ τῷ Ὀροονδάτῃ καὶ λαμπρῶς εὐδοκ-
ιμήσειν εἰ περισώσειεν αὐτῷ νεανίαν τε πᾶσαν τὴν ἄλλην
τοῦ σατράπου διακονίαν ἐπισκιάσοντα καὶ κόρην ἀπρόσ-
μαχόν τε τὸ κάλλος καὶ εἰς γυναῖκα μετὰ Ἀρσάκην ἀπελθοῦ-
σαν ἐσομένην. 5 Ἔχαιρον δὲ καὶ οἱ περὶ τὸν Θεαγένην
τῇ ἀκοῇ, θεούς τε καὶ δίκην μεγάλους ἀνακαλοῦντες οὐδὲν
ἔτι πείσεσθαι δεινὸν ὑπετίθεντο κἂν εἰ τὰ χαλεπώτατα δια-
δέχοιτο, τῆς ἐχθίστης κειμένης. Οὕτως ἄρα ἡδύ τισι καὶ
τὸ ἀπόλλυσθαι ὅταν συμβαίνῃ τοῖς ἐχθροῖς ἐπαπόλλυσθαι.
6 Δείλης οὖν ὀψίας ἤδη πρὸς τὸ εὐπνούστερον ἀναχεομένης
καὶ πρὸς τὸ βάσιμον τὴν ὁδοιπορίαν ἐπιψυχούσης ἄραντες
ἤλαυνον αὐτήν τε τὴν ἑσπέραν καὶ τὴν συνεχῆ νύκτα καὶ

7 τῷ mAT : om. P ‖ λειπομένῳ mT : λείῳ. Β λίπομ. Α ‖ 8 ἐνασχημονοῦσα mAT : ἀνασχ. Ρ ἂν ἀσχ. Commelinus ‖ 3 2 Εὐφράτης
mAT : Εὐφάτου Β ‖ 3 ἔχετε mAT : ἔχεσθε Β ‖ οὐδὲν mAT : οὖν Ρ ‖ 4 δὲ
ἀδικήσασαν mAT : διαδικήσ. Β ‖ 5 ὡς addidimus ‖ παραστησόμενος Ζ :
-άμενος mAT ‖ ἀλλὰ ΒΡΖΑΤ : ἀλλὰ καὶ VM ‖ 4 2 τυραννικὸν mAT :
-ῶς Μ ‖ βαρυνόμενος mAT : -ον Ζ ‖ δὲ mAT : δὲ καὶ Ρ ‖ 4 ὅπερ ἦν
codd., cf. Θ XII, 3 2 ; hic tamen melius esset ὅπερ ἂν ἦν ‖ ἐπὶ ΒΡΖΑΤ:
om. VM ‖ καὶ ΒΡΖΑΤ : om. VM ‖ 5 εἰ περισώσειεν ΒΡΖΑΤ: εἴπερ (εἴπερ
δὴ Μ) σώσειεν VM ‖ τε mAT : τε καὶ Μ ‖ 6 ἐπισκιάσοντα VMPA
(-σαντα Ζ) : ἐπ' εἰσήξοντα Β ἐπασκήσοντα Τ ‖ 5 2 τῇ ἀκοῇ VM : τὴν
ἀκοὴν ΒΡΖΑΤ ‖ μεγάλους post δίκην ΒΡΖΑΤ (cf. IX, 16 6) : post
θεούς· τε VM ‖ 3 πείσεσθαι mAT : πήσ. Μ ‖ ὑπετίθεντο mAT : -ετο Ρ ‖
κἂν mAT : καὶ Ρ ‖ 4 τισι mA (τι συ Ρ): τι Τ fort. recte ‖ 6 2 τὴν ὁδοιπορίαν ΒΡΖΑΤ : τῆς -ίας VM.

et la matinée du jour suivant, ils chevauchèrent à vive
allure, pour tâcher de trouver encore à Thèbes Oroondatès. 7 Mais ils n'y réussirent pas. Ils rencontrèrent
en route un homme qui venait de l'armée. Il leur annonça
que le satrape était parti de Thèbes, et qu'on l'avait
chargé lui-même d'aller ramasser tous les soldats
et les hommes armés, même ceux qu'on avait laissés
à la garde des villes, et de les faire rejoindre au plus
vite Syéné. Tout le pays était alerté, et il était à craindre
que la ville ne fût déjà prise, le satrape arrivant trop tard,
par l'armée éthiopienne dont la marche précipitée avait
devancé toute nouvelle. Bagoas au lieu d'aller à Thèbes
prit la direction de Syéné.

XVI 1 Il en approchait quand il tomba dans une
embuscade tendue par une troupe d'Éthiopiens[1]. C'était une
bande de jeunes soldats bien armés, qu'on avait envoyés
en avant pour éclairer la route et assurer par leurs explo-
rations la marche du gros de l'armée. Mais la nuit et leur
ignorance du pays les avaient égarés et ils s'étaient trop
éloignés de leur camarades[2]. Ils s'étaient donc cachés dans
un fourré de roseaux du Nil, et là ils veillaient pour se
garder eux-mêmes et à l'occasion surprendre les ennemis.

1. Νεολαία est un mot dorien qui n'apparaît pas en prose avant
l'époque post-classique ; par ex. Lucien, *Phalaris* A 3, Alciphron I 6.

2. Cette phrase a été corrigée et interprétée de plusieurs façons. Une
chose paraît claire, c'est que ὅπου (VM) n'est qu'une glose de $\overset{r}{\eta}$, et
que Coray, voulant garder les deux mots, en changeant ὅπου en ὁμοῦ
et en plaçant $\overset{\prime}{\eta}$ entre φιλίων et προσῆκον a fait fausse route. Si on accepte
$\overset{\sim}{\eta}$ = « qui », la seule difficulté qui reste vient du comparatif πορρωτέρω.
Nous avons donc admis que B, qui seul des mss. donne correctement $\overset{\sim}{\eta}$,
a également raison d'écrire le superlatif πορρωτάτω ; la confusion
entre le comparatif et le superlatif est fort commune. Ainsi le sens est
« ayant, à cause de la nuit et de leur ignorance du pays, perdu leur
chemin et s'étant éloignés de leurs camarades jusqu'à l'endroit le plus
éloigné où l'on pouvait aller en sécurité ». Colonna, qui paraît avoir le
même point de vue sur $\overset{\sim}{\eta}$ garde πορρωτέρω, mais n'explique pas le
sens.

τῆς συναπτομένης ἡμέρας τὰ ὄρθρια σπουδὴν ποιούμενοι
κατὰ τὰς Θήβας τὸν Ὀροονδάτην εἰ δύναιντο καταλαβεῖν.
7 Οὐ μὴν προὐχώρει γε αὐτοῖς, ἀλλά τινος τῶν ἀπὸ τῆς
στρατιᾶς καθ' ὁδὸν ἐντυχόντος ,καὶ ὡς ἐξωρμήκοι μὲν τῶν
Θηβῶν ὁ σατράπης ἀπαγγείλαντος αὐτὸς δὲ ἀποσταλείη
πάντα τινὰ στρατιώτην καὶ ἔνοπλον κἂν εἰ πρὸς φρουραῖς
εἴη καταλελειμμένος ἐπισπεῦσαι πρὸς τὴν Συήνην κατε-
πείξων, ἐμπεπλῆσθαι γὰρ ἅπαντα θορύβου καὶ δέος εἶναι
τὴν πόλιν ἡλωκέναι τοῦ μὲν σατράπου καθυστεροῦντος τοῦ
δὲ Αἰθιοπικοῦ στρατοῦ θᾶττον ἀκοῆς ἐπιβρίσαντος, ἐκτραπεὶς τῶν Θηβῶν ὁ Βαγώας ἐπὶ τὴν Συήνην ἤλαυνεν.

XVI 1 Ἤδη δὲ πλησιάζων Αἰθιοπικῷ περιπίπτει λόχῳ
καὶ πλήθει νεολαίας εὐοπλούσης οἳ προαπεστάλησαν μὲν
ὀπτῆρές τε ἐσόμενοι καὶ τὸ ἀσφαλὲς τῆς ὁδοιπορίας τῇ
παρὰ σφῶν ἀποπείρᾳ πρὸς τὴν ὅλην στρατιὰν βεβαιώσοντες,
τότε δὲ ὑπὸ νυκτός τε καὶ τόπων ἀπειρίας, ᾗ πορρωτάτω
τῶν φιλίων προσῆκον ἦν φθάνειν ἀποσφαλέντες, κατά
τινα τοῦ ποταμοῦ λόχμην ἐγκαταδύντες αὐτοῖς τε ἅμα εἰς
φρουρὰν καὶ τοῖς ἐναντίοις εἰς ἐνέδραν ἄυπνοι τὴν λόχμην

4 ὄρθρια mAT : ὄρθια B ‖ 5 Θήβας mAT : Ἀθήνας P ‖ εἰ mAT : εἰς B ‖
δύναιντο mAT : -αιτο Μ ‖ 7 1 προὐχώρει γε ΒΡΖΑΤ : προὐκεχώρηκεν
VM ‖ τῆς mT : om. ΡΑ ‖ 2 στρατιᾶς mAT : -είας B ‖ 3 αὐτὸς δὲ ἀποσταλείη mAT : om. B in lacuna ‖ 4 τινα ΒΡΖΑΤ : om. VM ‖ καὶ ΒΡΖΑΤ :
om. VM ‖ 4-5 φρουραῖς εἴη κατα om. B in lacuna ‖ 4 φρουραῖς codd. : -ἀν
Hirschig ‖ 6 ἐμπεπλῆσθαι (-εῖσθαι Ζ) mAT : μετεμπ. B ‖ γὰρ mAT :
δὲ B ‖ 7 μὲν mAT : μετὰ τοῦ B ‖ 8 αἰθιοπικοῦ mAT : αἰγυπτιακοῦ B ‖
ἀκοῆς mAT : om. B in lacuna ‖ 9 post ἤλαυνεν scribit A ἔνθα ἐπελθόντες
αἰθίοπες κατὰ τὴν ὁδὸν τοῖς πέρσαις λαμβάνουσιν αἰχμαλώτους Θεαγένην
καὶ Χαρίκλειαν quae verba ex margine, ubi exstant in B, in textum
negligenter transtulit ; cf. Θ III, 2 6 ; V, 1 2.

XVI 1 4 παρὰ mAT : περὶ B ‖ βεβαιώσοντε· ·mAT : -ται B ‖ 5 ᾗ B : ἢ
ΡΖΑΤ ὅπου ἢ VM ‖ πορρωτάτω B : -τέρω mAT ‖ 6 φιλίων VMA (-ιῶν B) :
φίλων Ζ (φιλῶν ΡΤ) ‖ φθάνειν mAT : θανεῖν B ‖ ἀποσφαλέντες ΒΡΖΑΤ :
ἀποσταλ. VM ‖ 7 λόχμην (λόγχ. M) post ποταμοῦ mT : post τινα ΒΑ ‖
8 λόχμην mAT : νύκτα Ρ.

2 Au lever du jour, ils virent passer Bagoas et ses cavaliers. Quand ils eurent observé leur petit nombre, et qu'ils
se fussent assurés, en les laissant défiler un peu plus loin,
qu'ils n'étaient pas suivis par d'autres troupes, tout soudain ils sortirent du marais et en criant se jetèrent sur eux.
3 Bagoas et ses gens, effrayés par cette attaque imprévue
et par ces clameurs, se rendirent compte qu'ils avaient
affaire à des Éthiopiens, d'après leur couleur, et à une
troupe trop nombreuse pour songer à lui résister. Il y
avait là un millier d'éclaireurs armés à la légère. Aussi
les Perses, sans même prendre le temps de les regarder
attentivement, s'éloignèrent rapidement, en modérant
d'abord leur allure, pour ne pas avoir l'air de fuir. Les
Éthiopiens les poursuivirent et envoyèrent en avant tous
les Troglodytes (au nombre de deux cents environ) qui se
trouvaient avec eux. **4** Les Troglodytes sont une peu-
plade d'Éthiopie. Ils mènent une vie nomade [1] et sont les
voisins des Arabes. Naturellement doués pour la course
ils s'y entraînent dès l'enfance. Ils ne sont pas habitués à
porter des armes pesantes et ne connaissent que la fronde.
Ils attaquent de loin leurs ennemis, et par une action
rapide déconcertent l'adversaire. Se sentent-ils les moins
forts, ils lui échappent par la fuite. On renonce tout de
suite à les poursuivre, car on les sait légers comme des
oiseaux et ils vont se cacher dans des trous dont l'entrée
est très étroite et qui leur offrent, creusés dans le roc, des
abris invisibles [2]. **5** Ceux-là, bien qu'à pied, gagnèrent
de vitesse les cavaliers, et réussirent à en blesser [3] quelques

---

1. Cf. Strabon XVI 4 17 (p. 775) νομαδικὸς μὲν οὖν ὁ βίος τῶν Τρω-
λοδυτῶν. Les Troglodytes étaient renommés pour leur rapidité à la
course, cf. Hérodote IV 183 οἱ γὰρ Τρωγλοδύται Αἰθίοπες πόδας τάχισ-
τοι ἀνθρώπων πάντων εἰσὶ τῶν ἡμεῖς πέρι λόγους ἀποφερομένους ἀκούομεν.

2. Χηραμός, employé par Homère, *Iliade* XXI 495, ne devait pas réap-
paraître avant l'époque d'Aristote, mais il est commun dans le grec post-
classique. L'association de γηραμός avec πέτρα peut être une réminiscence du passage d'Homère,

ἥ ῥά θ' ὑπ' ἴρηκος κοίλην εἰσέπτατο πέτρην, χηραμόν.

3. L'expression ἴσχυσαν γενέσθαι est étrange ; on s'attendrait soit à
ἴσχυσαν ποιῆσαι soit à ἐποίησαν γενέσθαι.

ἐπετείχιζον. 2 Ἄρτι δὲ ἡμέρας ὑποφαινούσης τὸν
Βαγώαν καὶ τὴν σὺν αὐτῷ ἵππον αἰσθόμενοι παριόντας καὶ
τὸ πλῆθος ὡς ὀλίγοι διοπτεύσαντες μικρόν τε παραδραμεῖν
ἐνδόντες καὶ ὅτι ἄλλοι μηδένες ἐφέποιντο ἀκριβώσαντες
ἀθρόον τοῦ ἕλους μετὰ βοῆς ἐκδύντες μετέθεον. 3 Ὁ δὲ
Βαγώας καὶ τὸ ἄλλο ἱππικὸν ὑπό τε τῆς ἀπροσδοκήτου
βοῆς πτοίας ἐμπέπληστο καὶ ἀπὸ τῆς χροιᾶς Αἰθίοπας
εἶναι τοὺς φανέντας γνωρίσαντες καὶ τὸ πλῆθος ὡς ἀπρόσμαχον ἰδόντες (χίλιοι γὰρ εἰς τὴν κατασκοπὴν ὡπλισμένοι
κούφως ἐστάλησαν) οὐδὲ ἀκριβῶς τὴν θέαν ἀνασχόμενοι
πρὸς φυγὴν ὥρμησαν σχολαίτερον τὰ πρῶτα ἢ ὅσον ἠδύναντο
καὶ ὥστε μὴ πρόυπτον δρα μὸν ἐμφαίνειν ἀπιόντες· οἱ δὲ
ἐπεδίωκον, τοὺς ὅσοι Τρωγλοδύται σφῶν (ἦσαν δὲ εἰς
διακοσίους) προτέρους ἐπαφέντες. 4 Τρωγλοδύται δὲ
μοῖρα μέν ἐστιν Αἰθιοπικῇ, νομαδική τε καὶ Ἀράβων ὅμορος,
δρόμου δὲ ὀξύτητα φύσει τε εὐτυχοῦντες καὶ ἐκ παίδων
ἀσκοῦντες, τὴν μὲν βαρεῖαν ὅπλισιν οὐδὲ ἀρχὴν ἐδιδάχθησαν ἀπὸ σφενδόνης δὲ κατὰ τὰς μάχας ἀκροβολιζόμενοι ἢ
δρῶσί τι πρὸς ὀξὺ τοὺς ἀνθισταμένους ἢ καθυπερτέρους
αἰσθόμενοι διαδιδράσκουσιν· οἱ δὲ ἀπογινώσκουσιν αὐτίκα
τὴν ἐπιδίωξιν ἐπτερωμένους τῇ ποδωκείᾳ συνειδότες καὶ
εἰς ὀπάς τινας βραχυστόμους καὶ χηραμοὺς κρυφίους
πετρῶν καταδυομένους. 5 Οὗτοι δ' οὖν τότε πεζοὶ τοὺς
ἱππέας ἔφθανον καί τινας καὶ τραυματίας γενέσθαι σφενδονῶντες ἴσχυσαν· οὐ μὴν ἐδέξαντό γε ἀντεφορμήσαντας

2 1 τὸν VBZAT : κὰν M καὶ τὸν P ‖ 2 παριόντας Coraes : -τα
codd. ‖ 3 μικρὸν mAT : καὶ μ. B ‖ 4 μηδένες; mT : μηδόνες; A μὴ tum lacuna brevis B ‖ 3 5 ὡπλισμένοι mAT : -σάμενοι B ‖ 7 σχολαίτερον
mAT : σχολαιότ. B ‖ ἢ BPZAT : ἢ καὶ VM ‖ 9 ἐπεδίωκον mAT : ἀπεδ. B ‖
4 3 δὲ VBPT : τε MZA ‖ ὀξύτητα VMZAT : -ητι BP ‖ εὐτυχοῦντες mAT :
ἐντ. Z ‖ 4 μὲν mAT : δὲ B ‖ 7 οἱ δὲ mAT : οἱ δὲ τῇ ὀξύτητι B ‖ 8 ἐπτερωμένους BPZT : ἐπερρωμ. VMA ‖ ποδωκείᾳ mAT : ποδοκίᾳ M ‖
9 βραχυστόμους VMBAT : βραχυτόμ. PZ ‖ καὶ mAT : om. B ‖ 5 1 πεζοὶ
mT : πεζὸν (ex -ῶν) P περὶ A ‖ 2 καὶ (2) mA : om. PT ‖ 2-3 σφενδονῶντες
VMPAT : -νόντες B -νῶντας Z ‖ 3 ἀντεφορμήσαντας (ἀντεφωρμ. B) :
-τες Z.

uns à coups de fronde. Mais ils n`attendirent pas les Perses
quand ceux-ci se retournant fondirent sur eux. A toute
vitesse ils coururent rejoindre leurs camarades qu'ils
avaient laissés loin derrière eux. Ce que voyant, les Perses,
encouragés par le petit. nombre de leurs adversaires, se
déterminèrent à les contre attaquer. Ils refoulèrent un peu
ceux qui les pressaient, se remirent à fuir vivement, exci-
tant de l'éperon leurs montures et courant, à bride abattue,
avec toute la vitesse dont ils étaient capables. 6 Leur
course les amena jusqu'au détour du Nil, dont la rive en
cet endroit forme une sorte de promontoire, et les déroba
à la vue des ennemis. Mais Bagoas fut pris. Son cheval
avait bronché et l'avait entraîné dans sa chute. Blessé à la
cuisse, il était incapable de marcher[1]. 7 Avec lui furent
pris Théagène et Chariclée qui n'auraient pas consenti à
abandonner Bagoas, cet homme qui s'était déjà montré
bienveillant pour eux et dont ils espéraient encore des
preuves d'amitié. (Ils étaient descendus de cheval pour
l'assister, alors que, peut-être, ils auraient pu échapper
aux ennemis). Mais ils avaient une autre raison encore
plus forte de se rendre. Théagène en effet avait déclaré à
Chariclée que c'était leur songe même qui s'accomplissait
et que ces Éthiopiens étaient les gens dans le pays desquels
ils étaient destinés à être emmenés comme prisonniers de
guerre[2]. Aussi jugèrent-ils bon de se livrer à eux et de se
confier à un sort incertain plutôt que d'affronter les dangers qui les attendaient sûrement auprès d'Oroondatès.

1 XVII   Chariclée prévoyait[3] tout ce qui allait se passer

---

1. Pour εἰς τὸ ἀκίνητον cf. I XXX, 4 5-6 τῶν μὲν κεράτων τῇ γῇ προσπεπηγότων καὶ εἰς τὸ ἀκίνητον τῆς κεφαλῆς ῥιζωθέντων.

2. Théagène se souvient de plus de choses que le songe ne lui en avait
dit. Ce songe (XI, 3 7-8) prédisait qu'ils échapperaient à Arsacé et
iraient en Éthiopie, mais il n'a pas annoncé qu'ils entreraient dans le
pays comme prisonniers de guerre.

3. A mesure que le dénouement approche la confiance dans une
issue heureuse augmente chez Chariclès comme chez Théagène. (M.)

ἀλλὰ προτροπάδην εἰς τοὺς ἀπολειφθέντας τῶν φιλίων
πολὺ καθυστεροῦντας ἀπεδίδρασκον. Ὁ δὴ καὶ σκοπήσαντες
οἱ Πέρσαι καὶ τῆς ὀλιγότητος ὑπεριδόντες τὴν ἀντεφόρμησιν
ἐθάρσησαν, ἀποσκευασάμενοί τε εἰς βραχὺ τοὺς ἐγκειμένους
τὸν δρασμὸν αὖθις ἐπέσπευδον τοῖς τε μύωψι τοὺς ἵππους
ἐρεθίζοντες καὶ δυνάμεως ὅσον ἦν καὶ τάχους ἀνέτοις τοῖς
χαλινοῖς ἐφιέντες. 6 Οἱ μὲν οὖν ἄλλοι διαδιδράσκουσιν
ἑλιγμόν τινα τοῦ Νείλου καθάπερ ἄκραν ὑποδραμόντες καὶ
τῷ προβόλῳ τῆς ὄχθης τὴν θέαν τῶν ἐναντίων ἀποκρύψαντες·
ὁ δὲ Βαγώας ἁλίσκεται προσπταίσαντι τῷ ἵππῳ συγκατ-
ενεχθεὶς καὶ θάτερον τοῖν σκελοῖν εἰς τὸ ἀκίνητον πηρωθείς.
7 Ἁλίσκονται δὲ Θεαγένης καὶ Χαρίκλεια τὸ μέν τι τὸν
Βαγώαν ἐγκαταλιπεῖν οὐκ ἐνεγκόντες, ἄνδρα φιλάνθρωπον
περὶ αὐτοὺς καὶ ὀφθέντα καὶ ἐλπισθέντα (παρειστήκεισαν
γοῦν ἀποβάντες τῶν ἵππων ἴσως ἂν καὶ διαφυγόντες), πλέον
δὲ ἑκόντες ὑποκατακλινόμενοι, τοῦ Θεαγένους πρὸς τὴν
Χαρίκλειαν τοῦτ' ἐκεῖνο εἶναι τὸ ὄναρ εἰπόντος καὶ τοὺς
Αἰθίοπας τούτους ὧν εἰς τὴν γῆν ἀφικέσθαι πεπρωμένον
εἶναι ἡμῖν αἰχμαλώτους ἁλόντας· καλὸν οὖν ἐγχειρίζειν
ἑαυτοὺς καὶ ἐπιτρέπειν ἀδηλοτέρᾳ τύχῃ τοῦ προδήλου
παρὰ Ὀροονδάτῃ κινδύνου.

XVII 1 Καὶ ἡ Χαρίκλεια συνίει μὲν λοιπὸν ὑπὸ

4 προτροπάδην mT (-άδιν A) : προτροχ. B ‖ φιλίων VMBAT (χιλίων
Z) : φίλων P ‖ 5 καθυστεροῦντας mAT : -τες V ‖ ὃ mAT : οἱ Z ‖ 7 ἐθάρσ-
(ἐθάρρ- VM)ησαν mT : ἐκθαρσήσαντες A ‖ 8 ἐπέσπευδον BPZAT : -δεν V
-δε M ‖ μύωψι MBRT : μύοψιν Z μυίωψι V μείωψι A ‖ ἵππους mAT :
ἱππέας B ‖ 9 ἀνέτοις mAT : ἐνέτ. B ‖ 10 ἐφιέντες mA : ἀφ. ZT ‖ 6 1 οὖν
mAT : om. B ‖ ἄλλοι mAT : ἄλλοι καὶ P ‖ 2 ἑλιγμόν (ελυμόν Z) τινα
mAT : -μῷ τινι B ‖ 3 προβόλῳ mAT : προσβ. B ‖ τὴν θέαν mT : om.
M τήν τε θέαν A ‖ 5 τοῖν σκελοῖν m : τῶν σκελῶν BAT ‖ 7 1 δὲ mT (μὲν
A) : δὲ καὶ Coraes fort. recte ‖ τι VZA : τοι MBRT ‖ 3 παρειστήκεισαν
mA : -χεσαν T ‖ 4 γοῦν mA : οὖν T ‖ ἂν καὶ mA : καὶ om. BT ‖
5 ὑποκατακλινόμενοι VMB : -ομένου PZAT ‖ 7 πεπρωμένον mAT :
μένων Z ‖ 9 προδήλου mAT : προδηλοτέρου M.

XVII 1 1 συνίει VMZAT : συνίησι BP, cf. A XIX, 3 5.

et se laissant conduire docilement par la main du destin
elle avait confiance dans un avenir meilleur. Elle considérait les assaillants comme des amis plutôt que comme des
ennemis. Mais elle ne voulut pas faire part de ses sentiments à Théagène et lui laissa entendre seulement qu'elle
se rangeait à son avis. **2** Les Éthiopiens arrivés auprès
d'eux reconnurent en Bagoas, à sa physionomie, un
eunuque non combattant, et ils virent ces jeunes gens
sans armes, enchaînés, remarquables par leur beauté et
leur noble tournure. Ils leur firent demander qui ils étaient,
par un des leurs, un Égyptien qui parlait aussi le persan,
convaincus qu'ils comprenaient sûrement l'une de ces deux
langues, sinon les deux. Les éclaireurs et les espions,
chargés d'apprendre ce qui se dit comme ce qui se fait,
savent par expériences qu'ils doivent emmener avec eux
des gens qui parlent et entendent le dialecte du pays et
des ennemis. **3** Théagène qu'un long séjour avait habitué
à la langue égyptienne répondit aussitôt, à la question qui
lui fut posée dans cette langue, que Bagoas [1] était un des
premiers fonctionnaires du satrape persan ; que lui-même,
et Chariclée, grecs de naissance, emmenés par les Perses
comme captifs, devaient sans doute se féliciter d'avoir
changé de maîtres et d'être tombés entre les mains des
Éthiopiens. Ceux-ci décidèrent de les épargner et de les
faire prisonniers. **4** C'était là leur première capture et
une magnifique capture à offrir à leur roi : d'abord [2] le plus

---

1. Bien que Βαγώαν figure dans B, sa place est mauvaise et il a
bien pu, venant d'une note marginale, être incorporé à tort dans le texte.
Néanmoins la mention spécifique de Bagoas est appelée par l'opposition
avec ἑαυτόν τε καὶ Χαρίκλειαν. Pour les propositions voir notes critiques.

2. Les collaborateurs de confiance du roi de Perse s'appelaient Βασιλέως ὀφθαλμοὶ καὶ ὦτα, cf. Hérodote I 114, Eschyle, *Les Perses*, 978-
981, Aristote, *Politique* 1287 b 29-30, Philostrate, *Vie d'Apollonius* I 28.
Les Grecs jugeaient cette organisation comme très suspecte, mais leur
défiance était injustifiée, malgré les abus auxquels elle pouvait se prêter ;
cf. Xénophon, *Cyropédie* VIII 2 10 sqq. Ces fonctionnaires n'étaient pas
nécessairement des eunuques, mais les eunuques étaient manifestement
désignés pour en être ; cf. Lucien, *Sur ceux qui sont aux gages des Grands* 29.

ντῶν εἱμαρμένων χειραγωγουμένη καὶ εὔελπις ἦν τῶν βελτιό-
ων, φιλίους πλέον ἢ πολεμίους τοὺς ἐπιόντας ὑποτιθεμένη,-
φράζουσα δὲ οὐδὲν τῷ Θεαγένει τῶν νοουμένων ὑπὸ μόνης
πείθεσθαι τῆς συμβουλῆς ἐνεδείκνυτο. 2 Πλησιάσαντες
οὖν οἱ Αἰθίοπες καὶ τὸν μὲν Βαγώαν εὐνοῦχον καὶ ἀπόλεμον
ἐκ τῶν ὄψεων γνωρίσαντες τοὺς δὲ ἀόπλους μὲν καὶ δεσμώτας κάλλει δὲ καὶ εὐγενείᾳ διαπρέποντας ἠρώτων οἵτινες
εἶεν Αἰγύπτιόν τε ἀπὸ σφῶν ἕνα τε καὶ περσίζοντα τὴν
φωνὴν εἰς τὴν πεῦσιν καθέντες ὡς ἢ ἀμφοτέρων ἢ θατέρου
πάντως συνήσοντας. Οἱ γὰρ ὀπτῆρές τε καὶ σκοποὶ λεγομένων τε καὶ πραττομένων ἀποσταλέντες ὁμογλώσσους τε
καὶ ὁμοφώνους τοῖς τε ἐγχωρίοις καὶ πολεμίοις ἐπάγεσθαι
ὑπὸ τῆς χρείας ἐδιδάχθησαν. 3 Ὡς οὖν ὁ Θεαγένης ὑπό
τε συνδιαιτήσεως ἤδη μακρᾶς τῆς Αἰγυπτίας καὶ βραχείας
τῆς πεύσεως τὰ πρῶτα εἶναι τοῦ σατράπου Περσῶν Βαγώαν
ἀπεκρίνατο ἑαυτὸν δὲ καὶ τὴν Χαρίκλειαν Ἕλληνας γένος
Πέρσαις ¦ μὲν πρότερον αἰχμαλώτους ἀγομένους τὸ παρὸν
δὲ Αἰθίοψιν ὑπὸ χρηστοτέρας ἴσως τύχης ἐγχειριζομένους,
ἔγνωσαν φείδεσθαι καὶ ζωγρίᾳ λαβόντες ἄγειν· 4 καὶ
πρώτην ὥσπερ ἄγραν καὶ μεγίστην βασιλεῖ τῷ σφῶν προσάγειν τὸν μὲν κτῆμα τῶν τοῦ σατράπου τὸ τιμιώτατον

---

2 τῶν εἱμαρμένων mAT : τῆς -μένης P ‖ 3 φιλίους mAT : φίλους B ‖
πλέον mAT : μᾶλλον M ‖ ὑποτιθεμένη BPZAT : ἐπιτίθ. VM ‖ 4 τῷ Θεαγένει τῶν νοουμένων mT : τῶν νοουμ. τῷ Θεαγ. BA ‖ 5 πείθεσθαι VBZAT :
πίθ. P τίθ. M ‖ 2 2 μὲν mA : om. B et T ubi post additum ‖ 3 ἐκ τῶν
ὄψεων (cf. A XXVII, 1 3) BPZAT : ἀπὸ τῆς ὄψεως VM ‖ ἀόπλους
BPZAT : ἀνόπ. VM ‖ 4 δὲ καὶ mAT : καὶ om. P ‖ 5 ἕνα τε καὶ nos : ἕνα
τὸν καὶ codd. καὶ ἕνα τινα H. Richards ‖ περσίζοντα VMZAT : περισῴζ.
BP ‖ 6 ὡς ἢ mAT : ὡσεὶ B ‖ 7 πάντως VMPAT : πάντας Z πάντα B ‖
συνήσοντας mAT : -οντα B ‖ 3 2 ἤδη mAT : om. M ‖ 3 Βαγώαν B : om.
mAT ⟨τὸν μὲν Βαγώαν⟩ (⟨τὸν μὲν⟩ Coraes) post πεύσεως scribere malit
Ry. ‖ 4 γένος (cf. I XXXVI, 3 1, XLI, 4 4) codd. : τὸ γένος Hirschig ‖
5 ἀγομένους BPZAT : γενόμ. VM ‖ 6 ἴσως mAT : om. M ‖ τύχης mAT : τῆς
τύχης P ‖ ἐγχειριζομένους mAT : γνωριζ. M ‖ 7 ζωγρίᾳ (-είᾳ Bekker) nos :
ζωγρία VA ζώγρια BP ζωάγρια ZT ζωγρεῖα M ‖ 4 2 πρώτην ὥσπερ mT :
ὡς πρώτην A ‖ 3 τὸν μὲν Coraes : τῶν μὲν mT τῷ μὲν A ‖ κτῆμα τῶν
Bekker : κτημάτων codd., cf. Θ XXV, 5 3.

précieux des biens du satrape. Dans les cours persanes en effet, les eunuques sont l'œil et l'oreille des rois, car ils n'ont ni enfants ni femmes pour les détourner de leurs devoirs de fidélité au prince, et celui qui leur accorde sa confiance peut compter qu'ils ne s'attacheront qu'à lui. Quant aux jeunes gens, c'était aussi un riche cadeau à faire au roi : ils prendraient rang parmi ses serviteurs et seraient le plus bel ornement de sa maison. **5** Sans tarder ils les emmenèrent, après les avoir placés sur des chevaux, l'un parce qu'il était blessé, les autres parce que leurs liens ne leur eussent pas permis de soutenir le train rapide de la course. Et c'était là comme le prologue et le prélude du drame qui allait se jouer. Des étrangers couverts de chaînes, qui peu auparavant voyaient la mort suspendue sur eux, s'avançaient non pas emmenés mais accompagnés avec honneur, et ces captifs étaient escortés par leurs ravisseurs qui bientôt seraient leurs sujets. Telle était leur situation.

1. Pour la correction adoptée cf. *Mélanges Navarre*, pp. 368-9.

(Περσῶν γὰρ βασιλείοις αὐλαῖς ὀφθαλμοὶ καὶ ἀκοαὶ τὸ
εὐνούχων γένος οὐ παίδων οὐ συγγενείας τὸ πιστὸν τῆς
εὐνοίας μετασπώσης ἀλλὰ ⟨ἐκ⟩ μόνου τοῦ πιστεύσαντος
ἀναρτώμενον), τοὺς δὲ νέους δῶρον τὸ κάλλιστον διακονίᾳ
καὶ αὐλῇ τῇ τοῦ βασιλέως ἐσομένους. 5 *Ἦγον οὖν αὐτίκα
τῶν ἵππων ἐπιβιβάσαντες τὸν μὲν ὡς τραυματίαν τοὺς δὲ
ὡς ὑπὸ τῶν δεσμῶν εἰς τὸ ἐπισπεῦδον τῆς πορείας ἰσοταχεῖν
ἀδυνατοῦντας. Καὶ ἦν ὥσπερ ἐν δράματι προαναφώνησις καὶ
προεισόδιον τὸ γινόμενον· ξένοι καὶ δεσμῶται τὴν σφαγὴν
ὀλίγῳ πρόσθεν τὴν αὐτῶν ἐν ὀφθαλμοῖς ταλαντεύσαντες
οὐκ ἤγοντο πλέον ἢ προεπέμποντο ἐν αἰχμαλώτῳ τύχῃ
πρὸς τῶν ὀλίγον ὕστερον ὑπηκόων δορυφορούμενοι. Καὶ οἱ
μὲν ἐν τούτοις ἦσαν.

4 βασιλείοις codd. : -είαις Bas. ‖ τὸ mAT : om. Z ‖ 6 ἐx addidimus,
cf. Z VIII, 6 5-6 ‖ μόνου VMPAT : μόνον BZ ‖ πιστεύσαντος mAT :
-εύοντος B ‖ 7 ἀναρτώμενον nos : ἀναρτώσης codd. ‖ δὲ mAT : om. Z ‖
δῶρον MBT : δώρον VPZA ‖ 5 7 ἤγοντο mAT : ἧττον τὸ Z ‖ αἰχμαλώτῳ
mA : -ώτων PT ‖ 8 τῶν mAT : om. P ‖ ὀλίγον mAT : ὀλίγων Z ὀλίγῳ
Hirschig ‖ ὑπηκόων mAT : ὑπὸ τῶν ὑπηκόων P.

LIVRE IX

I 1 Syéné était déjà investie par une forte armée d'assiégeants, et les Éthiopiens l'enveloppaient du filet de leurs troupes. Oroondatès, en effet, ayant appris que les Éthiopiens étaient tout près, qu'ils avaient dépassé les Cataractes et s'élançaient contre Syéné, avait précédé de bien peu leur arrivée, et s'était jeté dans la ville. Il fit fermer les portes et, une fois les remparts bien munis d'armes et de défenses et de machines de siège, il attendit les événements. **2** Le roi d'Éthiopie Hydaspe, informé à distance par ses éclaireurs que les Perses étaient en marche vers Syéné, s'était précipité à leur poursuite pour les attaquer avant qu'ils y fussent entrés, mais il arriva trop tard. Il mit le siège devant la place et étala son armée autour des murs ; elle restait là, et sa vue seule donnait l'impression d'une force irrésistible[1]. D'innombrables quantités d'hommes, d'armes et d'animaux étaient à l'étroit dans les champs syéniens. **3** C'est là que les éclaireurs retrouvèrent le roi. Ils lui amenèrent les prisonniers. Il fut tout heureux de voir les jeunes gens qui tout de suite lui inspirèrent de la sympathie, comme s'il retrouvait en eux un bien qui lui appartenait. Sans le savoir encore, son âme le

---

1. Héliodore aime particulièrement le mot ἀπρόσμαχος, mais il se rend coupable d'une exagération assez illogique quand il ajoute καὶ μόνῃ τῇ θέᾳ, surtout si l'on songe à ce qu'il dira (II, **3**) de l'heureuse résistance opposée par les habitants. L'idée est plus raisonnablement exprimée en H XVI, 3 4 sqq. τὸ πλῆθος ὡς ἀπρόσμαχον ἰδόντες...οὐδὲ ἀκριβῶς τὴν θέαν ἀνασχόμενοι πρὸς φυγὴν ὥρμησαν.

ΒΙΒΛΙΟΝ ΕΝΑΤΟΝ

Ι 1 Ἡ δὲ Συήνη πολιορκίᾳ λαμπρῶς ἤδη περιεστοίχιστο καὶ ὥσπερ ἄρκυσιν ἐναπείληπτο τοῖς Αἰθίοψιν. Ὁ
μὲν γὰρ Ὀροονδάτης, ὅσον οὔπω πλησιάζειν τοὺς Αἰθίοπας
αἰσθόμενος καὶ τοὺς καταρράκτας ὑπερθεμένους ἐπὶ τὴν
Συήνην ἐλαύνειν, ὀλίγον ἔφθη προεισελάσας εἰς τὸ ἄστυ,
καὶ τάς τε πύλας ἐπικλεισάμενος καὶ τὰ τείχη βέλεσι καὶ
ὅπλοις καὶ μηχανήμασι φραξάμενος ἐκαραδόκει τὸ μέλλον.
2 Ὁ δὲ δὴ τῶν Αἰθιόπων βασιλεὺς Ὑδάσπης, ἐπειδὴ
πόρρωθεν εἰσελαύνειν μέλλοντας εἰς τὴν Συήνην τοὺς
Πέρσας προκατοπτεύσας, εἶτα ἐπιδιώξας ὥστε φθῆναι
συμβαλὼν καθυστέρησεν, ἐπαφῆκε τῇ πόλει τὸν στρατὸν
καὶ εἰς κύκλον τῷ τείχει περιχέας ἀπρόσμαχον καὶ μόνῃ
τῇ θέᾳ προσεκάθητο, μυριάσιν ἀπείροις ἀνδρῶν ὁμοῦ καὶ
ὅπλων καὶ ζῴων τὰ Συηναίων πέδια στενοχωρῶν. 3 Ἔνθα
καὶ καταλαβόντες αὐτὸν οἱ κατάσκοποι τοὺς ἁλόντας προ-
σῆγον· ὁ δὲ ἤδετο μὲν καὶ τῇ ὄψει τῶν νέων, εὐμενὴς
αὐτόθεν πρὸς τὰ ἴδια καὶ οὐκ εἰδὼς ὑπὸ [τοῦ] μαντευτοῦ

Tit. αἰθιοπικῶν βιβλίον θ̄ V αἰθιοπικὸν βιβλίον θ̄ Z ἡλιοδώρου αἰθιοπικῶν λόγος ἔννατος Μ λόγος ἔνατος Ρ deest in Β ἡλιοδώρου αἰθιοπικῶν Χαρικλείας λόγος ἔννατος Τ ἡλιοδώρου αἰθιοπικὸν βυβλίον, λόγος
ἔνατος Α.

Ι 1 2 ἐναπείληπτο mAT : ἀναπ. Β ‖ 5 προεισελάσας mAT : προσελάσα-
σας Ρ ‖ 2 1 ὁ δὲ δὴ VΡΖΤ : ὁ δὴ Μ ὁ δὲ Β ἤδη δὲ Α ‖ 3 φθῆναι ΒΡΖΑΤ :
προφθῆναι VM ‖ 4 συμβαλών mAT : om. Β ‖ 6 προσεκάθητο mAT :
προεκάθητο Β ‖ 7 Συηναίων mAT : Συήνων Β ‖ 3 4 τὰ ἴδια ΒΡΖΑΤ :
παιδία VM ‖ τοῦ seclusimus ‖ μαντευτοῦ codd. : μαντευτιχοῦ Coraes.

pressentait. Mais ce qui le remplit surtout de joie ce fut l'heureux présage de ces prisonniers qu'on lui amenait enchaînés. 4 « Je suis bien heureux, s'écria-t-il, que les dieux nous envoient ces ennemis enchaînés comme premier butin. » Et il ajouta : « Ils sont nos premiers prisonniers. Il faut conserver ces prémices de la guerre pour les immoler quand nous célébrerons notre victoire, selon la coutume des Éthiopiens : réservons-les pour les sacrifices que nous offrirons alors aux dieux de la patrie. » 5 Il donna des récompenses aux éclaireurs, et les renvoya avec les captifs au train de combat. Il désigna un groupe d'hommes chargés uniquement de les garder et qui connaissaient leur langue. Il recommanda de les traiter avec les plus grands soins, de les nourrir généreusement et d'éviter toute souillure à ces victimes désignées. Il fit remplacer leurs chaînes de fer par des chaînes d'or. L'or en effet chez les Éthiopiens sert aux mêmes usages que chez les autres le fer[1].

II 1 L'ordre du roi fut exécuté. On les délivra de leurs chaînes, et ils crurent qu'on allait leur rendre la liberté. Mais il n'en furent pas plus avancés, car on leur mit des chaînes en or. Alors Théagène se mit à rire : « Ah ! ah ! dit-il, le beau changement ! Le sort se montre envers nous bien généreux : nous troquons le fer contre l'or[2], et la richesse de nos liens augmente notre valeur. » 2 Cha-

---

1. Cf. **Hérodote** III 23 ἀπὸ τῆς κρήνης δὲ ἀπαλλασσομένων ἀγαγεῖν σφέας ἐς δεσμωτήριον ἀνδρῶν ἔνθα τοὺς πάντας ἐν πέδῃσι χρυσέῃσι δεδέσθαι· ἔστι δὲ ἐν τούτοισι τοῖσι Αἰθίοψι πάντων ὁ χαλκὸς σπανιώτατον καὶ τιμιώτατον.

2. Il faut admirer le sang-froid de Théagène qui, dans de telles conjonctures, se plaît à faire de l'esprit. Cf. **Homère**, *Iliade* VI 235-6 :

τεύχ᾽ ἄμειβε
χρύσεα χαλκείων ἑκατόμβοι᾽ ἐννεαβοίων.

En Z X, 5 10, où Héliodore rappelle aussi ce passage, il substitue ἀλλάττεσθαι à ἀμείβειν.

τῆς ψυχῆς γινόμενος· ἐγάνυτο δὲ πλέον τῷ συμβόλῳ δεσμίων προσαγομένων. 4 Καὶ « Εὖ γε » ἀνεβόησε, « δεσμίους ἡμῖν οἱ θεοὶ τοὺς πολεμίους ἐκ τῶν πρωτολείων παραδιδόασι· καὶ οὗτοι μὲν » ἔφη « πρῶτοι ληφθέντες εἰς ἀπαρχὴν τοῦ πολέμου σφζέσθωσαν κατὰ τὰς ἐπινικίους θυσίας, ὡς ὁ πάτριος Αἰθιόπων βούλεται νόμος, θεοῖς τοῖς ἐγχωρίοις εἰς ἱερουργίαν φυλαχθησόμενοι. » 5 Τοὺς δὲ κατασκόπους δώροις ἀμειψάμενος, τούτους τε καὶ τοὺς αἰχμαλώτους εἰς τοὺς σκευοφόρους ἀπέπεμπε, μοῖραν αὐτάρκη τῶν ὁμογλώσσων εἰς τὴν φρουρὰν ἀποκληρώσας τά τε ἄλλα σὺν ἐπιμελείᾳ τῇ πάσῃ διάγειν καὶ δίαιταν ἄφθονον παρέχειν καὶ παντὸς ἄγους καθαρεύοντας φυλάττειν, οἷον ἱερεῖά τινα ἤδη τρεφομένους, ἐπιστείλας καὶ τὰ δεσμά τε ἀμείβειν καὶ χρυσᾶ ἐπιβάλλειν· ὅσα γὰρ σίδηρος παρ' ἄλλοις εἰς τὰς χρείας, ταῦτα παρ' Αἰθίοψιν ὁ χρυσὸς νομίζεται.

II 1 Καὶ οἱ μὲν τὰ προστεταγμένα ἔπραττον, καὶ ὡς τῶν προτέρων δεσμῶν παραλύοντες ἐλπίδα τε διαγωγῆς ἐλευθέρας παραστήσαντες πλέον παρεῖχον οὐδέν, χρυσᾶς τὰς ἁλύσεις αὖθις ἐνείροντες, τότ' ἤδη καὶ γέλως ἐπῄει τῷ Θεαγένει, καὶ « Βαβαὶ τῆς λαμπρᾶς » ἔφη « μεταβολῆς· ταῦτα ἡμᾶς ἡ τύχη τὰ μεγάλα φιλανθρωπεύεται· χρυσᾶ σιδηρῶν ἀμείβομεν, καὶ φρουρὰν πλουτοῦντες ἐντιμότεροι δεσμῶται γεγόναμεν. » 2 Ἐμειδία δὲ καὶ ἡ Χαρίκλεια

5 γινόμενος mT : γεν. A || ἐγάνυτο Z : ἐγάνυτο mAT, cf. E XIV, 3 6 || πλέον BPZAT : ἐπὶ πλέον VM || τῷ συμβόλῳ (-βούλῳ B) mAT : τὰ σύμβολα M || 6 προσαγομένων mAT : προαγ. B || 4 2 πρωτολείων mA : πρωτελείων Z (προτ. T) || 3 ληφθέντες mAT : λειφθ. Z || 4 τὰς mAT : τοὺς Z || 5 θυσίας mAT : om. Z || Αἰθιόπων mAT : τῶν Αἰθ. M secl. Hirschig || 5 2 τούτους τε καὶ mAT : τούς; τε κἂν B || 3 ἀπέπεμπε mT : ἀπέπεμψαν A.

II 1 2 παραλύοντες VMBAT : διαλ. PZ || 4 ἐνείροντες (ex ἀν- corr. B) mAT : ἀνείρ. P || 6 ἡμᾶς mAT : ὑμᾶς B || 7 σιδηρῶν (ex -ήρων corr. Z) mA : σιδήρων MT || 2 1 δὲ καὶ BPZAT : om. VM.

riclée sourit et cependant elle s'efforça de rassurer Théagène, en invoquant les prédictions divines et en le ber-
çant de douces espérances. 3 Hydaspe attaqua Syéné.
Il pensait s'emparer, au premier assaut, de la ville et de
ses murs. Mais il fut refoulé bien vite par les assiégés
qui firent une défense brillante et l'accablèrent de raille-
ries et d'invectives. Exaspéré et furieux de voir que, loin
de se rendre[1] spontanément et tout de suite, ils s'étaient
montrés dès l'abord résolus à opposer une farouche résistance, il décida, au lieu d'user par le temps l'armée ennemie[2] ou d'utiliser des machines de siège qui certes feraient
des victimes mais laisseraient s'échapper des assiégés,
d'entreprendre des travaux gigantesques qui rendraient inévitable et plus rapide la destruction complète de la place.

III 1 Voici quels étaient ces travaux. Il divisa l'enceinte de la ville autour des murs en secteurs de dix
toises et affecta dix hommes à chacun d'eux. Puis il donna
l'ordre d'ouvrir une tranchée la plus large et la plus profonde possible. Les uns creusaient, d'autres enlevaient la
terre, et d'autres l'entassaient et dressaient[3] ainsi une autre
muraille parallèle à celle des assiégés. 2 Personne ne les
en empêchait, ni ne s'opposait à ces travaux d'investissement. Car on n'osait pas tenter une sortie contre un
ennemi si nombreux, et on se rendait compte que les
traits envoyés des créneaux ne pouvaient atteindre leur

---

1. Cf. Chariton Z II 4 φέροντες ἑαυτοὺς δίδομέν σοι.

2. Le sens de χρονοτριβεῖν est incertain, et le texte doit être altéré.
Si l'on n'adopte pas la correction (voir vol. I, p. LXXIX), τὸν στρατὸν
ne peut dépendre que de χρονοτριβεῖν, qui doit signifier χρόνῳ
τρίβειν. Le sens général doit donc être : Hydaspe a vu pour abattre
Syéné deux moyens, dont il choisit le second : soit réduire la résistance
peu à peu en investissant la place avec les engins de siège ordinaires, soit
la contraindre à une reddition immédiate en imaginant des menaces
terrifiantes pour son existence.

3. Les anciens poètes employaient parfois ὀφρῦς dans le sens de colline,
plus tard en prose, il signifiait « talus ». Ici la terre creusée est amoncelée
en remblai ; cf. Polybe XXXVI 8 3 προβαλόμενος ὀφρῦν ἀπότομον.

καὶ τὸν Θεαγένην μεταβάλλειν ἐπειρᾶτο τοῖς ἐκ θεῶν
προρρηθεῖσιν ἐπανέχουσα καὶ χρηστοτέραις ἐλπίσι κατ-
επάδουσα. 3 Ὁ δὲ Ὑδάσπης, ἐπειδὴ τῇ Συήνῃ προσβαλών, αὐτοβοεί τε καὶ τείχεσιν αὐτοῖς ἀναρπάσασθαι τὴν
πόλιν ἐλπίσας, εἰς μικρὸν ἀπεκρούσθη πρὸς τῶν ὑπερμαχ-
ούντων ἔργῳ τε λαμπρῶς ἀμυναμένων καὶ λόγοις εἰς ὕβριν
καὶ παροξυσμὸν ἐπιχλευασάντων, ὀργὴν τὸ πρᾶγμα ποιησάμενος εἰ τὴν ἀρχὴν ὅλως ἀντιστῆναι διενοήθησαν ἀλλὰ
μὴ παρὰ τὴν πρώτην ἑκοντὶ φέροντες αὑτοὺς ἐνεχείρισαν,
ἔγνω μὴ χρονοτριβεῖν τὸν στρατὸν προσκαθήμενος μήτε
ἑλεπόλεσιν ἀποπειρώμενος, ἐξ ὧν οἱ μὲν ἁλώσεσθαι οἱ δέ
που καὶ διαδράσεσθαι ἔμελλον, ἀλλὰ πολιορκίᾳ μεγαλουργῷ
καὶ ἀφύκτῳ τὴν πόλιν εἰς ἄρδην καὶ θᾶττον ἐξελεῖν.

III 1 Ἔπραττε δὴ οὖν οὕτως· εἰς μοίρας κατανέμει
τοῦ τείχους τὸν κύκλον καὶ δεκάδα ὀργυιῶν δεκάδι ἀνδρῶν
ἀποκληρώσας εὖρός τε καὶ βάθος ὡς ὅτι πλεῖστον ἀφορίσας
ὀρύττειν εἰς τάφρον ἐκέλευσεν· οἱ δὲ ὤρυττον, ἄλλοι τὸν
χοῦν ἐξεφόρουν, ἕτεροι εἰς ὀφρὺν πρὸς ὕψος ἐσώρευον, τῷ
πολιουρκουμένῳ τεῖχος ἕτερον ἀντεγείροντες. 2 Ἐκώλυε
δὲ οὐδεὶς οὐδὲ ἐνίστατο πρὸς τὴν ἀποτείχισιν, ἐκδραμεῖν τε
τῆς πόλεως ἐπὶ μυριοπληθῆ στρατὸν οὐ θαρσῶν καὶ τὰς ἐκ

2 τοῖς ΒΡΖΑΤ : καὶ τοῖς VM ‖ 3 προρρηθεῖσιν mAT : πορρηθ. Β ‖
3 1 τῇ Συήνῃ mAT : τὴν Συήνην Β ‖ 1-2 προσβαλών mAT : προβ. Β ‖
4 ἀμυναμένων ΒΡΖΑΤ : -ομένων VM ‖ 6 εἰ mT : εἰς ΒΑ ‖ διενοήθησαν
mAT : διενόησαν Β ‖ 7 παρὰ mAT : om. P ‖ φέροντες VMB : καὶ φέροντες
ΡΖΑΤ, cf. I XVI, 6 7 ‖ ἐνεχείρισαν mAT : -ησαν Ζ ‖ 8 τὸν στρατὸν
mAT : πρὸς τὸν. στ. P (χρονοτριβεῖν = χρόνῳ τρίβειν vide Append. II,
vol. I, p. LXXIX ‖ προσκαθήμενος mAT : -μένον Ζ ‖ μήτε mA : μηδὲ Τ, cf.
Ζ Χ, 3 2 et vide Introd., vol. I, p. LXII ‖ 10 διαδράσεσθαι mAT : -σασθαι V.

III 1 1 ἔπραττε mT : -εν P -ον A ‖ δὴ οὖν mAT : δ' οὖν P ‖ μοίρας
(μύρας Ζ) mAT : μοῖραν Μ ‖ κατανέμει mAT : -ων Β ‖ 2 τοῦ mAT : τοὺς
Β ‖ τὸν κύκλον mAT : τῶν κύκλων Β ‖ δεκάδι Coraes : δεκάσιν codd.
(ὀργυιῶν δεκάσιν ἀνδρῶν mAT : ἀνδρῶν ὀργ. δεκ. Β) ‖ 3 ὡς mAT : εἰς Β ‖
4 τάφρον mAT : τάφον Β ‖ 5 ὀφρὺν VMA : ὀφρὺν ΒΡΤΖ ‖ 6 τεῖχος
mA : τείχει Τ ‖ ἀντεγείροντες mAT : ἀνεγ. P.

but. Hydaspe avait eu la précaution d'élever son mur
assez loin de la ville pour que ses travailleurs fussent hors
de portée des projectiles. 3 L'ouvrage fut achevé plus
vite qu'on ne pourrait le dire, par cette main d'œuvre innom-
brable et active. Alors il en commença un autre. Il avait
réservé dans cette enceinte une ouverture de cinquante
pieds sans fossé ni remblai. En partant des deux bords de
cette ouverture il fit dresser deux chaussées parallèles qu'il
prolongea jusqu'au Nil et qui par une pente continue
remontaient d'un terrain bas à un terrain plus élevé. 4
On eût dit les Longs Murs[1]. Partout, ils conservaient une
distance de cinquante pieds. Leur longueur était égale à
la distance qui sépare le Nil de Syéné. Lorsque les deux
chaussées touchèrent le fleuve, il pratiqua une saignée
dans la rive et dériva les eaux dans le canal formé par les
murs. 5 Celles-ci, entraînées par la pente, se précipi-
taient quittant le large lit du Nil dans cet étroit couloir ;
pressées entre ces rives artificielles, elles s'engouffraient
avec un bruit énorme et indicible dans l'ouverture, et tout
le long du canal, c'était un fracas qui retentissait au loin.
6 Quand ils entendirent le bruit, et bientôt quand ils
virent ce qui arrivait, ceux de Syéné comprirent le danger[2]
et la raison de ces travaux d'investissement : on voulait
les noyer. Il leur était impossible de s'échapper de la
place : le retranchement et l'eau, qui déjà s'approchait, les
en empêchaient. Il y avait aussi grand péril à rester. Ils

---

1. « Les Longs Murs » étaient familiers aux Grecs. Ceux d'Athènes au
Pirée étaient les plus connus, mais il s'en trouvait dans maintes villes
qui étaient non pas au bord même de la mer mais à proximité, par ex.
Mégare et Argos (Plutarque, *Phocion* 15 et *Alcibiade* 15).

2. Bien que οἱ κακῶν ἦσαν soit évidemment incorrect, le οὖ de Colonna
n'est pas très plausible. Il est possible qu'Héliodore emploie εἶναι dans
le sens de ἥκειν ; dans ce cas εἰς χεῖρας ὄντων en A XXXII, 1 1 et εἰς
χόρον ἦσαν en E XV, 3 5 peuvent être admis. En tout cas Colonna qui
rejette ἰόντων de Bekker dans le livre I et notre ἦσαν dans le livre V
a tort de s'opposer ici à οἱ κακῶν ἦσαν.

τῶν ἐπάλξεων τοξείας ἀνηνύτους ὁρῶν· ὁ γὰρ Ὑδάσπης
καὶ τούτου προὐνόησε, τὸ μεσεῦον τῶν δύο τειχῶν ὅσον
βολῆς ἐκτὸς εἶναι τοὺς ἐργασομένους συμμετρησάμενος. 3 Ἐπεὶ δὲ τοῦτο καὶ λόγου θᾶττον ἤνυσεν ἅτε δὴ
μυρίας αὐτῷ χειρὸς τὸ ἔργον ἐπισπευδούσης, ἑτέρου τοιοῦδε
ἤρχετο. Τοῦ κύκλου μέρος, πλάτος ὅσον ἡμίπλεθρον, ἰσό-
πεδόν τε καὶ ἄχωστον διαλιπών, κατὰ τὴν ἀπολήγουσαν
ἑκατέρωθεν ἄκραν σκέλος ἐκ χώματος ἐπιζευγνὺς ἐπὶ τὸ
Νεῖλον εἰς μῆκος ἦγεν, ἀπὸ τῶν ταπεινοτέρων ἀεὶ πρὸς
τὰ ὄρθια καὶ μετέωρα σκέλος ἑκάτερον προβιβάζων,
4 Εἴκασεν ἄν τις μακροῖς τείχεσι τὸ γινόμενον, τοῦ μὲν
ἡμιπλέθρου τὸ ἴσον πλάτος δι' ὅλου φυλάττοντος μῆκος δὲ
τὸ μεταξὺ τοῦ τε Νείλου καὶ τῆς Συήνης ἀπολαμβάνον-
τος. Ἐπεὶ δὲ συνῆψε τὸ χῶμα ταῖς ὄχθαις, ἐνταῦθα στόμιον τῷ ποταμῷ διατεμὼν εἰς τὸν ἀπὸ τῶν σκελῶν ὁλκὸν
τὴν ἀπορροὴν εἰσωχέτευσεν. 5 Οἷα δὲ ἐξ ὑπερδεξίων
πρὸς χθαμαλώτερον καὶ ἐξ ἀπείρου τῆς κατὰ τὸν Νεῖλον
εὐρύτητος στενῷ πορθμῷ τὸ ὕδωρ ἐμπῖπτον καὶ ταῖς χειροποιήτοις ὄχθαις θλιβόμενον πολύν τινα καὶ ἄφραστον
κατὰ μὲν τὸ στόμιον φλοῖσβον κατὰ δὲ τὸν ὁλκὸν ἐξάκουστον καὶ τοῖς πορρωτάτω πάταγον ἀπετέλει. 6 Ἅπερ
ἀκούοντες ἤδη δὲ καὶ ὁρῶντες οἱ κατὰ τὴν Συήνην καὶ οἳ
κακῶν ἦσαν συνιέντες καὶ ὡς ἐπίκλυσμός ἐστιν ὁ σκοπὸς
τοῦ περιτειχίσματος, οὔτε ἀποδρᾶναι τὴν πόλιν ἔχοντες
ἅτε τοῦ χώματος καὶ ἤδη πλησιάζοντος τοῦ ὕδατος τὴν
ἔξοδον ἀποκλειόντων οὔτε τὸ μένειν ἀκίνδυνον ὁρῶντες, ἐκ

2 4-5 ὁ γὰρ — προὐνόησε ΒΡΖΑΤ : om. VM ‖ 6 ἐργασομένους VMZT :
-αμένους ΒΡΑ ‖ 6-7 συμμετρησάμενος mT : ἐπιμετρησάμενος Α, tum ἔνθα
τάφρον ὀρύξας ἐποχεύει τὸν ποταμὸν τῆς Συήνης ὁ Αἰθιόπων βασιλεύς
ex margine, ubi exstat in B (cf. V, 1 2 et Η XV, 7 9) ‖ 3 1 τοῦτο ΒΖΑΤ
(τούτου Ρ) : καὶ τοῦτο VM ‖ 5 ἐπὶ mAT : καὶ Ζ ‖ 7 προέβίβαζων ΒΑ : προσ6.
mT ‖ 4 3 τε mAT : om. Z ‖ τῆς mAT : om. Z ‖ 5 διατεμὼν ΒΡΖΑΤ : om.
VM ‖ 5 3-4 χειροποιήτοις mAT : -κις V ‖ 5 στόμιον mAT : στόμα Μ ‖
6 πορρωτάτω mAT : -οις Β ‖ 6 1 ἅπερ mAT : ὅπερ Μ ‖ 2 καὶ (1) mAT :
om. Z ‖ οἳ codd. : οὗ Colonna ‖ 5 καὶ mAT : om. B ‖ 6 τὸ mAT : τοῦ Z.

se préparèrent donc à faire tout le possible pour se sauver.
7 D'abord ils bouchèrent les fentes des portes avec des
feuilles et du bitume. Puis ils consolidèrent et raffermi-
rent sur leur base les murs, apportant qui de la terre, qui
des pierres, qui du bois et chacun ce qui lui tombait sous
la main [1]. **8** Personne ne restait inactif ; tous également,
femmes, enfants, vieillards mettaient la main à l'ouvrage.
Devant un péril mortel on ne connaît ni le sexe, ni l'âge [2].
Les plus forts et les jeunes capables de porter les armes
avaient reçu la mission de creuser une sape étroite et souterraine de la ville au retranchement ennemi.

IV 1 Voici comment ce travail fut exécuté. Près du
rempart, ils forèrent un puits [3] qui descendait à une profondeur de cinq toises environ et passait sous le mur, puis,
remontant, ils creusèrent une galerie, à la lumière des
torches, tout droit vers le remblai des ennemis. Les premiers donnaient la terre au fur et à mesure à d'autres
travailleurs qui se la passaient de main en main et la portaient jusqu'à un quartier de la ville qui depuis longtemps
était occupé par des jardins, et là ils l'entassaient en un mon-
ceau. **2** Ils voulaient ainsi ménager à l'eau, si elle arrivait jusque là, une sortie par cette galerie souterraine [4].
Mais malgré toute leur diligence le danger les prévint. Le
Nil, arrivé maintenant au bout du canal, se répandait dans

1. Cf. Lucien, *Sur la manière d'écrire l'histoire* 3 (Vieillefond).
2. Cf. E XXV, 3 1 et Chariton Γ III, 16. Quant à la mobilisation
des enfants, des femmes, et des vieillards dans les moments de crise
cf. Δ XXI, 2-3.
3. Ce mot rare, qui apparemment n'a pas un sens différent de φρέαρ,
est employé aussi pour les puits qui mesurent le niveau du Nil (XXII, 3).
Le féminin est confirmé par Xénophon (*Histoire grecque* III 1 7) et Polybe
(X 28 2), bien que les grammairiens notent τὸ φρεάτιον comme le dimi-
nutif normal. Héliodore s'est peut-être souvenu de Xénophon ; Thim-
bron, quand Larissa ne veut pas capituler, φρεατίαν τεμόμενος ὑπόνομον
ὤρυττεν ὡς ἀφαιρησόμενος τὸ ὕδωρ αὐτῶν. Chez Xénophon le travail est
exécuté par l'assiégeant non par l'assiégé, mais l'un des stratagèmes a pu
suggérer l'autre.
4. Sur ἐνδόσιμος chez Héliodore voir E XXI, 1 4 (vol. II, p. 65, note 2).

τῶν ἐνόντων πρὸς βοήθειαν τὴν αὐτῶν παρεσκευάζοντο.
7 Καὶ πρῶτον μὲν τῶν κατὰ τὰς πύλας σανιδωμάτων τὰ
διεστῶτα θρυαλλίδι τε καὶ ἀσφάλτῳ διέφραττον· ἔπειτα τὸ
τεῖχος πρὸς ἀσφαλεστέραν ἕδραν διήρειδον, ὃ μέν τις χῶμα,
ὃ δὲ λίθους, ὃ δὲ ξύλα, καὶ τὸ προστυχὸν ἕκαστος ἐπιφέ-
ρων. 8 Καὶ ἦν οὐδεὶς ἡσυχάζων, ἀλλ' ὁμοίως παῖς,
γυνὴ καὶ πρεσβύτης ἔργου εἴχετο· γένος γὰρ οὐδὲν οὐδὲ
ἡλικίαν ὁ περὶ ψυχῆς δυσωπεῖται κίνδυνος. Οἱ δυνατώτε-
ροι δὲ καὶ τὸ ἀκμάζον ἐν ὅπλοις αὐλῶνά τινα στενόν τε
καὶ ὑπόγειον ἀπὸ τῆς πόλεως ἐπὶ τὸ χῶμα τῶν πολεμίων
διικνούμενον ὀρύττειν ἀποκεκλήρωντο.

IV 1 Καὶ δὴ καὶ ἠνύετο τὸ ἔργον ὧδε. Φρεατίαν τοῦ
τείχους πλησίον εἰς ὀργυιάς που πέντε τὴν κάθετον βαθύ-
ναντες καὶ τοὺς θεμελίους ὑποδραμόντες, ἐγκάρσιοι τὸ
ἐντεῦθεν ὑπὸ πυρσοῖς ἐπ' εὐθείας τινὰ φέροντα τῶν χωμά-
των ὑπόνομον ἐκοίλαινον, τῶν κατόπιν ἀεὶ καὶ δευτέρων
παρὰ τῶν προτέρων ἐν τάξει τὸν χοῦν διαδεχομένων καὶ
εἴς τι μέρος τῆς πόλεως πάλαι κηπευόμενον ἐκφορούντων
καὶ εἰς κολωνὸν ἐγειρόντων. 2 Ταῦτα δὲ ἔπραττον
ῥήξεως ἐνδόσιμον τῷ ὕδατι κατὰ τὸ κενὸν εἴ ποτε ἐπέλθοι
προμηθούμενοι· ἀλλ' ὅμως ἔφθανε τὰ δεινὰ τὴν προθυμίαν,
καὶ ὁ Νεῖλος ἤδη τὸ μακρὸν χῶμα παραμείψας ἐπίφορος

7 1-2 τὰ διεστῶτα mAT : διεστώτων Μ ‖ 2 θρυαλλίδι VPZ (θρι- Μ) :
θριαλίδι ΒΑΤ ‖ διέφραττον mAT : διέθραττον Β ‖ 3 ἕδραν mAT : om. Β ‖
ὁ μέν τις mAT : οὐ μέν τι Ζ ‖ 4 προστυχὸν mAT : -τυγχάνον Μ ‖ 8 1 ἦν
VMB : εἴς ΖΑΤ εἴς Ρ ‖ οὐδεὶς mAT : οὐδὲν Ρ ‖ ὁμοίως mAT : ὅμως Ζ ‖
1-2 παῖς γυνὴ ΒΡΖΑ (παῖς καὶ γυνὴ Τ) : γυνὴ παῖς VM ‖ 2 ἔργου mAT : -ον
Β ‖ 3 περὶ mAT : ὑπὲρ Ζ ‖ 4 αὐλῶνά mAT : αὐλόν Ρ ‖ 5 χῶμα mAT :
χεῶμα Β ‖ 6 ἀποκεκλήρωντο Β : -ωτο mAT.

IV 1 1 δὴ καὶ mAT : καὶ om. Β ‖ τὸ mAT : om. Β ‖ 3 ἐγκάρσιοι mAT :
-ιον Ζ ‖ 5 ἐκοίλαινον mT : ἐκκοίλ. ΡΑ ‖ 6 χοῦν mAT : add. ἀεὶ Μ ‖ διαδεχομένων mT : διαχεομ. Α δεχομ. Ρ ‖ 7 πάλαι mAT : post κηπευόμενον
Ρ ‖ ἐκφορούντων mAT : ἐκφερόντων Ζ ‖ 2 1 ἔπραττον mAT : -τε Ρ ‖
2 κενὸν mAT : καινὸν Ζ ‖ 3 δεινὰ mAT : δια Ζ ‖ 4 Νεῖλος mAT : Νεῖλου Ζ.

la douve circulaire, et l'envahissait tout entière, trans-
formant en un lac l'espace qui séparait les deux murs.
Bientôt Syéné devint une île isolée au milieu des terres et
baignée par les flots du Nil. 3 Au début, pendant la
première journée, le mur tint bon quelque temps. Mais la
pression de cette masse d'eau augmentait à mesure que
son niveau s'élevait[1]. Pénétrant par les fissures d'une terre
noire et grasse, fendue par la chaleur de l'été, elle envahissait le sous-sol et les fondements du rempart. Les maté-
riaux cédaient sous le poids de l'eau ; des masses de terre
ramollie et désagrégée s'affaissaient par endroits[2], et alors
le mur s'inclinait, vacillait, menaçait ruine. Les créneaux
se balançaient et les défenseurs qui les occupaient étaient
secoués comme sur un navire battu par la tempête.

V 1 Vers le soir, une partie du mur, entre deux tours,
s'écroula[3]. Son niveau toutefois restait plus élevé que celui
du lac, d'environ cinq toises et l'eau ne pouvait entrer.
Mais cette brèche rendait imminent le danger d'une inon-
dation. Épouvantés, les assiégés remplissaient la ville de
clameurs confuses que pouvaient entendre les ennemis eux-
mêmes. Les mains levées vers le ciel, ils invoquaient,
espoir suprême, les dieux sauveurs et suppliaient Oroondatès d'envoyer des parlementaires à Hydaspe. 2 Le
satrape y consentit, cédant à contre-cœur à la contrainte

1. Pour εἰς ὕψος αἴρεσθαι cf. I VI, 5 1 τριῶν δὴ βωμῶν εἰς ὕψος
ἠρμένων. Ces exemples augmentent l'allure suspecte de E XVIII, 2 5 ;
voir vol. I, pp. LXII-LXIII.

2. Au lieu de ἰζήσειεν Hirschig écrit εἴξειεν (cf. VIII, 2 5) ; mais
il ne semble pas avoir raison de rejeter le verbe ἴζειν qui est employé
intransitivement dans ce sens par Platon, Timée 53 a τὰ δὲ μανὰ καὶ
κοῦφα εἰς ἑτέραν ἴζει φερόμενα ἕδραν. Une comparaison plus serrée se
trouve dans le Timée 25 c (sur l'Atlantide) πηλοῦ κάρτα βαθέος ἐμποδὼν
ὄντος ὃν ἡ νῆσος ἱζομένη παρέσχετο.

3. Κατερείπεσθαι est confirmé à l'encontre de καταρρίπτεσθαι par
6 2 et 10 5, cependant il n'y a pas d'autre exemple qui autorise ἐγκατε-
ρείπεσθαι (ou ἐγκαταρρίπτεσθαι). Héliodore pourtant aime les composés
en ἐν ; cf. H XIV, 2 7 (p. 30, note 2).

τῷ κατὰ τὸν κύκλον ἐνέπιπτε καὶ πανταχόθεν περιρρυεὶς τὸ μεταίχμιον τῶν τειχῶν ἐλίμναζε· καὶ νῆσος αὐτίκα ἦν ἡ Συήνη καὶ περίρρυτος ἡ μεσόγαιος τῷ Νείλῳ κλύδωνι κυματουμένη. 3 Κατ' ἀρχὰς μὲν δὴ καὶ χρόνον τῆς ἡμέρας ἐπ' ὀλίγον ἀντεῖχε τὸ τεῖχος· ἐπειδὴ δὲ ἐπιβρῖσαν τὸ ὕδωρ εἰς ὕψος τε ᾔρετο καὶ διὰ τῶν ἀραιωμάτων τῆς γῆς, οἷς μέλαινα καὶ εὔγειος οὖσα πρὸς τῆς θερινῆς ὥρας κατέσχιστο, πρὸς τὰ βάθη κατεδύετο καὶ τὴν κρηπῖδα τοῦ τείχους ὑπέτρεχε, τότ' ἤδη πρὸς τὸ ἄχθος ἐνεδίδου τὸ ὑποκείμενον, καὶ καθ' ὃ μέρος χαυνούμενον ἱζήσειεν ἐνταῦθα τὸ τεῖχος ὤκλαζε καὶ τῷ σάλῳ τὸν κίνδυνον ἐπεσήμαινεν, ἐπάλξεών τε κραδαινομένων καὶ τῶν ὑπερμαχομένων τῷ βρασμῷ κλονουμένων.

V 1 Ἤδη δὲ ἑσπέρας ἐπιούσης καὶ μέρος τι τοῦ τείχους καὶ μεταπύργιον ἐγκατερείπεται, οὐ μὴν ὥστε χθαμαλωτέραν γενέσθαι τῆς λίμνης τὴν πτῶσιν οὐδ' ὥστε εἰσδέξασθαι τὸ ὕδωρ, ἀλλὰ πέντε που πήχεις ὑπερέχουσαν ἀπειλουμένην ὅσον οὔπω κατεπτηχέναι τὴν ἐπίκλυσιν. Ἐφ' οἷς οἰμωγή τε συμμιγὴς τῶν κατὰ τὴν πόλιν ἐξάκουστος καὶ τοῖς πολεμίοις ἐγίνετο· καὶ χεῖρας εἰς οὐρανὸν αἴροντες, τὴν ὑπολειπομένην ἐλπίδα, θεοὺς ἐπεβοῶντο σωτῆρας, καὶ τὸν Ὀροονδάτην ἐπικηρυκεύεσθαι πρὸς τὸν Ὑδάσπην ἱκέτευον. 2 Ὁ δὲ ἐπείθετο μέν, δοῦλος καὶ

5 τῷ Coraes : τῶν codd. ‖ 7 μεσόγαιος VMZAT : -γεως BP ‖ 3 1 μὲν mAT : om. B ‖ 4 οἷς BPZA (et T ex ἧς) : οἳ V ἢ M ‖ πρὸς mAT : πρὸ Z ‖ 5 κατέσχιστο (-έχιστο B) mAT : κατέσχετο P ‖ 7 ἱζήσειεν VMZT (ἴζησ. A) : ἱζήσει BP ‖ 10 βρασμῷ mAT : δρασμῷ P.

V 1 2 ἐγκατερείπεται (cf. 6 2 et 10 5) B : -ερίπτεται Z -αρρίπτεται PA -αρρσίπτεται T ἐκχαταρ (ἐκχατα- V) ρίπτεται VM ‖ post ἔγκατ. add. καὶ καταπίπτει ἡ κορτίνα ἀπὸ πύργου εἰς πύργον A ex margine ubi eadem exstant in B (cf. III, 2 6) ‖ 4 πέντε mAT : ἕως P ‖ 5 κατεπτηχέναι mAT : -χθῆναι Z ‖ ἐπίκλυσιν mAT : -κλησιν B ‖ 6 ἐφ' οἷς mAT : εὐθὺς P ‖ τῶν mAT : τῆς Z ‖ τὴν mAT : om. Z ‖ 9 ἐπικηρυκεύεσθαι mAT : -σασθα: B ‖ πρὸς mAT : κατὰ P ‖ τὸν BPAT : om.VMZ ‖ 2 1 ἐπείθετο mT : ἐπίθ. PA.

des événements. Mais bloqué par les eaux, il ne savait comment faire parvenir des messagers à l'ennemi. La nécessité lui inspira un expédient [1]. Il exprima ses désirs sur une lettre qu'il attacha à une pierre. Une fronde lui tint lieu d'ambassadeur, et par dessus les eaux sa prière vola portée par un projectile [2]. Mais la tentative échoua ; la pierre ne put franchir une telle largeur, elle tomba dans l'eau. **3** Il écrivit une seconde lettre et la fit lancer sans plus de succès. Tous les archers et les frondeurs rivalisèrent à qui arriverait au but, dans une lutte dont leur salut était l'enjeu, mais tous échouèrent également. A la fin tendant les mains vers les ennemis qui, debout sur leur levée se faisaient un spectacle de leurs misères, par des gestes pitoyables, ils tâchaient de faire comprendre ce que signifiaient ces pierres ainsi lancées. Tantôt ils élevaient leurs mains renversées pour demander la pitié, tantôt ils les ramenaient derrière le dos comme prêtes à recevoir les chaînes de la captivité. **4** Hydaspe comprenait bien qu'ils imploraient leur salut, et il était disposé à le leur accorder. Un noble cœur ne peut s'empêcher de traiter avec humanité un ennemi qui se rend [3]. Mais il ne pouvait les sauver tout de suite et il crut bon de connaître plus clairement les intentions de l'ennemi. Il avait toute prête une flottille fluviale qu'il avait fait descendre du Nil par le canal. Entraînés par le courant jusqu'au fossé circulaire les bateaux y avaient été amarrés. Il en choisit dix tout neufs et les équipa d'archers et d'hoplites. Après les avoir instruits de ce qu'ils avaient à dire,

---

1. Cf. Z XXV, 7 4-5 εὑρέτις ἄρα ἐπιλογισμῶν ἡ ἀνάγκη.

2. Sur ce mode de communication cf. Hérodote. VIII 128 et César, *Guerre des Gaules* V 48 si adire non possit, monet ut tragulam cum epistola ad amentum deligata intra munitiones castrorum abjiciat.

3. Cf. XXI, 1 6-7 νικᾶν γὰρ καλὸν τοὺς ἐχθροὺς ἑστῶτας μὲν ταῖς μάχαις πεπτωκότας δὲ ταῖς εὐποιίαις.

ἄκων τῆς τύχης γινόμενος, ἀποτετειχισμένος δὲ τῷ ὕδατι
καὶ ὅπως ἄν τινα διαπέμψαιτο ὡς τοὺς πολεμίους ἀδυνα-
τῶν ἐπίνοιαν ὑπὸ τῆς ἀνάγκης ἐδιδάσκετο· γραψάμενος γὰρ
ἃ ἐβούλετο καὶ λίθῳ τὴν γραφὴν ἐναψάμενος σφενδόνῃ
πρὸς τοὺς ἐναντίους ἐπρεσβεύετο διαπόντιον τὴν ἱκεσίαν
τοξευόμενος· ἤνυε δὲ οὐδέν, ἐλαττουμένης τοῦ μήκους τῆς
βολῆς καὶ τῷ ὕδατι προεμπιπτούσης. 3 Ὁ δὲ καὶ αὖθις
τὴν αὐτὴν γραφὴν ἐκτοξεύων ἀπετύγχανε, πάντων μὲν
τοξοτῶν καὶ σφενδονητῶν ἐφικέσθαι τῆς βολῆς φιλοτιμου-
μένων οἷα δὴ τὸν περὶ ψυχῆς σκοπὸν ἀθλούντων, ἀπάντων
δὲ τὰ ὅμοια πασχόντων. Τέλος δὲ τὰς χεῖρας εἰς τοὺς
πολεμίους ὀρέγοντες, τοῖς χώμασιν ἐφεστῶτας καὶ θέατρον
τὰ πάθη τὰ ἐκείνων ποιουμένους, ἐλεεινοῖς τοῖς σχήμασι
τὸ βούλευμα τῶν τοξευμάτων ὡς δυνατὸν ἔφραζον, νῦν
μὲν ὑπτίας προτείνοντες εἰς ἱκεσίας ἔμφασιν, νῦν δὲ κατὰ
νώτων πρὸς δεσμὸν περιάγοντες εἰς δουλείας ἐξομολόγησιν
4 Ὁ δὲ Ὑδάσπης ἐγνώριζε μὲν σωτηρίαν αἰτοῦντας καὶ
παρέχειν ἦν ἕτοιμος (ὑπαγορεύει γὰρ τοῖς χρηστοῖς φιλαν-
θρωπίαν πολέμιος ὑποπίπτων), τὸ παρὸν δὲ ἀδυνάτως ἔχων
ἔγνω σαφεστέραν λαβεῖν τῶν ἐναντίων ἀπόπειραν. Καί, ἦν
γὰρ πορθμεῖα τῶν ποταμίων προηυτρεπισμένος, ἃ κατὰ ῥοῦν
τῆς διώρυχος ἐκ τοῦ Νείλου φέρεσθαι συγχωρήσας ἐπειδὴ τῷ
κύκλῳ τοῦ χώματος προσηνέχθη καθελκύσας εἶχε, τούτων
δέκα νεόπηκτα ἐπιλέξας τοξότας τε καὶ ὁπλίτας ἐνθέμενος
ἅ τε χρὴ λέγειν ἐπιστείλας ὡς τοὺς Πέρσας ἐξέπεμπεν.

4 γὰρ mAT : δὲ P ubi γὰρ superscr. ‖ 5-6 καὶ λίθῳ — ἐπρεσβεύετο
om. B ‖ 7 τοξευόμενος mAT : διατοξ. B ‖ ἐλαττουμένης mAT : -ομένης
B ‖ τοῦ μήκους mT : ἐκ τοῦ μ. B τῷ μήκει A ‖ 8 βολῆς mAT : βουλῆς B ‖
3 3 τοξοτῶν (-ευτῶν A) codd. : τῶν τοξ. Amyot ‖ σφενδονητῶν mAT :
-ιστῶν Z ‖ ἐφικέσθαι mAT : ἀφ. P ‖ 4 δὴ mAT : δὲ B ‖ τὸν mAT : τῶν
Z ‖ σκοπὸν mAT : -ῶν B ‖ θ ὀρέγοντες mAT : αἴροντες P ‖ 7 ἐλεεινοῖς
Coraes et T : -ῶς mA ‖ 9 ὑπτίας mA : ἱππία; BT ‖ 10 νώτων mAT : τῶν
νώτων B ‖ 4 1 σωτηρίαν mAT : τὴν σωτ. B ‖ 2 ἦν mA : post ἕτοιμος PT ‖
3 πολέμιος mAT : πολεμίους Z ‖ 5 πορθμεῖα mA (-ία Z) : -εῖον T ‖ τῶν
ποταμίων mA : τῶν πολεμίων B τῷ ποταμῷ T ‖ 7 εἶχε BPZAT : εἴχετο VM‖
8 δέκα mAT : δὲ τὰ B ‖ νεόπηκτα mAT : νεόπιστα B ‖ 9 ὡς mA : εἰς B καὶ T.

il les envoya vers les Perses. **5** Ils traversaient rangés en
ordre de bataille ; ainsi, au cas d'une surprise de la part
des assiégés montés sur les remparts, ils seraient prêts à
la riposte. Spectacle vraiment inédit : un bateau qui fait
la traversée d'une muraille à une autre ; un matelot qui
vogue en pleine terre et un navire qui sillonne les champs.
La guerre toujours fertile en nouveautés [1] se distingua cette
fois par des effets inouïs et vraiment prodigieux ; elle
mettait aux prises des marins et les défenseurs d'un rempart, et armait les uns contre les autres des combattants
de terre et de mer. **6** Quand ceux de la ville aperçurent
les embarcations montées par des soldats en armes, qui se
dirigeaient vers la brèche de leur mur, ces hommes affolés
et épouvantés par la situation dangereuse où ils se trouvaient, prêtèrent des intentions hostiles à ceux qui venaient
pour les sauver. Tout est sujet de défiance et de crainte
dans un péril extrême. Ils les accueillirent à distance par
des flèches lancées du haut des remparts. **7** Tant il est
vrai que l'homme, même au comble du désespoir, regarde
comme un gain précieux chaque minute de délai qu'il
peut gagner sur une mort inévitable. Ils lançaient leurs traits
non pour les atteindre mais seulement pour les empêcher
d'avancer. **8** Les Éthiopiens ripostèrent par des coups
mieux ajustés, car ils ne comprenaient pas encore ce que
voulaient les Perses. Deux sont touchés, puis d'autres
tombent ; quelques-uns, surpris par un trait rapide et
inattendu, sont précipités du rempart dans l'eau qui
l'entourait. **9** Ardente allait devenir la lutte entre les

---

1. Cf. A I, **4** 9-11 τὸ γὰρ αἰφνίδιον τοῦ κακοῦ τὰς χρείας ἐκαινοτόμει
καὶ βέλεσι κεχρῆσθαι τοῖς ἐκπώμασιν ἐδίδασκεν. Il n'est pas douteux
qu'Héliodore considérait la guerre comme une source d'inventions
(cf. XXI, **4 6** οἷα πολλὰ πολέμου καιροὶ θαυματουργοῦσι), et que l'idée
apparaît comme un lieu commun. Mais τὸ καινὸν τοῦ πολέμου dans
Thucydide III 30 4 et les autres passages où cette expression est autorisée
par un manuscrit sont sujets à examen, et κενός ou κοινός sont souvent
substitués à καινός. Voir J. Steup dans Thucydide *loc. cit.* et *Rheinisches
Museum* XXXIII (1878) pp. 257 sqq.

5 Οἱ δὲ ἐπεραιοῦντο πεφραγμένοι ὡς, εἴ τι καὶ παρ' ἐλπίδας ἐγχειροῖεν οἱ ἐπὶ τῶν τειχῶν, ηὐτρεπίσθαι πρὸς ἄμυναν. Καὶ ἦν θεαμάτων τὸ καινότατον, ναῦς ἀπὸ τειχῶν
πρὸς τείχη περαιουμένη καὶ ναύτης ὑπὲρ μεσογαίας πλωϊζόμενος καὶ πορθμεῖον κατὰ τὴν ἀρόσιμον ἐλαυνόμενον·
καινουργὸς δὲ ὢν ἀεί πως ὁ πόλεμος τότε τι καὶ πλέον καὶ
οὐδαμῶς εἰωθὸς ἐθαυματούργει, ναυμάχους τειχομάχοις
συμπλέξας καὶ λιμναίῳ στρατιώτῃ χερσαῖον ἐφοπλίσας.
6 Οἱ γὰρ δὴ κατὰ τὴν πόλιν τὰ σκάφη καὶ τοὺς ἐμπλέον-
τας ἐνόπλους τε καὶ καθ' ὃ μέρος κατήρειπτο τὸ τεῖχος ἐπι-
φερομένους θεασάμενοι, καταπλῆγες ἄνθρωποι καὶ πτοίας
ἤδη πρὸς τῶν περιεχόντων κινδύνων ἀνάμεστοι, πολεμίους
καὶ τοὺς ἐπὶ σωτηρίᾳ τῇ σφῶν ἥκοντας ὑπετόπαζον (πᾶν
γὰρ ὕποπτον καὶ φοβερὸν τῷ κατ' ἔσχατον κινδύνου γίνο-
μένῳ), ἠκροβολίζοντό τε ἀπὸ τῶν τειχῶν καὶ εἰσετόξευον.
7 Οὕτως ἄρα καὶ ἀπεγνωκότες ἑαυτῶν ἄνθρωποι τὴν ἀεὶ
παροῦσαν ὥραν κέρδος εἰς ὑπέρθεσιν θανάτου νομίζουσιν.
Ἔβαλλον δὲ οὐχ ὥστε καὶ τιτρώσκειν, ἀλλ' ὅσον ἀπείργειν
τὸν πρόσπλουν καταστοχαζόμενοι. 8 Ἀντετόξευον δὲ
καὶ οἱ Αἰθίοπες καὶ ἅτε εὐσκοπώτερά τε βάλλοντες καὶ
οὔπω τῆς τῶν Περσῶν γνώμης συνιέντες δύο πού τινας
καὶ πλείους διαπείρουσιν, ὥστε τινὰς ὑπὸ ὀξείας καὶ
ἀπροόπτου τῆς τρώσεως ἐπὶ κεφαλὴν ἀπὸ τῶν τειχῶν εἰς
τὸ ἐκτός τε καὶ τὸ ὕδωρ σφενδονηθῆναι. 9 Καὶ ἂν

5 1 πεφραγμένοι mAT : -μένον B ‖ 2 ηὐτρεπίσθαι : εὐτρεπίσθαι mAT
-τεῖσθαι B ‖ 4-5 πλωϊζόμενος VB : πλοΐζ. MPZAT cf. E XXI, 3 4, ꝯ VI,
3 5 ‖ 5 πορθμεῖον mAT : -ίον Z ‖ 6 τότε τι BPZT (τότ' ἔτι A) : τότε
VM ‖ 7 τειχομάχοις mAT : -ους B ‖ 8 στρατιώτῃ mAT : στρατῷ P ‖
6 2 κατήρειπτο VMBT : -ριπτο A -ρειτο P κατείροπτο Z, cf. V, 1 2 ‖
3 πτοίας mAT : πτωίας Z ‖ 6 τῷ Coraes : τὸ codd. ‖ 6-7 γινομένῳ (γενο-
μένῳ Coraes) nos : γιν (γεν- VM) όμενον mAT τὸν γινόμενον Z (idem X ni
τῷ γινομένῳ mut.) ‖ 7 ἠκροβολίζοντό mAT : ἠκριβολ B ‖ 7 1 ἄνθρωποι mA :
οἱ ἄνθρ. ZT ‖ 3 ἔβαλλον mAT : ἔβαλον P ‖ ὅσον mAT : ὅσοι P ‖ 8 3 οὔπω mAT :
ὅπου P ‖ δύο mAT : διὸ B ‖ 4 ὑπὸ mT : ἀπὸ PA ‖ 5 ἀπὸ mAT : ἐπὶ P ‖ 6 σφενδονηθῆναι (cf. I XXX, 4 3) BPAT : ἐκσφενδονισθῆναι VM (ἐκσφεντ. Z)
unde ἐκσφενδονηθῆναι Coraes (cf. B II, 2 7) ‖ 9 1 καὶ ἂν (κᾶν P) m : καὶ
ἅμα A καὶ δὴ ἂν T.

Perses qui épargnaient leurs adversaires et voulaient seulement les retenir loin d'eux et les Éthiopiens [1] furieux qui
se défendaient avec énergie, quand un vieillard, notable
habitant de Syéné, intervint auprès des combattants du
rempart : « Insensés, dit-il, le malheur vous a donc égarés.
Ces gens que nous ne cessions jusqu'ici de supplier et
d'appeler à notre aide, les voici qui arrivent quand nous
n'y comptions plus : allons-nous les repousser ? S'ils
viennent en amis nous proposer la paix, ils nous sauveront ;
si leur dessein est de nous attaquer, il sera aisé, même
s'ils débarquent, d'en avoir raison. 10　Et qu'aurons-nous
de plus, si nous les exterminons, quand une telle nuée [2] d'ennemis sur la terre et sur l'eau encercle la ville entière ?
Recevons-les plutôt et voyons ce qu'ils veulent. » Tous
applaudirent ; le satrape lui aussi approuva ce conseil. Ils
abandonnèrent la brèche et, regagnant le mur des deux
côtés, ils se tinrent tranquilles, l'arme au pied.

VI 1　Quand les Éthiopiens virent les soldats évacuer
la courtine écroulée, et la foule agiter des drapeaux blancs
pour leur faire signe qu'ils pouvaient aborder, ils s'appro-
chèrent et, postés sur leurs barques, ils adressèrent de
cette espèce de tribune le discours suivant à l'auditoire
des assiégés rangés devant eux : 2　« Perses et vous
Syénéens ici présents, Hydapse, qui règne sur les Éthiopiens d'Orient et d'Occident [3], et maintenant sur vous,

---

1. Hirschig met entre crochets τῶν Αἰθιόπων qui peut bien être
une glose ; mais l'addition du nom pour expliquer τῶν δὲ est très
justifiée et la suppression de τῶν Αἰθιόπων laisserait un hiatus peu
vraisemblable ὀργῇ ἀμυνομένων.

2. Νέφος est assez fréquemment employé dans le sens de « foule », mais
il est d'ordinaire accompagné d'un génitif déterminatif.

3. La division des Éthiopiens en Orientaux et Occidentaux était fami-
lière à Homère (Odyssée I 22-4) :

> ἀλλ' ὁ μὲν Αἰθίοπας μετεκίαθε τηλόθ' ἐόντας,
> Αἰθίοπας, τοὶ διχθὰ δεδαίαται, ἔσχατοι ἀνδρῶν,
> οἱ μὲν δυσομένου Ὑπερίονος, οἱ δ' ἀνιόντος.

καὶ ἐπὶ πλέον ἐξεκαύθη τὰ τῆς μάχης, τῶν μὲν σὺν φειδοῖ
κωλυόντων μόνον τῶν δὲ καὶ σὺν ὀργῇ τῶν Αἰθιόπων ἀμυνομένων, εἰ μή τις τῶν ἐπὶ δόξης καὶ πρεσβύτης ἤδη Συηναίων τοῖς ἐπὶ τοῦ τείχους παραγενόμενος « *Ω φρενοβλα-
βεῖς » ἔφη « καὶ πρὸς τῶν δεινῶν παραπλῆγες, οὓς εἰς
δεῦρο ἱκετεύοντες καὶ ἐπικαλούμενοι πρὸς βοήθειαν διετε-
λοῦμεν, τούτους ἐλπίδος ἐπέκεινα παραγινομένους ἀπείργομεν; οἳ, φίλιοι μὲν ἥκοντες καὶ εἰρηνικὰ διαγγέλλοντες,
σωτῆρες ἔσονται, πολέμια δὲ διανοούμενοι, ῥᾷστα καὶ προσορμισθέντες ἐλαττωθήσονται. 10 Τί δὲ καὶ πλέον εἰ
τούτους διαχρησόμεθα τοσούτου νέφους ἐκ γῆς καὶ ὕδατος
κεκυκλωμένου τὴν πόλιν· Ἀλλὰ καὶ προσδεχώμεθα καὶ ὅ τι
βουλομένοις ἐστὶν ἐκδιδασκώμεθα. » Πᾶσιν εὖ λέγειν ἔδο-
ξεν, ἐπῄνει δὲ καὶ ὁ σατράπης· καὶ τοῦ κατηρειπωμένου
τῇδε κἀκεῖσε μεταστάντες ἐν ἀκινήτοις τοῖς ὅπλοις ἡσύ-
χαζον.

VI 1 Ὡς δὲ ἐκενώθη τὸ μεταπύργιον τῶν ἐφεστώτων
ὅ τε δῆμος ὀθόναις κατασείων ἐπιτρέπειν τὸν ὅρμον ἐνεδείκνυτο, τότε δὴ καὶ οἱ Αἰθίοπες πλησιάσαντες ὥσπερ
ἀπ' ἐκκλησίας τῶν πορθμείων πρὸς τὸ πολιορκούμενον
θέατρον τοιάδε ἔλεγον. 2 «*Ω Πέρσαι καὶ Συηναίων οἱ
παρόντες, Ὑδάσπης ὁ τῶν πρὸς ἀνατολαῖς καὶ δυσμαῖς
Αἰθιόπων νυνὶ δὲ καὶ ὑμῶν βασιλεὺς πολεμίους τε ἐκπορθεῖν

2 καὶ ἐπὶ mAT : καὶ om. B ‖ τὰ mAT : τοῖς Z ‖ 3 κωλυόντων mAT :
καλιόντων B ‖ 5 παραγενόμενος MP (πραγιν. BAT) : προσπαραγ. VZ ‖
7 πρὸς mAT : εἰς P ‖ 8-9 τούτους — ἀπείργομεν om. P ‖ 9 φίλιοι mA :
φίλοι MT ‖ διαγγέλλοντες MPAT : -γέλοντες VBZ ‖ 10-11 προσορμισθέντες
m : -ηθέντες AT ‖ 10 1 δὲ MBZAT : δαὶ V δὴ P ‖ εἰ mAT : om. P ‖
3 κεκυκλωμένου mT : κεκλωμ. Z κυκλωμ. A.‖ ἀλλὰ καὶ mT : καὶ om.
PA ‖ 4 βουλομένοις VMB : βουλόμενοι ὃ PZAT ‖ ἐκδιδασκώμεθα
VMAT : -όμεθα BPZ ‖ πᾶσιν mAT : καὶ πᾶσιν B ‖ 5 δὲ καὶ VMPT : καὶ
om. BZA ‖ κατηρειπωμένου MPT : κατηριπ. VBA κατηρηπομένου Z.

VI 1 1 ἐκενώθη mAT : ἐξεκεν. P‖4 πορθμείων mAT : -ίων Z ‖ 2 3 ὑμῶν
VMZAT : ἡμῶν BP.

connaît l'art d'abattre un ennemi, mais sa nature généreuse s'émeut de pitié aux prières des suppliants. A son
avis, si l'un prouve une âme virile, l'autre est le fait d'un
cœur humain, et il laisse le soldat exercer sa force, se
réservant le privilège de la générosité. 3 Disposant à
son gré de votre vie, vos supplications l'ont touché : il
consent à vous soustraire au danger manifeste et certain
où la guerre vous a amenés. Quant aux conditions d'une
délivrance que vous souhaitez, il vous en laisse le choix
et ne veut pas les fixer lui-même. Car il n'est pas un tyran
qui exploite sa victoire [1], mais un maître qui, sans offenser
les dieux, gouverne les hommes. » 4 Les Syénéens
répondirent qu'ils se rendaient à discrétion à Hydaspe,
eux, leurs enfants et leurs femmes et lui livraient la ville,
si toutefois elle ne sombrait [2] pas au milieu de cette tempête qui devait inévitablement l'engloutir, à moins qu'un
prompt secours des dieux ou d'Hydaspe ne vînt la sauver. 5 Oroondatès se déclara prêt à renoncer à tout ce
qui constituait la cause et l'enjeu de la guerre et à céder
la ville de Philæ et les mines d'émeraudes. Mais il demandait qu'on lui épargnât toute violence et la dure nécessité
de se livrer lui et ses soldats. Si Hydaspe voulait se montrer tout à fait clément, il leur permettrait, à condition
de ne causer aucun dommage et de ne pas prendre les
armes contre lui, de se retirer à Éléphantiné. 6 Car
autant valait pour lui mourir tout de suite que d'obtenir
un salut précaire et momentané et d'encourir le châtiment
du roi de Perse pour avoir livré son armée. Son sort
serait même pire, car au lieu de la mort pure et simple

1. Tous les éditeurs sauf Colonna écrivent δίκην qui est passé de M
dans la première édition. Non seulement νίκην est plus autorisé par les
manuscrits mais il s'accorde mieux à la fois au contexte et à τυραννεῖ.
Cf. XXVI, 2 7-8.

2. Nous avons préféré περιγένοιτο à περιγένοιντο qui est adopté
par tous les éditeurs. Il s'agit de préserver la ville de la destruction par
l'eau et non de sauver les habitants. Si les habitants se rendaient, Hydaspe
pourrait prendre la ville sans s'inquiéter de leur survivance ou de leur
disparition.

οἶδε καὶ ἱκέτας οἰκτείρειν πέφυκε, τὸ μὲν ἀνδρεῖον, τὸ δὲ
φιλάνθρωπον δοκιμάζων καὶ τὸ μὲν χειρὸς εἶναι στρατιω-
τικῆς, τὸ δὲ ἴδιον τῆς ἑαυτοῦ γνώμης. 3 Ἔχων τε τὸ
ὑμᾶς εἶναι καὶ μὴ κατ' ἐξουσίαν, ἱκέταις γεγενημένοις
ἀνίησι τὸν ἐκ τοῦ πολέμου πᾶσιν ὁρώμενον καὶ οὐκ ἀμφίβολον κίνδυνον, ἐφ' οἷς ἂν ἄσμενοι τῶν δεινῶν ἀπαλλαγείητε
τὴν αἵρεσιν οὐκ αὐτὸς ὁρίζων ἀλλ' ὑμῖν ἐπιτρέπων· οὐ
γὰρ τυραννεῖ τὴν νίκην, ἀλλὰ πρὸς τὸ ἀνεμέσητον διοικεῖ
τὴν τῶν ἀνθρώπων τύχην.» 4 Πρὸς ταῦτα Συηναῖοι μὲν
ἀπεκρίναντο σφᾶς τε αὐτοὺς καὶ παῖδας καὶ γυναῖκας ἐπιτρέπειν Ὑδάσπῃ χρῆσθαι πρὸς ὅτι βούλοιτο καὶ τὴν πόλιν·
εἰ περιγένοιτο, ἐγχειρίζειν, ἣν καὶ νῦν ἐν τῷ ἀνελπίστῳ
σαλεύειν, εἰ μὴ φθαίη τις ἐκ θεῶν καὶ ἐξ Ὑδάσπου μηχανὴ
σωτηρίας. 5 Ὁ δὲ Ὀροονδάτης τῶν μὲν αἰτίων ἔφη τοῦ
πολέμου καὶ τῶν ἐπάθλων ἐκστήσεσθαι καὶ τάς τε Φίλας
τὴν πόλιν καὶ τὰ σμαράγδεια μέταλλα παραχωρήσειν· αὐτὸς
δὲ ἠξίου μηδεμίαν ὑποστῆναι ἀνάγκην μήτε ἑαυτὸν μήτε
τοὺς στρατιώτας ἐγχειρίζειν, ἀλλ' εἰ βούλοιτο Ὑδάσπης
εἰς ὁλόκληρον ἐπιδείκνυσθαι τὸ φιλάνθρωπον, ἐπιτρέπειν
οὐδὲν λυμαινομένους οὐδὲ χεῖρας ἀνταίροντας ἀποχωρεῖν
εἰς τὴν Ἐλεφαντίνην· 6 ὡς ἴσον εἶναί οἱ νῦν τε ἀπο-
λέσθαι καὶ δοκοῦντα περισῴζεσθαι προδοσίας τοῦ στρατιω-
τικοῦ παρὰ βασιλεῖ τῷ Περσῶν ἁλῶναι· μᾶλλον δὲ καὶ
χαλεπώτερον, νῦν μὲν ἁπλοῦ καὶ νενομισμένου τυχὸν

4 ἱκέτας VBZT : οἰκέτας MPA || 3 1 τε τὸ VZAT : τοῖς τὸ B τό τε
MP || 2 ὑμᾶς mAT : ἡμᾶς B || ἱκέταις VBZAT : οἰκέταις MP || γεγενημένοις
mAT : -μένος B || 3 ἀνίησι mAT : ἀνίασι Z || 4 ἂν mT : om. BA || 5 ὁρίζων
mAT : -ζω P || ἐπιτρέπων mAT : -πω P || 6 νίκην mAT : δίκην M ||
πρὸς mAT : καὶ Z || ἀνεμέσητον mAT : ἀνέμβητον B || 4 4 περιγένοιτο AT :
add. τὸ Z περιγένοιντο m || 5 καὶ codd. : ἢ Hirschig || 5 1 αἰτίων (-ιῶν VB)
mA : αἰθιόπων ZT || 2 ἐκστήσεσθαι mAT : ἐκτήσεσθε Z || τε VBZAT : om.
MP || 4 μήτε (1) A : μηδὲ m (μηδ' T) fort. recte ; cf. Introd., vol. I, p. LXII) ||
μήτε (2) mAT : μηδὲ Z || 5 εἰ mAT : εἰ καὶ V || 6 εἰς mT : om. A || 6 1 οἱ
PAT : οἳ ZM ἢ B οἷ ἢ V || 2-3 τοῦ στρατιωτικοῦ mAT : τοῖς στρατιωτι-
κοῖς B || 3 τῷ VZA : τῶν MBT cf. XXVI, 3 2 || δὲ VBPZAT : om. MP ||
4 ἁπλοῦ VBZAT : -ῶς MP || τυχὸν VMZAT : τυχεῖν BP.

qu'on lui infligerait sans doute, selon les usages de la
guerre, il devait s'attendre alors aux tortures les plus
amères et à des raffinements de cruauté[1].

VII 1 Après cette déclaration, Oroondatès les pria de
recevoir sur leurs bateaux deux Perses, sous prétexte
d'aller voir si les Éléphantiniens étaient disposés à se
rendre, auquel cas il n'hésiterait plus à le faire lui aussi.
2 Munis de ces propositions, les envoyés repartirent
avec les deux Perses et allèrent tout rapporter à Hydaspe.
Celui-ci sourit et blâma fort la sottise d'Oroondatès : un
homme qui prétendait discuter sur le pied d'égalité quand
sa vie et sa mort étaient entre les mains d'un autre et ne
dépendaient nullement de lui-même[2]. « Mais, ajouta-t-il,
il serait stupide que la folie d'un seul entraînât la perte de
tant de vies humaines. » 3 Il autorisa les envoyés
d'Oroondatès à partir pour Éléphantiné, car il disait se
soucier fort peu[3] des conseils de résistance qu'ils pourraient
donner. A une partie de ses hommes, il prescrivit d'obstruer
l'ouverture du Nil, tandis que les autres en pratiqueraient
une dans la levée du canal, afin d'empêcher l'eau d'arriver
et de vider celle qui stagnait autour des remparts. Ainsi,
il aurait vite fait de dessécher le terrain qui entourait
Syéné et de le rendre praticable. 4 A peine les hommes
avaient-ils commencé à exécuter ce travail, qu'ils durent
le remettre au lendemain, car le soir et la nuit survinrent
bientôt après que l'ordre en eût été donné.

1. Cf. page 19, note 1.
2. Sur l'emploi de σαλεύειν, cf. A XIII, 1 9 (πάντα τὸν βίον ἐπὶ
τούτῳ τὸν ἐμὸν ἐσάλευον) et B XXXIII, 3 3. Le changement de la pré-
position (ἐπ' ἄλλῳ, ἐν ἑαυτῷ) n'a sans doute pour motif que le désir
de varier les tournures.
3. Le tour οὐδεμιᾶς ὢν φροντίδος est appuyé par Plutarque (Nicias, 18)
ἦν δ' ἐλπίδος μεγάλης ; mais en XXV, 1 8 l'expression employée est plus
régulière, τὸ ὄναρ ἐν οὐδεμιᾷ φροντίδι θέμενος.

ἐπαχθησομένου θανάτου, τότε δὲ ὠμοτάτου καὶ εἰς πικροτάτην κόλασιν καινουργουμένου.

VII 1 Ταῦτα λέγων ὑποδεχθῆναι καὶ δύο Περσῶν εἰς τὰ σκάφη παρεκάλει, πρόφασιν ὡς εἰς Ἐλεφαντίνην ἀφιξομένους καὶ εἴπερ οἱ κατ' αὐτὴν συνενδιδοῖεν εἰς τὸ δουλεύειν οὐδὲ αὐτὸς ἔτι μελλήσειν. 2 Ταῦτ' ἀκούσαντες οἱ πρέσβεις ἐπανῇεσαν ἅμα καὶ δύο Περσῶν ἀναλαβόντες, καὶ πρὸς τὸν Ὑδάσπην ἅπαντα ἀπήγγελλον. Ὁ δ' ἐπιγελάσας καὶ πολλὰ τῆς ἀβελτηρίας τὸν Ὀροονδάτην ἐπιμεμψάμενος, εἰ περὶ τῶν ἴσων διαλέγεται ἄνθρωπος ἐπ' ἄλλῳ καὶ οὐκ ἐν ἑαυτῷ τὴν ἐλπίδα τοῦ εἶναι καὶ τεθνάναι σαλεύων, « Εὔηθες » ἔφη « τὴν ἑνὸς ἄνοιαν τοσούτοις ἐπαγαγεῖν ἀπώλειαν. » 3 Καὶ τούς τε ἀπεσταλμένους παρὰ τοῦ Ὀροονδάτου βαδίζειν εἰς τὴν Ἐλεφαντίνην ἐπέτρεπεν, ὡς οὐδεμιᾶς ὢν φροντίδος εἰ κἀκεῖνοί τι πρὸς ἀντίστασιν βουλεύσειαν, καὶ τῶν ἰδίων τοὺς μὲν ἐμφράττειν τὸ διορυγὲν τοῦ Νείλου στόμιον, τοὺς δὲ ὥστε ἕτερον κατὰ τὸ χῶμα ἐκτέμνειν ἀπεκλήρωσεν, ὡς τῆς τε ἐπιρροῆς κωλυομένης καὶ τῆς λιμναζούσης πρὸς τῆς ἐκροῆς κενουμένης θᾶττον ἀναψύξαι τὰ περὶ τὴν Συήνην καὶ εἰς τὸ βάσιμον ἐξικμασθῆναι. 4 Οἱ μὲν δὴ ταῦτα προσταχθέντες μικρὰ τοῦ ἔργου κατάρξαντες εἰς τὴν ἑξῆς ἐπιτελέσειν ἔμελλον, ἑσπέρας αὐτίκα καὶ νυκτὸς προσφάτοις τοῖς προστάγμασιν ἐπιγενομένης.

VII 1 2 εἰς mAT : om. Z ‖ 3 κατ' αὐτὴν mT : κατ' αὐτὰ P κατὰ τὴν Συήνην A ‖ συνενδιδοῖεν mT (ἐνδιδ. A) : συνενδοῖεν B ‖ 4 μελλήσειν nos : μελλήσων V (μελήσων MP) καὶ μελλ. ZAT καὶ μελτίσων B ‖ 2 2 ἐπανῇεσαν VAT (-ίεσαν B) : ἐπανήχεσαν Z ἔτι ἀνῇεσαν M ἔτι ἄνεσαν P ‖ 3 καὶ πρός VBZAT : καὶ om. MP ‖ ἀπήγγελλον (-γελον Z) mAT : -γειλαν B ‖ ἐπιγελάσας VBZAT : ὑπογ. MP ‖ 6 τὴν ἐλπίδα VBZAT : om. MP ‖ 3 1 ἀπεσταλμένους mAT : ἐπεστ. B ‖ 3 ὧν MBZ (cf. Plut., Nicias, 18) : ὃν PAT ὃν V ‖ κἀκεῖνοι mAT : ἐκεῖνοι Z ‖ 5 ὥστε mA : ὥς τι ZT ‖ τὸ mAT : om. V ‖ χῶμα mAT : χρῶμα B ‖ 6 τε mAT : om. Z ‖ ἐπιρροῆς (-ωῆς P) mAT : ἐπιροῆς B ‖ 8 εἰς mAT : om. P ‖ 4 4 ἐπιγενομένης Mitscherlich (ἐπιγιν. V) : ἐπιγενομένοις MPZA ἐπιγιν. BT.

VIII 1   Ceux de la ville n'en continuaient pas moins à tenter de se sauver par les moyens qui étaient à leur disposition et comptaient malgré tout sur un secours inattendu. Ils creusaient toujours leur sape souterraine et ils croyaient être presque arrivés à la levée, en comparant la distance, évaluée à l'œil, du rempart à la chaussée, et la longueur, mesurée à la corde, du souterrain. D'autres, à la lueur des torches, réparaient la brèche du mur. Ce travail était facile : les pierres en tombant avaient roulé du côté de la ville. 2 Ils se croyaient bien en sûreté quand leur tranquillité fut troublée par un accident survenu, vers le milieu de la nuit, à cette partie de la chaussée que, la veille, les Éthiopiens avaient commencé à couper. Peut-être à cet endroit la terre rapportée n'avait-elle pas été suffisamment tassée et liée, et la base céda sous l'action des eaux d'infiltration. Peut-être aussi cette base s'était-elle affaissée dans le vide offert par la mine que foraient les Perses ; ou bien par cette brèche peu profonde, mais qui se trouvait cependant à un niveau inférieur au reste de l'ouvrage, l'eau qui avait monté pendant la nuit déborda, et une fois qu'elle se fut fait un chemin par la brèche, la creusa insensiblement et profondément. Enfin ce fut peut-être l'œuvre d'une divinité secourable. Soudain la chaussée s'écroula[1], 3   avec un tel bruit et un tel fracas que ceux qui l'entendirent en furent épouvantés. Et sans savoir ce qui était arrivé, tous les Éthiopiens et les Syénéens eux-mêmes supposaient que la plus grande partie de la ville et des remparts avait été emportée.

---

1. La structure de cette longue phrase est marquée dans le texte par des tirets. Le sujet est séparé du verbe par une parenthèse de sept lignes, où l'auteur satisfait son goût des explications alternées (cf. A XVIII, 3). Nous avons écrit ὁ au lieu de καὶ à la ligne 10 afin d'éviter un très pénible changement de sujet. Pour la difficulté présentée par la ligne 9 nous n'avons pas de solution. Le grand nombre des variantes prouve que dès l'antiquité ce passage était discuté. Le choix entre ces variantes est malaisé ; elles sont gérélament peu plausibles et il n'est pas moins malaisé de suggérer d'autres leçons acceptables.

VIII 1 Οἱ δὲ κατὰ τὸ ἄστυ τῆς ἐν χερσὶ καὶ δυνατῆς
βοηθείας οὐ μεθίεντο, τὴν καὶ παρ' ἐλπίδας ἐνδεχομένην
σωτηρίαν οὐκ ἀπογινώσκοντες· ἀλλ' οἵ τε τὸν ὑπόγειον
αὐλῶνα διορύττοντες ἤδη τοῖς χώμασι πλησιάζειν ἔφκεσαν,
τὸ ἀπὸ τοῦ τείχους ἐπὶ τὸ χῶμα ταῖς ὄψεσιν ὑποπῖπτον
διάστημα σχοίνῳ κατὰ τὸ ὄρυγμα συμμετρούμενοι, καὶ τὸ
πεπτωκὸς ἕτεροι τοῦ τείχους ὑπὸ λαμπτῆρσιν ἀνήγειρον·
ἦν δὲ ἡ οἰκοδομὴ ῥᾳδία, τῶν λίθων εἰς τὸ ἐντὸς κατὰ τὴν
πτῶσιν κυλινδηθέντων. 2 Ἐπειδὴ δὲ ἀσφαλῶς ἔχειν τὸ
παρὸν ᾠήθησαν, οὐδὲ τότε ἀθορύβως διῆγον, ἀλλὰ κατὰ
μέσας που νύκτας μέρος τι τοῦ χώματος καθ' ὃ τῆς ἑσπέρας
οἱ Αἰθίοπες τοῦ διορύττειν ἐφήψαντο — εἴτε τῆς γῆς κατ'
ἐκεῖνο χαύνης τε καὶ ἀκροτήτου σωρευθείσης εἶξε τὸ ὑποκείμενον διάβροχον γεγενημένον, εἴτε καὶ τῶν ὑπορυττόντων
συνενδοῦναι πρὸς τὸ κενὸν τῷ ὑποκειμένῳ παρασχόντων, ἢ
καὶ τοῦ πρὸς βραχὺ διορυγέντος ταπεινοτέρου πρὸς τῶν ἐρ-
γαζομένων † ἐπιλαβόντος † ἐπίχυσις αὐξομένου διὰ νυκτὸς
ἐγένετο τοῦ ὕδατος δ, τοῦ ῥαγέντος ἅπαξ ὁδοποιοῦντος,
ἔλαθε βαθυνόμενον, εἴτε καὶ δαιμονίας ἐπικουρίας θείη τις
τὸ ἔργον — παρὰ δόξαν ἐκρήγνυται. 3 Καὶ τοσοῦτος
ἦχος καὶ δοῦπος ἀπετελέσθη, διὰ τῆς ἀκοῆς τὴν διάνοιαν
ἐκδειμαίνων, ὡς τὸ μὲν συμβὰν ἀγνοεῖν, μέρος δὲ τὸ
πλεῖστον τῶν τειχῶν καὶ τῆς πόλεως ὑπενηνέχθαι τούς
τε Αἰθίοπας καὶ αὐτοὺς Συηναίους ὑποπτεύειν. 4 Ἀλλ

VII 1 2 μεθίεντο mT : -ίοντο Z -ιέντες A || ἐλπίδας VMB : -ίδα
PZAT || 3 ἀλλ' οἵ Coraes et A : ἄλλοι mT || 5 ἀπὸ mAT : ὑπὸ V || 7 ὑπὸ
mAT : ἀπὸ B || 8 ἡ mAT : om. Z || 2 1 ἐπειδὴ VBZAT : ἐπεὶ MP ||
ἀσφαλῶς mAT : -εῖ B || 3 που mAT : om. M || 4 εἴτε mAT : ἤτε P || 5 χαύνης
VZT : -ως B -ου MPA || ἀκροτήτου B : ἀκρατ. mAT || εἶξε mAT : εἴτε
P || 6 διάβροχον mAT : -χα B || γεγενημένον mAT : -μένα B || ὑπορυτ-
τόντων mAT : ἀπορ. B || 7 κενὸν mAT : καινὸν Z || 8 πρὸς τῶν VBZAT :
πρός· om. MP || 9 ἐπιλαβόντος M ἐπιλαχόντος VT (-έντος Z) ἐπιλα-
γέντος ἐπισκαφέντος B ἐπιλλαγέντος A ἐπιραγέντος P locus nondum sana-
tus || ἐπίχυσις mAT : ἐπίλυσις M || 10 τοῦ (1) MBPT : om. VZA || ὃ nos :
καὶ codd. || ὁδοποιοῦντος VBZAT : ὁδοιπορούντος MP || 12 τὸ mAT :
om. Z || 3 5 αὐτοὺς VBZA : τοὺς MPT.

4 Les Éthiopiens cependant, qui n'avaient rien à craindre,
restèrent tranquillement dans leur bivouac, attendant le
jour pour se rendre compte. Les assiégés accoururent de
tous côtés sur tous les points du rempart. Chacun, voyant
indemne la partie où il se trouvait, s'imaginait que la
catastrophe s'était produite plus loin et avait épargné ce
coin-là. Il fallut la clarté du jour pour dissiper ces doutes
et ces terreurs. La brèche alors apparut, et on vit que
l'eau s'était soudain retirée. **5** Déjà les Éthiopiens bou-
chaient l'ouverture du canal de dérivation. Ils faisaient
glisser des vannes[1] de bois étayées à l'extérieur par de gros
troncs d'arbres et renforcées par de la terre et des fascines,
travail exécuté en même temps par des milliers d'hommes[2],
les uns sur la rive, les autres sur des bateaux. **6** Ainsi
l'eau se retira. Mais les adversaires ne pouvaient pas
encore se rejoindre. Un épais limon recouvrait le sol, et,
si la surface paraissait sèche, le dessous n'était que vase,
et les chevaux comme les hommes qui s'aventuraient sur
ce terrain trompeur ne pouvaient manquer de s'enliser.

IX **1** Deux ou trois jours se passèrent ainsi. Les
Syénéens avaient ouvert leurs portes, les Éthiopiens,
déposé leurs armes, pour montrer les uns et les autres
leurs dispositions pacifiques, établissant une trêve de fait
sans avoir échangé de conversations[3]. Aucune garde ne

---

1. Ἡ καταρράκτης θύρα ou ὁ καταρράκτης est employé dans le grec
post-classique pour désigner une trappe ou tout autre genre de porte
destinée à fermer une descente à pic et inattendue ; par exemple.
Plutarque, *Aratos*, 26 εἰς οἴκημα κατεδύετο μικρὸν ὑπερῷον θύρᾳ καταρ-
ράκτῃ κλειόμενον. Telle est la porte décrite en A XXIX, 1. L'emploi
du mot se trouve chez Sophocle, *Œdipe à Colone* 1590 (τὸν καταρράκτην
ὁδόν) et la leçon proposée par Reiske, qui écrit καταρράκτης au lieu de
καταπακτῆς dans Hérodote V, 16 est plausible. Plutarque, *Antoine*,
76 emploie καταρράκτης en parlant d'une herse de porte. Héliodore, lui,
parle ici de vannes d'écluse (à ce sujet, cf. Procope, *de aedificiis*, II, 2, 18).

2. Cf. III, 3 1-2 ἐπεὶ δὲ τοῦτο καὶ λόγου θᾶττον ἤνυσεν ἅτε δὴ μυρίας
αὐτῷ χειρὸς τὸ ἔργον ἐπισπευδούσης.

3. Cf. E.XXV, 2 4 ἄσπονδος ἐκεχειρία.

οἱ μὲν ἐν τῷ ἀσφαλεῖ διάγοντες ἐφ' ἡσυχίας ἡυλίζοντο, ὡς εἰς ἕω τὸ σαφὲς εἰσόμενοι· οἱ δὲ κατὰ τὴν πόλιν πάντη τὸ τεῖχος καὶ εἰς κύκλον περιέθεον, τὸ μὲν καθ' αὑτοὺς ἕκαστος σῷον ὁρῶντες, ἄλλοι δὲ παρ' ἄλλοις γεγενῆσθαι τὸ πάθος εἰκάζοντες, ἄχρι δὴ τὸ ἡμέρας φῶς ἐπιγενόμενον τὴν ἀχλὺν τῶν ἀμφιβαλλομένων δεινῶν παρέλυσε, τοῦ τε ῥήγματος ἀπόπτου γενομένου καὶ τοῦ ὕδατος ἀθρόον ὑπονοστήσαντος. 5 Ἤδη γὰρ καὶ οἱ Αἰθίοπες τὸ ἐποχετεῦον στόμιον ἔφραττον καταρράκτας τε ἐκ σανίδων συνηρμοσμένων καθιέντες καὶ ξύλων παχέσι κορμοῖς ἔκτοσθεν διερείδοντες χοῦν τε ἅμα καὶ φρυγανίτιδα ὕλην συνδέοντες καὶ πολλαὶ χιλιάδες ἀθρόον οἱ μὲν ἀπὸ τῆς ὄχθης οἱ δὲ καὶ ἐκ πορθμείων ἐπιφοροῦντες. 6 Οὕτω μὲν δὴ τὸ ὕδωρ ὑπενόστησεν· ἦν δὲ οὐδ' ὡς πορευτέα παρ' ἀλλήλους οὐδ' ἑκατέροις· ἰλύος γὰρ βαθείας ἡ γῆ κατάπλεως ἐγεγόνει καὶ τὴν ἐπιφάνειαν ἐξικμάσθαι φαινομένην τέλμα δίυγρον ὑπέτρεχεν ἵππου τε ὁμοίως καὶ ἀνδρὸς βάσιν εἰς βυθισμὸν ἐνεδρεῦον.

IX 1 Ἡμέρας μὲν δὴ δύο που καὶ τρεῖς οὕτω διῆγον, ἠνεῳγμέναις μὲν ταῖς πύλαις οἱ Συηναῖοι ὅπλοις δὲ ἀποκειμένοις οἱ Αἰθίοπες τὴν εἰρήνην ἐπισημαίνοντες. Καὶ ἦν τὸ γινόμενον ἀνακωχή τις ἀνεπίμικτος, οὔτε φρουρᾶς ἔτι

---

4 4 περιέθεον VBPAT : -θέοντο Μ παρέθεον Ζ ‖ τὸ μὲν ΒΡΖΑ : οἱ μὲν VT om. Μ ‖ αὑτοὺς (ἑαυτ. ΜΡ) mAT : ἑαυτοῖς Ζ ‖ 4-5 ἕκαστος ΒΑ : -οι VMPT -οις Ζ ‖ 6 τὸ mAT : τοῦ Μ ‖ ἡμέρας VBZAT : ὅτι Μ om. Ρ ‖ ἐπιγενόμενον VMPAT : ἐπιγιν. ΒΖ ‖ 7 ἀμφιβαλλομένων mAT : ἀμφιβαλομ. Β ‖ 5 1 γὰρ VBZAT : δὲ ΜΡ ‖ 2 ἔφραττον VBZT (ἐνέφρ. Α) : ἔφρ. καὶ ΜΡ ‖ συνηρμοσμένων (ἡρμ. Β) mT : συνηθροισμ. Α ‖ 3 ἔκτοσθεν VMPAT : ἔκτοθεν ΒΖ ‖ 5 καὶ VBZAT : om. ΜΡ ‖ πορθμείων mAT : -ίων Ζ ‖ 6 2 παρ' ἀλλήλους (παραλλ. Ρ) mΑ : παρ' ἀλλήλοις (παραλλ. Ζ) ΖΤ ‖ οὐδ' (vel οὐδὲ) ἑκατέροις codd. : οὐδετέροις Coraes cf. IX, 1 5 ‖ 3-4 βαθείας — φαινομένην om. Τ ‖ 4 ἐξικμάσθαι ΡΑ (-μᾶσθαι VBZ) : -μάσθαι Μ ‖ τέλμα VBZT : τε ἅμα Μ τε καὶ ἅμα Ρ τε tum breve spatium Α ‖ 5 ἀνδρὸς mAT : -ῶν Β ‖ ἐνεδρεῦον VZAT : ἐνέδρευον ΜΒΡ.

IX 1 2 ἠνεῳγμέναις VBZAT : -μένοις ΜΡ ‖ 4 γινόμενον VBZAT : γεν. Μ et Ρ ex γιν. mut. ‖ ἀνακωχή codd : ἀνοκωχή fortasse scribendum (Ry.).

veillait plus ni d'un côté ni de l'autre. Bien plus : les
habitants se livraient aux réjouissances de la fête du Nil
2 qui tombait à cette date et qui est la plus importante
des solennités égyptiennes. Elle se célèbre à peu près au
solstice d'été, au commencement de la crue du fleuve ;
nulle autre fête ne suscite chez les Égyptiens autant de
zèle, et voici pourquoi. **3** A leurs yeux, le Nil est un
dieu [1], et le plus puissant de tous. Ce fleuve est l'émule du
ciel, affirment-ils avec fierté, car, sans avoir besoin des
nuages ni des pluies du ciel, il arrose leurs champs et les
inonde chaque année régulièrement. Voilà ce que dit le
vulgaire. **4** Et voici comment ils en font un dieu. Ils
pensent que l'être et la vie sont donnés aux hommes par
la conjonction de l'humide et du sec, éléments primor-
diaux sans lesquels les autres ne peuvent exister ni apparaître, et que l'humide, c'est le Nil, tandis que le sec est
représenté par leur terre [2]. Pour le peuple, on se contente
de cette explication. Mais les initiés seuls apprennent
qu'Isis est la terre et Osiris le Nil, appellations divines de
choses terrestres [3]. **5** La déesse, disent-ils, brûle de s'unir
au dieu absent et l'accueille avec joie. Quand il disparaît,
elle se met à pleurer et exprime sa haine contre son
ennemi Typhon. Les Égyptiens versés dans les sciences
de la nature et experts en théologie se gardent bien,
j'imagine, de dévoiler aux profanes la signification de
ces fables. Ils se contentent pour eux de cette instruc-

---

1. Il y a une frappante ressemblance verbale entre ce passage et
Philon, II, p. **164** (Mangey) τῆς γὰρ χώρας οὐχ ὑετῷ καθάπερ αἱ ἄλλαι
νιφομένης. ἀλλὰ ταῖς τοῦ ποταμοῦ πλημμυρίαις εἰωθυίας ἀνὰ πᾶν ἔτος
λιμνάζεσθαι, θεοπλαστοῦσι τῷ λόγῳ τὸν Νεῖλον Αἰγύπτιοι ὡς ἀντίμιμον
οὐρανοῦ γεγονότα καὶ περὶ τῆς χώρας σεμνηγοροῦσιν.

2. Philostrate (*Vie d'Apollonius*, VI 6) dit que les Gymnosophistes
regardent le Nil comme un élément à la fois terrestre et aquatique τὸν
ποταμὸν τοῦτον ἡγοῦνται γῆν καὶ ὕδωρ.

3. Isis est habituellement identifiée à Déméter, Osiris à Dionysos (par
ex. Hérodote, II, 59, 2 et 144 2), mais la thèse était très discutée ; cf.
XXII, **5** et Plutarque, *Isis et Osiris*. Sur la théorie ici exposée, cf. Plutarque, *loc. cit.*, 32 (*Moralia*, 363 d) παρ' Αἰγυπτίοις; Νεῖλον εἶναι τὸν

παρ' οὐδετέροις σπουδαζομένης καὶ πλέον τῶν κατὰ τὴν
πόλιν εὐπαθείαις ἑαυτοὺς ἐκδεδωκότων. 2 Καὶ γάρ πως
συνέπεσε καὶ τὰ Νειλῷα τότε, τὴν μεγίστην παρ' Αἰγυπτίοις ἑορτήν, ἐνεστηκέναι, κατὰ τροπὰς μὲν τὰς θερινὰς
μάλιστα καὶ ὅτε ἀρχὴν τῆς αὐξήσεως ὁ ποταμὸς ἐμφαίνει
τελουμένην, ὑπὲρ πάσας δὲ τὰς ἄλλας πρὸς Αἰγυπτίων
σπουδαζομένην δι' αἰτίαν τοιάνδε. 3 Θεοπλαστοῦσι τὸν
Νεῖλον Αἰγύπτιοι καὶ κρειττόνων τὸν μέγιστον ἄγουσιν,
ἀντίμιμον οὐρανοῦ τὸν ποταμὸν σεμνηγοροῦντες οἷα δὴ δίχα
νεφώσεων καὶ ὑετῶν ἀερίων τὴν ἀρουμένην αὐτοῖς ἄρδοντος
καὶ εἰς ἔτος ἀεὶ τεταγμένως ἐπομβρίζοντος· καὶ ταυτὶ μὲν
ὁ πολὺς λεώς. 4 Ἃ δὲ ἐκθειάζουσιν, ἐκεῖνα· τοῦ εἶναι
καὶ ζῆν ἀνθρώπους τὴν ὑγρᾶς τε καὶ ξηρᾶς οὐσίας σύνοδον
αἰτίαν μάλιστα νομίζουσι, τὰ ἄλλα στοιχεῖα τούτοις συν-
υπάρχειν τε καὶ συναναφαίνεσθαι λέγοντες, καὶ τὴν μὲν
ὑγρὰν τὸν Νεῖλον, θατέραν δὲ τὴν γῆν τὴν αὐτῶν ἐμφαίνειν.
Καὶ ταυτὶ μὲν δημοσιεύουσι, πρὸς δὲ τοὺς μύστας Ἶσιν
τὴν γῆν καὶ Ὄσιριν τὸν Νεῖλον καταγγέλλουσι, τὰ πράγματα
τοῖς ὀνόμασι μεταλαμβάνοντες. 5 Ποθεῖ γοῦν ἀπόντα ἡ
θεὸς καὶ χαίρει συνόντι καὶ μὴ φαινόμενον αὖθις θρηνεῖ
καὶ ὡς δή τινα πολέμιον τὸν Τυφῶνα ἐχθραίνει, φυσικῶν
τινῶν, οἶμαι, ἀνδρῶν καὶ θεολόγων πρὸς μὲν τοὺς βεβήλους
τὰς ἐγκατεσπαρμένας τούτοις ὑπονοίας μὴ παραγυμνούντων,

2 3 ἐνεστηκέναι: mT : ἄνεστ. ΜΑ ‖ 4 ἐμφαίνει (-ον Β) ΒΖΑΤ (ἐχφ.
V) : ἐπιλαμβάνει ΜΡ ‖ 6 αἰτίαν mAT : αὐτίαν Β ‖ 3 4 νεφώσεων codd. :
νιφετῶν Francius (τῆς χώρας οὐχ ὑετῷ καθάπερ αἱ ἄλλαι νιφομένης
scripsit Philo, de Vita Mosis, II (III), 24 unde θεοπλαστοῦσι κτλ.
extraxisse videtur Heliodorus, cf. Lumbroso, Arch. f. Papyrusforsch.,
IV (1908), 66 ‖ ἄρδοντος mAT (cf. XXII, 3 7-9 et al.) : ἀρδὸν (sic)
Ζ (ἄρδοντα Χ) ‖ 5 τεταγμένως mAT : -ον Ρ ‖ ἐπομβρίζοντος mAT : -οῦν (sic)
Ζ (-οντα Χ) ‖ ταυτὶ VBZAT : ταύτη ΜΡ ‖ 4 1 ἃ m : οἱ ΑΤ ‖ 3 τὰ
ἄλλα mAT : τὰ δ' ἄλλα Μ ‖ 6 ταυτὶ mAT : ταύτην Ρ ‖ 7 καταγγέλλουσι
mAT : -γέλουσι Β ‖ 8 τοῖς mAT : om. Β ‖ 5 1 ἀπόντα VBZAT : ἅπαντα
Μ ἀπαντῶσα Ρ ‖ 4 οἶμαι mAT : ὄγμαι Β ‖ 5 ὑπονοίας Coraes : ἐπιν.
codd.

tion sommaire sous forme mythique et réservent aux
véritables initiés, dans le sanctuaire illuminé des torches
de la vérité, des révélations plus claires.

X 1 Que tout ceci soit dit sans offenser la divinité, et,
nous gardant de pénétrer plus avant dans le secret de ces
mystères sacrés, continuons le récit des événements qui se
passaient à Syéné. 2 On célébrait donc la fête du Nil[1].
Les habitants étaient tout entiers aux sacrifices et aux
cérémonies. Malgré leur fatigue physique et une situation
aussi critique, leur âme religieuse n'oubliait pas de rendre
à la divinité, dans la mesure du possible, le culte qui lui
est dû. Mais Oroondatès avait observé qu'au milieu de la
nuit les Syénéens étaient toujours plongés dans un profond sommeil après leur banquet. Il fit sortir son armée,
après avoir secrètement indiqué aux Perses l'heure du
rassemblement et la porte par où se ferait l'exode.
3 Chaque décurion avait reçu l'ordre de laisser sur place
chevaux et bêtes de somme, pour éviter tout ennui et le
bruit qui pourrait révéler l'opération, de prendre les armes
seulement et de se munir au départ d'une poutre ou d'une
planche.

XI 1 Le rassemblement se fit à la porte désignée.
Alors, pour traverser la boue, ils jetèrent les pièces de
bois apportées par chaque décurie et les joignirent bout à
bout, les premiers les recevant, au fur et à mesure, de
ceux qui étaient derrière[2]. Par cette espèce de pont, la tra-

---

Ὄσιριν Ἴσιδι συνόντα τῇ γῇ. La personnalité de Typhon est plus
obscure. Son inimitié pour Osiris (= le Nil) est diversement expliquée ;
Héliodore suit peut-être Plutarque qui ajoute (*loc. cit*) Τυφῶνα δὲ τὴν
θάλασσαν εἰς ἢν ὁ Νεῖλος ἐμπίπτων ἀφανίζεται.

1. Sur les Νειλῷα, cf. Diodore de Sicile, I, 36 οἱ δ' ὄχλοι πάντα τὸ
τῆς πληρώσεως χρόνον ἀπολελυμένοι τῶν ἔργων εἰς ἄνεσιν τρέπονται,
συνεχῶς ἑστιώμενοι καὶ πάντων τῶν πρὸς ἡδονὴν ἀνηκόντων ἀνεμποδίσ-
τως ἀπολαύοντες.

2. Cf. IV, 15 sqq.

ἀλλ' ἐν εἴδει μύθου προκατηχούντων, τοὺς δὲ ἐποπτικω-
τέρους καὶ ἀνακτόρων ἐντὸς τῇ πυρφόρῳ τῶν ὄντων
λαμπάδι φανότερον τελούντων.

Χ 1 Τοῦτό τοι καὶ ἡμῖν εὐμένεια μὲν εἴη τῶν εἰρημένων,
τὰ μυστικώτερα δὲ ἀρρήτῳ σιγῇ τετιμήσθω, τῶν κατὰ
Συήνην ἑξῆς περαινομένων. 2 Τῆς γὰρ δὴ τῶν Νειλῴων
ἑορτῆς ἐνεστηκυίας οἱ μὲν ἐγχώριοι πρὸς θυσίαις τε καὶ
τελεταῖς ἦσαν τοῖς μὲν σώμασιν ἐπὶ περιεστηκόσι δεινοῖς
κάμνοντες ταῖς ψυχαῖς δὲ τῆς περὶ τὸ θεῖον εὐσεβείας ἐκ
τῶν ἐνόντων οὐκ ἀμνημονοῦντες· ὁ δὲ Ὀροονδάτης μέσας
νύκτας ἐπιτηρήσας, πρὸς ὕπνον βαθὺν τῶν Συηναίων ὑπὸ
τῆς εὐωχίας τετραμμένων, ὑπεξάγει τὸν στρατόν, ὥραν τε
μίαν καὶ πύλην καθ' ἣν ἔδει ποιήσασθαι τὴν ἔξοδον κρύφα
τοῖς Πέρσαις προπαραγγείλας. 3 Ἐπέσταλτο δὲ ἑκάστῳ
δεκάρχῃ ἵππους μὲν καὶ ὑποζύγια κατὰ χώραν ἐᾶν πρός
τε δυσχερείας ἀπαλλαγὴν καὶ τοῦ μή τινα πρὸς τὸν τάραχον
αἴσθησιν γενέσθαι τῶν δρωμένων, τὰ ὅπλα δὲ ἀναλαβόντας
μόνα καὶ δοκίδα ἢ σανίδα πορισαμένους ἐπάγεσθαι.

ΧΙ 1 Ἐπεὶ δὲ ἠθροίσθησαν καθ' ἣν προείρητο πύλην,
ἐγκάρσια τῷ πηλῷ τὰ ξύλα ἅπερ ἑκάστη δεκὰς ἐπήχθιστο
ἐπιβάλλων καὶ ἀλλήλων ἐχόμενα συντιθείς, τῶν κατόπιν
ἀεὶ τοῖς ἡγουμένοις μεταδιδόντων, οἷον διὰ ζεύγματος

7 ὄντων codd.: ὀλίγων coni. Lb. ‖ 8 φανότερον mT: φανερώτερον ΒΑ.

Χ 1 2 ἀρρήτῳ codd.: ἄρρητα Hemsterhuys καὶ ἄρρητα Ry. ‖ τῶν
VBZAT: τὸ MP ‖ 2 2 ἐνεστηκυίας mAT: ἀνεστ. M ‖ 3 ἐπὶ nos: καὶ
mAT καὶ τοῖς P τοῖς Coraes σώμασι ⟨τοῖς τε παρελθοῦσι⟩ καὶ περιεστ.
coni. J. Jackson ‖ δεινοῖς mAT: τοῖς δ. V ‖ 6 ὑπὸ VZ: ἀπὸ MBPAT ‖
3 1 ἐπέσταλτο mAT: ἀπέστ. post δεκαδάρχῃ Β ‖ δὲ ἑκάστῳ mT: ἐκ.
δὲ Β om. Α ‖ 2 δεκάρχῃ VPZAT: δεκαδάρχῃ MB ‖ ὑποζύγια mAT:
ἱππος. P ‖ 4 αἴσθησιν γενέσθαι mAT: γεν. αἴσθ. Z ‖ 5 ἢ σανίδα codd.:
an delenda?

ΧΙ 1 2 ἐπήχθιστο m: ἀπήχθηστο Α ἐπῆχτο Τ ‖ 3 ἐχόμενα ΒΖ: ἐχο-
μένας (ante ἀλλήλων V) VMPAT.

versée de la troupe fut aisée et rapide. **2** Arrivé sur la terre ferme, Oroondatès échappa aux Éthiopiens qui, ne se doutant de rien, n'avaient pas pris la précaution de se garder et dormaient sans méfiance et courut à Éléphantiné avec son armée, à toute vitesse et à perdre haleine, d'une seule traite. Il pénétra sans difficulté dans la ville. Les deux Perses, envoyés de Syéné, avaient reçu l'ordre d'épier chaque nuit son arrivée. Le mot de passe donné, ils ouvrirent immédiatement les portes. **3** Lorsque le jour parut, les Syénéens s'aperçurent de la fuite. D'abord chacun s'étonna de ne plus voir les Perses logés chez lui, puis des conversations avec les voisins, enfin la vue de la passerelle confirmèrent le fait. Les voilà replongés dans l'angoisse et exposés une deuxième fois à une accusation plus grave encore que la première, celle d'avoir répondu à des mesures si clémentes par la trahison et d'être les complices de la fuite des Perses. **4** Ils décidèrent de sortir tous ensemble de la ville et de se livrer aux Éthiopiens, en affirmant par des serments leur innocence pour essayer d'émouvoir leur pitié. Ils se rassemblèrent donc tous sans distinction d'âge. Avec des rameaux de suppliants, des cierges et des torches allumés et les images de leurs dieux [1] que les prêtres portaient en tête du cortège comme des caducées de paix, ils s'avancèrent par la passerelle vers les Éthiopiens. Avant d'arriver auprès d'eux, ils se jetèrent à genoux dans une attitude de prière et, comme à un signal, tous se mirent à pousser avec ensemble des cris lamentables et à demander pitié. **5** Afin que leurs supplications fussent plus efficaces, ils déposèrent à

---

1. Sur ἔδη signifiant « statues de dieux », cf. Sophocle, *Electre*, 1374, etc. ; mais γένη est inexplicable. Il faudrait un mot analogue à ἔδη qui désignât lui aussi des objets sacrés mobiles. Le seul éditeur qui semble avoir vu la difficulté est Hirschig qui la résolut en supprimant γένη καί. Si cette coupure pouvait se justifier, il est préférable de dire τὰ ἱερὰ καὶ ἔδη, car τὰ ἱερά peut signifier « objets sacrés » (par ex. Hérodote, IV, 33) ; mais l'interpolation de γένη paraît invraisemblable, et l'on peut supposer qu'il cache quelque terme plus convenable (voir notes critiques).

ῥᾷστά τε καὶ τάχιστα διεβίβασε τὸ πλῆθος. 2 Καὶ λαβόμενος τῆς ἐστερεωμένης τούς τε Αἰθίοπας οὐδὲν προϊδομένους οὐδὲ φροντίδα τῆς φυλακῆς πεποιημένους ἀλλ'
ἀπρονοήτως καθεύδοντας διαλαθὼν ἐπὶ τὴν Ἐλεφαντίνην
ὡς δρόμου τε εἶχε καὶ ἄσθματος καθ' ἓν τὸν στρατὸν
ἦγεν, ἀκώλυτός τε εἰσέφρησεν εἰς τὴν πόλιν, τῶν ἐκ τῆς
Συήνης προαπεσταλμένων δύο Περσῶν (οὕτω πρὸς αὐτοὺς
συντεταγμένον) ἐπιτηρούντων ὅσαι νύκτες τὴν ἔφοδον
κἀπειδὴ τὸ συγκείμενον ἀνεφθέγξαντο σύμβολον παραχρῆμα
τὰς πύλας ἀναπετασάντων. 3 Ἤδη δὲ ἡμέρας ὑποφαινούσης οἱ Συηναῖοι τὸν δρασμὸν ἐγνώριζον, τὰ μὲν
πρῶτα κατ' οἶκον τὸν ἴδιον ἕκαστος τοὺς ἐπεξενωμένους
Περσῶν οὐχ ὁρῶντες, εἶτα καὶ κατὰ συλλόγους συνιστάμενοι,
καὶ τέλος καὶ τὸ ζεῦγμα ἐποπτεύοντες. Αὖθις οὖν εἰς
ἀγωνίαν καθίσταντο καὶ δευτέρων ἀδικημάτων ἔγκλημα
προσεδέχοντο βαρύτερον ὡς ἐπὶ φιλανθρωπίᾳ τοσαύτῃ γεγο-
νότες ἄπιστοι καὶ τὸν δρασμὸν τοῖς Πέρσαις συνεργήσαν-
τες. 4 Ἔγνωσαν οὖν πανδημεὶ τῆς πόλεως ἐξορμήσαντες
ἐγχειρίζειν ἑαυτοὺς τοῖς Αἰθίοψι καὶ ὅρκοις πιστοῦσθαι
τὴν ἄγνοιαν, εἴ πως εἰς ἔλεον ἐπικλασθεῖεν. Ἀθροίσαντες
οὖν πᾶσαν ἡλικίαν καὶ κλάδους εἰς ἱκετηρίαν ἀναλαβόντες
κηρούς τε καὶ δᾷδας ἁψάμενοι καὶ τὰ ἱερὰ † γένη † καὶ
ἔδη τῶν θεῶν ὥσπερ κηρύκεια προβεβλημένοι διά τε τοῦ
ζεύγματος ὡς τοὺς Αἰθίοπας ἐλθόντες, ἱκέται πόρρωθεν
γονυπετοῦντες ἐκάθηντο καὶ ὑφ' ἓν σύνθημα καὶ φωνὴν
γοώδη μίαν ἐλεεινὴν ὀλολυγὴν ἱέντες ἱκέτευον. 5 Οἰκτιζόμενοι δὲ πλέον, τὰ νεογνὰ τῶν βρεφῶν ἐπὶ γῆς προκατα-

---

2 1-2 λαβόμενος VBZAT : λαβών MP ‖ 2-3 προϊδομένους Bekker :
προειδ. codd. ‖ 5 τε mAT : om. V ‖ 6 ἀκώλυτός mAT : ἀκωλύτως V ‖
8 συντεταγμένον mAT : -μένως P ‖ ὅσαι mAT : ὡς αἱ M ‖ 9 ἀνεφθέγξαντο
mAT : συνεφθ. M ‖ 3 3 ἐπεξενωμένους VMZ (-ομένους P) : ἐπιξενομένους
BA (-ουμένους T) ‖ 5 οὖν mAT : post ἀγωνίαν (6) B ‖ 4 2 ἐγχειρίζειν
mAT : -ίζεσθαι M ‖ 5 γένη codd. : τέλη Lb. βρέτη Ry. ‖ 6 τε VBZAT :
om. M τὰς P ‖ 7 ἱκέται mAT : καὶ ἱκ. B ‖ 8 ἐκάθηντο mA : καθῆντο
VT ‖ 5 1-2 οἰκτιζόμενοι mAT : οἰκτειριζ. B.

terre leurs petits enfants et les laissèrent aller où ils voulaient : troupe innocente et non suspecte, qu'ils croyaient
capable d'amollir le courroux des Éthiopiens[1]. 6 Ces
petits, affolés et ne comprenant rien à tout cela, effrayés
aussi, sans doute, par cette immense clameur, couraient
devant leurs pères et leurs mères, dans la direction de
l'ennemi. Les uns rampaient, les autres marchaient d'un
pas mal assuré[2] et poussaient des vagissements plaintifs et
émouvants, image vivante et nouvelle de la supplication
que le sort semblait s'être plu à improviser.

XII 1 Hydaspe, en les voyant ainsi renouveler, avec
plus d'ardeur que la première fois, leurs supplications,
les jugea disposés à une parfaite et définitive soumission.
Mais il leur envoya demander ce qu'ils voulaient et pourquoi les Perses ne les accompagnaient pas. 2 Ils lui
expliquèrent tout : la fuite des Perses, leur innocence en
cette affaire, leur fête traditionnelle et ils lui dire que ceux-ci
avaient profité, tandis qu'eux-mêmes étaient absorbés par
leurs dévotions, du sommeil où ils étaient plongés à la
suite d'un festin, pour s'enfuir à leur insu, et que, même
s'ils s'étaient aperçus de ce départ, il eût été sans doute
impossible à des gens sans défense d'arrêter des hommes
armés. 3 Hydaspe, à cette nouvelle, supposa, ce qui
était vrai, qu'Oroondatès lui préparait quelque mauvais
tour. Il fit appeler les prêtres seuls, se prosterna devant
les idoles qu'ils apportaient avec eux pour inspirer plus de
respect, et leur demanda s'ils pouvaient lui donner de plus

---

1. Sur τὸ θυμούμενον, cf. Λ VI, 1 6 (τὸ κἰδούμενον), vol. II, p. 9,
note 2.

2. Ψελλίζεσθαι signifie proprement « hésiter dans sa parole » et c'est
dans ce sens que l'emploie Héliodore, H XV, 3 5-6 (ψελλιζόμενος τὴν
Ἑλλάδα φωνήν). Mais il n'y a rien de forcé à étendre la signification
du mot et à l'appliquer à des embarras autres que celui de la parole.
D'ailleurs cette extension de sens est justifiée par l'exemple de Philostrate disant du jeune Achille instruit par Chiron ἐῴκει ψελλιζομένῳ ἐς
τὰ πολεμικά (L'Héroïque, p. 730).

βάλλοντες φέρεσθαι ὡς ἔτυχε μεθῆκαν, διὰ τῆς ἀνυπόπτου
καὶ ἀνυπαιτίου μοίρας τὸ θυμούμενον τῶν Αἰθιόπων προμαλάσσοντες.   6 Τὰ βρέφη δὲ ὑπὸ πτοίας τε ἅμα καὶ
ἀγνοίας τῶν πραττομένων τοὺς μὲν φύντας καὶ τρέφοντας,
τάχα που. τὴν ἄπειρον ἀποτρεπόμενα βοήν, ὑπέφευγεν,
ἐπὶ δὲ τὴν ἄγουσαν ὡς τοὺς πολεμίους τὰ μὲν εἷρπε, τὰ
δὲ ψελλιζόμενα τὴν βάσιν καὶ κλαυθμυριζόμενα ἐπαγωγὸν
ἐφέρετο, καθάπερ σχεδιαζούσης ἐν αὐτοῖς τὴν ἱκεσίαν τῆς
τύχης.

ΧΙΙ 1 Ὁ δὲ Ὑδάσπης ταῦτα ὁρῶν καὶ τὴν πάλαι ἱκεσίαν ἐπιτείνειν αὐτοὺς καὶ εἰς τὸ παντελὲς ἐξομολογεῖσθαι
οἰηθείς, ἀποστείλας ἠρώτα τί βούλοιντο καὶ ὅπως μόνοι
καὶ οὐ μετὰ τῶν Περσῶν ἥκοιεν. 2 Οἳ δὲ πάντα ἔλεγον,
τὸν δρασμὸν τῶν Περσῶν, τὸ ἑαυτῶν ἀνυπαίτιον, τὴν
πάτριον ἑορτήν, καὶ ὡς πρὸς θεραπείαν τῶν κρειττόνων
ὄντας καὶ πρὸς τῆς εὐωχίας ἀφυπνωμένους διαλάθοιεν,
ἴσως ἂν διαδράντες καὶ εἰδότων καὶ γυμνῶν τοὺς ἐνόπλους
κωλύειν ἀδυνατούντων. 3 Ὁ δὴ οὖν Ὑδάσπης, τούτων
πρὸς αὐτὸν ἀπαγγελθέντων, ὑποτοπήσας, ὅπερ ἦν, ἀπάτην
τινὰ καὶ ἐνέδραν πρὸς τοῦ Ὀροονδάτου γενησομένην, τοὺς
ἱερέας μόνους μετακαλεσάμενος καὶ τοῖς ἀγάλμασι τῶν
θεῶν ἃ συνεπήγοντο πρὸς τὸ μᾶλλον καταιδέσαι προσκυνή-
σας, εἴ τι πλέον ἔχοιεν ἀναδιδάσκειν περὶ τῶν Περσῶν

3 φέρεσθαι mAT : φέροντες Β ‖ 4-5 προμαλάσσοντες mAT : προχατα-
μαλ. V ‖ 6 3 ὑπέφευγεν mA : -ον ΜΤ ‖ 5 ψελλιζόμενα VΜΖΑΤ : ψελιζ.
ΒΡ ‖ βάσιν codd. : βάξιν coni. Coraes ; at βάσιν cum ψελλιζ. iungen-
dum est ; cf. Philostr., Heroicus, ΧΙΧ, 2 (p. 730) ‖ κλαυθμυριζόμενα
mAT : κλαθμ. Β.

ΧΙΙ 1 3 βούλοιντο mAT : -οιτο Β ‖ μόνοι mAT : μόνη Ρ ‖ 4 τῶν m :
om. AT ‖ 4 — 2 2 ἥκοιεν — Περσῶν om. V ‖ 2 1 πάντα ἔλεγον
ΜΒΖΑΤ : ἐλ. πάντα Ρ ‖ 3 θεραπείαν mAT : -είχ Β fort. recte (cf. Χ,
2 2, ΧΧΙΙ, 2 3 et al.) at cf. Γ V, 7 2 ‖ 4 ἀφυπνωμένους mAT : ὑφυπν. Μ ‖
5 εἰδότων VΒΖΑΤ : ἰδόντων ΜΡ ‖ ἐνόπλους mAT : ἐν ὅπλοις Μ ‖ 3 5 πρός
τὸ mAT : om. Μ ‖ 6 τι mAT : τοι Ρ.

amples renseignements sur les Perses : dans quelle direction ils étaient partis, sur qui ils comptaient, à qui ils
avaient l'intention de s'attaquer. **4** Les prêtres répondirent qu'ils ignoraient tout des intentions d'Oroondatès,
mais que vraisemblablement il était allé à Éléphantiné,
où se trouvaient rassemblées la plus grande partie de ses
troupes et notamment celles en qui il avait surtout confiance : les cuirassiers[1].

XIII **1** Telle fut leur réponse. Ils le supplièrent alors
d'entrer dans leur ville qu'il pouvait considérer comme
sienne, et de leur épargner les effets de sa colère. Mais
Hydaspe ne jugea pas utile pour le moment d'aller lui-
même à Syéné. Il y envoya deux phalanges d'hoplites pour
voir si on ne lui avait pas tendu un piège, et, au cas où il
n'en serait rien, pour occuper la ville. Il renvoya les Syénéens avec de belles promesses, et s'occupa lui-même de
faire ranger son armée en ordre de bataille, pour recevoir
une attaque des Perses ou la prévenir, s'il en avait le
temps. **2** Le mouvement n'était pas encore achevé que
des éclaireurs accoururent annoncer l'arrivée des Perses
rangés pour le combat. Oroondatès en effet, qui avait
donné l'ordre à toutes ses troupes de se rassembler à
Éléphantiné, avait dû, en apprenant par ses espions l'arrivée imprévue des Éthiopiens, courir avec un faible con-
tingent à Syéné. Là, cerné par les travaux de l'ennemi, il
avait demandé la vie sauve, et Hydaspe, se fiant à sa
parole, la lui avait accordée. Mais cet homme, faisant preuve
de la pire traîtrise[2], **3** avait fait traverser l'eau à deux de
ses Perses avec les Éthiopiens, sous prétexte[3] d'aller se

---

1. Sur οἱ κατάφρακτοι ἱππεῖς, voir p. 57, note 1 (XV, **1** 1).
2. Oroondatès toutefois affirme bien haut et prétend qu'il a à remplir
deux devoirs divergents de fidélité. S'il trahit la confiance d'Hydaspe,
il montre, ce faisant, sa fidélité envers son propre maître, le roi de Perse
(XXI, 2).
3. Cf. VII, **1**.

ἐπυνθάνετο καὶ ὅποι μὲν ὥρμησαν, τίνι δὲ θαρσεῖν ἔχουσιν
ἢ τίσιν ἐπιχειρήσουσιν. 4 Οἱ δὲ τὰ μὲν ἄλλα ἀγνοεῖν
ἔφασαν, εἰκάζειν δὲ εἰς τὴν Ἐλεφαντίνην ὡρμηκέναι, τοῦ
πλείστου στρατοῦ κατ' ἐκείνην συνειλεγμένου καὶ τοῦ
Ὀροονδάτου τοῖς τε ἄλλοις καὶ πλέον τοῖς καταφράκτοις
ἱππεῦσιν ἐπανέχοντος.

XIII 1 Ταῦτα εἰπόντων καὶ εἰσιέναι εἰς τὴν πόλιν ὡς
ἰδίαν καὶ μεθεῖναι τῆς κατ' αὐτῶν ὀργῆς ἱκετευόντων, τὸ
μὲν παρελθεῖν αὐτὸς εἰς τὴν πόλιν τὸ παρὸν ὁ Ὑδάσπης
οὐκ ἐδοκίμαζε, δύο δὲ φάλαγγας ὁπλιτῶν εἰσπέμψας εἰς
ἀπόπειράν τε ὑποπτευομένης ἐνέδρας καί, εἰ μηδὲν εἴη
τοιοῦτον, εἰς φρουρὰν τῆς πόλεως, τούς τε Συηναίους ἐπὶ
χρησταῖς ταῖς ὑποσχέσεσιν ἀποπέμψας αὐτὸς εἰς τάξιν
καθίστη τὸν στρατὸν ὡς ἢ δεξόμενος ἐπιόντας τοὺς Πέρσας
ἢ καθυστεροῦσιν ἐπελευσόμενος. 2 Καὶ οὔπω πᾶν διε-
τέτακτο καὶ σκοποὶ προσελαύνοντες ἔφοδον τῶν Περσῶν
εἰς μάχην ἐκτεταγμένων ἐμήνυον. Ὁ γὰρ Ὀροονδάτης τὴν
μὲν ἄλλην στρατιὰν εἰς τὴν Ἐλεφαντίνην ἀθροίζεσθαι δια-
τεταγμένος, αὐτὸς δέ, ὅτε τοὺς Αἰθίοπας ἐπιόντας παρ'
ἐλπίδα κατώπτευεν, εἰσδραμεῖν σὺν ὀλίγοις εἰς τὴν Συήνην
ἀναγκασθεὶς καὶ τοῖς χώμασιν ἀποτειχισθείς, σωτηρίαν τε
αἰτήσας καὶ καθ' ὑπόσχεσιν τοῦ Ὑδάσπου λαβὼν ἀπιστότατος
ἀνθρώπων γίνεται· 3 καὶ δύο Περσῶν ἅμα τοῖς Αἰθίοψι
περαιωθῆναι παρασκευάσας δῆθεν ὡς τὴν γνώμην τῶν κατὰ

XIII 1 1 εἰς mAT : ὡς M || 3 τὸ παρὸν ὁ Ὑδάσπη; VBZT : ὁ om. A
ὁ Ὑδ. τὸ παρὸν MP || 4 οὐκ VBZAT : οὐδὲ MP || ἐδοκίμαζε mAT : -μασε
V || φάλαγγας mAT : φάραγγας B || 5 καί mAT : om. B || 6 ἐπὶ mAT :
ὑπὸ B || 7 ταῖς VMPT : om. BZA || 8 καθίστη VBZAT : ^{με}καθίστη M μεθίστη
P || δεξόμενος mAT : -άμενος B || 9 καθυστεροῦσιν mAT : θυστ. P || ἐπε-
λευσόμενος; mAT : -άμενος B || 2 3 ἐκτεταγμένων VBZAT : ἐκτεταμ. MP ||
4 στρατιὰν VBZA : -είαν MPT || 6 σὺν ὀλίγοις mAT : om. B in lacuna ||
7] ναγκασθεὶς om. B in lacuna || χώμασιν mAT : χρώμασιν P || τε VMPA :
om. B τε καὶ ZT || 3 2 παρασκευάσας VBZAT : κατασκ. MP || ὡς
VMPAT : om. Z εἰς B.

renseigner sur les intentions de ceux qui étaient restés à
Éléphantiné, et sur les conditions de la paix à conclure
avec Hydaspe, mais en réalité pour voir s'ils voulaient se
disposer à la lutte, le jour où lui-même parviendrait à
s'échapper.   4 Cette manœuvre déloyale avait réussi. Il
les avaient trouvés tout prêts et, sans différer un instant,
il était parti, dans l'espoir qu'une action rapide surpren-
drait les ennemis.

XIV 1 Il apparut bientôt avec son armée en bataille.
L'appareil somptueux des Perses fascinait les regards ;
leurs armures argentées et dorées illuminaient la plaine[1].
Le soleil se levait à peine et ses rayons frappaient en face
les Perses. Une lumière indescriptible se répandait au loin
et semblait jaillir des armures elles-mêmes. 2 L'aile
droite était occupée par les soldats originaires de Perse et
de Médie, les hoplites en avant, en arrière les archers qui,
privés d'armes de défense, se trouvaient plus en sûreté
pour lancer leurs traits sous la protection des hoplites.
Les Égyptiens, les Lybiens et toutes les troupes étrangères
étaient rangés à l'aile gauche, flanqués eux aussi de lan-
ceurs de javelots et de frondeurs qui avaient mission de
faire des charges et de cribler de traits l'ennemi en l'atta-
quant sur les deux ailes. 3 Le chef lui-même était au
centre, monté sur un char splendide armé de faux, escorté
et gardé de chaque côté par une phalange, précédé seulement par les cuirassiers qui lui inspiraient plus de confiance
que tous les autres pour affronter le combat[2]. Et en effet,

---

1. A propos de ce tableau, cf. Euripide, *Les Phéniciennes*, 110-1 :

κατάχαλκον ἅπαν πεδίον ἀστράπτει.

Chez Héliodore πεδίον est le complément direct de καταστράπτων,
qui est transitif. Quant au sens particulier qui s'impose ici il n'existe
apparemment pas de parallèle, mais voir vol. II, p. 129, note 1
(Z X, 3 2) sur les divers passages où Héliodore use de ce verbe.

2. Sur l'ordre de bataille de l'armée perse, cf. Diodore de Sicile, XIV.
22. Le roi ou le général en chef avait l'habitude se de tenir au centre.

τὴν Ἐλεφαντίνην, ἐφ' οἷς ἂν ἕλοιντο διαλύσασθαι πρὸς
Ὑδάσπην, μαθησομένους ἐξέπεμπε, τὸ δ' ἀληθές, εἰ παρα-
σκευάζεσθαι πρὸς μάχην προαιροῦνται ὅταν αὐτός ποτε
διαδρᾶναι δυνηθῇ. 4 Καὶ τὸ τῆς γνώμης ἄπιστον εἰς
ἔργον ἦγεν, ηὐτρεπισμένους τε καταλαβὼν αὐτίκα ἐξῆγεν
οὐδὲ εἰς βραχὺ τὴν ἔφοδον ὑπερθέμενος, ἀλλὰ τῷ τάχει
τὴν παρασκευήν, ὡς ἐδόκει, τῶν ἐναντίων ὑποτεμνόμενος.

XIV 1 Ἤδη γοῦν παραταττόμενος ἑωρᾶτο κόμπῳ τε
Περσικῷ τὰς ὄψεις προκαταλαμβάνων καὶ ἀργυροῖς τε καὶ
ἐπιχρύσοις τοῖς ὅπλοις τὸ πεδίον καταστράπτων· ἄρτι γὰρ
ἀνίσχοντος ἡλίου καὶ τὴν ἀκτῖνα κατὰ πρόσωπον τοῖς
Πέρσαις ἐπιβάλλοντος, μαρμαρυγή τις ἄφραστος καὶ εἰς
τοὺς πορρωτάτω διερριπίζετο, τῆς πανοπλίας οἰκεῖον σέλας
ἀνταυγαζούσης. 2 Τὸ μὲν οὖν δεξιὸν κέρας αὐτῷ Περσῶν τε καὶ Μήδων τὸ γνήσιον ἐπεῖχε, τῶν μὲν ὁπλιτῶν
ἡγουμένων τῶν δὲ ὅσοι τοξόται κατόπιν ἐφεπομένων, ὡς
ἂν γυμνοὶ πανοπλίας ὄντες ἀσφαλέστερον βάλλοιεν ὑπὸ
τοῖς ὁπλίταις προασπιζόμενοι· τὴν δὲ Αἰγυπτίων τε καὶ
Λιβύων χεῖρα καὶ τὴν ξενικὴν ἅπασαν εἰς τὸ ἀριστερὸν
κατένεμεν, ἀκοντιστὰς καὶ τούτοις καὶ σφενδονήτας παρα-
ζεύξας ἐκδρομάς τε ποιεῖσθαι καὶ εἰσακοντίζειν ἐκ πλα-
γίων ὁρμωμένους ἐπιστείλας. 3 Αὐτὸς δὲ τὸ μέσον κατε-
λάμβανεν, ἅρματός τε δρεπανηφόρου λαμπρῶς ἐπιβεβηκὼς
καὶ ὑπὸ τῆς ἑκατέρωθεν φάλαγγος εἰς ἀσφάλειαν δορυφορ-
ούμενος τοὺς καταφράκτους ἱππέας μόνους ἑαυτοῦ προέ-
ταττεν, οἷς δὴ καὶ πλέον θαρσήσας τὴν μάχην ἀπετόλμησε·

5 post μάχην deficit B.

XIV 1 1 παραταττόμενος VZAT : πραττόμ. MP ‖ 2 τε VMPAT : om.
Z ‖ 6 τοὺς πορρωτάτω VZMP : τὸ πορρ. T τοὺς πορρωτάτους A ‖ 2 1 αὑτῷ
VZAT : -ῶν MP ‖ 3 κατόπιν VMPAT : κατὰ πόδας Z ‖ 7 καὶ τούτοις
VPAT : καὶ om. Z τε καὶ τ. M ‖ 9 ὁρμωμένους (ὡρμ. A) VZAT : -μένοι
M (fort.) ὡρμημένους P ‖ 3 1 δὲ VMPAT : τε Z ‖ 2 λαμπρῶς VMPAT :
-οῦ Z -ός Ry. ‖ 4 μόνους VZPAT : μόνον M ‖ 5 καὶ ZMPAT : om. V.

ce sont les meilleurs soldats de l'armée des Perses et leur
ligne de bataille forme un mur inébranlable.

XV **1** Voici quelle est la forme de leur armure[1].
L'homme est choisi et doit avoir une vigueur exceptionnelle. Il est coiffé d'un casque compact, tout d'une pièce,
qui, tel un masque, représente exactement une figure
humaine, et recouvre entièrement la tête depuis le sommet
jusqu'au col, sauf les yeux, pour permettre de voir. Sa
main droite est armée d'un épieu plus long qu'une lance
ordinaire ; la main gauche reste libre pour tenir les rênes.
Un sabre est suspendu à son côté. La poitrine et tout le
corps sont cuirassés. **2** Voici comment est faite la cuirasse. Des plaques d'airain et de fer, quadrangulaires, et
d'un empan dans chaque sens, sont liées entre elles par
leurs extrémités, s'imbriquant les unes dans les autres
dans le sens de la hauteur et dans le sens de la largeur,
d'une façon continue. Elles sont attachées ensemble par
dessous par des liens lâches à l'endroit où elles se rejoignent.
C'est comme un vêtement d'écailles qui adhère au corps
sans le blesser et l'enveloppe complètement, entourant
chaque jambe séparément, sans gêner les mouvements,
car il peut se contracter et s'allonger. **3** Elle a des
manches et va du col aux genoux, ouverte seulement à
hauteur des cuisses, pour permettre à l'homme de monter
à cheval. Sur une telle cuirasse les traits rebondissent et
nulle blessure n'est à redouter. Le jambart va du bout du
pied au genou et s'attache à la cuirasse. **4** Une armure

---

1. Aucun écrivain grec ne mentionne οἱ κατάφρακτοι ἱππεῖς avant
Polybe qui en XVI, 18 6, par exemple, parle d'eux comme faisant partie
de l'armée d'Antiochus, cf. XXX, 25 9. Plutarque note aussi leurs
exploits, mais aucun auteur grec ne les a décrits avec plus de soin qu'Héliodore ne le fait ici. Les auteurs latins les mentionnent plusieurs fois.
par ex. Tite-Live XXXVII, 40 5 etc..., Properce III, 12 12, Claudien,
Contre Rufinus, II, 355 sqq. Cf. Servius à propos de Virgile, *Enéide*, XI,
769 sqq.,

cataphracti equites dicuntur qui et ipsi ferro muniti sunt et equos
similiter munitos habent.

καὶ γὰρ οὖν καὶ ἔστιν ἥδε ἡ φάλαγξ Περσῶν ἀεὶ τὸ μαχι-
μώτατον καὶ οἱονεὶ τεῖχος ἀρραγὲς τοῦ πολέμου προβαλλό-
μενον.

XV 1 Τρόπος δὲ αὐτοῖς πανοπλίας τοιόσδε· ἀνὴρ ἔκκρι-
τος καὶ σώματος ἰσχὺν ἐπίλεκτος κράνος μὲν ὑπέρχεται
συμφυές τε καὶ μονήλατον καὶ ὄψιν ἀνδρὸς εἰς ἀκρίβειαν
ὥσπερ τὰ προσωπεῖα σοφιζόμενον· τούτῳ δὲ ἐκ κορυφῆς εἰς
αὐχένα πάντα πλὴν τῶν ὀφθαλμῶν εἰς τὸ διοπτεύειν σκεπό-
μενος, τὴν μὲν δεξιὰν κοντῷ μείζονι λόγχης ὁπλίζει τὴν
λαιὰν δὲ εἰς τὸν χαλινὸν ἀσχολεῖ· κοπίδα δὲ ὑπὸ τὴν πλευρὰν
παρηρτημένος οὐ τὰ στέρνα μόνον ἀλλὰ καὶ σῶμα τὸ ἄλλο
ἅπαν τεθωράκισται. 2 Ἐργασία δὲ τοῦ θώρακος τοιάδε·
σκυτάλας χαλκᾶς τε καὶ σιδηρᾶς ὅσον σπιθαμιαίας πανταχόθεν εἰς σχῆμα τετράγωνον ἐλάσαντες καὶ ἄλλην ἐπ' ἄλλη
κατ' ἄκρα τῶν πλευρῶν ἐφαρμόσαντες, ὡς τῇ κατωτέρᾳ τὴν
ὑπερκειμένην ἀεὶ καὶ τῇ πλαγίᾳ τὴν παρακειμένην κατὰ τὸ
συνεχὲς ἐπιβαίνειν, καὶ ῥαφαῖς ὑπὸ τὰς ἐπιπτυχὰς τὴν
συμπλοκὴν ἀγκιστρώσαντες, χιτῶνά τινα φολιδωτὸν ἀπεργά-
ζονται προσπίπτοντα μὲν ἀλύπως τῷ σώματι καὶ πάντη
περιφυόμενον περιγράφοντα δὲ μέλος ἕκαστον καὶ πρὸς τὸ
ἀκώλυτον τῆς κινήσεως συστελλόμενόν τε καὶ συνεκτεινό-
μενον. 3 Ἔστι γὰρ χειριδωτὸς ἀπ' αὐχένος εἰς γόνυ
καθειμένος, μόνοις τοῖς μηροῖς καθ' ὃ τῶν ἱππείων νώτων
ἐπιβαίνειν ἀνάγκη διαστελλόμενος. Ὁ μὲν δὴ θώραξ, τοιοῦ-
τος, ἀντίτυπόν τι βελῶν χρῆμα καὶ πρὸς πᾶσαν τρῶσιν
ἀπομαχόμενον· ἡ κνημὶς δὲ ἀπ' ἄκρων ταρσῶν εἰς γόνυ
διήκει συνάπτουσα πρὸς τὸν θώρακα. 4 Παραπλησίᾳ δὲ

6 καὶ γὰρ οὖν καὶ ἔστιν VMPA : οὖν om. T ἔστιν οὖν Z.

XV 1 4 σοφιζόμενον VMPAT (cf. I V, 2 2) : σεσοφισμένον Z ‖ 6 ὁπλίζει
VZMAT : -ειν P ‖ 2 2 σπιθαμιαίας ZMPAT : -μαίας V ‖ 2-3 πανταχόθεν
VZA : πάντοθεν MPT ‖ 3 ἄλλη VZPAT : ἄλλην M ‖ 4 ἐφαρμόσαντες Z :
-όζοντες VMPAT ‖ 5 κατὰ VZPAT : ἀεὶ κατὰ M ‖ 3 4 τι βελῶν VZMAT :
τὸν βαλῶν P.

semblable protège le cheval : ses pieds sont entourés de
jambarts ; sa tête est entièrement couverte de plaques
frontales ; de son dos pend de chaque côté, sur les flancs,
un tissu de lames de fer qui le protège, tout en laissant
libre le dessous du ventre afin de ne pas gêner sa course.
5 Le cheval ainsi armé et pour ainsi dire enchâssé, le
cavalier l'enfourche ; mais il ne se hisse pas seul, il faut
qu'on le soulève à cause de son poids. Au moment du
combat, il lâche les rênes, donne de l'éperon et s'élance à
toute vitesse et avec un grand bruit sur l'ennemi, semblable à un homme de fer ou à une statue taillée dans un
bloc solide qui se mettrait en mouvement[1]. **6** L'épieu[2]
horizontal darde au loin sa pointe. Il est soutenu du côté
du fer par un lien attaché au col du cheval, tandis que sa
poignée est fixée à la croupe. Ainsi il ne cède pas sous les
chocs, mais aide la main du cavalier, qui n'a qu'à diriger
le coup. Celui-ci se raidit et s'arc-boute pour faire une
blessure plus profonde, et son élan est si impétueux qu'il
transperce tout ce qu'il trouve devant lui, et souvent d'un
seul coup embroche deux ennemis à la fois[3].

XVI 1 Telle était la cavalerie du satrape, et telle la
disposition de son armée. Il marchait droit à l'ennemi, le
dos toujours appuyé au fleuve, dont les eaux le proté-
geaient contre un encerclement par les forces éthiopiennes
bien plus nombreuses que les siennes. **2** Hydaspe lui

---

1. Cf. Claudien, *loc. cit.*, 359-360 :
credis simulacra moveri
ferrea cognatoque viros spirare metallo.

2. Le κοντός est l'arme spéciale des Cuirassiers ; cf. Plutarque, *Lucullus* 28 μία γὰρ ἀλκὴ τῶν καταφράκτων κοντός· ἄλλο δ' οὐδὲν οὔθ' ἑαυτοῖς οὔτε τοῖς πολεμίοις χρῆσθαι δύνανται...

3. Cf. Plutarque *Crassus* 27 παχὺν ἐπωθούντων τῷ σιδήρῳ τὸν κοντὸν
εἰς τοὺς ἱππεῖς πολλάκις δὲ καὶ διὰ δυοῖν ἀνδρῶν ὑπὸ ῥύμης διαπορευό-
μενον.

σκευῇ καὶ τὸν ἵππον περιφράττουσι, τούς τε πόδας κνη-
μῖσι περιδέοντες καὶ προμετωπιδίοις τὴν κεφαλὴν δι' ὅλου
σφηκοῦντες ἐκ νώτων τε ἐπὶ γαστέρα καθ' ἑκατέραν πλευρὰν σκέπασμα σιδηρόπλοκον ἀπαιωροῦντες ὡς ὁπλίζειν τε
ἅμα καὶ τῇ λαγαρότητι μὴ ἐμποδίζειν τοὺς δρόμους.
5 Οὕτως ἐσκευασμένον καὶ οἷον ἐμβεβλημένον περιβαίνει
τὸν ἵππον, οὐκ αὐτὸς ἐφαλλόμενος, ἀλλ' ἑτέρων διὰ τὸ
ἄχθος ἀνατιθεμένων. Κἀπειδὰν ὁ καιρὸς ἥκῃ τῆς μάχης
ἐφεὶς τὸν χαλινὸν τῷ ἵππῳ καὶ μυωπίσας παντὶ τῷ ῥοθίῳ
κατὰ τῶν ἐναντίων ἵεται σιδηροῦς τις ἀνὴρ φαινόμενος ἢ
καὶ σφυρήλατος ἀνδριὰς κινούμενος. 6 Ὁ κοντὸς δὲ τὰ
μὲν πρὸς τῇ αἰχμῇ κατὰ πολὺ καὶ εἰς εὐθὺ προβέβληται,
δεσμῷ πρὸς τὸν αὐχένα τὸν ἵππειον ἀνεχόμενος, τὸν οὐρία-
χον δὲ βρόχῳ πρὸς τοῖς ἱππείοις μηροῖς ἐξήρτηται, μὴ
εἴκων ἐν ταῖς συμβολαῖς ἀλλὰ συνεργῶν τῇ χειρὶ τοῦ ἱππέως
εὐθυνούσῃ μόνον τὴν βολήν, αὐτοῦ δὲ ἐπιτείνοντος καὶ
πρὸς τὸ σφοδρότερον τῆς τρώσεως ἀντερείδοντος, τῇ ῥύμῃ
γοῦν διαπείρει πάντα τὸν ὑποπίπτοντα καὶ μιᾷ πληγῇ δύο
που φέρει πολλάκις ἀναρτήσας.

XVI 1 Τοιοῦτον ἔχων τὸ ἱππικὸν ὁ σατράπης καὶ οὕτω
τὸ Περσικὸν διατάξας ἐπῄει ἀντιμέτωπος κατὰ νώτων ἀεὶ
τὸν ποταμὸν ποιούμενος καὶ πλήθει κατὰ πολὺ τῶν Αἰθιόπων λειπόμενος τῷ ὕδατι τὴν κύκλωσιν ἀπετείχιζεν.
2 Ἀντεπῆγε δὲ καὶ ὁ Ὑδάσπης τοῖς μὲν ἐπὶ τοῦ δεξιοῦ

4 4 γαστέρα VZMT : -αν P γαστρός Α || ἑκατέραν ZMAT : ἑτέραν VP ||
5 ὡς VZAT : καὶ MP || 5 1 ἐσκευασμένον et ἐμβεβλημένον nos : -μένος
codd. || περιβαίνει VZMPT : ἐπιϐ. Α || 2 ἐφαλλόμενος VMZAT : ἐφαλόμ. P ||
3 ἄχθος VZMAT : ἄχος P || ἥκῃ VZAT : ἥκει Μ ἧκε P || 4 ἐφεὶς VZMPT :
ἀφεὶς Α || τὸν χαλινὸν τῷ ἵππῳ nos (cf. XVII, 3 1): τῷ χαλινῷ τὸν ἵππον
codd. (cf. Η XVI, 5 9 quod dissimile videtur) || 6 6 βολὴν VZMAT :
βουλὴν P || 9 ἀναρτήσας ZMPAT : -ήσασα V.

XVI 1 1 ἔχων VZPA : δὲ ἔχων Μ οὖν Τ || 2 νώτων VZAT : νῶτον MP ||
2 1 ὁ ZMPAT : om. V || μὲν ἐπὶ VZAT : ἐπὶ μὲν MP.

aussi se mit en mouvement. Aux Perses et aux Mèdes de
l'aile droite, il opposa les troupes de Méroé, pesamment
armées et exercées au combat corps à corps[1]. Les Troglodytes et les hommes qui habitent près du pays du cinnamome, soldats armés à la légère, agiles et tireurs excel-
lents, il les opposa aux archers et frondeurs de l'aile gauche
ennemie. **3** Sachant que le centre de l'armée des Perses
comprenait les fameux cuirassiers, Hydaspe se plaça lui-
même en face d'eux, avec ses éléphants chargés de tours,
derrière les hoplites Blemmyes et Sères, qu'il avait instruits de ce qu'ils auraient à faire, une fois l'action enga-
gée.

XVII **1** Les enseignes sont dressées des deux côtés, la
charge est sonnée par les trompettes des Perses, les tim-
bales et les tambours éthiopiens. Oroondatès, à grands cris,
lança ses phalanges au pas de course. Hydaspe, au contraire, donna à ses troupes l'ordre d'avancer d'abord lentement et de changer d'allure progressivement. Il craignait
que les éléphants ne fussent devancés par les combattants
qui les précédaient; il pensait aussi que la cavalerie adverse
ayant à parcourir l'intervalle qui séparait les armées, arriverait épuisée. **2** Quand ils furent à portée de trait et
qu'ils virent les cuirassiers exciter leurs chevaux pour se
jeter sur eux, les Blemmyes exécutèrent les ordres d'Hydaspe. Laissant les Sères en arrière pour couvrir et défendre
les éléphants, ils s'élancent loin en avant des lignes et à
toute vitesse fondent sur les cuirassiers. On les eut crus
devenus fous, à les voir, si peu nombreux, se jeter sur des

---

1. Κατασυστάδην est une forme pléonastique qui se trouve dans ce
seul passage avant l'époque byzantine. Ailleurs Héliodore emploie plus
régulièrement les adverbes en -δην, par ex. XX, **1** 8 et XXVI, **2** 3.
Coray donne à χειρονομία le sens d'« exercice de lutte » (cf. vol. II, p. 2,
note 3); mais il est plus vraisemblable de l'expliquer par « lutte corps
à corps »; cf. 3 *Macchabées*, 1 5 συνέβη τοὺς ἀντιπάλους ἐν χειρονομίαις
διαφθαρῆναι et Hérodote, IX, 48 2 πρὶν γὰρ ἢ συμμεῖξαι ἡμέας ἐς
χειρῶν τε νόμον ἀπικέσθαι.

κέρως Πέρσαις τε καὶ Μήδοις τοὺς ἐκ Μερόης ἀντιτάττων,
ἄνδρας ὁπλομάχους τε καὶ τῆς κατασυστάδην χειρονομίας
ἐπιστήμονας· τοὺς δὲ ἐκ τῆς Τρωγλοδυτικῆς καὶ τοὺς τῇ
κινναμωμοφόρῳ προσοίκους, εὐσταλεῖς τε τὴν ὅπλισιν καὶ
ποδώκεις καὶ τοξείαν ἀρίστους, τοῖς κατὰ τὸ λαιὸν τῶν
ἐναντίων σφενδονήταις τε καὶ ἀκοντισταῖς παρενοχλήσον-
τας ἀπεκλήρωσε. 3 Τὸ δὲ μεσεῦον τοῦ Περσικοῦ τοῖς
καταφράκτοις μεγαλαυχούμενον καταμαθών, ἑαυτόν τε καὶ
τοὺς περὶ αὑτὸν πυργοφόρους ἐλέφαντας ἀντέταξε, τὸ
Βλεμμύων καὶ Σηρῶν ὁπλιτικὸν προτάξας καὶ ἃ χρὴ
πράττειν παρὰ τὸ ἔργον ἐπιστείλας.

XVII 1 Ἀρθέντων δὲ ἑκατέρωθεν τῶν σημείων καὶ τοῦ
μὲν Περσικοῦ διὰ σαλπίγγων ῥόμβοις δὲ καὶ τυμπάνοις τῶν
Αἰθιόπων τὴν μάχην ἐπισημαινόντων, ὁ μὲν Ὀροονδάτης
ἐμβοήσας δρόμῳ τὰς φάλαγγας ἐπῆγε· ὁ δὲ Ὑδάσπης τὰ
μὲν πρῶτα σχολαίτερον ἀντεπιέναι προσέταττε βάσιν ἐκ
βάσεως ἡσυχῇ παραμείβοντας, τῶν τε ἐλεφάντων ἕνεκεν
ὅπως ἂν μὴ ἀπολειφθεῖεν τῶν προμάχων καὶ ἅμα τὴν ῥύμην
τῶν ἱππέων τῷ μεταξὺ προυπεκλύων. 2 Ἐπεὶ δὲ βολῆς
ἐντὸς ἤδη καθίσταντο καὶ τοὺς καταφράκτους ἐρεθίζοντας
τὴν ἵππον εἰς τὴν ἐπέλασιν οἱ Βλέμυες κατέμαθον, τὰ
προστεταγμένα πρὸς τοῦ Ὑδάσπου ἔπραττον καὶ τοὺς Σῆρας
ὥσπερ προκώλυμα εἶναι καὶ προασπίζειν τῶν ἐλεφάντων
καταλιπόντες αὐτοὶ πολὺ τῶν τάξεων προπηδήσαντες ὡς
τάχους εἶχον ἐπὶ τοὺς καταφράκτους ὥρμησαν, μανίας
ἔμφασιν τοῖς ὁρῶσι παριστάντες, οὕτως ὀλίγοι πρὸς πλείο-
νας καὶ πρὸς οὕτω πεφραγμένους προεφορμήσαντες.

2 Μερόης VZMAT : Μερόνη; P ‖ 3 χειρονομίας VZMPA : μονομαχίας;
T ‖ 4 τῇ VZMAT : om. P ‖ 7 τε VZMAT : τε ἅμα P ‖ 3 4 προτάξας;
ZMPAT : προστ. V.

XVII 1 2 ῥόμβοις Amyot : βόμβοις VZPAT ῥόπτροις M ‖ 6 παρα-
μείβοντας VZAT : -τος MP ‖ 8 τῷ Z : τὸ VA τῶν MPT ‖ προυπεκλύων
VZMPT : -όντων A. fort. melius τοῦ μετ. προυπεκλύοντας scribere censet
Ry ‖ 2 8-9 πλείονα; VZMPA : οὕτω πλ. Α.

adversaires supérieurs en nombre et si bien armés. **3**
Les Perses redoublèrent alors de vitesse, regardant comme
une aubaine leur témérité, et persuadés qu'ils allaient dès
le premier choc les emporter à la pointe de la lance.

XVIII **1** Déjà les Blemmyes en étaient aux mains et
ils allaient s'enferrer, quand soudain, à un signal, ils glis-
sèrent tous sous les chevaux, un genou en terre, et c'est
tout juste si les animaux ne leur écrasaient pas le dos et
la tête. **2** Mais en revanche quelle surprise ! et quel
carnage ! Ils taillaient de leur épée le ventre des chevaux
qui passaient au-dessus d'eux. Un grand nombre tombaient,
insensibles au frein à cause de la douleur, et abatta:ent
leurs cavaliers qui gisaient à terre, incapables de remuer.
Les Blemmyes leur perçaient les cuisses au défaut de la
cuirasse. Le cuirassier perse, en effet, ne peut se mouvoir
sans guide[1]. **3** Ceux dont les chevaux avaient pu échapper sans blessure furent emportés vers les Sères qui, à
leur approche, se réfugièrent derrière les éléphants, abri
et rempart vivant. Ce fut alors un grand carnage de cavaliers qui périrent presque jusqu'au dernier. **4** Surpris
par l'apparition soudaine de ces éléphants, auxquels ils
n'étaient pas habitués, épouvantés par leur masse, les
chevaux tournaient bride, ou bien se mêlaient les uns les
autres ; un grand désordre bientôt bouleversa leurs rangs.

---

1. Plutarque dans plusieurs récits qu'il fait des exploits des cuirassiers met en lumière ce fait que la difficulté de se mouvoir limite leur
puissance ; il dit (*Lucullus*, 28) ἐγκατῳκοδομημένοις ἐοίκασιν. Le même
Plutarque (*Crassus*, 25) décrit une tactique semblable employée pour les
combattre πολλοὶ δὲ τοὺς ἑαυτῶν ἀπολείποντες ἵππους καὶ ὑποδυόμενοι
τοῖς ἐκείνων (sc. τῶν καταφράκτων) ἔτυπτον εἰς τὰς γαστέρας· οἱ
δ' ἀνεσκίρτων ὑπ' ὀδύνης καὶ συμπατοῦντες ἐν ταὐτῷ τοὺς ἐπιβάτας
καὶ τοὺς πολεμίους ἀναπεφυρμένους ἀπέθνῃσκον. L'adverbe κορμηδόν,
mot qui ne se retrouve dans aucun autre texte, est heureusement choisi.
Les cuirassiers abattus gisaient comme de vieilles souches et ne pouvaient
se relever sans aide, cf. XV, 5 2-3 οὐχ αὐτὸς ἐφαλλόμενος, ἀλλ' ἑτέρων
διὰ τὸ ἄχθος ἀνατιθεμένων.

3 Οἱ Πέρσαι δὲ πλέον ἢ πρότερον ἐφέντες τοῖς ἵπποις
ἐπήλαυνον, ἕρμαιον τὸ ἐκείνων θράσος ποιούμενοι καὶ ὡς
αὐτίκα καὶ παρὰ τὴν πρώτην ἐμβολὴν ἀναρπασόμενοι.

XVIII 1 Τότε οἱ Βλέμμυες εἰς χεῖρας ἤδη συμπίπτοντες
καὶ μόνον οὐ ταῖς αἰχμαῖς ἐγχρίμπτοντες ἀθρόον καὶ καθ᾽
ἓν σύνθημα ὑπώκλασάν τε καὶ ὑπεδύοντο τοῖς ἵπποις, γόνυ
μὲν θάτερον τῇ γῇ προσερείδοντες κεφαλὴν δὲ καὶ νῶτα
† ταῖς μὲν οὐδὲν ἢ † μόνον οὐ πατούμενοι. 2 Παράδοξον
δὲ ἔδρων καὶ ἐλυμαίνοντο τὴν ἵππον ὑπὸ τὴν γαστέρα κατὰ
τὴν διεξέλασιν τοῖς ξίφεσιν ἀνακόπτοντες· ὥστε ἔπιπτον
μὲν οὐκ ὀλίγοι, τῶν ἵππων πρὸς τὴν ἀλγηδόνα τῶν χαλινῶν ὑπερορώντων καὶ τοὺς ἀναϐάτας ἀποσειομένων, οὓς
κορμηδὸν κειμένους οἱ Βλέμμυες ὑπὸ τοὺς μηροὺς ἀνέ-
τεμνον· ἀκίνητος γὰρ Περσῶν κατάφρακτος τοῦ χειραγω-
γήσοντος ἀμοιρήσας. 3 Ὅσοι δὲ ἀτρώτοις τοῖς ἵπποις
συνηνέχθησαν, ἐπὶ τοὺς Σῆρας ἐφέροντο· οἱ δὲ ἐπειδὴ
μόνον ἐπλησίαζον κατόπιν ἑαυτοὺς τῶν ἐλεφάντων ὑπέ-
στελλον ὥσπερ ἐπὶ λόφον ἢ φρούριον τὸ ζῷον καταφεύγοντες.
Ἐνταῦθα πολὺς φόνος καὶ ὀλίγου παντελὴς συνέπιπτε τοῖς
ἱππεῦσι. 4 Οἵ τε γὰρ ἵπποι πρὸς τὸ ἄηθες τῆς τῶν ἐλεφάντων ὄψεως ἀθρόον παραγυμνωθείσης καὶ τῷ μεγέθει
[ξενίζοντι τῆς θέας] τὸ φοβερὸν ἐπιφερούσης οἱ μὲν παλιν-
δρομοῦντες οἱ δὲ ἐν ἀλλήλοις συνταραττόμενοι τὴν τάξιν
τῆς φάλαγγος τάχιστα παρέλυον· 5 οἵ τε ἐπὶ τῶν ἐλε-

---

3 1 ἐφέντες τοῖς ἵπποις codd. cf. XV, 5 4 ‖ 3 ἐμϐολὴν VZAT : συμϐ.
MP ‖ ἀναρπασόμενοι VZT (-άμενοι A) : ἁρπ. MP.

XVIII 1 5 ταῖς μὲν οὐδὲν ἢ μόνον οὐ (μόνον οἱ MP) πατούμενοι codd. :
καμπτόμενοι καὶ μόνον οὐ πατ. coni Ry ; vide Append. II, Vol. I, p. LXXX ‖
2 3 διεξέλασιν ZMPAT : ἐξέλ. V ‖ 4 τῶν ἵππων codd. : τῶν ἱππέων Amyot
unde < τῶν ἱππέων >, τῶν ἵππων Coraes ; at punctus post ὀλίγοι, quod
ad τὴν ἵππον (= οἱ ἱππεῖς) spectat, locus sanus videtur ‖ 4-5 τῶν χαλινῶν
VZAT : τὸν χαλινὸν MP ‖ 6-7 ἀνέτεμνον ZMPAT : -τεμον V ‖ 7-8 χειρα-
γωγήσοντος VZMP : -σαντος Bas AT ‖ 3 1 τοῖς VZAT : om. MP ‖ 5 ἐνταῦθα
VZAT : ἔνθα MP ‖ 4 3 ξενίζοντι (καὶ ξεν. A) τῆς θέας codd. : seclusimus ‖
4 ἀλλήλοις VZAT : ἄλλοις MP ‖ 5 τάχιστα VZMAT : τάχιστον P.

5 Sur les éléphants chaque tour était occupée par six tireurs, deux sur chaque face[1]. Seule la partie tournée du côté de la queue était dégarnie de combattants. De là ils faisaient tomber une grêle de traits, à coup sûr, en visant à l'aise comme du haut d'un rempart, si bien que les Perses croyaient voir un nuage leur tomber sur la tête[2]. **6** Les Éthiopiens visaient surtout aux yeux leurs ennemis, et semblaient, non pas participer à un vrai combat, mais s'amuser à un jeu d'adresse. Ils lançaient leurs flèches avec une grande sûreté. Les ennemis atteints erraient au hasard parmi les rangs, portant plantés dans leurs yeux deux traits qui semblaient être les deux branches d'une flûte. **7** Ceux qui n'avaient pu arrêter l'élan de leurs chevaux étaient emportés malgré eux vers les éléphants et précipités au milieu d'eux. Les uns mouraient, refoulés et écrasés par les éléphants eux-mêmes ; les autres étaient tués par les Sères et les Blemmyes qui s'élançant de derrière les éléphants, comme d'une embuscade, les frappaient au défaut de la cuirasse, en calculant leur coup, ou bien les saisissaient au corps et les jetaient à bas de leur monture. **8** Ceux qui échappaient s'éloignaient sans avoir fait de mal aux éléphants. Ces animaux, en effet, sont bardés de fer pour aller au combat. La nature d'ailleurs leur a donné une peau très dure, couverte[3] d'écailles si solides que toute pointe vient se briser contre cette dure carapace.

1. Les auteurs ne sont pas d'accord sur le nombre des hommes qui occupaient les tours des éléphants. Philostrate (*Vie d'Apollonius*, II, 12) dit μάχονται γὰρ δὴ (sc. οἱ ἐλέφαντες) ἐπεσκευασμένοι πύργους οἵους κατὰ δέκα καὶ πεντεκαίδεκα ὁμοῦ τῶν Ἰνδῶν δέξασθαι, ἀφ' ὧν τοξεύουσί τε καὶ ἀκοντίζουσιν οἱ Ἰνδοί, καθάπερ ἐκ πυλῶν βάλλοντες. Elien (*Sur les animaux*, XIII, 9) est plus modeste, ὁ στρατιώτης ἐλέφας... φέρει πολεμιστὰς μὲν τρεῖς, ⟨δύο⟩ παρ' ἑκάτερα βάλλοντας καὶ τὸν τρίτον κατόπιν, τέταρτον δὲ... τὸν θῆρα ἰθύνοντα ; cf. Strabon, XV (p. 709). Héliodore place ses six hommes deux de chaque côté, et deux devant, mais aucun à l'arrière ; il ne dit pas qui conduit l'éléphant.

2. Cf. XVII, 2 7-8 μανίας ἔμφασιν τοῖς ὁρῶσι παρίσταντες.

3. Si en A II, 5 8-9 on a le datif avec ἐπιτρέχειν, l'accusatif aussi est régulier dans le même sens ; par ex. I XXIV, 2 5-6.

φάντων κατὰ τοὺς πύργους (ἒξ μὲν ἕκαστον κατειληφότες
δύο δὲ κατὰ πλευρὰν ἑκάστην ἐκτοξεύοντες, τῆς ἐπ' οὐρὰν
μόνης εἰς τὸ ἄπρακτον σχολαζούσης) οὕτω δή τι συνεχές
τε καὶ ἐπίσκοπον ὥσπερ ἐξ ἀκροπόλεως τῶν πύργων ἔβαλλον ὥστε εἰς νέφους φαντασίαν τὴν πυκνότητα παραστῆναι
τοῖς Πέρσαις, 6 καὶ πλέον ὅτε τοὺς ὀφθαλμοὺς μάλιστα
τῶν ἐναντίων σκοποὺς οἱ Αἰθίοπες ποιούμενοι, καθάπερ
οὐκ ἐκ τῶν ἴσων πολεμοῦντες ἀλλ' εὐστοχίας ἀγώνισμα
προθέντες, οὕτως ἀδιαπτώτως ἐτύγχανον ὥστε οἱ διαπεπαρμένοι τοῖς βέλεσιν ἐφέροντο σὺν οὐδενὶ κόσμῳ διὰ τοῦ
πλήθους καθάπερ αὐλοὺς τοὺς ὀιστοὺς τῶν ὀφθαλμῶν προβεβλημένοι. 7 Εἰ δέ τινας ὑπὸ ῥύμης τοῦ δρόμου μὴ
κατασχεθέντες οἱ ἵπποι καὶ ἄκοντας ὑπεξαγαγόντες εἰς
τοὺς ἐλέφαντας ἐνέβαλλον καὶ οὕτως οἱ μὲν αὐτοῦ κατανηλίσκοντο ὑπὸ [τε] τῶν ἐλεφάντων ἀνερευγόμενοι καὶ
πατούμενοι οἱ δὲ ὑπό τε τῶν Σηρῶν ὑπό τε τῶν Βλεμμύων
ὥσπερ ἐκ λόχου τοῦ ἐλέφαντος ἐκδρομάς τε ποιουμένων
καὶ τοὺς μὲν καὶ τιτρώσκειν εὐστοχούντων τοὺς δὲ κατὰ
συμπλοκὴν ἀπὸ τῶν ἵππων εἰς γῆν ὠθούντων. 8 Ὅσοι δὲ
καὶ διεδίδρασκον ἄπρακτοι καὶ οὐδὲν δράσαντες τοὺς ἐλέφαντας ἀπεχώρουν· τὸ γὰρ θηρίον πέφρακται μὲν καὶ
σιδήρῳ παραγινόμενον εἰς μάχην καὶ ἄλλως δὲ πρὸς τῆς
φύσεως τὴν δορὰν ἐστόμωται, στερεμνίου φολίδος τὴν ἐπιφάνειαν ἐπιτρεχούσης καὶ πᾶσαν αἰχμὴν τῷ ἀντιτύπῳ
θραυούσης.

5 2 ἕκαστον VZPAT : -οι Μ ‖ 4 εἰς VZAT : καὶ εἰς ΜΡ ‖ τι VMPAT : τῶ
Ζ (idem Χ in τὸ mut.) ‖ 5 τε VMPAT : om. Ζ ‖ ἐπίσκοπον VZT : ἐπὶ σκοπὸν
ΜΡΑ ‖ 6 3 ἐκ VZPT : ἐπὶ Μ (γρ. ἐκ Μᵐᵍ) ἐν Α ‖ 4-5 διαπεπαρμένοι
VZAT : διαπεπερονημένο: Μ διαπεπραγμένοι Ρ ‖ 6 τοὺς VZMAT : om.
Ρ ‖ ὀϊστοὺς Τ : οἰστοὺς V ἰστοὺς ZMPA ‖ 7 2 κατασχεθέντες VZAT :
-σχέντε; ΜΡ ‖ οἱ VMP : om. ΖΑΤ ‖ 3-4 κατανηλίσκοντο VMP : κατη
νηλ. Ζ καταναλ. Α κατηναλ. Τ ‖ 4 τε seclusimus cum Τ ‖ ἀνερευγόμενοι : Ζ
ἀναιρούμενοι V (-ησόμενοι Α) ἀνατρεπόμενοι ΜΡΤ ‖ 5 πατούμενοι VZAT :
καταπατ. ΜΡ ‖ 7 καὶ τιτρώσκειν VZPAT : καὶ om. Μ ‖ 8 5-6 τὴν ἐπιφάνειαν VZPT (τῆς τὴν ἐπιφ. Α) : τῇ ἐπιφανείᾳ Μ.

XIX 1 Ce fut alors une fuite générale des survivants.
Le plus lâche de tous fut le satrape Oroondatès, qui aban-
donna son char, monta sur un cheval niséen [1] et s'enfuit.
Ces événements échappaient aux Égyptiens et aux Libyens
qui, à l'aile droite, se battaient avec une ardeur admirable,
et, recevant plus de coups qu'ils n'en rendaient, n'en
montraient pas moins d'endurance et de résistance dans
une situation très critique. **2** Les soldats du pays du
cinnamome, leurs adversaires, les pressaient terriblement,
et les mettaient dans un grand embarras. Ils fuyaient
devant l'adversaire, prenaient une forte avance, et sans
s'arrêter lançaient des traits en se retournant [2]. Puis quand
l'ennemi cédait, ils revenaient à la charge et harcelaient
ses flancs, les uns à coups de fronde, les autres avec des
flèches, petites mais empoisonnées par du venin de ser-
pent, qui causaient immédiatement la mort. **3** Ceux du
pays du cinnamome ont une façon de tirer de l'arc qui
ressemble plutôt à un jeu qu'à une occupation sérieuse [3].
Leur tête est entourée d'une tresse circulaire sur laquelle
sont fichées des flèches, les plumes du côté de la figure
qu'elles enveloppent, les pointes en l'air comme des rayons.
4 Ils les ont ainsi sous la main pendant le combat et ils
les tirent comme d'un carquois. L'air insolent, en faisant
des bonds et des contorsions de satyres, couronnés de
flèches et le corps nu, ils lancent des traits qui sont poin-
tus sans être armés d'un fer. Ils prennent l'épine dorsale
d'un dragon, la taillent à la longueur d'une coudée,
aiguisent l'extrémité, jusqu'à ce qu'elle soit très acérée,
et ont ainsi une flèche naturellement armée de sa pointe.

---

1. Les chevaux de la plaine de Nisa en Médie étaient très estimés des
Perses ; cf. Strabon, XI, 13 7 (p. 525) et XI, 14 5 (p. 530).

2. Cette manière de combattre était usitée en particulier chez les
Parthes ; cf. Virgile, *Géorgiques*, III, 31, Horace, *Odes*, I, 19 11-12, II,
13 18. D'après Plutarque (*Crassus*, 24) les Scythes pratiquaient cette
tactique avec une habileté encore plus grande.

3. Lucien (*De la danse*, 18) dit également des Éthiopiens en général
πολεμοῦντες σὺν ὀρχήσει αὐτὸ δρῶσι, καὶ οὐκ ἂν ἀφείη τὸ βέλος Αἰθίοψ

XIX 1 Τραπέντων δὲ ἅπαξ εἰς φυγὴν τῶν ὑπολειπομένων αἴσχιστα δὴ πάντων ὁ σατράπης Ὀροονδάτης, τὸ μὲν ἅρμα ἐγκαταλιπὼν ἵππου δὲ τῶν Νισαίων ἐπιβάς, διεδίδρασκεν, ἀγνοούντων ταῦτα τῶν κατὰ τὸ ἀριστερὸν κέρας Αἰγυπτίων τε καὶ Λιβύων καὶ σὺν εὐτολμίᾳ πάσῃ τὴν μάχην συμφερομένων καὶ πασχόντων μὲν πλείονα ἢ δρώντων καρτερικῷ δὲ λήματι τὰ δεινὰ ὑπομενόντων. 2 Οἱ γὰρ ἐκ τῆς κινναμωμοφόρου κατ' αὐτοὺς τεταγμένοι δεινῶς πιεζοῦντες πολλὴν ἀπορίαν παρεῖχον, ἐπιόντας μὲν ὑποφεύγοντες καὶ ἐκ πολλοῦ τοῦ περιόντος προφθάνοντες καὶ ἀπεστραμμένοις εἰς τοὔπίσω τοῖς τόξοις καὶ παρὰ τὴν φυγὴν βάλλοντες, ἀναχωροῦσι δὲ ἐπιτιθέμενοι καὶ κατὰ τὰ πλάγια οἱ μὲν ταῖς σφενδόναις βάλλοντες οἱ δὲ μικροῖς μὲν τοῖς βέλεσιν ἰῷ δὲ δρακόντων πεφαρμαγμένοις εἰστοξεύοντες ὀξύν τινα καὶ ἀπότομον θάνατον ἐπέφερον. 3 Τοξεύουσι δὲ οἱ τῆς κινναμωμοφόρου παίζειν πλέον ἢ σπουδάζειν τὴν τοξείαν ἐοικότες· πλέγμα γάρ τι κυκλοτερὲς τῇ κεφαλῇ περιθέντες καὶ τοῦτο βέλεσι κατὰ τὸν κύκλον περιπείραντες τὸ μὲν ἐπτερωμένον τοῦ βέλους πρὸς τῇ κεφαλῇ περιτίθενται τὰς δὲ ἀκίδας οἷον ἀκτῖνας εἰς τὸ ἐκτὸς προβέβληνται. 4 Κἀντεῦθεν ἐξ ἑτοίμου παρὰ τὰς μάχας ὥσπερ ἐκ φαρέτρας ἀφαιρῶν ἕκαστος ἀγέρωχόν τι καὶ σατυρικὸν σκίρτημα λυγιζόμενός τε καὶ καμπτόμενος καὶ τοῖς ἰοῖς ἐστεμμένος ἀπὸ γυμνοῦ τοῦ σώματος τοῖς ἐναντίοις ἐφίησιν οὐδὲν σιδήρου πρὸς τὴν αἰχμὴν δεόμενος· ὀστοῦν γὰρ δράκοντος νωτιαῖον ἀφελὼν τὸ μὲν ἄλλο εἰς τὸν πῆχυν τοῦ βέλους ἀπευθύνει τὰ δὲ ἄκρα πρὸς τὸ ἀκμαιότα-

XIX 1 3 τῶν νισαίων Z (τῶνισαίων V) : τῶν νισσ. T τῶν νησ. PA τῶν νυσ. M ‖ 4 τὸ VMPAT : τῶν Z ‖ 7 λήματι Z : λήμματι VMPAT ‖ 2 4 προφθάνοντες VZMPT : φθάν. A ‖ 6-7 ἀναχωροῦσι — βάλλοντες om. VT ‖ 8 πεφαρμαγμένοις ZAT : πεφραγμ. VMP ‖ 3 3 τὸν ZMPT : τὸ V τὴν A ‖ 4 περιπείραντες VMPAT : περιφέροντε; Z ‖ ἐπτερωμένον VMPAT : ἐπαιρώμενον Z ‖ 5 περιτίθενται VZ : κατατίθ. MPAT ‖ 4 2 τι VMPAT : τε Z ‖ 3 λυγιζόμενός VZAT : λογιζ. MP ‖ 5 οὐδὲν ZMPT : οὐδὲ VA ‖ πρὸς VZAT : κατὰ MP ‖ δεόμενος VZAT : -ον MP ‖ 6 μὲν VMPAT : τε Z.

Sans doute est-ce l'emploi de ces os qui a fait donner aux
flèches leur nom grec [1]. **5** Pendant quelque temps, les
Égyptiens gardèrent leurs rangs et sous leurs boucliers
serrés se tinrent à l'abri des traits. La nature en effet leur a
donné la bravoure, et ils affectent de mépriser la mort, moins
pour un but utile que par amour de la gloire. Peut-être aussi
la peur du châtiment les empêchait-elle de quitter leur poste.

XX **1** Mais quand ils apprirent que les cuirassiers, la
principale force et le suprême espoir de l'armée, étaient
abattus, que le satrape s'était enfui, que les hoplites mèdes
et perses, ces soldats tant vantés, loin de briller sur le
champ de bataille, avaient fait à leurs adversaires, les
troupes de Méroé, beaucoup moins de mal qu'ils n'en
avaient éprouvé, et suivaient le reste des fuyards, ils
cédèrent eux aussi et s'enfuirent en désordre. **2** Hydaspe
de l'observatoire de sa tour [2] voyait la victoire évidente. Il
envoya des hérauts à ses hommes, qui chassaient les
ennemis, pour leur enjoindre d'arrêter le carnage, de
prendre vivants tous ceux qu'ils pourraient, et de les lui
amener, principalement Oroondatès. **3** L'ordre fut exécuté. Les Éthiopiens élargirent leur front sur la gauche,
et, diminuant la profondeur des lignes, les étendirent de
chaque côté ; puis ils rabattirent leurs ailes et enfermèrent

ἀνὴρ ἀφελὼν τῆς κεφαλῆς (ταύτῃ γὰρ ἀντὶ φαρέτρας χρῶνται περιδέοντες αὐτῇ ἀκτινηδὸν τὰ βέλη) εἰ μὴ πρότερον ὀργήσαιτο καὶ τῷ
σχήματι ἀπειλήσειε καὶ προεκφοβήσειε τῇ ὀρχήσει τὸν πολέμιον. Sur
la représentation dans l'art des combattants de ce genre, cf. *Symbolae
Osloenses*, XIII (1934), pp. 105 sqq.

1. L'étymologie de ὀιστός est obscure, mais ce mot n'a aucun rapport
avec ὀστοῦν. Agatharchidès de Cnide (ιιᵉ s. av. J. C.) dit que les
Éthiopiens se servaient de silex au lieu de fer pour leurs pointes de
lance, qui étaient empoisonnées (Photius, *Bibliotheca*, cod. 250, p. 445 b
24 sqq. Bekker). Le fer était un métal rare en Éthiopie (cf. I, 5 8-10)
et on ne pouvait toujours se servir d'or pour le remplacer.

2. Cette tour était sans doute une un éléphant. Qu'Hydraspe fût
monté sur un éléphant, cela est suggéré par XVI, 3 2 ἑαυτόν τε καὶ
τοὺς περὶ αὐτὸν πυργοφόρους· ἐλέφαντα; et dit expressément en XXII,
2 1-2 ἐπεὶ δὲ τειχῶν ἐντὸς εἰσήλασεν ὥσπερ ἐφ᾽ ἄρματος τοῦ ἐλέφαντος·

τον άποξέσας αύτογλώχινα τον όιστον άπεργάζεται, τάχα που καί άπό των όστων ούτω παρωνομασμένον. 5 Χρόνον μὲν δή τινα συνειστήκεισαν οί Αίγύπτιοι καί τῷ συνασπισμῷ πρὸς τὴν τοξείαν άντείχοντο, φύσει τε τλήμονες όντες καί πρὸς τὸν θάνατον οὐ λυσιτελῶς μᾶλλον ἣ φιλονείκως κενοδοξοῦντες, ίσως δέ που καί τιμωρίαν λιποταξίου προορῶντες.

XX 1 Ἐπεί δὲ τούς τε καταφράκτους, τὴν μεγίστην τοῦ πολέμου χεῖρά τε καί ἐλπίδα νομιζομένους, διεφθαρμένους κατέμαθον τόν τε σατράπην ἀποδεδρακότα τούς τε Μήδων καί Περσῶν πολυθρυλήτους ὁπλίτας οὔτε τι παρά τὴν μάχην λαμπρὸν ἀποδεδειγμένους ἀλλ' ὁλίγα μὲν δράσαντας κατά τῶν ἐκ Μερόης, οἳ κατ' αὐτούς ἐτάχθησαν, παθόντας δὲ πλείονα καί τοῖς λοιποῖς ἐφεπομένους, ἐνδόντες καί αὐτοί προτροπάδην ἔφευγον. 2 Ὁ δὲ Ὑδάσπης ὥσπερ ἀπὸ σκοπῆς τοῦ πύργου λαμπρᾶς ἤδη τῆς νίκης θεωρὸς γινόμενος κήρυκας διαπέμπων εἰς τούς διώκοντας τοῦ μὲν φονεύειν ἀπέχεσθαι προηγόρευε ζῶντας δὲ οὓς δύναιντο καί συλλαμβάνειν καί ἄγειν, καί πρὸ πάντων τὸν Ὀροονδάτην· ὡς δὴ καί ἐγένετο. 3 Παρεκτείναντες γάρ, ἐπ' ἀσπίδα τάς φάλαγγας οἱ Αἰθίοπες καί τὸ πολύ βάθος τῶν τάξεων εἰς μῆκος ἑκατέρωθεν ἐπαγαγόντες τάς τε κεραίας ἐπιστρέψαντες, εἰς κύκλωσιν τὸ Περσικὸν συνή-

8 οϊστόν VMPAT : ἰστόν Z ‖ 5 2 δή VZAT : οὖν MP ‖ συνειστήκεισαν codd. cf. H XVI, 7 3 : -εσαν Coraes ‖ 3 πρός ZMPAT : πως V ‖ ἀντείχοντο (cf. Plat. Rep. 574 B) VZT : ἀντεῖχον MPA ‖ 4 λυσιτελῶς VMPAT : -ἐς Z ‖ μᾶλλον ante οὐ V ‖ 5-6 λιποταξίου Z : λειποτ. VMPA om. T ubi ἴσως — προορῶντες desunt.

XX 1 4 πολυθρυλήτους V (-ης· Z) : πολυθρυλλήτους MPAT ‖ οὔτε (cf. Δ III, 5 3) VZMPA : οὔτω T οὔ vel οὐδέν coni. Bekker ‖ 7 ἐφεπομένους VZAT : -οις MP ‖ 8 αὐτοί προτροπάδην VZMPA : αὐτοί ἀποστρεφόμενοι καί τάς ὄψεις τῶν ἐναύλων (ἐναντίων F, vid. Introd., vol. I, p. xxix) δεικνύντες προτροπάδην T ‖ 2 2 λαμπράς MPA : -ός VZ -ῶς T ‖ 6 ἐγένετο MPAT : ἐγίν. VZ ‖ 3 3 ἐπαγαγόντες VZ : ἐπαναγαγ. MPAT ‖ τάς τε VMPAT : om. Z ‖ 4 ἐπιστρέψαντες ZMPAT : ἐπιτρ. V.

l'armée des Perses en ne lui laissant pour fuir que la voie
conduisant au Nil. **4** Beaucoup en effet tombèrent dans
le fleuve poussés par les chevaux, les chars armés de faux
et la multitude en déroute. Ils comprirent alors la sottise
du satrape dont la ruse préparée contre les ennemis se
retournait contre eux-mêmes. De peur d'être enveloppé,
il s'était adossé au Nil, et ne s'était pas rendu compte
qu'ainsi il se coupait la retraite[1]. **5** Il fut pris lui aussi,
au moment où Achéménès tentait de le tuer, à la faveur
du tumulte. Le fils de Cybèle avait appris ce qui s'était
passé à Memphis et il regrettait les accusations portées
contre Arsacé, du moment qu'il n'en pouvait plus, faute
de témoins, administrer la preuve. Mais il ne sut pas le
blesser à mort[2] ; **6** et le châtiment lui vint aussitôt d'un
Éthiopien qui le tua d'un coup de flèche. Celui-ci avait
reconnu le satrape, et voulait le prendre vivant, suivant
les ordres donnés. Il s'indignait aussi de l'odieuse et lâche
tentative d'un homme qui, en fuyant devant l'ennemi, atta-
quait les siens et profitait d'un malheur public pour satisfaire une vengeance personnelle.

XXI 1 Il emmena son prisonnier à Hydaspe qui, le
voyant prêt à rendre l'âme et couvert de sang, fit arrêter
l'hémorragie par les magiciens qui enchantent les blessures[3].
Il avait la ferme intention de lui sauver la vie si possible.
Il lui adressa des paroles réconfortantes : « Mon cher,
lui dit-il, ton salut est assuré s'il ne tient qu'à moi. Car il

1. Cf. XVI, **1**. Eût-il espéré gagner la bataille, la stratégie d'Oroondatès n'était alors pas déraisonnable. Mais du moment qu'il n'avait plus
l'espérance de vaincre, c'était là une résolution désespérée.

2. Sur χαιρίαν cf. E XXXII, 2 4.

3. Ainsi les enfants d'Autolicus arrêtent l'hémorragie provoquée par
la blessure d'Ulysse (Homère, *Odyssée*, XIX, 457-8) :

> ὠτειλὴν δ' Ὀδυσῆος ἀμύμονος ἀντιθέοιο
> δῆσαν ἐπισταμένως, ἐπαοιδῇ δ' αἷμα κελαινὸν
> ἔσχεθον.

Les ἐπῳδαί étaient non seulement employés par Esculape (Pindare,
Pythiques, 3, 47 sqq.) mais ils semblent avoir fait normalement partie

λασαν καὶ μίαν μόνην ἀτραπὸν τὴν ἐπὶ τὸν ποταμὸν ἀκώλυτον εἰς φυγὴν τοῖς ἐναντίοις ὑπέλειπον· 4 εἰς ὃν οἱ πλείους ἐμπίπτοντες ὑπό τε ἵππων καὶ δρεπανηφόρων ἁρμάτων καὶ τοῦ λοιποῦ ταράχου καὶ πλήθους ὠθούμενοι σὺν πολλῷ μετεμάνθανον ὡς τὸ δοκοῦν στρατήγημα τοῦ σατράπου πρὸς ἐναντίου σφίσιν ἦν καὶ ἄσκεπτον· τὸ γοῦν κυκλωθῆναι παρὰ τὴν ἀρχὴν καταδείσας καὶ τὸν Νεῖλον διὰ τοῦτο κατὰ νώτων ποιήσας ἔλαθεν ἑαυτῷ τὴν φυγὴν ἀποτειχίσας. 5 Ἐνταῦθα οὖν καὶ αὐτὸς ἁλίσκεται, Ἀχαιμένους τοῦ Κυβέλης παιδὸς ἅπαντα ἤδη τὰ κατὰ τὴν Μέμφιν πεπυσμένου καὶ προανελεῖν μὲν τὸν Ὀροονδάτην παρὰ τὸν θόρυβον ἐπιβουλεύσαντος (μετέμελε γὰρ αὐτῷ τῶν κατὰ τῆς Ἀρσάκης μηνυμάτων, τῶν ἐλέγχων προδιεφθαρμένων), τρῶσαι δὲ καιρίαν ἀποτυχόντος. 6 Ὑπέσχε γε μὴν αὐτίκα τὴν δίκην πρός τινος τῶν Αἰθιόπων τόξῳ βληθείς, ἀναγνόντος μὲν τὸν σατράπην καὶ περισῴζειν, ὡς προστέτακτο, βουλομένου, ἀγανακτήσαντος δὲ τὸ ἄδικον τοῦ ἐγχειρήματος, εἰ τοὺς ἐναντίους τις ὑποφεύγων χωροίη κατὰ τῶν φιλίων, τὸν καιρὸν τῆς τύχης εἰς ἐχθροῦ ἄμυναν, ὡς ἐῴκει, θηρώμενος.

XXI 1 Τοῦτον μὲν οὖν ἀχθέντα πρὸς τοῦ ἑλόντος ὁ Ὑδάσπης ψυχορραγοῦντα θεασάμενος καὶ πολλῷ αἵματι ῥεόμενον, τοῦτο μὲν ἐπαοιδῇ διὰ τῶν τοῦτο ἔργον πεποιημένων ἐπέσχε, κρίνας δὲ, εἰ δύναιτο, περισῴζειν ἐπιρρωννύς τε τοῖς λόγοις. «Ὦ βέλτιστε» ἔφη, «τὸ μὲν σῴζεσθαί

5 μόνην codd. : μόνον Bas. unde edd. ‖ 6 ὑπέλειπον nos (-λιπον Coraes): ὑπελείποντο VZMPT (-λίποντο A) ‖ 4 2 τε VZAT : γε MP ‖ 4 σὺν πολλῷ VZPA (cf. B VIII, 5 4, Ι ΙΧ, 5 5-6) : add. τῷ θράσει Μ ςθόνῳ Τ ‖ 5 ἐναντίου Coraes : -ίους codd. (nisi -ίον Δ) cf. Τ XV, 5 6 ‖ σφίσιν VT (et Δ) : φησὶν ZMP et A at post ἄσκεπτον ‖ καὶ VZMPT : om. A ‖ 7 νώτων VMT (νῶτων Z) : νώτον Ρ νῶτον A ‖ 5 1-2 Ἀχαιμένους VZAT : καὶ Ἀχαιμένου MP ‖ 3 προανελεῖν VZAT : ἀνελεῖν MP ‖ 6 6 φιλίων VZMT : φίλων PA.

XXI 1 4-5 ἐπιρρωννύς MPA : ἐπιρων. VZT.

est beau de vaincre ses ennemis en vaillance tant qu'ils
sont debout, et en générosité, quand ils sont tombés[1].
Mais pourquoi t'es-tu montré si perfide ? » **2** « A ton
égard, oui, reprit-il, mais pas envers mon maître. » « Eh !
bien, puisque tu as succombé, quel châtiment crois-tu
avoir mérité ? » « Celui que mon roi, s'il avait pris un de
tes généraux, lui aurait infligé pour le crime de t'être resté
fidèle. » **3** « Sans doute, il l'aurait félicité et renvoyé
chargé de présents, s'il est vraiment un roi et non un
tyran, pour susciter chez les siens, par des louanges adres-
sées à des étrangers, le désir d'imiter une si vertueuse
conduite. Mais, mon bon ami, tu te dis fidèle. Ne pour-
rais-tu pas avouer aussi ton imprudence d'attaquer avec
une telle témérité tant de milliers d'ennemis, » **4** « Ce
n'était pas imprudence de ma part que de bien connaître
le caractère de mon souverain, qui se montre plus sévère
dans la répression de toute lâcheté que généreux à récompenser le courage. Aussi ai-je décidé d'aller tout droit au-
devant du danger et d'accomplir quelque exploit surprenant, un de ces miracles qu'offre parfois le hasard des
batailles, ou du moins, si j'avais la chance d'échapper, de
me ménager la possibilité de me justifier, en disant que
j'avais fait tout ce qui dépendait de moi. »

XXII 1 Satisfait de ces explications, Hydaspe l'envoya
à Syéné, en recommandant aux médecins de l'entourer
de soins. Il fit ensuite son entrée dans la ville avec l'élite
de ses troupes. Tous les habitants, sans distinction d'âge[2],

---

des pratiques médicales à l'époque classique ; cf. Platon, *La République*,
426 b. Hippocrate cependant en fait la critique (par ex. περὶ ἱερῆς
νόσου 2) et Lucien est ouvertement sceptique sur leur efficacité (*Le
Menteur*, 9). D'après Héliodore les magiciens apportent une première
assistance ; le traitement et les soins sont laissés aux médecins (XXII, 1).

1. Cf. VI, 2 sqq. Héliodore dans ce passage multiplie les antithèses.
En quelques lignes on en peut relever trois : νικᾶν... τοὺς ἐχθροὺς
ἑστῶτας μὲν ταῖς μάχαις πεπτωκότας δὲ ταῖς εὐποιίαις (1) ; — εἰ βασιλεύς τίς ἐστιν ἀληθὴς καὶ μὴ τύραννος (3) ; — πλέον τιμωρεῖται τοὺς
ὁπωσοῦν ἐν πολέμῳ δειλοὺς ἢ τιμᾷ τοὺς ἀνδρείους (4). (M.)

2. Cf. Z VIII, 3 1-2.

σε κατ' έμήν ύπάρξει γνώμην· νικᾶν γὰρ καλὸν τοὺς έχθροὺς έστῶτας μὲν ταῖς μάχαις πεπτωκότας δὲ ταῖς εὐποιΐαις· τί δ' οὖν βουλόμενος οὕτως ἄπιστος ἀπεδείχθης·; » 2 Ὁ δὲ « Πρὸς σὲ » ἔφη « ⟨ἄπιστος⟩ πιστὸς δὲ πρὸς τὸν ἐμὸν δεσπότην. » Καὶ ὁ Ὑδάσπης, « Ὑποπεσὼν τοίνυν τίνα σαυτῷ τιμωρίαν ὁρίζεις; » πάλιν ἠρώτα· καὶ ὅς, « Ἦν ἂν » ἔφη « βασιλεὺς ὁ ἐμός, τῶν σῶν τινα στρατηγῶν φυλάττοντα σοὶ πίστιν λαβών, ἀπήτησεν. » 3 « Οὐκοῦν » ἔφη ὁ Ὑδάσπης « ἐπήνεσεν ἂν καὶ δωρησάμενος ἀπέπεμψεν, εἰ βασιλεύς τίς ἐστιν ἀληθὴς καὶ μὴ τύραννος, ἐν ἀλλοτρίοις ἐπαίνοις ζῆλον τοῖς ἰδίοις τῶν ὁμοίων κατασκευαζόμενος. Ἀλλ' ὦ θαυμάσιε, πιστὸς μὲν εἶναι λέγεις, ἀσύνετος δὲ κἂν αὐτὸς ὁμολογήσειας πρὸς τοσαύτας μυριάδας οὕτω παρατόλμως ἀντιταξάμενος. » 4 « Οὐκ ἦν ἀσύνετον ἴσως » ἀπεκρίνατο « τῆς γνώμης ἐστοχάσθαι τοῦ βασιλεύοντος, μεθ' ἧς ἐκεῖνος πλέον τιμωρεῖται τοὺς ὁπωσοῦν ἐν πολέμῳ δειλοὺς ἢ τιμᾷ τοὺς ἀνδρείους. Ἔγνων οὖν ὁμόσε χωρῆσαι πρὸς τὸν κίνδυνον καὶ ἤτοι μέγα τι κατορθῶσαι καὶ παρὰ δόξαν, οἷα πολλὰ πολέμου καιροὶ θαυματουργοῦσιν, ἢ διασωθείς, εἰ τοῦτο συμβαίνοι, χώραν ἀπολογίας ὑπολείπεσθαι, ὡς πάντων τῶν ἐπ' ἐμοὶ πεπραγμένων. »

ΧΧΙΙ 1 Τοιαῦτα εἰπὼν καὶ ἀκούσας ὁ Ὑδάσπης ἐπήνει τε καὶ εἰς τὴν Συήνην εἰσέπεμπεν, ἐπιμεληθῆναι αὐτοῦ παντοίως τοῖς ἰατρεύουσιν ἐπιστείλας. Εἰσήει δὲ καὶ αὐτὸς ἅμα τοῖς ἐπιλέκτοις τοῦ στρατοῦ, πάσης μὲν τῆς πόλεως

6 σε VZT : σοι MPA ‖ 2 2 πρός σὲ VZMPA : add. μὲν Τ πρός γε σὲ coni. Naber πρὸς σέ γ' Colonna ‖ ἄπιστος addidimus ‖ 4 ὃς ἦν VA : ὅσην ZMPT ‖ 3 1 οὐκοῦν VZAT : add. ἂν MP ‖ 2 ὁ Ὑδάσπης VZPAT : om. M ‖ 3 τίς ἐστιν ἀληθής (-ῶς Τ) VZAT : ἀληθής ἐστιν MP ‖ καὶ VZAT : ἀλλὰ MP ‖ 6 ὁμολογήσειας VZAT : μὴ ὁμολ. MP ‖ οὕτω VZAT : om. MP ‖ 4 1 ἀσύνετον VZAT : -ος MP ‖ 4 τιμᾷ VZPAT : τιμᾶται Μ ‖ 5 ἤτοι VZPAT : ἤ τι Μ ‖ τι VZPAT : om. Μ ‖ 6 θαυματουργοῦσιν VZAT : χατορθοῦσιν MP ‖ 7-8 ὑπολείπεσθαι ZMP (ἀπολ. Α) : ὑπολιπέσθαι VT.

se portèrent au-devant de lui. Ils couvraient les soldats de couronnes et de fleurs du Nil et célébraient par des chants de triomphe la victoire d'Hydaspe. **2** Dès qu'il eut pénétré dans la ville, monté sur son éléphant comme sur un char, il s'empressa de faire ses dévotions et d'adresser au Ciel des actions des grâces. Il demanda aux prêtres quelle était l'origine des fêtes du Nil, et s'ils pouvaient lui montrer dans la ville quelque spectacle digne d'être vu. **3** Ils lui firent voir le puits qui sert à mesurer les crues du Nil. Comme celui de Memphis, il est bâti en pierres de taille polies, et marqué de lignes gravées de coudée en coudée. Il communique sous terre avec le fleuve, et l'eau s'élève le long de cette graduation. Les habitants peuvent ainsi mesurer la crue ou la décrue du fleuve, suivant que l'échelle est recouverte plus ou moins haut. **4** Ils lui montrèrent aussi leurs cadrans solaires, dont les aiguilles ne font pas d'ombre à midi, car, dans la région de Syéné, les rayons du soleil, au solstice d'été, tombent perpendiculaires et éclairent de tous les côtés le gnomon qui ne peut projeter aucune ombre. C'est pour la même raison que le fond des puits est éclairé directement par le soleil[1]. Ces particularités ne firent pas grande impression sur Hydaspe, pour qui elles n'étaient pas choses nouvelles. Le même phénomène a lieu à Méroé en Ethiopie. **5** Ils lui vantèrent les fêtes

---

1. Strabon (XVII, 1 48, p. 817) ne décrit pas seulement le νειλομέτριον de Syéné, mais il parle lui aussi de la manière dont les rayons du soleil, au solstice d'été, pénètrent jusqu'au fond du puits ἀνάγκη δέ, κατὰ κορυφὴν ἡμῖν γινομένου, καὶ εἰς τὰ φρέατα βάλλειν μέχρι τοῦ ὕδατος τὰς αὐγάς, κἄν βαθύτατα ᾖ. La ressemblance frappante entre les deux passages fait supposer qu'Héliodore s'est inspiré de Strabon, à moins que tous les deux n'aient puisé à une même source. Strabon, comme Héliodore, dit qu'il y avait un autre νειλομέτριον à Memphis ; il est mentionné par Diodore de Sicile qui l'appelle νειλοσκόπεῖον, mais il s'intéresse plus à son utilité qu'à sa structure (I 36). Sur νειλομέτριον, cf. aussi Pap. Oxyr. 43 (vol. I, p. 99).

καὶ διὰ πάσης ἡλικίας προϋπαντώσης, στεφάνοις δὲ καὶ
ἄνθεσι νειλῴοις τὴν στρατιὰν βαλλούσης καὶ ταῖς ἐπινικίοις
εὐφημίαις τὸν Ὑδάσπην ἀνυμνούσης. 2 Ἐπεὶ δὲ τειχῶν
ἐντὸς εἰσήλασεν ὥσπερ ἐφ' ἅρματος τοῦ ἐλέφαντος, ὁ μὲν
αὐτίκα πρὸς ἱεροῖς ἦν καὶ θεραπείαις τῶν κρειττόνων
χαριστηρίοις, τῶν τε Νειλῴων ἥτις γένεσις παρὰ τῶν
ἱερέων ἐκπυνθανόμενος καὶ εἴ τι θαύματος ἢ θεάματος
ἄξιον κατὰ τὴν πόλιν ἐπιδεικνύναι ἔχουσιν. 3 Οἱ δὲ
τήν τε φρεατίαν τὸ νειλομέτριον ἐδείκνυσαν, τῷ κατὰ τὴν
Μέμφιν παραπλήσιον, συννόμῳ μὲν καὶ ξεστῷ λίθῳ κατεσκευασμένον γραμμαῖς δὲ ἐκ πηχυαίου διαστήματος κεχα-
ραγμένον, εἰς ἃς τὸ ποτάμιον ὕδωρ ὑπὸ γῆς διηθούμενον
καὶ ταῖς γραμμαῖς ἐμπῖπτον τάς τε αὐξήσεις τοῦ Νείλου
καὶ ὑπονοστήσεις τοῖς ἐγχωρίοις διασημαίνει, τῷ ἀριθμῷ
τῶν σκεπομένων καὶ γυμνουμένων χαραγμάτων τὸ πόσον
τῆς πλημμύρας ἢ τῆς λειψυδρίας μετρουμένων. 4 Ἐδείκνυσαν δὲ καὶ τοὺς τῶν ὡρονομίων γνώμονας ἀσκίους κατὰ
μεσημβρίαν ὄντας, τῆς ἡλιακῆς ἀκτῖνος κατὰ τροπὰς
θερινὰς ἐν τοῖς περὶ Συήνην εἰς ἀκρίβειαν κατὰ κορυφὴν
ἱσταμένης καὶ τῷ πανταχόθεν περιφωτισμῷ τὴν παρέμπτω-
σιν τῆς σκιᾶς ἀπελαυνούσης, ὡς καὶ τῶν φρεάτων τὸ κατὰ
βάθος ὕδωρ καταυγάζεσθαι διὰ τὴν ὁμοίαν αἰτίαν. Καὶ
ταῦτα μὲν ὁ Ὑδάσπης οὐ σφόδρα ὡς ξένα ἐθαύμαζε·
συμβαίνειν γὰρ τὰ ἴσα καὶ κατὰ Μερόην τὴν Αἰθιόπων·

XXII 1 6 στρατιὰν ZT (et M ex –είαν corr.) : –είαν VP –ειὰν A ∥
βαλλούσης ZMPAT : βαλούσης V ∥ 7 ἀνυμνούσης VZAT : ἐπαινούσης
(εὐφημούσης superscr.) M εὐφημούσης P ∥ 2 2 εἰσήλασεν VMPT (εἰσέλ. A) :
ἤλασεν Z ∥ 2-3 ἐφ' ἅρματος — ἱεροῖς om. V ∥ 4 ἥτις VMPT : εἴτις ZA ∥
5 ἱερέων VMPAT : ἱερῶν Z ∥ 3 2 ἐδείκνυσαν VZMPT : ἐπεδείκνυσαν A
δεικνύναι (2 6) — νειλομέτριον omisso ∥ 3-4 συννόμῳ — κατεσκευασμένον
cf. Strabo XVII, 1 48 (p. 817) ∥ 4 διαστήματος VMPAT : διασήμ. Z ∥ 5 γῆς
VMPAT : γῆν Z ∥ διηθούμενον VZAT : διωθ. MP ∥ 9 πλημμύρας
VZPAT : πλημύρας M ∥ μετρουμένων (sc. τῶν ἐγχωρίων) codd. : –μένοις
Bekker at cf. IX 3 ∥ 4 2 ὡρονομίων VZPA et M superscr. (προ-
νομ. T) : ὡροσκοπίων M ∥ 3 μεσημβρίαν VMAT : –ίας ZP ∥ 5 ἱσταμένης
ZMPAT : –μένους V ∥ 9 συμβαίνειν VZA : –ει MPT.

du Nil et exaltèrent le fleuve qu'ils appelaient Horus, le Père nourricier de toute l'Égypte[1], le sauveur de la Haute, le père et le créateur de la Basse[2], qui tous les ans apporte un nouveau limon (νέαν ἰλύν) d'où son nom grec de Nil. C'est lui, disaient-ils, qui marque les saisons ; l'été par ses crues, l'automne par sa décroissance, le printemps par les fleurs qu'il fait naître et par la ponte des crocodiles. 6 Le Nil, en fin de compte, c'est l'année elle-même, comme le prouve son nom dont les lettres calculées selon leur valeur numérique, forment un total de 365, pareil à celui des jours de l'année[3]. Ils lui parlèrent en outre des plantes, fleurs et animaux particuliers au Nil et de mille autre sujets du même genre. 7 « Mais, observa Hydaspe, ces merveilles ne sont pas égyptiennes, elles sont éthiopiennes. Ce fleuve, ce dieu, comme vous l'appelez, et tous les êtres qu'il contient, c'est l'Éthiopie qui vous l'envoie ; elle mérite donc vos hommages, car elle est pour vous la mère des dieux. » — « Aussi bien l'adorons-nous, répondirent les prêtres, notamment parce qu'elle nous a montré en toi un sauveur et un dieu. »

XXIII 1 Hydaspe leur recommanda de s'abstenir de louanges qui pourraient offusquer la divinité, et se retira

---

1. Ζείδωρος, qui ne se rencontre nulle part ailleurs en prose, est une épithète courante de la Terre et signifie « donneuse de blé » (ζειά). Une autre étymologie (ζάω), citée par Hésychius, se trouve effectivement chez Empédocle, Frag. 151 et Nonnos, *Les Dionysiaques*, XII, 23, qui appliquent l'épithète de ζείδωρος respectivement à ᾽Αφροδίτη et à ῞Ηλιος. Puisque sans doute Horus signifie le soleil (cf. Hérodote, II, 144 2 et 156 5), ζείδωρος doit avoir le sens ici de « donneur de vie » ; mais le mot a dû être choisi par l'auteur pour sa sonorité plus que pour son sens. La contradiction entre ce passage et IX, 4, où le Nil est identifié à Osiris, père d'Horus, n'est pas surprenante quand on considère les nombreuses variétés du mythe d'Osiris et les nombreuses identifications diverses qui avaient cours dans l'antiquité ; mais assimiler le Nil au Soleil est pure fantaisie.

2. Cf. Hérodote, II, 5 1.

3. ν+ε+ι+λ+ο+ς=50+5+10+30+70+200=365. Curieuse rencontre et rien de plus. Ceci et l'étymologie de νέα ἰλύς (cf. Étym. Magn.,

5 ὡς δὲ τὴν ἑορτὴν ἐξεθείαζον, ἐπὶ μέγα τὸν Νεῖλον αἴροντες, Ὧρόν τε καὶ ζείδωρον ἀποκαλοῦντες, Αἰγύπτου τε ὅλης, τῆς μὲν ἄνω σωτῆρα, τῆς κάτω δὲ καὶ πατέρα καὶ δημιουργὸν νέαν ἰλὺν δι' ἔτους ἐπάγοντα, καὶ Νεῖλον ἐντεῦθεν ὀνομαζόμενον, τάς τε ἐτησίους ὥρας φράζοντα, θερινὴν μὲν ταῖς αὐξήσεσι μετοπωρινὴν δὲ ταῖς ὑπονοστήσεσι καὶ τὴν ἠρινὴν τοῖς τε κατ' αὐτὸν φυομένοις ἄνθεσι καὶ ταῖς τῶν κροκοδείλων φοτοκίαις, 6 καὶ οὐδὲν ἀλλ' ἢ τὸν ἐνιαυτὸν ἀντικρὺς εἶναι τὸν Νεῖλον, τοῦτο καὶ τῆς προσηγορίας ἐκβεβαιουμένης (τῶν γοῦν κατὰ τοὐνομα στοιχείων εἰς ψήφους μεταλαμβανομένων, πέντε καὶ ἐξήκοντα καὶ τριακόσιαι μονάδες, ὅσαι καὶ τοῦ ἔτους ἡμέραι, συναχθήσονται), φυτῶν δὲ καὶ ἀνθέων καὶ ζώων ἰδιότητας καὶ ἕτερα πλείονα τούτοις προστιθέντων, 7 « Ἀλλ' οὐκ Αἰγύπτια ταῦτα » εἶπεν ὁ Ὑδάσπης « ἀλλ' Αἰθιοπικὰ τὰ σεμνολογήματα· τὸν γοῦν ποταμὸν τοῦτον, εἴτε καὶ καθ' ὑμᾶς θεόν, καὶ κῆτος ἅπαν ποτάμιον ἡ Αἰθιόπων δεῦρο παραπέμπουσα δικαίως ἂν παρ' ὑμῶν τυγχάνοι σεβάσματος, μήτηρ ὑμῖν γινομένη θεῶν ». « Καὶ τοιγαροῦν καὶ σέβομεν » ἔφασαν οἱ ἱερεῖς « τῶν τε ἄλλων ἕνεκεν καὶ ὅτι σὲ σωτῆρα ἡμῖν καὶ θεὸν ἀνέδειξεν. »

XXIII 1 Εὐφήμους εἶναι προσήκειν τοὺς ἐπαίνους ὁ Ὑδάσπης εἰπὼν αὐτός τε εἰς τὴν σκηνὴν ἐλθὼν τὸ λειπό-

5 1 ἐξεθείαζον VMT : ἐξεθίαζον ZPA ‖ 2 Ὧρον ZMPAT : ὡραῖον V ‖ 3 σωτῆρα VZPAT : -ήρια M ‖ κάτω δὲ ZMPT : δὲ κάτω VA ‖ 5 ὥρας φράζοντα ZMPAT : φρ. ὥρ. V ‖ 6 μὲν VZPAT : τε M ‖ μετοπωρινὴν δὲ ταῖς ὑπονοστήσεσι VMPAT : om. Z ‖ 7 ἠρινὴν VAT : εἰρινὴν Z εἰρήνην MP ‖ φυομένοις VMPAT : φυωμ. Z ‖ 8 τῶν VMPAT : om. Z ‖ 6 1 οὐδὲν VMPA : οὐδ' ἕνα Z οὐδένα T ‖ 7 προστιθέντων codd. : exspectes προστιθέντες at cf. 3 7-9 et al. ‖ 7 4 ὑμᾶς VZMAT : ἡμᾶς P ‖ κῆτος VZPAT : κῦτος M ‖ ποτάμιον VZA : τὸ π. MPT ‖ 7 ἔφασαν ante σέβομεν A ‖ οἱ VZAT : om. MP.

XXIII 1 1-2 ὁ Ὑδάσπης VMPAT : om. Z ‖ 2 ἐλθὼν VZAT : εἰσελθὼν MP.

sous sa tente, où il passa le reste du jour à reprendre des
forces. Il invita à un banquet les plus illustres Éthiopiens
et les prêtres de Syéné, et permit au reste de l'armée de
festoyer aussi. Les Syénéens livrèrent aux troupes force
bœufs, moutons, chèvres et porcs[1], avec beaucoup de vin,
soit en don, soit à prix d'argent. **2** Le lendemain, assis
sur un tertre élevé, Hydaspe distribua à ses soldats les
bêtes de somme, les chevaux et tout le butin pris dans la
ville ou sur le champ de bataille, à chacun selon son mérite
et ses exploits. **3** Lorsque se présenta celui qui avait
pris Oroondatès : « Demande ce que tu voudras, » lui
déclara Hydaspe. — « Je n'ai rien à demander, ô roi, mais,
si tel est ton bon plaisir, je me contenterai de ce que j'ai
pris à Oroondatès, quand je lui ai, suivant ton ordre, sauvé
la vie. » **4** Et ce disant il montrait le fourreau de l'épée[2]
du satrape, orné de pierres précieuses, ouvrage d'un grand
prix et qui avait dû coûter très cher. Beaucoup se récrièrent
en disant qu'un tel trésor ne convenait pas à un particulier mais à un roi[3]. **5** Hydaspe sourit : « Et qu'y a-t-il
de plus royal que de ne pas montrer moins de générosité
que cet homme ne montre de cupidité ? D'ailleurs le droit de
la guerre permet de dépouiller son prisonnier. Qu'il s'en aille
donc avec son trophée ; je lui accorde ce qu'il eût pu du
reste aisément cacher et garder sans mon consentement. »

XXIV **1** Après lui se présentèrent ceux qui avaient fait
prisonniers Théagène et Chariclée « O roi, notre butin à

---

etc.) sont des exemples de la naïveté des Grecs dans leur recherche de
l'origine des noms. Cf. l'explication du nom d'Homère (Γ XIV, 3).

1. Héliodore se souvient d'Homère, *Iliade*, XI 678-9 :

πεντήκοντα βοῶν ἀγέλας, τόσα πώεα οἰῶν,
τόσσα συῶν συβόσια, τόσ' αἰπόλια πλατέ' αἰγῶν.

S'il écrit ποίμνας προβάτων au lieu de πώεα οἰῶν, c'est pour aider ses
lecteurs.

2. Les Barbares avaient coutume de dépenser beaucoup pour orner le
baudrier de leur épée ; cf. Plutarque, *Pompée* 42 τὸν ξιφιστῆρα (sc.
τοῦ Μιθριδάτου) πεποιημένον ἀπὸ τετρακοσίων ταλάντων.

3. Cf. E IX, 2 où Mitranès décrit Théagène comme ὑπεραίροντα τὴν ἐμὴν
δεσποτείαν καὶ θεῷ βασιλεῖ τῷ μεγίστῳ καὶ φαίνεσθαι καὶ διακονεῖσθαι ἄξιον.

μενον τῆς ἡμέρας ἑαυτὸν ἀνελάμβανε τούς τε ἐπὶ δόξης
Αἰθιόπων καὶ τοὺς κατὰ Συήνην ἱερέας εὐωχῶν καὶ τοῖς
ἄλλοις οὕτω ποιεῖν ἐφῆκε, πολλὰς μὲν ἀγέλας βοῶν πολλὰς
δὲ ποίμνας προβάτων πλεῖστα δὲ αἰγῶν αἰπόλια καὶ συῶν
συβόσια καὶ οἴνου πλῆθος τῶν Συηναίων τῇ στρατιᾷ τὰ μὲν
δῶρον τὰ δὲ κατ' ἀγορασίαν παρεχόντων. 2 Εἰς δὲ τὴν
ὑστεραίαν ἐφ' ὑψηλοῦ προκαθήμενος ὁ Ὑδάσπης τά τε
ὑποζύγια καὶ ἵππους καὶ ὕλην ἄλλην τὴν ἐν λαφύροις τῶν
τε κατὰ τὴν πόλιν καὶ τῶν κατὰ τὴν μάχην ληφθέντων τῇ
στρατιᾷ διένεμε, τὸ πρὸς ἀξίαν τῶν ἑκάστῳ πεπραγμένων
ἀνακρίνων. 3 Ὡς δὲ καὶ ὁ ζωγρήσας τὸν Ὀροονδάτην
παρῆν, « Αἴτησον ὃ βούλει » ἔφη πρὸς αὐτὸν ὁ Ὑδάσπης.
Καὶ ὃς « Οὐδὲν αἰτεῖν δέομαι, βασιλεῦ » εἶπεν, « ἀλλ' εἰ
καὶ σὺ τοῦτο ἐπικρίνειας, ἔχω τὸ αὔταρκες Ὀροονδάτου
μὲν ἀφελόμενος αὐτὸν δὲ προστάγματι τῷ σῷ διασωσά-
μενος. » 4 Καὶ ἅμα ἐδείκνυε τὸν ξιφιστῆρα τοῦ σατράπου
λιθοκόλλητόν τε καὶ πολύτιμον καὶ ἐκ πολλῶν ταλάντων
κατεσκευασμένον, ὥστε πολλοὺς τῶν περιεστώτων ἐκβοᾶν
ὑπὲρ ἰδιώτην εἶναι καὶ πλέον βασιλικὸν τὸ κειμήλιον.
5 Ἐπιμειδιάσας οὖν ὁ Ὑδάσπης « Καὶ τί ἂν » ἔφη
« γένοιτο βασιλικώτερον τοῦ μὴ λειφθῆναι τὴν ἐμὴν μεγα-
λοψυχίαν τῆς τούτου φιλοπλουτίας; Εἶτα καὶ σώματος
ἁλόντος τῷ κρατήσαντι σκυλεύειν ὁ πολέμου δίδωσι νόμος.
Ὥστε ἀπίτω λαβὼν καὶ παρ' ἡμῶν ὃ καὶ ἀκόντων ἔσχεν ἂν
ῥᾳδίως ἀποκρύπτων. »

XXIV 1 Μετὰ τοῦτον παρῆσαν οἱ τὸν Θεαγένην καὶ
τὴν Χαρίκλειαν ἑλόντες, καὶ « Ὦ βασιλεῦ » ἔφασαν, « ἡμῶν

3 ἐπὶ δόξης ZMPAT : ἐπιδόξους V ‖ 7 στρατιᾷ VZAT : -είᾳ MP ‖
8 κατ' VZAT : πρὸς MP ‖ 2 1-2 εἰς δὲ τὴν ὑστεραίαν (-έαν Z) VZMPT : τῇ
δὲ ὑστεραίᾳ A ‖ 3 ὕλην VZPAT : ὅλην M ‖ ἐν λαφύροις VMPAT : ἐλα-
φύροις Z ‖ 5 στρατιᾷ VZAT : -είᾳ MP ‖ πρὸς VMPAT : παρ' Z ‖ 3 2 ἔφη
πρὸς αὐτὸν VZRAT : πρὸς αὐτὸν ἔφη M ‖ 3 ὃς VZAT : ὡς MP ‖ βασιλεῦ
ZMPAT : ὦ βασ. V ‖ 4 3 κατεσκευασμένον VMPAT : -μένων Z ‖ 5 2 λειφθῆναι VZ et M superscr. : ληφθ. MPAT.

nous, ce n'est pas de l'or, ni des pierres précieuses, ri-
chesses communes chez nous et que l'on trouve en tas dans
ton palais royal. Nous t'amenons une jeune fille et un
jeune homme, le frère et la sœur, grecs d'origine. Leur
taille et leur beauté n'ont d'égales sur terre que les tiennes.
Aussi nous croyons-nous dignes de ta munificence. » **2**
« Vous avez bien fait, dit Hydaspe, de rafraîchir mes sou-
venirs. Car je ne les ai vus qu'en passant et dans le tumulte
de l'action, quand vous me les avez présentés. Qu'on les
amène avec le reste des prisonniers. » On les amena sur le
champ, un coureur ayant été envoyé hors de la ville au
train de combat pour dire à leurs gardiens de les conduire
immédiatement devant le roi. Ils demandèrent à un de
ces gardiens, un demi-grec, où on les menait. Il leur répondit que le roi Hydaspe passait en revue les prisonniers.
« Dieux sauveurs ! » s'écrièrent en même temps les deux
jeunes gens à ce nom d'Hydaspe ; car jusque-là ils
se demandaient si c'était bien Hydaspe qui régnait et
non un autre. **3** Théagène dit tout bas à l'oreille de
Chariclée : « Tu ne manqueras pas, très chère amie, de
raconter au roi qui nous sommes. Car tu le vois, c'est bien
Hydaspe, celui que tu m'as dit bien souvent être ton père. »
« Mon doux ami, répartit Chariclée, les grandes affaires
demandent de grandes précautions. **4** Une intrigue dont
le ciel, au début, a embrouillé tous les fils ne peut aboutir
à son dénouement sans de nombreuses péripéties[1]. D'ailleurs une situation qui depuis si longtemps se complique
chaque jour, il ne serait pas prudent de l'éclaircir tout d'un
coup, surtout quand celle qui est la cheville ouvrière de
toute la pièce et de qui dépendent toute l'intrigue et ma
reconnaissance, je veux dire Persinna, ma mère, n'est pas
là. Elle vit, elle aussi, grâce aux dieux, nous le savons. »

---

1. Ce n'est pas la première fois qu'Héliodore assimile les aventures
de ses héros à une pièce de théâtre avec tous les éléments — exposition,
péripéties, dialogues, coups de surprise, alternative d'espoir et de décou-
ragement, préparation et annonce voilée du dénouement. (M.)

δὲ οὐ χρυσὸς οὐ λίθοι τὰ λάφυρα, πρᾶγμα κατ' Αἰθιοπίαν
εὔωνον καὶ σωρηδὸν ⟨ἐν⟩ τοῖς βασιλείοις ἀποκείμενον
ἀλλά σοι κόρην καὶ νεανίαν προσαγηοχότες ἀδελφοὺς μὲν
καὶ Ἕλληνας, μεγέθει δὲ καὶ κάλλει, μετά γε σέ, πάντας
ἀνθρώπους ὑπερφέροντας, ἀξιοῦμεν μὴ ἀμοιρῆσαι τῆς
παρά σοι μεγαλοδωρεᾶς. » 2 « Εὖ γε » εἶπεν ὁ Ὑδάσπης
« ὑπεμνήσατε· καὶ γὰρ ἐν παρέργῳ τότε καὶ κατὰ θόρυβον
προσαχθέντας ἐθεασάμην. Ὥστε ἀγέτω τις, ἡκόντων δὲ
καὶ οἱ λοιποὶ τῶν αἰχμαλώτων. » Ἤγοντο οὖν αὐτίκα,
δρομαίου τινὸς ἔξω τειχῶν καὶ εἰς τοὺς σκευοφόρους
ἀφιγμένου καὶ τοῖς φυλάττουσιν ἄγειν ὡς βασιλέα τὴν
ταχίστην εἰπόντος. Οἱ δὲ μιξέλληνά τινα τῶν φυλάκων
ὅποι τὸ παρὸν ἄγοιεν ἠρώτων· ἐκείνου δὲ εἰπόντος ὡς
βασιλεὺς Ὑδάσπης ἐπισκοπεῖ τοὺς αἰχμαλώτους « Θεοὶ
σωτῆρες » ἀνεβόησαν ἅμα οἱ νέοι τοὔνομα τὸ Ὑδάσπου
γνωρίσαντες, εἰς τὴν τότε ὥραν μὴ καὶ ἕτερός ἐστιν ὁ
βασιλεύων ἀμφιβάλλοντες. 3 Ὁ οὖν Θεαγένης ἠρέμα
πρὸς τὴν Χαρίκλειαν « Ἐρεῖς » ἔφη « δηλονότι, φιλτάτη,
πρὸς βασιλέα τὰ καθ' ἡμᾶς. Ἰδοὺ γὰρ καὶ Ὑδάσπης
ὃν πατέρα σοι γεγενῆσθαι πρός με πολλάκις ἔφραζες. » Καὶ
ἡ Χαρίκλεια « Ὦ γλυκύτατε » ἔφη « τὰ μεγάλα τῶν
πραγμάτων μεγάλων δεῖται κατασκευῶν. 4 Ὧν γὰρ
πολυπλόκους τὰς ἀρχὰς ὁ δαίμων καταβέβληται, τούτων
ἀνάγκη καὶ τὰ τέλη διὰ μακροτέρων συμπεραίνεσθαι· ἄλλως
τε καὶ ἃ πολὺς χρόνος συνέχεε, ταῦτα εἰς ὀξὺν καιρὸν
ἀνακαλύπτειν οὐ λυσιτελές, τοῦ κεφαλαίου καὶ ταῦτα τῆς
ὅλης καθ' ἡμᾶς ὑποθέσεως καὶ ἐξ ἧς ἡ σύμπασα πλοκή
τε καὶ ἀνεύρεσις ἤρτηται, Περσίννης λέγω μητρὸς τῆς
ἐμῆς, ἀπολειπομένης. Σῴζεσθαι δὲ καὶ ταύτην θεῶν

XXIV 1 3 οὐ (2) VMP : οὐδὲ ZAT ‖ λίθοι ZMPAT : λίθος V ‖ 4 ἐν add.
Hirschig ‖ 8 σοι ZMPAT : σου V ‖ 2 7 μιξέλληνά VMPAT : μιξένλυμα
Z ‖ 10 τὸ V : τοῦ ZMPAT ‖ 11 τότε VZAT : τε MP ‖ 3 2 φιλτάτη VMPT :
om. Z post βασιλέα A ‖ 3 γὰρ VZMPT : add. σοι A ‖ 4 3 ἀνάγκη VMPAT :
om. Z ‖ 6 ἐξ ἧς VMAT : ἐξῆς ZP ‖ πλοκή VZAT : συμπλοκή MP.

5 « Mais si l'on nous sacrifiait auparavant, reprit Théagène, ou bien si l'on nous offrait en présent comme esclaves[1],
nous coupant ainsi tout espoir d'atteindre l'Éthiopie ? » —
« C'est tout le contraire, dit Chariclée. Tu as entendu dire
souvent à nos gardiens que nous étions nourris comme des
victimes réservées aux dieux de Méroé[2]. Il n'y a pas de
danger que l'on nous offre en présent ou que l'on fasse périr
auparavant des victimes consacrées aux dieux par une
promesse solennelle que des gens si pieux ne se permet-
tront pas de transgresser. **6** Si, nous laissant aller à un
excès de joie, nous commettions l'étourderie de révéler
qui nous sommes, alors que ceux qui pourraient nous reconnaître et confirmer nos dires ne sont pas là, nous ris-
querions fort, sans le vouloir, d'indisposer l'auditeur et
de soulever en lui une juste colère. Il prendrait pour de
mauvais plaisants et des insolents des prisonniers qui, destinés à l'esclavage, viendraient raconter d'incroyables histoires et, par un coup de théâtre, se prétendre les enfants
du roi. » **7** « Mais, dit Théagène, les signes de reconnaissance que tu portes sur toi, je le sais, et que tu con-
serves avec soin, prouveront qu'il n'y a pas de notre part
invention, ni fraude. » « Ces objets, reprit Chariclée, ne
peuvent être des signes de reconnaissance que pour ceux
qui les connaissent et qui les ont exposés avec moi. Pour
ceux qui ne les connaissent pas ou du moins qui ne peuvent
les connaître tous, ce ne sont que bijoux sans signification,
des colliers qui risquent peut-être de faire soupçonner de
vol et de brigandage ceux qui les portent. **8** Et à supposer qu'Hydaspe reconnût en partie ces objets, qui pourrait le convaincre que c'est Persinna qui les a donnés, et

---

1. Héliodore emploie αἰχμάλωτος = αἰχμαλωτικός pour qualifier
τύχη en I XVI, 6 7 (voir note *ad loc.*, p. 97, note 2) ; mais αἰχμάλωτον
δῶρον signifiant « don de prisonniers de guerre » est plus difficile à admettre. Αἰχμαλάτους de Coray est donc séduisant ; cette assimilation
de la terminaison avec celle de δῶρον était une erreur facile à
commettre.

2. Cf. I, 4 3-6.

βουλήσει πεπύσμεθα. » 5 « Ἂν οὖν προθύσηταί τις
ἡμᾶς » ὑπολαβὼν ὁ Θεαγένης « ἢ καὶ ὡς αἰχμάλωτον δῶρον
παρασχὼν τὴν εἰς Αἰθιοπίαν ἡμῖν ἄφιξιν ὑποτέμηται ; »,
« Μή, πᾶν τοὐναντίον » ἔφη ἡ Χαρίκλεια. « Νυνὶ μὲν γὰρ
πρὸς τῶν φυλάκων ἀκήκοας πολλάκις ὡς ἱερεῖα τρεφόμεθα
τοῖς κατὰ Μερόην θεοῖς ἐναγισθησόμενοι, καὶ δέος οὐδὲν
δωρηθῆναι ἡμᾶς ἢ προαναιρεθῆναι καθωσιωμένους ἐξ ὑπο-
σχέσεως τοῖς θεοῖς ἣν παραβαθῆναι ὑπ' ἀνδρῶν εὐσέβειαν
ἐκτετιμηκότων οὐ θέμις. 6 Εἰ δὲ περιχαρείᾳ τὸ ὅλον
ἐνδόντες προχείρως τὰ καθ' ἑαυτοὺς ἐξαγορεύοιμεν, τῶν
καὶ γνωρίζειν ταῦτα καὶ βεβαιοῦν δυναμένων οὐ παρόντων,
μὴ καὶ λάθωμεν τὸν ἀκούοντα παροξύναντες καὶ πρὸς
ὀργήν τι δικαίως ὑφιστάμενοι, χλεύην, ἂν οὕτω. τύχῃ, καὶ
ὕβριν τὸ πρᾶγμα ἡγησάμενοι, εἴ τινες αἰχμάλωτοι καὶ δουλεύειν ἀποκεκληρωμένοι πεπλασμένοι καὶ ἀπίθανοι καθάπερ
ἐκ μηχανῆς τῷ βασιλεύοντι παῖδας ἑαυτοὺς εἰσποιοῦσιν. »
7 « Ἀλλὰ τὰ γνωρίσματα » ἔφη ὁ Θεαγένης, « ἃ φέρειν
σε οἶδα καὶ διασφζειν, ὅτι μὴ πλάσμα ἐσμὲν μηδὲ ἀπάτη
συλλήψεται. » Καὶ ἡ Χαρίκλεια « Τὰ γνωρίσματα » ἔφη
« τοῖς γινώσκουσιν αὐτὰ ἢ συνεκθεμένοις ἐστὶ γνωρίσματα,
τοῖς δὲ ἀγνοοῦσιν ἢ μὴ πάντα γνωρίζειν ἔχουσι κειμήλια
τηνάλλως καὶ ὅρμοι κλοπῆς, ἂν οὕτω τύχῃ, καὶ λῃστείας
τοῖς φέρουσιν ὑπόνοιαν προσάπτοντες. 8 Εἰ δὲ δή τι
καὶ γνωρίσειεν Ὑδάσπης, τίς ὅτι καὶ Πέρσιννα ἡ δεδωκυῖα,
τίς δ' ὅτι καὶ ὡς θυγατρὶ μήτηρ ὁ πείσων ἔνεστιν ; Ἀν-

---

9 πεπύσμεθα VZMAT : πεπείσμεθα P ‖ 5 2 αἰχμάλωτον codd. : -ους
Coraes quod vult Ry. ‖ 3 ἡμῖν VZMP : ἡμῶν T om. A ‖ ὑποτέμηται VZPAT :
ὑποτετίμηται M ‖ 4 post τοὐναντίον add. προσδόκα V ‖ 5 ἀκήκοας VZAT :
-όαμεν M -οα P ‖ 7 καθωσιωμένους VZMT : καθοσ. ΡΑ ‖ 6 1 τὸ ὅλον
VZAT : τῶν ὅλων MP ‖ 2 ἑαυτοὺς VZPAT : ἡμᾶς M ‖ ἐξαγορεύοιμεν
VZMP : -εύομεν AT ‖ 4 λάθωμεν VAT : -ομεν Z -οιμεν MP ‖ παροξύναντες
ZMPAT : -οντες V ‖ 5 ὑφιστάμενοι codd. : ἐφιστ. Bas. ‖ 6 ἡγησάμενον V :
-αμένους ZAT -ομένους MP ‖ 7 ἀπίθανοι VMP : ἀπείθ. ZAT ‖ 7 1 ἃ φέρειν
VA : ἀφαιρεῖν ZMP καὶ ἀφ. T ‖ 6 ὅρμοι VMPAT : ὅρμους Z ‖ 7 προσάπτοντες ZPAT : -οντα V -ουσιν M ‖ 8 2 Ὑδάσπης VZMT : ὁ Ὑδ. ΡΑ.

que c'est une mère qui les a donnés à sa fille ? Il y a, Théagène, un moyen infaillible de reconnaissance : l'instinct
d'une mère, qui, dès la première rencontre, éprouve à
l'égard de son enfant un sentiment de vive tendresse, par
l'effet d'une secrète sympathie[1]. Ne négligeons donc pas ce
signe de reconnaissance qui seul peut donner crédit à tous
les autres. »

XXV 1   Tout en causant ainsi, ils arrivèrent auprès du
roi. On avait amené aussi Bagoas. Quand Hydaspe les vit
debout devant lui, il se leva un instant de son siège et
dit : « Soyez-moi propices, ô dieux », puis, tout pensif, il
se rassit. Les dignitaires qui l'entouraient lui demandèrent
ce qu'il avait. « J'ai rêvé qu'il m'était né aujourd'hui une
fille telle que celle-ci et qu'elle avait tout d'un coup atteint
la fleur de l'âge[2]. Je n'avais fait aucun cas de ce songe ;
mais il m'est revenu à la mémoire, en voyant cette jeune
fille qui ressemble à celle de mon rêve. » 2   Les assistants lui dirent que l'imagination souvent prévoit et se
représente les événements futurs. Sans s'inquiéter davantage de sa vision il leur demanda qui ils étaient, d'où ils
venaient. Chariclée garda le silence. Théagène déclara
qu'ils étaient frère et sœur, et grecs. « Vive la Grèce, dit
le roi, cette mère d'honnêtes gens, qui nous fournit aujourd'hui de nobles et superbes victimes pour nos sacrifices d'actions de grâces. 3   Mais pourquoi en songe
ne m'est-il pas né aussi un fils[3] ? dit-il en riant à ceux qui
l'entouraient. Puisque ce jeune homme, le frère de la
jeune fille, devait se présenter à mes yeux, ne devait-il

---

1. La réaction de Persinna est décrite en I VII, 3-4. Le père a déjà
donné des signes des mêmes sentiments instinctifs (I, 3 3-5).

2. Cf. I VII, 4 5-7 et le songe de Persinna (I III, 1).

3. L'emploi de $\pi\alpha\iota\varsigma$, non accompagné d'un mot qui détermine le
genre, dans le sens de « fils » par opposition à « fille », est étrange. Dans les
autres passages où $\pi\alpha\iota\varsigma$ est opposé à $\theta\upsilon\gamma\alpha\tau\eta\rho$, il est défini par l'article
masculin, par ex. E XVI, 2 8-9 η $\mu\grave{\epsilon}\nu$ $\theta\upsilon\gamma\alpha\tau\eta\rho$ $\eta\delta\epsilon$ $\sigma\acute{\omega}\zeta\epsilon\tau\alpha\iota$ $\kappa\alpha\grave{\iota}$ $\acute{o}\rho\tilde{\alpha}\tau\alpha\iota$
$\acute{o}$ $\pi\alpha\iota\varsigma$ $\delta\grave{\epsilon}$ $\acute{o}\sigma o\nu$ $o\grave{\upsilon}\delta\acute{\epsilon}\pi\omega$ $\sigma\grave{\upsilon}\nu$ $\theta\epsilon o\tilde{\iota}\varsigma$ $\acute{o}\varphi\theta\acute{\eta}\sigma\epsilon\tau\alpha\iota$ (cf. E XXXIII, 4 6-7).
Dans ce passage on s'attendrait à une expression claire et sans ambi-
guïté. Cf. I XVIII, 2.

αντίρρητον γνώρισμα, Θεάγενες, ή μητρῴα φύσις, ὑφ' ἧς τὸ
γεννῶν περὶ τὸ γεννώμενον ἐκ πρώτης ἐντεύξεως φιλόσ-
τοργον ἀναδέχεται πάθος, ἀπορρήτῳ συμπαθείᾳ κινού-
μενον. Τοῦτο οὖν μὴ προώμεθα δι' ὅτι καὶ τὰ ἄλλα γνωρίσματα ἂν πιστὰ φανείη. »

XXV 1   Τοιαῦτα διαλεγόμενοι πλησίον ἤδη τοῦ βασιλέως
ἦσαν· συμπαρῆν δὲ καὶ ὁ Βαγώας ἀγόμενος. Κᾀπειδὴ
παραστάντας ὁ Ὑδάσπης εἶδεν, ἀνήλατο πρὸς βραχὺ τοῦ
θρόνου καὶ « Ἰλήκοιτε θεοί » φήσας αὖθις ἐπὶ συννοίας
ἑαυτὸν ἥδραζε. Τῶν δὲ ἐν τέλει παρεστώτων ὅτι πεπόνθοι
πυνθανομένων, « Τοιαύτην » ἔφη « τετέχθαι μοι θυγατέρα
τήμερον καὶ εἰς ἀκμὴν τοσαύτην ἥκειν ἀθρόον ᾤμην· καὶ τὸ
ὄναρ ἐν οὐδεμιᾷ φροντίδι θέμενος νυνὶ πρὸς τὴν ὁμοίαν τῆς
ὁρωμένης ὄψιν ἀπήνεγκα. » 2   Τῶν δὴ περὶ αὐτὸν
εἰπόντων ὡς φαντασία τις εἴη ψυχῆς τὰ μέλλοντα πολλάκις
⟨εἰς⟩ εἴδωλα προτυπουμένης, ἐν παρέργῳ τότε τὸ ὀφθὲν
ποιησάμενος, τίνες καὶ ὁπόθεν εἶεν ἠρώτα. Σιωπώσης δὲ
τῆς Χαρικλείας καὶ τοῦ Θεαγένους εἰπόντος ὡς ἀδελφοὶ
καὶ Ἕλληνες, « Εὖ γε ἡ Ἑλλάς » εἶπε « τά τε ἄλλα καλοὺς
κἀγαθοὺς φέρουσα καὶ γνήσια ἡμῖν καὶ εὐσύμβολα εἰς τὰς
ἐπινικίους θυσίας τὰ ἱερεῖα παρασχοῦσα. 3   Ἀλλὰ πῶς
οὐχὶ καὶ παῖς ἐτέχθη μοι κατὰ τὴν ὄψιν », γελάσας πρὸς
τοὺς παρόντας, « εἴπερ τὸν νεανίαν τοῦτον ἀδελφὸν ὄντα
τῆς κόρης καὶ ὁρᾶσθαί μοι μέλλοντα προειδωλοποιηθῆναι,

4 Θεάγενες VMPAT : ὦ Θεάγ. Z ‖ 7 μὴ VZAT : om. MP ‖ προώμεθα
VMPAT : παροσώμ. Z ‖ δι' ὅτι Coraes (idem X post corr.) : διότι codd. ‖
8 ἂν πιστὰ (οὐκ ἂν π. P) : πιστὰ ἂν ZA.

XXV 1 2 καὶ VZAT : om. MP ‖ ὁ VZMPT : om. A ‖ 3 ὁ Ὑδάσπης
εἶδεν VZPAT : εἶδεν ὁ Ὑδ. M ‖ 4 ἰλήκοιτε VT : ἡλίκ. MA ἱλίκ. Z ἱλείκ.
P ‖ 5 πεπόνθοι VZMAT : -θει P ‖ 6 τοιαύτην VMPAT : -τη Z ‖ τετέχθαι VMT : τετάχθαι PA τετέχαι Z ‖ 7 ἀθρόον VMPAT : -ώον Z ‖ 8 θέμενος codd. : τιθέμενος Bas. et edd. plurimi ‖ 2 3 εἰς Bekker : καὶ T om.
MZVPA ‖ 4 ὁπόθεν VZ : πόθεν MPAT ‖ 6 εἶπε VZAT : ἔφη MP ‖ 8 παρασχοῦσα VMPAT : -σχούσῃ Z ‖ 3 2 παῖς VZMAT : πένης P exspectes
παῖς ἄρρην vel υἱός, ‖ 4 μέλλοντα VZMAT · μέλλον P.

pas lui aussi m'être annoncé et préfiguré[1], par mon rêve, si
vous dites vrai? » Il se tourna alors vers Chariclée et lui
dit en grec (cette langue est en honneur[2] auprès de gymnosophistes et des rois d'Éthiopie) : « Et toi jeune fille,
pourquoi restes-tu silencieuse et muette à ma question? » —
4 « Auprès des autels des dieux, auxquels nous voyons
bien qu'on doit nous immoler, vous connaîtrez qui je suis et
qui m'a mise au monde. » « En quel lieu sont tes parents? »
« Ils sont ici, et ils seront, dans tous les cas, présents à mon
sacrifice. » Hydaspe sourit de nouveau : « En vérité, elle
rêve, cette fille de mon rêve[3], quand elle s'imagine que ses
parents vont être soudain transportés de Grèce en pleine
ville de Méroé. Qu'on les emmène donc, qu'on les soigne
et qu'on les nourrisse abondamment comme il convient à
des victimes qui doivent honorer nos autels. **5** Mais quel
est celui-ci, à côté d'eux, qui a l'air d'un eunuque? » « C'est
bien un eunuque, répondit un serviteur. Il s'appelle Bagoas
et Oroondatès n'a pas de trésor plus cher. » « Qu'il suive
les autres, non pour être immolé, mais afin de garder l'une
des victimes, cette jeune fille dont la beauté demande à
être surveillée avec le plus grand soin, si nous voulons qu'elle reste pure jusqu'au moment du sacrifice.
Les eunuques sont naturellement jaloux. Les plaisirs dont
ils sont privés, ils sont chargés de les interdire aux autres. »

XXVI 1 Il dit et continua à passser en revue les
prisonniers qui défilaient devant lui. Il décidait de leur

---

1. Si le verbe simple εἰδωλοποιῶ est courant et même classique
(par ex. Platon, *La République*, 605 c) son composé προειδωλοποιῶ est
infiniment plus rare. D'ailleurs sa formation et son emploi sont de la
meilleure tradition grecque. (M.)

2. La connaissance de la langue grecque était en grand honneur dans
les pays qui confinaient au monde grec ; cf. Philostrate, *Vie d'Apollonius*,
II, 31 (à propos des Indiens).

3. Héliodore a forgé l'expression ὀνειρογενής pour faire un jeu de
mots, ce qui est assez dans sa manière. Cf. *Préface du Traducteur*, vol. I,
p. xciii, note 1.

ὡς φατέ, διὰ τῶν ὀνειράτων ἐχρῆν; » Καὶ ἀποστρέψας τὸν
λόγον εἰς τὴν Χαρίκλειαν καὶ τὴν φωνὴν ἑλληνίζων, σπουδά-
ζεται γὰρ ἥδε ἡ γλῶττα παρὰ τοῖς Γυμνοσοφισταῖς καὶ
βασιλεῦσιν Αἰθιόπων, « Σὺ δὲ » ἔφη, « ὦ κόρη, τί σιγᾷς
οὐδὲν ἀποκρινομένη πρὸς τὴν πεῦσιν; » 4 Καὶ ἡ Χαρίκλεια « Πρὸς τοῖς βωμοῖς » ἔφη « τῶν θεῶν, οἷς ἱερεῖα
φυλαττόμενοι συνίεμεν, ἐμέ τε καὶ τοὺς ἐμὲ φύντας
γνώσεσθε. » « Καὶ ποῦ γῆς εἰσιν οὗτοι; » πρὸς αὐτὴν ὁ
Ὑδάσπης. Ἡ δὲ « Καὶ πάρεισιν » ἔφη « καὶ πάντως ἱερουργουμένης παρέσονται. » Μειδιάσας οὖν αὖθις ὁ Ὑδάσπης
« Ὀνειρώττει τῷ ὄντι » φησίν « ἡ ὀνειρογενὴς αὕτη μου
θυγάτηρ, ἀπὸ τῆς Ἑλλάδος κατὰ μέσην Μερόην τοὺς
φύντας ἀναπεμφθήσεσθαι φανταζομένη. Οὗτοι μὲν οὖν
ἀγέσθωσαν σὺν ἐπιμελείᾳ καὶ ἀφθονίᾳ τῇ συνήθει τὴν θυσίαν
κοσμήσοντες. 5 Ἀλλὰ τίς οὗτος ὁ πλησίον εὐνούχῳ
προσεοικώς; » Τῶν δή τις ὑπηρετουμένων « Καὶ εὐνοῦχος
ἀληθῶς » εἶπεν « ὄνομα Βαγώας, τῶν Ὀροονδάτου κτῆμα
τὸ τιμιώτατον. » « Ἑπέσθω » ἔφη « καὶ οὗτος, οὐχ
ἱερεῖον, τῶν δὲ ἱερείων θατέρου, τῆς κόρης ταύτης, φύλαξ,
πολλῆς ¦διὰ τὴν ὥραν προνοίας δεομένης ὥστε ἁγνὴν ἡμῖν
ἄχρι καιροῦ τῆς θυσίας φυλαχθῆναι. Ἔχει τι ζηλότυπον
ἔμφυτον τὸ εὐνούχων γένος· ὧν γὰρ ἀπεστέρηται, τούτων
εἰς κώλυμα τοῖς ἄλλοις προβέβληται. »

XXVI 1 Ταῦτα εἰπὼν τοὺς ἄλλους αἰχμαλώτους ἐν
τάξει παριόντας ἐπεσκόπει τε καὶ ἀνέκρινε, τοὺς μὲν

7 ἥδε VZMAT : ἤδη P ǁ παρὰ VZAT : καὶ παρὰ MP ǁ 9 ἀποκρι-
νομένη VZ : -αμένη MPAT ǁ πρὸς ZMPAT : πρὸς παρὰ V ǁ 4 3 συνίε-
μεν VZPAT : συνίειμεν M ǁ τοὺς ἐμὲ VMPAT : τοὺς ἐμοὶ Z ǁ 4 γνώσεσθε
VMPAT : -αι Z ǁ 5-6 ἱερουργουμένης VZA : -μένοις MPT ǁ 7 ὀνειρώττει
VMPAT : -τη Z ǁ 8 μέσην VZMPT : τὴν μέσην A ǁ 5 2 καὶ VZT : om.
MPA ǁ 3 Ὀροονδάτου VZMAT : -ην P ǁ κτῆμα codd. : κτημάτων
coni. Coraes, cf. Η XVII, 4 3 ǁ 6 πολλῆς VZMAT : -οῖς P ǁ 8 ἔμφυτον
VZT : om. MPA ǁ τὸ VMPAT : om. Z.

XXVI 1 2 παριόντας post τάξει VZAT : post αἰχμαλώτους M post
ἄλλους P ǁ ἐπεσκόπει VZAT : ἐσκ. MP ǁ ἀνέκρινε VZMAT : ἐνέκρ. P.

sort. Il faisait cadeau de ceux qui étaient reconnus pour
avoir toujours été de condition servile, et rendait à la
liberté ceux qui étaient de naissance libre [1]. Il mit à part
dix jeunes gens et autant de jeunes filles remarquables
par leur âge et par leur beauté, et les fit emmener avec
Théagène et ˙Chariclée pour les sacrifier avec eux. **2**
Quand il eut répondu à tous ceux qui avaient quelque
chose à lui demander, il s'occupa enfin d'Oroondatès,
qu'il avait fait apporter devant lui sur une civière. « J'ai
atteint, dit-il, mes buts de guerre, et conquis ce qui a été
la cause première de notre lutte ; Philæ et les mines d'émeraudes sont en mon pouvoir. Je ne veux pas, comme le
font beaucoup d'hommes, abuser de mes succès, poussé par
une ambition insatiable, ni étendre démesurément mon
empire, à la faveur de ma victoire [2]. Non, je me contente
des frontières que la nature même a posées, dès l'origine,
entre l'Égypte et l'Éthiopie : les Cataractes. Ayant obtenu
ce qui m'avait fait partir en campagne, je vais m'en retour-
ner, respectueux de la justice. **3** Et toi, si tu survis,
reprends tes fonctions de satrape et va dire au roi des
Perses : « ton frère Hydaspe a été le plus fort, mais dans
sa sagesse, il t'a laissé tous tes biens ; et si tu y consens,
il désire vivement obtenir ton amitié, le bien à ses yeux
le plus précieux que possèdent les hommes, mais si tu
recommences la lutte, il ne se dérobera pas. Quant aux Syénéens, je les dispense pour dix ans de payer leurs impôts
et je te prescris d'en faire autant. »

XXVII **1** Ces paroles soulevèrent parmi les assistants,
Syénéens et soldats, un murmure de louanges et des applaudissements qui retentirent au loin. Oroondatès tendit les

---

1. **Thyamis affirme qu'il a accordé un traitement semblable à ses
prisonniers de guerre** τὰς μὲν εὖ γεγονυίας ἀφιείς... τὰς δὲ ἐλάττους καὶ
ἃς δουλεύειν οὐχ ἡ αἰχμαλωσία μᾶλλον ἀλλὰ συνήθεια κατηνάγκαζε
θεραπαίνας ἑκάστοις διανέμων (A XIX, 5 4 sqq.).

2. **Cf.** VI, 3 5-7.

δωρούμενος, οΰς δούλους έξ άρχῆς έγνώριζεν ή τύχη, τοὺς
δὲ εὖ γεγονότας έλευθέρους ἀφιείς. Δέκα δὲ νέους κόρας
τε ἰσαρίθμους τῶν ἐν ἀκμῇ καὶ ὥρᾳ διαπρεπόντων ἐπιλε-
ξάμενος, ἅμα τοῖς περὶ τὸν Θεαγένην ἐφ' ὁμοίαν τὴν χρείαν
ἀνάγεσθαι προσέταττε. 2 Τοῖς τε ἄλλοις ἅπασιν ὧν
ἕκαστος ἐδεῖτο χρηματίσας, τέλος πρὸς τὸν Ὀροονδάτην
μετάκλητον καὶ φοράδην ἀχθέντα « Ἐγὼ » ἔφη « τὰς
αἰτίας τοῦ πολέμου συνῃρηκὼς καὶ τὰς ἐξ ἀρχῆς προφάσεις
τῆς ἔχθρας, τάς τε Φίλας καὶ τὰ σμαράγδεια μέταλλα, ὑπ'
ἐμαυτῷ πεποιημένος οὐ πάσχω τὸ τῶν πολλῶν πάθος
οὐδὲ ἐπεξάγω τὴν τύχην πρὸς πλεονεξίαν οὐδὲ εἰς ἄπειρον
ἐκτείνω τὴν ἀρχὴν διὰ τὴν νίκην, ἀλλ' ὅροις ἀρκοῦμαι οἷς
ἔθετο ἐξ ἀρχῆς ἡ φύσις τὴν Αἴγυπτον ἀπὸ τῆς Αἰθιοπίας
τοῖς καταρράκταις ἀποκρίνασα· ὥστε ἔχων δι' ἃ κατῆλθον
ἄνειμι σέβων τὸ δίκαιον. 3 Σὺ δέ, εἰ περιγένοιο, τῶν ἐξ
ἀρχῆς σατράπευε καὶ ἐπίστελλε πρὸς βασιλέα τῶν Περσῶν
ὡς ἀδελφὸς ὁ σὸς Ὑδάσπης τῇ μὲν χειρὶ κεκράτηκε, τῇ
δὲ γνώμῃ πάντα σοι τὰ σὰ μεθῆκε, φιλίαν τε πρὸς σε βουλόμενον ἀσπαζόμενος, χρημάτων ἐν ἀνθρώποις τὸ κάλλιστον, καὶ μάχην, εἰ αὖθις ἄρχοιο, μὴ παραιτούμενος.
Συνῃαλοις δὲ τοῖσδε τοὺς τεταγμένους φόρους εἰς δεκάδα
ἐτῶν αὐτός τε ἀφίημι καὶ σοὶ ποιεῖν οὕτως ἐντέλλομαι. »

XXVII 1 Τούτων εἰρημένων, ὑπὸ μὲν τῶν παρόντων
ἀστῶν τε ὁμοίως καὶ στρατιωτῶν εὐφημία τε ἤρθη καὶ
κρότος ἐπὶ πλεῖστον ἐξάκουστος· ὁ δὲ Ὀροονδάτης, τὼ

3 δωρούμενος ZMPAT : δωρουμένους V ‖ 4 δὲ VZPRAT : δὴ M ‖ 4-5 κόρας
τε VZMPT : καὶ κ. A ‖ 6 χρείαν VMPRAT : Χαρίκλειαν Z ‖ 2 5 σμαράγδεια
VZAT : -δια MP ‖ ὑπ' VMPRAT : ἐπ' Z ‖ 6 ἐμαυτῷ ZMPRAT : -ὸν V ‖
8 ἐκτείνω VMPRAT : -ων Z ‖ 10 δι' ἃ VMPRAT : διὰ Z ‖ 11 σέβων
ZMPRAT : σεύων V ‖ 3 1 εἰ περιγένοιο (-οιοι V) VMPRAT : ὑπεριγένοιο Z ‖
3 ὁ VMPRAT : om. Z. ‖ 4-5 βουλόμενον VZAT : -ος M om. P ‖ 6 εἰ αὖθις
VZ : εἰσαῦθις M (εἰς αὖθις AT) εἰ εἰσαῦθις P ‖ 7 δεκάδα ZAT (δεκάδεχα V) :
δέκα MP ‖ 8 οὕτως VZMAT : οὗτος P.

XXVII 1 2 ἀστῶν VZMP : αὐτῶν AT ‖ 3 χρότος VZMAT : κράτος P.

mains, les croisa, et s'inclina pour l'adorer, bien que les Perses n'aient pas l'habitude d'adorer ainsi un souverain autre que le Grand Roi. **2** « Je ne crois pas, déclara-t-il aux assistants, transgresser la loi de mon pays, en reconnaissant pour roi celui qui vient de me rendre la satrapie d'Égypte, ni commettre une iniquité en adorant le plus juste des hommes, qui, pouvant me faire périr, a la bonté de me laisser vivre, et qui, ayant le droit de faire de moi son esclave, m'a permis de rester un satrape. **3** En échange de tels bienfaits, je m'engage à entretenir, si je survis, une paix profonde et une amitié éternelle entre les Éthiopiens et les Perses, et à assurer aux Syénéens les avantages prescrits. S'il m'arrive malheur, je prie les dieux de récompenser Hydaspe, sa maison et sa race des bienfaits qu'il m'a accordés. »

χεῖρε προτείνας καὶ τὴν δεξιὰν ἐπὶ θατέραν παραλλάξας,
κύψας προσεκύνησε, πρᾶγμα οὐ νενομισμένον παρὰ Πέρσαις
βασιλέα ἕτερον τοῦτον τὸν τρόπον θεραπεύειν. 2 Καὶ
« Ὦ παρόντες, οὐ δοκῶ μοι » ἔφη « παραβαίνειν τὸ
πάτριον εἰ βασιλέα γνωρίζω τὸν σατραπείαν μοι δωρού-
μενον, οὐδὲ παρανομεῖν τὸν ἐννομώτατον ἀνθρώπων προσ-
κυνῶν ἀναιρεῖν μὲν δυνάμενον τὸ εἶναι δὲ φιλανθρωπευό-
μενον καὶ δεσπόζειν μὲν κεκληρωμένον σατραπεύειν δὲ μοι
παρεχόμενον. 3 Ἐφ' οἷς, εἰ μὲν περισωθείην, Αἰθίοψί
τε καὶ Πέρσαις εἰρήνην ἐγγυῶμαι βαθεῖαν καὶ φιλίαν ἀίδιον
καὶ Συηναίοις τὰ προστεταγμένα ἐμπεδώσειν· εἰ δέ τι
πάθοιμι, θεοὶ τῶν εἰς ἐμὲ καλῶν Ὑδάσπην τε καὶ οἶκον τὸν
Ὑδάσπου καὶ γένος ἀμείβοιντο. »

4 παραλλάξας VMPAT : παραλάξας Z ǁ 6 τοῦτον τὸν τρόπον VZAT :
τούτῳ τῷ τρόπῳ MP ǁ θεραπεύειν VMPAT : -εύει Z ǁ 2 2 παραβαίνειν
post πάτριον V ǁ τὸ VMPT : τὸν ZA ǁ 3 εἰ VZT : εἰς MPA ǁ γνωρίζω
VZAT : om. MP ǁ τὸν VZMAT : τῶν P ǁ σατραπείαν ZM : -εῖα VPA τὰ
σατραπεῖα T ǁ 4-5 οὐδὲ — δυνάμενον om. Z ǁ 3 4 τόν VZT : τοῦ MPA.

LIVRE X

I 1 Laissons maintenant Syéné et ce qui se passa dans cette ville, qui, après avoir couru un tel danger, connut, par un retour de fortune soudain un tel bonheur grâce à la clémence d'un seul homme[1]. Hydaspe fit partir d'abord la plus grande partie de son armée, puis se mit en route, lui-même vers l'Éthiopie. Tout les Syénéens et tous les Perses l'accompagnèrent fort loin en l'acclamant. **2** Il commença par longer le Nil ou suivre les régions voisines du fleuve[2]. Mais arrivé aux Cataractes, après avoir sacrifié aux dieux protecteurs des frontières, il changea de direction et s'enfonça dans l'intérieur. A Philæ il accorda deux jours de repos à son armée, envoya de nouveau en avant la plus grosse partie de ses troupes ainsi que les prisonniers, et resta pour consolider les remparts de la ville et installer une garnison. **3** Il partit ensuite précédé de deux cavaliers d'élite qui devaient dans chaque ville ou village changer de che-

---

1. Cf. III, 3 5 sqq. (τοῦ ῾Υδάσπου) ἀνδρὸς· δι᾽ εὐνομίαν... πατρικόν τινα ἔρωτα τοῖς δήμοις ἐνστάξαντος. L'addition par Coray de ἑνός est très plausible ; cf. Θ VII, 2 7-8 εὔηθες, ἔφη, τὴν ἑνὸς ἄνοιαν τοσούτοις ἐπαγαγεῖν ἀπώλειαν et Plutarque, *Lysandre* 11, etc.

2. Sur ἡ παραποταμία (χώρα) liée au Nil, cf. Diodore de Sicile, III, 8 (γένη) τὰ μὲν ἐξ ἀμφοτέρων τῶν μερῶν τὴν παραποτάμιον τοῦ Νείλου κατοικοῦντα. Ordinairement ἡ παραποταμία désigne une contrée arrosée par l'Euphrate en Syrie (Strabon, XVI, 2 11, p. 753, etc.). L'addition de l'article paraît s'imposer ; il est difficile de croire que les deux expressions τοῦ Νείλου et παραποταμίας aient pu servir à qualifier τῆς ὄχθης. Peut-être ce passage apporte-t-il quelque probabilité à la thèse qu'Héliodore a forgé le mot παράνειλος en B XXVI, 5 3 (voir note critique *ad loc.*).

ΒΙΒΛΙΟΝ ΔΕΚΑΤΟΝ

I 1 Τὰ μὲν δὴ κατὰ Συήνην ἐπὶ τοσόνδε πραχθέντα
εἰρήσθω, παρὰ τοσοῦτον μὲν ἐλθοῦσαν κινδύνου πρὸς
τοσαύτην δὲ εὐπάθειαν ἀθρόον δι' ⟨ἑνὸς⟩ εὐνομίαν ἀνδρὸς
μεταβαλοῦσαν· ὁ δὲ Ὑδάσπης τὸ πολὺ τοῦ στρατοῦ προεκπέμψας καὶ αὐτὸς ἐπὶ τὴν Αἰθιοπίαν ἐξήλαυνε πάντων
μὲν Συηναίων πάντων δὲ Περσῶν ἄχρι πλείστου σὺν
εὐφημίαις προπεμπόντων. 2 Τὰ μὲν οὖν πρῶτα ἐχώρει
τῆς ὄχθης ἀεὶ τοῦ Νείλου καὶ ⟨τῆς⟩ παραποταμίας ἐχό-
μενος· ἐπεὶ δὲ εἰς τοὺς καταρράκτας ἀφίκετο, θύσας τῷ
Νείλῳ καὶ θεοῖς ἐνορίοις, ἐκτραπεὶς τῆς μεσογαίας μᾶλλον
εἴχετο καὶ εἰς τὰς Φίλας ἐλθὼν ἡμέρας μέν που δύο δια-
ναπαύει τὸν στρατόν, αὖθις δὲ τὸ πολὺ τοῦ πλήθους
προαποστείλας, προεκπέμψας δὲ καὶ τοὺς αἰχμαλώτους,
αὐτὸς ἐπιμείνας τά τε τείχη τῆς πόλεως ὠχύρωσε καὶ
φρουρὰν ἐγκαταστήσας ἐξώρμησε. 3 Δύο δὲ ἱππέας
ἐπιλέξας, οὓς ἔδει προλαβόντας καὶ κατὰ κώμην ἢ πόλιν

Tit. Αἰθιοπικῶν βιβλίον ι' V Ἡλιοδώρου αἰθιοπικῶν Χαριχλείας
βιβλίον δέκατον Τ Ἡλιοδώρου αἰθιοπικῆς ἱστορίας δέκατον M deest in
Z ubi λόγος δέκατος in margine stat λόγος δέκατος Ρ Ἡλιοδώρου
αἰθιοπικῶν βυβλίον, λόγος δέκατος Α.

I 1 1 Συήνην VZA : τὴν Σ. ΜΡΤ ‖ 2 μὲν VZRAT : μόνον Μ ‖ ἐλθοῦσαν
VMPAT : -α Ζ ‖ 3 ἑνὸς add. Coraes ‖ 4 μεταβαλοῦσαν VZAT : -λαβοῦσαν
ΜΡ ‖ 5 ἐπὶ VMPAT : τὴν ἐπὶ Ζ ‖ 6 ἄχρι VZMAT : μέχρι Ρ ‖ 7 προπεμπόντων VZPT : προεκπεμπ. Μ πεμπ. Α ‖ 2 2 τῆς addidimus ‖ παραποταμίας AT : -ίαις VZMP ‖ 4 μεσογαίας VMPAT : -γείας Ζ ‖ 5 μὲν VZMAT :
πὲν Ρ ‖ 3 1 ἱππέας VMPAT : ἱππέσας Ζ ‖ 2-3 καὶ κατὰ — ἀμείβοντας;
om. Ζ ‖ 2 κώμην ἢ πόλιν VAT : πόλιν ἢ κώμην ΜΡ.

val[1] afin de remplir au plus vite la mission qu'il leur avait confiée d'aller annoncer à ceux de Méroé la bonne nouvelle de sa victoire.

II 1 Aux sages appelés Gymnosophistes, qui sont les assesseurs et les conseillers du roi, il écrivit : « Au très auguste Conseil, le roi Hydaspe. J'ai le plaisir de vous annoncer notre victoire sur les Perses. Non que je veuille me vanter de ce succès, car je ne prétends pas braver la fortune inconstante. Mais votre talent prophétique s'est révélé, cette fois, comme toujours, infaillible et je tiens à lui rendre hommage. Je vous invite donc et vous engage instamment à vous rendre au lieu accoutumé pour sanctifier par votre présence les sacrifices d'actions de grâces pour notre victoire, et en accroître la solennité aux yeux du peuple éthiopien. » 2 A sa femme Persinna, il écrivait en ces termes : « Nous sommes vainqueur et, ce qui est plus important pour toi, sain et sauf. Prépare de magnifiques processions et sacrifices d'actions de grâces : invite les sages, à qui j'envoie aussi des instructions, à se rendre en hâte avec toi devant la ville dans la plaine[2] consacrée aux dieux nationaux, Hélios, Séléné et Dionysos. »

III 1 En recevant ces lettres, Persinna déclara : « Voilà l'explication du songe que j'ai fait cette nuit[3]. Il me semblait que j'étais enceinte et que j'accouchais tout de suite

1. Les Éthiopiens n'avaient pas un système de transmissions postales aussi perfectionné que celui des Perses qui était célèbre par sa rapidité. Hérodote le décrit en VIII 98. Les Perses faisaient transporter leurs lettres par une série de messagers qui fournissaient chacun une journée de marche.

2. Le mot ὀργάς signifie « pays fertile » et servait en particulier à désigner les étendues d'une terre riche consacrée aux dieux (par ex. Pausanias, III, 4 2). Il n'est pas raisonnable de supposer avec Coray qu'Hérodote dans son récit de ἡ τράπεζα τοῦ ἡλίου (III 18 ; cf. Pausanias VI 26 2) se soit fondé sur la plaine sacrée de Méroé.

3. Comparer le songe d'Hydaspe (Θ XXV, 1 6 sqq.).

τοὺς ἵππους ἀμείβοντας σὺν τάχει τὸ ¦προστεταγμένον
ἀνύειν, ἐπιστέλλει τοῖς κατὰ Μερόην τὴν νίκην εὐαγγε-
λιζόμενος·

II 1 πρὸς μὲν τοὺς σοφούς, οἳ Γυμνοσοφισταὶ κέκληνται
σύνεδροί τε καὶ σύμβουλοι τῶν πρακτέων τῷ βασιλεῖ γινό-
μενοι, τοιάδε· Τῷ θειοτάτῳ συνεδρίῳ βασιλεὺς Ὑδάσπης·
τὴν νίκην ὑμῖν τὴν κατὰ Περσῶν εὐαγγελίζομαι, οὐκ ἀλα-
ζονευόμενος τὸ κατόρθωμα (τὸ γὰρ ὀξύρροπον τῆς τύχης
ἱλάσκομαι), ἀλλὰ τὴν προφητείαν ὑμῶν ἀεί τε καὶ ¦τὸ παρὸν
ἐπαληθεύουσαν τῷ γράμματι προδεξιούμενος. Ἥκειν οὖν
ὑμᾶς, εἰς τὸν εἰωθότα τόπον καὶ παρακαλῶ καὶ δυσωπῶ
τὰς εὐχαριστηρίους τῶν ἐπινικίων θυσίας εὐαγεστέρας τῇ
παρουσίᾳ τῷ κοινῷ τῶν Αἰθιόπων ἀποφανοῦντας. 2 Πρὸς
δὲ τὴν γυναῖκα Περσίνναν οὕτω· Νικᾶν ἡμᾶς ἴσθι καί,
ὃ πρότερόν ἐστι παρὰ σοί, σφζεσθαι. Πολυτελεῖς δὴ τὰς
χαριστηρίους ἡμῖν πομπάς τε καὶ θυσίας εὐτρέπιζε καὶ
τοὺς σοφοὺς ἅμα τοῖς παρ' ἡμῶν ἐπεσταλμένοις συμπαρα-
καλέσασα εἰς τὴν ἀφιερωμένην τοῖς πατρίοις ἡμῶν θεοῖς,
Ἡλίῳ τε καὶ Σελήνῃ καὶ Διονύσῳ, πρὸ τοῦ ἄστεως ὀργάδα
σύσπευδε.

III 1 Τούτων κομισθέντων τῶν γραμμάτων, ἡ μὲν
Περσίννα « Τοῦτ' ἦν ἄρα » ἔφη « τὸ ἐνύπνιον ὃ κατὰ τὴν
νύκτα ταύτην ἐθεώμην, κύειν τε οἰομένη καὶ τίκτειν ἅμα

II 1 3 βασιλεὺς VZMP : -εῖ A -ὲς T ‖ Ὑδάσπης VMPRAT : ὁ Ὑδ. Z ‖
4 Περσῶν VZMAT : τῶν Π. P ‖ 6 ὑμῶν VZPRAT : ὅμως; M ‖ 7 προδεξιούμενος Z : προσδ. VMPRAT ‖ 9 εὐαγεστέρας VMPRAT : ἐναγ. Z ‖ 2 3 ὃ
πρότερόν VZAT : ὁπότερόν MP ‖ 4 ἡμῖν VZT : ὑμῖν MPRA ‖ εὐτρέπιζε
VZMAT : ηὔτρ. P ‖ 5 ἡμῶν ZMPT : ἡμῖν VA ‖ ἐπεσταλμένοις VZMAT :
ἀπεστ. P ‖ 6 πατρίοις VZMAT : -ῴοις P ‖ ἡμῶν VZPRAT : ἡμῖν M ‖ 7 τε
ZMPRAT : om. V ‖ πρὸ VMPRAT : πρὸς Z ‖ 8 σύσπευδε ZMPRAT : σύσπενδε V.

III 1 2 ἦν ZMPRAT : om. V ‖ 3 τε VZAT : τέ με MP ‖ οἰομένη
VZPRAT : -ην M.

d'une fille arrivée aussitôt à la fleur de l'âge et prête à marier. Les douleurs de l'enfantement figuraient, dans mon rêve, les pénibles luttes de la guerre et ma fille, la victoire. Allez en ville et répandez partout l'heureuse nouvelle. » 2 Les courriers exécutèrent cet ordre. La tête couronnée de lotus du Nil, leurs mains agitant des palmes, ils parcouraient à cheval les rues principales de la ville, annonçant à tous la victoire, que leur vue seule faisait déjà comprendre. 3 Méroé fut bientôt pleine d'allégresse : nuit et jour c'était des danses, des sacrifices offerts aux dieux par chaque famille, chaque quartier, chaque tribu, dans les temples ornés de guirlandes. On se réjouissait moins de la victoire que du salut d'Hydaspe[1], cet homme qui par son équité, sa bienveillance et sa douceur envers ses sujets, avait su inspirer à son peuple les sentiments d'une véritable piété filiale.

IV 1 Persinna fit rassembler d'abord, dans la plaine située en face de la ville, des troupeaux de bœufs, de chevaux, de brebis, d'antilopes, de griphons et de toutes sortes de bêtes. Il y en avait assez pour immoler une hécatombe de chaque espèce et pour offrir un festin public. Ensuite elle alla trouver les Gymnosophistes dans le temple de Pan[2] où ils habitaient. Elle leur remit la lettre d'Hy-

---

1. Cette manifestation spontanée du peuple qui se plaît à célébrer plutôt le salut d'Hydaspe que sa victoire est un hommage à son caractère plus probant que ses propres déclarations à Persinna, quand il lui écrit qu'elle devait regarder son salut comme plus important que son succès (II, 2 1-3). Héliodore veut à tout prix faire d'Hydaspe un roi parfait, énergique mais généreux et prêt en toute occasion à faire le sacrifice de lui-même et de ses propres désirs à l'intérêt de son peuple ; cf. XVI, 8.

2. En II, 2 7 Héliodore mentionne Hélios, Séléné et Dionysos comme les trois dieux les plus en honneur chez le peuple de Méroé. On sait cependant que Pan était vénéré par les habitants du pays avec deux autres divinités : Isis et Héraclès ; cf. Strabon, XVII, 2 3 (p. 822) οἱ δ'ἐν Μερόῃ καὶ Ἡρακλέα καὶ Πᾶνα καὶ Ἶσιν σέβονται πρὸς ἄλλῳ τινὶ βαρβαρικῷ θεῷ et Diodore de Sicile, III, 8 (οἱ μὲν ἀνωτέρω Μερόης

καὶ τὸ γεννηθὲν εἶναι θυγατέρα γάμου παραχρῆμα ὡραίαν,
διὰ μὲν τῶν ὠδίνων, ὡς ἔοικε, τὰς κατὰ τὸν πόλεμον
ἀγωνίας διὰ δὲ τῆς θυγατρὸς τὴν νίκην αἰνιττομένου τοῦ
ὀνείρατος. Ἀλλὰ τὴν πόλιν ἐπιόντες τῶν εὐαγγελίων
ἐμπλήσατε.» 2 Καὶ οἱ μὲν πρόδρομοι τὸ προστεταγμένον
ἔπραττον καὶ τάς τε κεφαλὰς τῷ Νείλῳ λωτῷ κατα-
στέψαντες καὶ φοινίκων πτόρθους ταῖς χερσὶ κατασείοντες
τὰ ἐπισημότερα τῆς πόλεως καθιππεύοντο τὴν νίκην καὶ
μόνῳ τῷ σχήματι δημοσιεύοντες. 3 Ἐμπέπληστο γοῦν
αὐτίκα χαρᾶς ἡ Μερόη, νύκτωρ τε καὶ μεθ' ἡμέραν χορούς
καὶ θυσίας κατὰ γένη καὶ ἀγυιὰς καὶ φατρίας τοῖς θεοῖς
ἀναγόντων καὶ τὰ τεμένη καταστεφόντων, οὐκ ἐπὶ τῇ νίκῃ
τοσοῦτον ὅσον ἐπὶ τῇ σωτηρίᾳ τοῦ Ὑδάσπου θυμηδούντων,
ἀνδρὸς δι' εὐνομίαν τε ἅμα καὶ τὸ πρὸς τοὺς ὑπηκόους
ἵλεών τε καὶ ἥμερον πατρικόν τινα ἔρωτα τοῖς δήμοις
ἐνστάξαντος.

IV 1 Ἡ δὲ Περσίννα βοῶν τε ἀγέλας καὶ ἵππων καὶ
προβάτων ὀρύγων τε καὶ γρυπῶν καὶ ἄλλων ζῴων παντοίων
εἰς τὴν περαίαν ὀργάδα προπέμψασα, τὰ μὲν ὥστε ἐξ
ἑκάστου γένους ἑκατόμβην εἰς τὴν θυσίαν ηὐτρεπίσθαι τὰ
δὲ ὥστε εἰς εὐωχίαν εἶναι τοῖς δήμοις, τέλος καὶ παρὰ
τοὺς Γυμνοσοφιστὰς ἐλθοῦσα, οἴκησιν τὸ Πανεῖον πεποιημένους, τό τε παρὰ τοῦ Ὑδάσπου γράμμα ἐνεχείριζε καὶ

4 εἶναι VZT : add. μου MP μοι Α || γάμου VZT : om. MPA || 5 μὲν
VZAT : γὰρ MP || τὸν πόλεμον MPT : τῶν πολέμων Z πόλεμον VA ||
2 2 λωτῷ VZMAT : τῷ P || 3 πτόρθους VMPAT : πόρθους Z || 4 καθιπ-
πεύοντο VMPAT : καθιπεύ. Z || 3 1 γοῦν VZMAT : οὖν P || 2 μεθ'
ἡμέραν Z (μεθημ. MPAT) : καθ' ἡμ. V || 3 ἀγυιὰς καὶ φατρίας (-είας
P) VZMPT : φατ. καὶ ἀγ. Α || 5 τῇ σωτηρίᾳ ZMA : τῇ om. VPT || τοῦ
VZA : τῇ τοῦ MPT || 6 εὐνομίαν VMPA : εὐνωμ. Z.

IV 1 2 ὀρύγων Bourdelotius : ὠρύγων VZAT ὀρτύγων MP ὠρύγγων
Colonna || παντοίων ZMPAT : πατρίων V fort. recte || 4 ἑκατόμβην
VMPAT : -τόμην Z || ηὐτρεπίσθαι VZ : εὐτρ. MPAT || 6 πανεῖον V
(πάνειον Z) : πανίον Μ (πάνιον PAT).

daspe et les pria de se rendre à l'invitation du roi et de lui
faire à elle même la grâce d'honorer de leur présence les
fêtes solennelles. 2 Ils lui demandèrent d'attendre un
peu. Ils entrèrent dans le sanctuaire pour prier la divinité
selon leur habitude et s'enquérir auprès d'elle de ce qu'ils
devaient faire. Après une courte absence ils revinrent. Au
nom de tous prit la parole le président du Conseil Sisimithrès : « Persinna, nous irons, les dieux nous le permettent.
Mais la divinité nous révèle que le sacrifice sera marqué
par un incident qui produira trouble et désordre, et dont
l'issue cependant sera heureuse et agréable. Il semble
qu'un de vos membres[1] ou une part de la royauté ait
été perdu et que le destin doive vous rendre alors ce que
vous cherchez[2]. » 3 « Les situations les plus dan-
gereuses, répondit Persinna, ne peuvent manquer de
prendre une heureuse tournure, si vous êtes là. Quand
j'apprendrai l'arrivée d'Hydaspe, je vous avertirai » —
« Inutile de nous avertir, reprit Sisimithrès. Il arrivera
demain matin. Une lettre t'en informera sous peu. » 4 Il
en fut ainsi. Persinna revenait au palais et n'en était plus
très loin quand un cavalier lui remit une lettre du roi lui
annonçant son arrivée pour le lendemain. Des hérauts
immédiatement répandirent la nouvelle. Les hommes seuls,
à l'exclusion de toute femme, étaient autorisés à aller à
sa rencontre. 5 En effet, le sacrifice devant être fait aux
plus purs et aux plus brillants des dieux, Hélios et Séléné,

οἰκοῦντες) τήν τε Ἶσιν καὶ τὸν Πᾶνα πρὸς δὲ τούτοις Ἡρακλέα καὶ
Δία σέβονται μάλιστα νομίζοντες ὑπὸ τούτων εὐηργετῆσθαι τὸ τῶν
ἀνθρώπων γένος.

1. Sur le jeu de mots μέλος, μέρος cf. Z X, 2 4 sqq. ἐμοὶ δὲ ἀρχή τις
ἀληθεστέρου πολέμου καὶ τραῦμα οὐ μέρους μόνον ἢ μέλους ἀλλὰ καὶ
ψυχῆς αὐτῆς γέγονε.

2. Bien que εἰς τότε n'offre pas en fait une différence de sens avec
τότε, l'expression cependant est réservée à la désignation de tel ou tel
moment dans le temps futur ; par ex. Platon, Les Lois, 830 b πύκται γε
ὄντες παμπόλλας ἂν ἡμέρας ἔμπροσθεν τοῦ ἀγῶνος ἐμανθάνομέν τε ἂν
μάχεσθαι καὶ διεπονούμεθα, μιμούμενοι πάντα ἐκεῖνα ὁπόσοις ἐμέλλομεν
εἰς τότε χρήσεσθαι περὶ τῆς νίκης διαμαχόμενοι.

συμπαρεκάλει πεισθῆναί τε ἀξιοῦντι τῷ βασιλεῖ καὶ δοῦναι καὶ αὐτῇ τὸ μέρος τὴν χάριν, κόσμον τῆς πανηγύρεως τῇ παρουσίᾳ γινομένους. 2 Οἱ δὲ ὀλίγον ἐπιμεῖναι κελεύσαντες καὶ εἰς τὸ ἄδυτον περελθόντες εὔχεσθαι ὡς ἔθος, παρὰ θεῶν τὸ πρακτέον πυθόμενοι, μικρὸν διαλιπόντες ἐπανῆλθον. Καὶ τῶν ἄλλων σιγώντων ὁ προκαθηγητὴς τοῦ συνεδρίου Σισιμίθρης «Ὦ Περσίννα» ἔλεγεν «ἡμεῖς μὲν ἥξομεν, οἱ θεοὶ γὰρ ἐπιτρέπουσι· θόρυβον δέ τινα καὶ ταραχὴν προμηνύει τὸ δαιμόνιον, ἐσομένην μὲν παρὰ τὰς θυσίας εἰς ἀγαθὸν δὲ καὶ ἡδὺ τὸ τέλος καταστρέψουσαν, ὡς μέλους μὲν ὑμῶν τοῦ σώματος ἢ μέρους τῆς βασιλείας ἀπολωλότος, τοῦ πεπρωμένου δὲ εἰς τότε τὸ ζητούμενον ἀναφαίνοντος.» 3 Καὶ ἡ Περσίννα «Τά τε φοβερὰ» ἔφη «καὶ πάντα τὴν πρὸς τὸ κρεῖττον ἕξει μεταβολὴν ὑμῶν παρόντων. Ἀλλ' ὅταν αἴσθωμαι προσάγοντα Ὑδάσπην, σημανῶ πρὸς ὑμᾶς.» «Οὐδὲν δεῖ» ἔφη «σημαίνειν» ὁ Σισιμίθρης, «ἥξει γὰρ αὔριον ὄρθριος· καὶ τοῦτό σοι γράμμα μηνύσει μικρὸν ὕστερον.» 4 Καὶ ἐγίνετο οὕτως. Ἄρτι γὰρ ἐπανιούσῃ τῇ Περσίννῃ καὶ τοῖς βασιλείοις πλησιαζούσῃ γράμμα τοῦ βασιλέως ἱππεὺς ἐνεχείριζεν εἰς τὴν ἑξῆς ἔσεσθαι τὴν παρουσίαν αὐτοῦ σημαῖνον. Κήρυκες οὖν αὐτίκα διήγγελλον τὴν γραφήν, μόνῳ τῷ ἄρρενι γένει τὴν ὑπάντησιν ἐπιτρέποντες γυναιξὶ δὲ ἀπαγορεύοντες. 5 Ἄτε γὰρ τοῖς καθαρωτάτοις καὶ φανοτάτοις θεῶν Ἡλίῳ τε καὶ Σελήνῃ τῆς θυσίας τελουμένης ἐπιμίγνυσθαι τὸ

---

8 τε ZMPA : τι V om. T ‖ 2 3 πυθόμενοι VZMAT : πειθ. P ‖ 5 Σισιμίθρης : VZPA (Σισιμμ. T) : Σιμίθρης M ‖ 6 ἥξομεν VMPAT : ἥξωμεν Ζ ‖ 7 μὲν VZPAT : om. M ‖ 8 καταστρέψουσαν Coraes : -στρέφουσαν codd. ‖ 9 μέρους ZMPAT : μέρος V ‖ 10 εἰς τότε (εἰς τὸ τότε V) τὸ VZ (εἰς τόδε τὸ A) : εἴς τε τὸ MT ἴστε τὸ P (εἰς τότε = τότε cf. εἰς ὕστερον = ὕστερον Γ XII, 1 5) ‖ 3 1 τά VMPAT : τάς Ζ ‖ 2 τὴν ZMPAT : om. V ‖ μεταβολὴν ZMPAT : -ῆς V ‖ 4 ἔφη ZMPAT : om. V ‖ 5 μηνύσει VMPAT : -σειν Ζ ‖ 4 2 τῇ VMPAT : om. Ζ ‖ 5 διήγγελλον VMPA : -ων Ζ -οντο T ‖ 6 ἐπιτρέποντες VMPAT : ἐπιτρέπον ταῖς Ζ ‖ 5 1 φανοτάτοις VMPT : φανωτάτοις A φανωτάτω Ζ.

l'usage défendait aux femmes d'y participer, pour éviter aux victimes une souillure même involontaire. Seule pouvait y assister la prêtresse de Séléné et c'était Persinna. Le roi était le prêtre d'Hélios, la reine la prêtresse de Séléné d'après la loi et la coutume d'Éthiopie. Une autre femme Chariclée devait assister à la cérémonie, non comme spectatrice, mais comme victime vouée à Séléné. 6 Il y eut dans la ville un élan irrésistible, et sans attendre le jour fixé, les habitants, dès le soir, traversèrent le fleuve Astaborras, les uns par le pont, les autres, par les barques de roseau qui mouillaient en grand nombre le long de la rive pour permettre à ceux qui habitaient trop loin du pont de traverser promptement. Elles sont fort rapides à cause de la matière dont elles sont faites et de la faible charge qu'elles peuvent supporter : deux ou trois hommes au plus. Ce sont des roseaux coupés en deux, dont chaque moitié constitue une nacelle.

V 1 Méroé[1], la capitale de l'Éthiopie, est dans une île triangulaire, entourée de fleuves navigables, le Nil, l'Astaborras et l'Asasobas. Le Nil en touchant le sommet du triangle se partage en deux bras. Les deux autres fleuves longent ces deux bras avant de se rejoindre et de se jeter dans le Nil qui déjà n'a plus qu'un lit et y perdent leurs

---

1. La description de Méroé est dans l'ensemble conforme aux renseignements donnés sur ce lieu par Diodore de Sicile, I, 33 et Strabon, XVII, 2 2 (p. 821-2). L'île, de forme triangulaire selon Héliodore, est appelée θυρεῷ παραπλησία par Diodore et θυρεοειδής par Strabon. Le nom exact ainsi que le vrai parcours des fleuves qui entourent l'île sont incertains. Strabon (*loc. cit.*) cite trois fleuves en plus du Nil, l'Astaboras, l'Astapous et l'Astasobas (cf. XVI, 4 8, p. 771 περὶ δὲ τὴν Μερόην καὶ ἡ συμβολὴ τοῦ τε Ἀσταβόρα καὶ τοῦ Ἀστάπου καὶ ἔτι τοῦ Ἀστασόβα πρὸς τόν Νεῖλον) ; mais au XVI, 1 2 (p. 786) il dit qu'il y avait deux fleuves, l'Astaboras et l'Astapous, et il ajoute que certains appellent le second Astasobas et situent ailleurs l'Astapous. La ville de Méroé d'après Strabon (p. 786) est à sept cents stades du confluent des rivières (cf. Pline, *Histoire Naturelle*, VI, 185) ; Héliodore ne paraît guère établir de distinction entre la ville et la vaste étendue de pays dans laquelle elle était située.

θῆλυ γένος οὐ νενόμιστο, τοῦ μή τινα καὶ ἀκούσιόν ποτε
γενέσθαι μολυσμὸν τοῖς ἱερείοις· μόνη δὲ παρεῖναι γυναικῶν
τῇ ἱερείᾳ τῆς Σεληναίας ἐπιτέτραπτο, καὶ ἦν ἡ Περσίννα,
τῷ μὲν Ἡλίῳ τοῦ βασιλέως τῇ Σεληναίᾳ δὲ τῆς βασιλίδος
ἐκ νόμου καὶ ἔθους ἱερουμένων. Ἔμελλε δὲ ἄρα καὶ ἡ
Χαρίκλεια παρέσεσθαι τοῖς δρωμένοις, οὐχ ὡς θεωρὸς ἀλλ'
ἱερεῖον ἐσομένη τῆς Σεληναίας. 6 Ἀκατάσχετος οὖν
ὁρμὴ κατειλήφει τὴν πόλιν· καὶ οὔτε τὴν προηγορευμένην
ἡμέραν ἀναμείναντες, ἀφ' ἑσπέρας ἐπεραιοῦντο κατὰ τὸν
Ἀσταβόρραν ποταμὸν οἱ μὲν κατὰ τὸ ζεῦγμα οἱ δὲ πορθμείοις
ἐκ καλάμων πεποιημένοις, ἃ δὴ πλεῖστα καὶ κατὰ πολλὰ
μέρη τῆς ὄχθης ἐσάλευε τοῖς πορρωτέρω τῆς γεφύρας
κατοικοῦσιν ἐπιτόμους διακονοῦντα τὰς περαιώσεις· ἔστι
δὲ ὀξυδρομώτατα τῆς τε ὕλης ἕνεκα καὶ ἄχθος, πλὴν ὅτι
δύο που καὶ τρεῖς ἄνδρας, οὐκ ἀνεχόμενα· κάλαμος γάρ
ἐστι δίχα τετμημένος καὶ τομὴν ἑκάστην σκάφιον παρεχό-
μενος.

V 1 Ἡ γὰρ δὴ Μερόη μητρόπολις οὖσα τῶν Αἰθιόπων
τὰ μὲν ἄλλα ἐστὶ νῆσος τριγωνίζουσα ποταμοῖς ναυσιπόροις
τῷ τε Νείλῳ καὶ τῷ Ἀσταβόρρᾳ καὶ τῷ Ἀσασόβᾳ περιρ-
ρεομένη, τοῦ μὲν κατὰ κορυφὴν ἐμπίπτοντος, τοῦ Νείλου,
καὶ πρὸς ἑκάτερα σχιζομένου, τῶν ἑτέρων δὲ δυοῖν κατὰ
πλευρὰν ἑκατέραν θατέρου παραμειβόντων καὶ αὖθις ἀλλήλοις συμπιπτόντων καὶ εἰς ἕνα τὸν Νεῖλον τό τε ῥεῦμα

7 ἱερουμένων ΖΜΡΑΤ : ἱερούμενον V ‖ καὶ (2) VΖΡΑΤ : om. M ‖ 6 2 ὁρμὴ
VΖΤ (ὁρμῇ A) : ἡ ὁρμὴ MP ‖ κατειλήφει : VMΡΑΤ : κατελείφθη Ζ ‖
οὔτε codd. : οὐδὲ Bekker at cf. Ζ XIV, 8 3 et al. et vide Introd., vol. I,
p. LXII ‖ 4 Ἀσταβόρραν VΖΤ : -βόραν ΜΡΑ (alterum ρ superscr. P) cf.
V, 1 3 et Strabo XVII 2, 2 (= p. 821-2) ‖ 7 ἐπιτόμους VMΡΑΤ : -ως Ζ ‖
8 ἄχθος VMΡΑΤ : -ους Ζ ‖ 9 που VΖΡΑΤ : om. M ‖ 10 τομὴν VΖΡΑΤ :
-ὴ M ‖ ἑκάστην VΖΡΤ : -τη M -τω A ἑκατέραν (quod melius) Hirschig ‖
σκάφιον (σκαφίον V σκαφεῖον M) VMΡΤ : -ίῳ A σκάφην Ζ.

V 1 3 Ἀσταβόρρᾳ VΖΡΤ : -βόρᾳ ΜΑ cf. IV, 6 4 ‖ τῷ (3) ΖΜΡΑΤ :
τὸ V ‖ 7 συμπιπτόντων ΖΜΡΑ : συμεμπιπτ. VΤ.

eaux et leur nom. **2** Cette île immense ressemble à un
continent : elle a trois milles stades de long et mille de
large[1]. Elle nourrit des animaux énormes, entr'autres des
éléphants. La terre y est aussi fertile et même les arbres y
deviennent plus grands qu'ailleurs[2]. Les palmiers gigantesques portent des dattes énormes et succulentes; le
froment et l'orge atteignent une hauteur telle qu'un
homme monté sur un cheval et même sur un chameau
peut s'y cacher. Ils rendent jusqu'à trois cents pour un.
Quant aux roseaux, nous avons dit quelle était leur
grosseur[3].

VI 1 Toute la nuit donc, ils traversèrent le fleuve les
uns après les autres pour se porter au-devant d'Hydaspe
et l'accueillir par des bénédictions et des louanges comme
un dieu. Tandis que le peuple se portait plus loin, les
Gymnosophistes s'étaient arrêtés un peu avant le champ
sacré. Ils lui serrèrent les mains et l'embrassèrent. Plus
loin attendait Persinna, sous le portique et dans l'enceinte
du temple. **2** Prosternés, ils adorèrent la divinité et lui
firent des actions de grâce pour la victoire et le salut du
roi. Puis, sortant de l'enceinte pour accomplir le sacrifice

---

1. L'annotateur ancien (voir note critique) qui prétendait que ces renseignements étaient une pure niaiserie et un non sens n'était pas le seul
à croire ces chiffres exagérés. Ces mêmes mesures, il est vrai, sont
indiquées par Diodore de Sicile (*loc. cit.*) et par Strabon (p. 821) ; mais, si
Diodore les donne sans commentaire, Strabon soupçonne de l'exagération
et il écrit τὸ μέγεθος τάχα πρὸς ὑπερβολὴν εἴρηται· μῆκος μὲν ὅσον
τρισχιλίων σταδίων εὖρος δὲ χιλίων.

2. Strabon donne plus de détails au sujet des animaux de Méroé mais
s'étend moins sur les productions végétales. Il dit cependant qu'il y
avait des forêts (ἔχει δ' ἡ νῆσος συχνὰ καὶ ὄρη καὶ δάση μεγάλα p. 821)
et que les palmiers et trois autres espèces d'arbres y poussaient en abon-
dance (p. 822). Quant aux animaux, il mentionne non seulement les
éléphants, mais aussi les lions, les léopards, les serpents καὶ ἄλλα θηρία
πλείω· καταφεύγει γὰρ ἀπὸ τῶν ἐμπυρωτέρων καὶ αὐχμηροτέρων ἐπὶ τὰ
ὑδρηλὰ καὶ ἐλώδη.

3. Cf. IV, 6 sqq.

τό τ' ὄνομα ἐκνικωμένων. 2 Μέγεθος δὲ οὖσα μεγίστη καὶ ἤπειρον ἐν νήσῳ σοφιζομένη (τρισχιλίοις γὰρ τὸ μῆκος, εὖρος δὲ χιλίοις περιγράφεται σταδίοις); ζῴων τε παμμεγεθῶν τῶν τε ἄλλων καὶ ἐλεφάντων ἐστὶ τροφὸς καὶ δένδρα παραλλάττοντα ἢ κατ' ἄλλας φέρειν ἀγαθή. Ἐκτὸς γὰρ ὅτι φοίνικές τε ὑπερμήκεις καὶ τὴν βάλανον εὔστομοί τε καὶ ὑπέρογκοι, σίτου τε καὶ κριθῶν στάχυες τὴν μὲν αὔξησιν ὥστε καὶ ἱππέα πάντα καὶ καμηλίτην ἔστιν ὅτε καλύπτειν, τὸν δὲ καρπὸν ὥστε καὶ εἰς τριακόσια τὸ καταβληθὲν ἐκφέρειν, ¡καὶ τὸν κάλαμον φύει τοιοῦτον οἷος εἴρηται.

VI 1 Τότε δ' οὖν διὰ πάσης νυκτὸς ἄλλοι κατ' ἄλλο τὸν ποταμὸν περαιωθέντες, προαπαντῶντές τε καὶ ἴσα καὶ θεὸν εὐφημοῦντες ἐδεξιοῦντο τὸν Ὑδάσπην· οὗτοι μὲν δὴ καὶ πορρωτέρω, μικρὸν δὲ καὶ πρὸ τῆς ὀργάδος ἐντυχόντες οἱ Γυμνοσοφισταὶ δεξιάς τε ἐνέβαλλον καὶ φιλήμασιν ἠσπάζοντο· μετὰ δὲ τούτους ἡ Περσίννα τοῦ νεώ τε ἐν προπύλοις καὶ περιβόλων ἐντός. 2 Κἀπειδὴ προσπεσόντες τοὺς θεοὺς προσεκύνησαν καὶ τὰς χαριστηρίους εὐχὰς ὑπέρ τε τῆς νίκης καὶ σωτηρίας ἐτέλεσαν, ἐκτὸς περιβόλων ἐλθόντες ἐπὶ τὴν δημοτελῆ θυσίαν ἐτρέποντο,

8 τό τ' ὄνομα nos (τό τ' οὖν. Casaubon) : τοὔνομα VZMPA καὶ τοὔν. Τ ‖ 2 1 μέγεθος VZAT : εὖρος ΜΡ ‖ 2 post σοφιζομένη add. ὅλον ψεῦδος ἐὰν ἀκριβῶς ψηφίσῃς Ζ ‖ 3 τε Coraes : δὲ codd. ‖ 5 παραλλάττοντα VZAT : πλάττουσα Μ πλατάνους κρείττω Ρ ‖ ἢ codd. (cf. διαφέρειν ἢ) : ἡ Lb. cum ἐκτὸς — ἐκφέρειν (10) in parenthesi ‖ 6 εὔστομοι VZAT : εὔστοχοι ΜΡ ‖ 8 ὥστε καὶ codd. : καὶ om. Bas. et edd. omn. ‖ 9 τριακόσια Τ : -χοσίους VP τριακο͞ (sic) Μ ̄τ Ζ τὴν Α ‖ 10 φύει VMA (-ειν Ρ) : ἐκφ. ΖΤ ‖ τοιοῦτον VZMAT : -ος Ρ.

VI 1 1 δ' οὖν VZPAT : οὖν Μ ‖ ἄλλο VZPAT : -ον Μ ‖ 2 περαιωθέντες VZPAT : διαπερ. Μ ‖ προαπαντῶντες VZMAT : προσαπ. Ρ ‖ τε VZAT : om. ΜΡ ‖ 3 θεὸν VMAT : θεῶν Ζ θεοὶ Ρ ‖ 5 δεξιάς ZMPAT : καὶ δ. V ‖ ἐνέβαλλον ΜΤ (ἀνέβ. Ζ ἔβ. V) : ἐνέβαλον ΡΑ ‖ 2 3 τε codd. : om. Bas et edd. praeter Colonnam.

public, ils allèrent s'asseoir sous la tente dressée pour la
circonstance au milieu de la plaine. Elle était bâtie sur
quatre roseaux fraîchement coupés qui aux quatre angles
figuraient autant de colonnes. Le haut de chacun des roseaux se recourbait, allait rejoindre les autres, formant un
berceau dont le toit était couvert de palmes. **3** Dans
un autre pavillon à proximité, sur un haut piédestal, se
trouvaient les statues des dieux nationaux et les images des
demi-dieux, Memnon, Persée et Andromède, que les rois
d'Éthiopie regardent comme les fondateurs de leur race[1].
Plus bas[2], et pour ainsi dire au-dessous de la divinité,
étaient assis sur une estrade moins élevée les Gymnosophistes. **4** Autour d'eux une phalange d'hoplites faisait
le cercle. Appuyés sur leurs boucliers dressés et joints les
uns aux autres, ils écartaient la foule et maintenaient
libre le milieu du champ où devaient se faire les sacrifices.
Hydaspe adressa d'abord quelques paroles au peuple, pour
annoncer la victoire et les bénéfices qu'elle avait rappor-
tés au pays, puis il invita les prêtres à commencer la cérémonie. **5** Trois autels élevés avaient été dressés : deux
ensemble pour Hélios et Séléné, le troisième, à part,
pour Dionysos[3]. Sur celui-ci ils immolaient des animaux
de toute espèce, sans doute parce que c'est un dieu uni-
versel, bienveillant pour tous, et que toute sorte de victimes est capable d'apaiser. Sur les autres autels, on ame-

---

1. Cf. Δ VIII, 3 1-3 ἡμῖν πρόγονοι θεῶν μὲν Ἥλιος τε καὶ Διόνυσος
ἡρώων δέ Περσεύς τε καὶ Ἀνδρομέδα καὶ Μέμνων ἐπὶ τούτοις.

2. L'adjectif χθαμαλός, employé classiquement dans le sens de terre
à terre, vil, quand il s'appliquait aux personnes, est usité ici, de façon
nouvelle pour désigner la position physique de personnes. Chez Homère,
et plus tard, χθαμαλός au sens propre de « situé en bas » était réservé
aux choses. (M.)

3. Hélios, Séléné et Dionysos sont en effet cités à plusieurs reprises et
ensemble dans le livre X comme les dieux nationaux de l'Éthiopie. Il est
à remarquer que dans le livre IV le nom de Séléné est omis (voir
note 1).

κατὰ τὴν προηυτρεπισμένην ἐν τῷ πεδίῳ σκηνὴν προ-
καθίσαντες, ἣν τέσσαρες ἐπλήρουν νεότμητοι κάλαμοι,
σχήματος τετραπλεύρου γωνίαν ἑκάστην ἑνὸς καλάμου,
κίονος δίκην, ἐρείδοντος καὶ κατὰ τὰς ἄκρας εἰς ἁψῖδα
περιαγομένου καὶ τοῖς ἄλλοις ἅμα φοινίκων ἔρνεσι συμ-
πίπτοντος καὶ τὸ ὑποκείμενον ὀροφοῦντος. 3 Καθ' ἑτέραν
δὲ σκηνὴν πλησίον ἐφ' ὑψηλῆς μὲν κρηπῖδος θεῶν τε
ἐγχωρίων ἀγάλματα καὶ ἡρώων εἰκόνες προὔκειντο, Μέμ-
νονός τε καὶ Περσέως καὶ 'Ανδρομέδας οὓς γενεάρχας
ἑαυτῶν οἱ βασιλεύοντες Αἰθιόπων νομίζουσι· χθαμαλώτεροι
δὲ καὶ οἷον ὑπὲρ κορυφῆς τὰ θεῖα πεποιημένοι κατὰ τῆς
δευτερευούσης κρηπῖδος οἱ Γυμνοσοφισταὶ ὑπεκάθηντο.
4 Τούτων ἑξῆς ὁπλιτῶν φάλαγξ εἰς κύκλον περιεστοίχιστο
ταῖς ἀσπίσιν ὠρθωμέναις καὶ. ἀλλήλων ἐχομέναις ἐπε-
ρειδομένη, τό τε πλῆθος ἐξόπισθεν ἀναστέλλουσα καὶ τὸ
μεσεῦον ἀνενόχλητον τοῖς ἱερουργουμένοις παρασκευά-
ζουσα. Μικρὰ δὲ δὴ προδιαλεχθεὶς πρὸς τὸν δῆμον ὁ
'Υδάσπης καὶ τήν τε νίκην καὶ τὰ ὑπὲρ τοῦ κοινοῦ κατορ-
θωθέντα καταγγείλας, ἔχεσθαι τῆς θυσίας τοῖς ἱεροποιοῖς
ἐκέλευε. 5 Τριῶν δὴ βωμῶν τῶν πάντων εἰς ὕψος ἠρμένων
καὶ τοῖν μὲν δυοῖν κεχωρισμένως Ἡλίῳ τε καὶ Σελήνῃ
συνεξευγμένων τοῦ τρίτου δὲ τῷ Διονύσῳ καθ' ἕτερον μέρος
ἰδιάζοντος, τούτῳ μὲν παντοῖα ζῷα ἐπεσφάττοντο, διὰ τὸ
πάνδημον, οἶμαι, τοῦ θεοῦ καὶ πᾶσι κεχαρισμένον ἐκ
ποικίλων τε καὶ παντοίων ἱλασκόμενοι· ἐπὶ δὲ τῶν ἑτέρων,

5 ἐν VZAT : om. MP ‖ 8 ἁψῖδα Τ : ἀψ. VZMPA ‖ 3 4 γενεάρ-
γας VZAT : γενάργας MP cf. Δ VIII, 2 6 ‖ 7 δευτερευούσης (-εούσης
Z) codd. : -ερούσης Bas ‖ ὑπεκάθηντο (-τω Z) VZAT : ἐπεκ. MP ‖
4 1 κύκλον VZAT : τὸν κ. MP ‖ 2 ἀλλήλων VZPAT : -αις Μ ‖ ἐχομέναις VMPAT : -ων Z ‖ 5 δὲ δὴ VZPAT : δὴ om. Μ ‖ προδιαλεχθεὶς
VZMP : προσδ. ΑΤ ‖ 5 1 δὴ ΖΜΡΑΤ : δὲ V ‖ ἠρμένων VMPAT :
ἠρμομένων Z ‖ 2 τοῖν VZAT : τῶν MP ‖ κεχωρισμένως VZPAT : -μένων
Μ ‖ ἡλίῳ VMPAT : -ου Z ‖ 3 ἕτερον MPAT : ἑκάτερον VZ ‖ 4 ἰδιάζοντος
VZMP : -αζόντως ΑΤ ‖ τούτῳ VZMAT : τοῦτο P ‖ ἐπεσφάττοντο VZT :
ἐπέσφαττον Α ὑπέσφαττον MP ‖ διὰ τὸ VMPAT : om. Z.

na pour Hélios quatre chevaux blancs, consacrant, **comme**
il est naturel, au plus rapide des dieux, le plus rapide des
animaux [1] ; pour Séléné, une paire de bœufs, cette déesse
si proche de la terre [2] méritant naturellement l'hommage
de ces animaux qui aident l'homme à travailler.

VII 1   Cette cérémonie n'était pas achevée lorsque se
firent entendre soudain des clameurs indistinctes et tumul-
tueuses, telles que peut en pousser une foule immense
et confuse [3]. « Qu'on respecte les usages, criaient les
assistants, qu'on accomplisse maintenant le sacrifice
rituel pour le salut de la patrie, qu'on offre à la divinité
les prémices de la guerre. » 2 Hydaspe comprit qu'ils
réclamaient les victimes humaines, les prisonniers qu'ils
ont coutume d'immoler quand ils ont vaincu des ennemis
d'une race étrangère. Il les apaisa de la main et leur fit
signe de la tête qu'il allait tout de suite satisfaire leur
demande. Il donna en effet l'ordre d'amener les captifs
destinés depuis longtemps à ce sacrifice. 3 Ils furent
amenés avec Théagène et Chariclée, sans liens et couronnés. Ils allaient mornes et la tête baissée, comme il est
naturel, mais Théagène était moins triste que les autres.
Quant à Chariclée, le visage joyeux et souriant, elle fixait
Persinna avec tant de persistance que la reine fut émue à
sa vue 4 et dit en poussant un profond soupir : « O mon
mari, quelle jeune fille tu as choisie pour le sacrifice ! Je
ne sais si je n'ai jamais rien vu d'aussi beau. Quelle no-

---

1. Hérodote, I, 216 4 dit que les **Massagètes** θεῶν μοῦνον ἥλιον
σέβονται. τῷ θύουσι ἵππους, νόος δὲ οὗτος τῆς θυσίης· τῶν θεῶν τῷ
ταχίστῳ πάντων τῶν θνητῶν τὸ τάχιστον δατέονται. En spécifiant
qu'il s'agit de chevaux blancs, Héliodore peut être influencé par l'opinion,
courante dans l'antiquité, que les chevaux blancs étaient les plus
rapides. Homère, *Iliade*, X, 437 :

λευκότεροι χιόνος θείειν δ' ἀνέμοισιν ὁμοῖοι

Cf. Virgile, *Enéide*, XII, 84 ; Horace, *Satires*, 1, 7 8.

2. Dans les ouvrages d'astronomie περίγειος est l'épithète ordinaire
de σελήνη.

3. Sur συγκλύδων ἀνθρώπων cf. Thucydide, VII, 5 4.

Ἡλίῳ μὲν τέθριππον λευκὸν ἐπῆγον, τῷ ταχυτάτῳ θεῶν,
ὡς ἔοικε, τὸ τάχιστον καθοσιοῦντες, τῇ Σεληναίᾳ δὲ
ξυνωρίδα βοῶν, διὰ τὸ περίγειον, ὡς εἰκός, τῆς θεοῦ τοὺς
γηπονίας συνεργοὺς καθιεροῦντες.

VII 1 Καὶ ἔτι τούτων δρωμένων βοή τις ἀθρόον
ἠγείρετο συμμιγής τε καὶ ταραχώδης καὶ οἷα εἰκὸς ὑπὸ
πλήθους ἀπείρου συγκλύδων ἀνθρώπων, « Τὰ πάτρια
τελείσθω » τῶν περιεστώτων ἐκβοώντων, « ἡ νενομισμένη
θυσία λοιπὸν ὑπὲρ τοῦ ἔθνους τελείσθω, αἱ ἀπαρχαὶ τοῦ
πολέμου τοῖς θεοῖς προσαγέσθωσαν. » 2 Συνεὶς οὖν ὁ
Ὑδάσπης ὅτι τὴν ἀνθρωποκτονίαν ἐπιζητοῦσιν, ἣν ἐπὶ ταῖς
κατὰ τῶν ἀλλοφύλων νίκαις μόναις ἐκ τῶν ἁλισκομένων
ἐπιτελεῖν εἰώθεσαν, κατασείσας τῇ χειρὶ καὶ αὐτίκα τὸ
αἰτούμενον ἔσεσθαι τοῖς νεύμασι σημήνας, τοὺς εἰς τοῦτο
πάλαι ἀποκεκληρωμένους αἰχμαλώτους ἄγεσθαι προσέταττεν. 3 Ἤγοντο οὖν οἵ τε ἄλλοι καὶ ὁ Θεαγένης καὶ ἡ
Χαρίκλεια τῶν τε δεσμῶν λελυμένοι καὶ κατεστεμμένοι,
κατηφεῖς μέν, οἷα εἰκός, οἱ ἄλλι — Θεαγένης δὲ ἐπ'
ἔλαττον —, ἡ Χαρίκλεια δὲ καὶ φαιδρῷ τῷ προσώπῳ καὶ
μειδιῶντι συνεχές τε καὶ ἀτενὲς εἰς τὴν Περσίνναν ἀφορῶσα,
ὥστε κἀκείνην παθεῖν τι πρὸς τὴν ὄψιν· 4 καὶ βύθιόν τι
στενάξασαν « Ὦ ἄνερ » εἰπεῖν, « οἵαν κόρην εἰς τὴν θυσίαν
ἐπιλέλεξαι· οὐκ οἶδα ἰδοῦσα τοιοῦτο κάλλος· ὡς δὲ καὶ

7-8 ἐπῆγον— καθοσιοῦντες om. MP ‖ 7 θεῶν VMPRAT : θεῷ Ζ ‖ 9 εἰκός
nos cf. VII, 1 2 et 3 3 : ἐοικός VZAT ἔοικε MP ‖ τῆς VZAT : τοῦ MP
(τῆς superscr. M) ‖ τοὺς ZMPRAT : τῆς V ‖ 10 γηπονίας V : γη (γει- Ζ)
πονία ZMPRAT.

VII 1 1 βοή τις VZAT : βόησις MP ‖ 2 ἠγείρετο VMAT : ἀγ. Ζ ἐγ. P ‖
3 ἀπείρου VZPRAT : om. M ‖ συγκλύδων VZ et M post ἀνθρώπων :
σὺν κλύδωνι PAT ‖ 2 2 ἐπιζητοῦσιν VZMAT : ζητ. P ‖ 3 ἐκ τῶν ἁλισκομένων om. P ‖ 5 ἔσεσθαι VZA : ἔπεσθαι MPT ‖ σημήνας VZMT : σημά-
νας PA ‖ τοῦτο VZMAT : τοῦ P ‖ 3 2 κατεστεμμένοι VZAT : -σταλμένοι
MP ‖ 3 κατηφεῖς VMPRAT : -φείᾳ Ζ ‖ Θεαγένης (-γέννης Ζ) VZAT : καὶ ὁ
Θεαγ. MP ‖ 4 2 στενάξασαν VZM : -ασα PAT ‖ εἰπεῖν AT : εἶπεν VZMP.

blesse dans son regard ! Quel courage dans le malheur !
Quelle pitié de la voir périr à la fleur de son âge ! Si nous
avions encore ma petite, notre seule enfant, si malheureu-
sement perdue, elle aurait le même âge que celle-ci. **5**
Ah ! mon mari, si l'on pouvait la soustraire au sacrifice,
ce serait pour moi une grande consolation d'avoir une telle
servante. Peut-être même est-elle grecque, la malheureuse : car elle n'a pas le visage d'une égyptienne. » « Elle
est grecque, en effet, répondit Hydaspe ; elle va nous dire
à l'instant quels sont ses parents. Quant à nous les montrer, cela ne lui serait guère possible, bien qu'elle ait promis de le faire. **6** On ne peut la soustraire au sacrifice.
Je le voudrais bien pourtant, car je me sens ému moi
aussi, je ne sais pourquoi, et pris de pitié pour elle[1].
Mais la loi, tu le sais, exige qu'on offre et sacrifie un
homme à Hélios, une femme à Séléné. Elle est la première
captive qui m'ait été amenée ; on l'a destinée au sacrifice
d'aujourd'hui. La foule ne comprendrait pas qu'on voulût
l'en exempter. **7** Une seule chose pourrait la sauver, si,
à l'épreuve du foyer, on constatait qu'elle n'est pas pure
de tout commerce avec les hommes. La loi veut en effet
que la victime offerte à la déesse soit pure, ainsi que la
victime offerte à Hélios. Pour celles qu'on immole à Bac-
chus, la loi n'a pas de telles exigences. Mais considère si
une fille convaincue d'avoir eu commerce avec un homme
pourrait décemment faire partie de ta maison[2]. » **8**
« Qu'elle en soit convaincue, dit Persinna, pourvu qu'elle
soit sauvée. La captivité, la guerre, un tel éloignement de
la patrie excuseraient une faute[3] surtout chez cette jeune

---

1. Cf. Θ I, 3 3-5.

2. La cour éthiopienne entendait évidemment conserver une haute
tenue morale. Mais, ainsi qu'il appert de la phrase suivante, Persinna
n'était pas intransigeante. Elle avait, il est vrai, dans sa lettre à Chariclée, posé comme une loi absolue la chasteté des femmes (σωφροσύνην ἣ
δὴ μόνη γυναικείαν ἀρετὴν χαρακτηρίζει Δ VIII, 7 3), mais ici, en raison
des ⸱ˢʳconstances, elle en juge autrement.

3. Dans Achille Tatios le prêtre qui favorise les amours de Leucippé
ainsi que son père trouvent l'un et l'autre difficile de supposer qu'une

εὐγενὴς τὸ βλέμμα, ὡς δὲ καὶ μεγαλόφρων πρὸς τὴν τύχην,
ὡς δὲ καὶ ἐλεεινὴ τῆς κατὰ τὴν ἡλικίαν ἀκμῆς. Εἰ περιεῖναι
συνέβαινεν ἡμῖν τὸ ἅπαξ μοι κυηθὲν καὶ κακῶς ἀπολωλὸς
θυγάτριον, ἐν ἴσοις που ταύτῃ τοῖς ἔτεσιν ἐξητάζετο.
5 Ἀλλ' εἴθε γε, ὦ ἄνερ, ἐνῆν πως ἐξελέσθαι τὴν κόρην,
πολλὴν ἂν ἔσχον παραψυχὴν διακονουμένης μοι τοιαύτης.
Ἴσως δέ που καὶ Ἑλληνίς ἐστιν ἡ ἀθλία· τὸ γὰρ πρόσωπον
οὐκ Αἰγυπτίας. » « Ἑλληνὶς μὲν » ἔφη πρὸς αὐτὴν ὁ
Ὑδάσπης « καὶ πατέρων οὓς λέξει τὸ παρόν· δεῖξαι γὰρ
οὐκ ἂν ἔχοι· πόθεν ; καίτοι γε ἐπηγγέλλετο. 6 Ῥυσθῆναί
γε μὴν τῆς θυσίας ἀδύνατος· καίτοι γε ἐβουλόμην, πεπονθώς
τι καὶ αὐτὸς οὐκ οἶδ' ὅπως καὶ κατελεῶν τὴν κόρην· ἀλλ'
οἶσθα ὡς ἄρρενα μὲν τῷ Ἡλίῳ θήλειαν δὲ τῇ Σεληναίᾳ
προσάγειν τε καὶ ἱερουργεῖν ὁ νόμος βούλεται. Ταύτης δὴ
πρώτης αἰχμαλώτου μοι προσαχθείσης καὶ εἰς τὴν νῦν
θυσίαν ἀποκληρωθείσης ἀπαραίτητος ἂν γένοιτο πρὸς τὸ
πλῆθος ἡ ὑπέρθεσις. 7 Ἓν μόνον ἂν βοηθήσειεν, εἰ τῆς
ἐσχάρας ἣν οἶσθα ἐπιβᾶσα μὴ ἁγνεύουσά πως ὁμιλίας τῆς
πρὸς ἄνδρας ἐλεγχθείη, καθαρὰν εἶναι τὴν προσκομιζομένην
τῇ θεῷ, καθάπερ οὖν καὶ τὸν ⟨τῷ⟩ Ἡλίῳ, τοῦ νόμου κελεύοντος, ἐπὶ δὲ τῆς τοῦ Διονύσου θυσίας ἀδιαφοροῦντος.
Ἀλλ' ὅρα, εἰ προσομιλήσασά τῳ φωραθείη πρὸς τῆς ἐσχάρας, μὴ οὐκ εὐπρεπὲς ᾖ τὴν τοιάνδε εἰς τὸν οἶκον εἰσδέξασθαι. » 8 Καὶ ἡ Περσίννα « Φωραθείη » ἔφη « καὶ
σωθείη μόνον· αἰχμαλωσία καὶ πόλεμος καὶ τοσοῦτος τῆς
ἐνεγκούσης ἐξοικισμὸς ἀνέγκλητον ποιεῖ τὴν προαίρεσιν,

5 καὶ VZT : om. MPA ‖ 6 μοι VZT : om. MPA ‖ 5 6 πόθεν VZT
(cf. Δ XI, 4 4) : ποθὲν MPA ‖ ἐπηγγέλλετο VAT (-έλετο Z) : -ελτο
MP ‖ 6 2 ἀδύνατος VZP : -ον MAT ‖ πεπονθώς VMPAT : -ός Z ‖ 4 μὲν
post ἄρρενα VMPAT : post οἶσθα Z ‖ 5 προσάγειν VZPAT : καὶ πρ.
M ‖ δὴ VZMPT : δὲ A ‖ 6 αἰχμαλώτου VZMT : -τοι P -της A ‖
7 2 ἁγνεύουσά VZAT : -εύσασα MP ‖ ὁμιλίας post πως ZMPT : post
ἄνδρας (3)VA ‖ 3 ἐλεγχθείη VZMT : ἐλεγχθ. PA ‖ 4 τὸν τῷ ἡλίῳ nos :
τὸν ἡλίῳ Z τῷ ἡλίῳ VAT τὸν ἥλιον MP ‖ 6 εἰ VZMAT : ἡ P ‖ 7 εὐπ-
ρεπές VMPA : ἀπρ. ZT ‖ τοιάνδε VZMAT : -άδε P.

fille, qui porte dans un corps si beau un piège permanent
contre sa pudeur, si toutefois elle a souffert quelque offense.»

VIII 1　Elle parlait encore, en versant des larmes
qu'elle s'efforçait de cacher aux assistants, quand Hydaspe
fit apporter le foyer de l'épreuve. Les serviteurs prirent
parmi la foule des enfants impubères (qui seuls peuvent
le toucher impunément) pour aller chercher le foyer dans
le temple et l'apporter au milieu de l'assemblée, puis ils
y firent monter chacun des prisonniers. 2　Tous, en y
montant, se brûlèrent la plante des pieds ; quelques-uns
même ne purent supporter le premier contact, si peu que
ce soit. C'est une grille de barreaux en or dont la vertu
est telle qu'elle brûle tout être impur ou qui a commis
quelque parjure, tandis que les innocents peuvent y marcher sans se blesser [1]. Ceux-là, ils les réservaient à Dyoni-
sos et aux autres dieux. Seules, deux ou trois jeunes filles
furent reconnues vierges à l'épreuve du foyer.

IX 1　Théagène y monta à son tour et l'on vit qu'il
était vierge. Tous admirèrent sa haute taille et sa beauté :
on s'étonnait qu'un homme d'une si verte jeunesse n'ait
pas connu les plaisirs d'Aphrodite [2]. On le réserva donc
pour être sacrifié à Hélios. « Ils savent bien, en Éthiopie,

très belle jeune fille puisse traverser sans mal de telles aventures, et ni
l'un ni l'autre ne voudraient la blâmer d'avoir commis une faute (H VI,
14-15 et VII, 3-5).

1. Il ne manque pas d'évidence pour des épreuves destinées à démontrer
la chasteté des prêtresses ; par ex., Pausanias, VII, 25 13, Strabon,
XII, 2 7 (p. 537) φασὶ τὰς ἱερείας γυμνοῖς τοῖς ποσὶ δι' ἀνθρακιᾶς βαδίζειν
ἀπαθεῖς (cf. Frazer, Le Roseau d'or, IV, p. 115, note 2). L'épreuve décrite
par Héliodore est aussi de caractère religieux, mais Achille Tatios, qui parle
deux fois de l'épreuve de la chasteté (H VI et XII), en use pour un dessein
purement profane. Cf. R. M. Rattenbury, Proceedings of the Leeds
Philosophical Society (Litt. and Hist. Section) I (1926), pp. 59 sqq.

2. La chasteté chez les hommes était considérée comme plus remarquable et moins importante que chez les femmes ; cf. Achille Tatios,
H V, 7 εἴ τις ἄρα ἐστὶν ἀνδρὸς· παρθενία ταύτην κἀγὼ μέχρι τοῦ
παρόντος· πρὸς Λευκίππην ἔχω.

καὶ πλέον ἐπὶ ταύτης, ἐν τῷ κάλλει τὴν καθ' ἑαυτῆς βίαν,
εἰ καί τι τοιοῦτον ὑπέστη, περιαγούσης. »

VIII 1 Καὶ ἔτι τοιαῦτα λεγούσης καὶ ἅμα ὑποδακρυ-
ούσης λανθάνειν δὲ τοὺς παρόντας πειρωμένης, ἄγεσθαι
τὴν ἐσχάραν ὁ Ὑδάσπης ἐκέλευσε. Παιδάρια τοίνυν ἄνηβα
συλλαβόντες ἐκ τοῦ πλήθους οἱ ὑπηρέται (μόνοις γὰρ τοῖς
τοιούτοις ἀβλαβῶς θιγγάνειν ἔνεστιν), ἐκόμιζόν τε ἐκ τοῦ
νεὼ καὶ εἰς μέσους προὐτίθεσαν, ἐπιβαίνειν ἕκαστον τῶν
αἰχμαλώτων κελεύοντες. 2 Τῶν δὲ ὅστις ἐπιβαίη παραυ-
τίκα τὴν βάσιν ἐφλέγετο, οὐδὲ τὴν πρώτην καὶ πρὸς ὀλίγον
ψαῦσιν ἐνίων ὑποστάντων, χρυσοῖς μὲν ὀβελίσκοις τῆς
ἐσχάρας διαπεπλεγμένης πρὸς τοῦτο δὲ ἐνεργείας τετελεσ-
μένης ὥστε πάντα τὸν μὴ καθαρὸν καὶ ἄλλως ἐπιορκοῦντα
καταίθειν, τῶν δὲ ἀπ' ἐναντίας ἀλύπως προσιέσθαι τὴν
βάσιν. Τούτους μὲν δὴ τῷ τε Διονύσῳ καὶ ἄλλοις θεοῖς
ἀπεκλήρουν πλὴν δύο που καὶ τριῶν νεανίδων αἳ τῆς ἐσχάρας
ἐπιβᾶσαι παρθενεύειν ἐγνωρίσθησαν.

IX 1 Ἐπεὶ δὲ καὶ Θεαγένης ἐπιβὰς καθαρεύων ἐφαίνετο, θαυμασθεὶς πρὸς ἁπάντων τά τε ἄλλα τοῦ μεγέθους
καὶ κάλλους καὶ ὅτι περ οὕτως ἀκμαῖος ἀνὴρ ἀπείρατος
εἴη τῶν τῆς Ἀφροδίτης, πρὸς τὴν ἡλιακὴν ἱερουργίαν
ηὐτρεπίζετο « Καλὰ » λέγων ἠρέμα πρὸς τὴν Χαρίκλειαν

8 4 τὴν VZRAT : τῆς M.

VIII 1 2 δὲ VZ : τε MRAT ‖ 3 ἐκέλευσε VMRAT : -ευεν Z ‖ 5 θιγγάνειν
VMRAT : θηγάνειν Z ‖ 6 ἕκαστον VZRAT : ἑκάστοις M ‖ 2 1 ὅστις VMAT :
ὡς τις P ὅτις Z ‖ ἐπιβαίη (ex -βαίνειν mut. P) VMRAT : -βάλη Z ‖ 4 τοῦτο
δὲ VZMAT : δὲ τοῦτο P ‖ 5 ἄλλως VMRAT : -ος Z ‖ 6 καταίθειν VMRAT :
κατέχειν Z ‖ ἀπ' ἐναντίας P superscr. : ἀπεναντίων VMPT (-ίως Z)
ὑπ. A ‖ 7 τούτους ZMRAT : τούτοις V ‖ τε VZMAT : δὲ P ‖ 8 νεανίδων
VAT : ἐνιδῶν Z ἑλληνίδων MP.

IX 1 1 Θεαγένης VMRAT : -γέννης Z ‖ 2 πρὸς ἁπάντων ZMRAT :
παρὰ πάντων V ‖ 4 τῶν VZMRA : om. T ‖ τῆς VT : om. ZMRA (post
superscr. M) ‖ 5 καλὰ VZAT : καὶ MP.

dit-il tout bas à Chariclée, récompenser la vertu ; le couteau du sacrifice, tel est ici le prix de la chasteté. **2**
Mais, chère amie, pourquoi ne te fais-tu pas connaître ?
Qu'attends-tu ? Qu'on nous tranche la tête ? Parle, je t'en
supplie, révèle qui tu es. Peut-être me sauveras-tu, moi
aussi, si on te reconnaît et si tu intercèdes pour moi. Si
tu n'obtiens pas ma grâce, toi du moins tu échapperas
certainement au danger. Il me suffira de le savoir pour
mourir content. » **3** « Je vais entrer en scène, dit-elle.
Notre sort va se jouer. » Sans attendre l'ordre des gardiens, elle tira d'un sac [1] qu'elle portait avec elle sa tunique
sacrée de Delphes, brodée d'or et semée de rayons [2]
et la revêtit. Elle dénoua sa chevelure et semblable
à une possédée, elle courut et sauta sur le foyer. Elle y
demeura longtemps debout, sans souffrir aucun mal. Sa
beauté, plus éblouissante que jamais, rayonnait sur le
foyer où elle était montée ; tous la voyaient, sur ce piédestal, plus semblable dans son costume à une statue de
déesse qu'à une femme mortelle [3]. **4** Tous étaient frappés
d'admiration. Il s'éleva une seule clameur confuse, indis-
tincte qui révélait l'étonnement général. On admirait surtout qu'une beauté tellement surhumaine et dans l'épa-
nouissement de la jeunesse fût restée pure, et sa sagesse

---

1. Cf. ς XI, **3** πήραν ὑπὸ μάλης... τῆς ἱερᾶς ἐκ Δελφῶν ἐσθῆτος καὶ
τῶν στεμμάτων τῶν τε συνεκτεθέντων μητρῴων κειμηλίων καὶ γνωρισ-
μάτων εἰς ὑποδοχὴν ἐξῆπτο.

2. Il est vraiment difficile de décider si oui ou non on doit conserver κοκκοβαφέσι dans le texte. Si l'on compare ce passage avec l' IV, 2 2-3 (χιτῶνα
ἁλουργὸν ποδήρη χρυσαῖς ἀκτῖσι κατάπαστον) on est porté à dire oui et
à croire que les yeux du copiste ont glissé de la terminaison d'ἀκτῖσι
à celle de κοκκοβαφέσι. D'autre part, il est bien possible que κοκκοβαφέσι
se soit introduit dans le texte de P venant de la marge du modèle suivi
par le copiste. Cette note marginale doit être une fausse conjecture provoquée par la première description de la robe. Nous avons rejeté le mot
non sans beaucoup d'hésitation, car il se peut qu'après une omission
fortuite, il ait été écrit en marge et dans la suite laissé de côté par tous
les manuscrits sauf par un des ancêtres de P.

3. Telle était l'impression faite par le costume de Chariclée **quand on**

« τἀπίχειρα παρ' Αἰθίοψι τῶν καθαρῶς βιούντων· θυσίαι
καὶ σφαγαὶ τὰ ἔπαθλα τῶν σωφρονούντων. 2 Ἀλλ' ὦ
φιλτάτη, τί οὐχὶ φράζεις σαυτήν; ποῖον ἀναμένεις ἔτι
καιρόν; ἢ τὸν ἕως ἂν ἀποδειροτομήσῃ τις; Λέγε, ἱκετεύω,
καὶ μήνυε τὴν σαύτης τύχην. Ἴσως μὲν κἀμὲ περισώσεις
ἥτις ποτὲ εἴης γνωρισθεῖσα καὶ ἐξαιτήσασα· εἰ δ' ἄρα
μὴ τοῦτο, σύ γε μὴν προδήλως διαδράσῃ τὸν κίνδυνον·
αὔταρκες δὲ τοῦτό μοι μαθόντι καὶ τελευτᾶν.» 3 Ἡ δὲ
« Πλησίον ὁ ἀγὼν » εἰποῦσα « καὶ νῦν ταλαντεύει τὰ
καθ' ἡμᾶς ἡ μοῖρα» μηδὲ κελεῦσαι τοὺς ἐπιτεταγμένους
ἀναμείνασα ἐνέδυ τε τὸν ἐκ Δελφῶν ἱερὸν χιτῶνα, ἐκ
πηριδίου τινὸς ὃ ἐπεφέρετο προκομίσασα, χρυσοϋφῆ τε
ὄντα καὶ ἀκτῖσι κατάπαστον, τήν τε κόμην ἀνεῖσα καὶ
οἷον κάτοχος φανεῖσα προσέδραμέ τε καὶ ἐφήλατο τῇ
ἐσχάρᾳ καὶ εἱστήκει πολὺν χρόνον ἀπαθής, τῷ τε κάλλει
τότε πλέον ἐκλάμποντι καταστράπτουσα, περίοπτος ἐφ'
ὑψηλοῦ πᾶσι γεγενημένη, καὶ πρὸς τοῦ σχήματος τῆς στο-
λῆς ἀγάλματι θεοῦ πλέον ἢ θνητῇ γυναικὶ προσεικαζο-
μένη. 4 Θάμβος γοῦν ἅμα πάντας κατέσχε· καὶ βοὴν
μίαν ἄσημον μὲν καὶ ἄναρθρον δηλωτικὴν δὲ τοῦ θαύματος ἐπήχησαν τῶν τε ἄλλων ἀγασθέντες καὶ πλέον ὅτι
κάλλος οὕτως ὑπεράνθρωπον καὶ τὸ ὥριον τῆς ἀκμῆς ἄθικ-
τον ἐτήρει καὶ ἔχειν ἐνεδείκνυτο σωφροσύνῃ πλέον ἢ τῇ

6 παρ' VMPAT : om. Z || post βιούντων add. τοιάδε P || 2 3 ἂν
VMPAT : om. Z || 5 ἥτις VT : εἴ τις ZMPA || εἴης VZPAT : εἴη Μ ||
6 διαδράσῃ VPAT (-ει Ζ) :-δράσῃς Μ || 3 2 τὰ VZAT : om. MP || 3 μοῖρα
ZMPAT : τύχη V || 4 τὸν MPAT : τῶν VZ || 5 ὃ VMPAT : ἢ Z || 6 ἀκτῖσι
VZMAT : add. P κοκκοϐαφέϊ unde κοκκοϐαφέϊι Commelinus et edd.
seqq. cf. Γ IV, 2 2-3; at vide Append. II, vol. I, p. LXXXI || 9 τότε
VZAT : καὶ MP || 10 πᾶσι MPAT et V ex πάσῃ mut. : πάσῃ Z || 4
1 γοῦν VZAT : οὖν MP || 2 μὲν post ἄσημον VZPAT : post μίαν Μ || 3
ἐπήχησαν Toup (ἀπ- Coraes) : ἐπηχησάντων VT (ἐπιχ. Α) ἀπηχ. MP
ἐξηχ. Ζ || 4 ὑπεράνθρωπον Naber : ὑπὲρ ἄνθρ. codd. || ὥριον (cf. Lob.
Phryn. p. 52) VZMPA : ὡραῖον T || 5 ἐτήρει Coraes : ἐγείρει codd.
praeter P qui ἐγείρει καὶ om. || σωφροσύνη VZMP : -ην Bas AT || ἢ
VZP : om. MAT.

paraissait l'embellir plus que sa grâce elle-même.   5   On
se désolait de voir qu'elle se fût révélée propre au sacrifice et, en dépit de ses scrupules religieux, le peuple eût
appris avec plaisir qu'on avait trouvé un moyen de la sauver. De tous la plus affligée était Persinna. Elle ne put
s'empêcher de dire à Hydaspe : « Quel malheur, quelle
infortune pour cette jeune fille d'avoir pris tant de peine
et inutilement pour sauvegarder sa vertu, et obtenir la
mort en récompense de tant de mérites[1]. Mais que pourrait-on faire, ô mon mari ? » —- « En vain, tu m'importunes
et tu t'apitoies sur cette jeune fille. Elle ne peut être sauvée, car il semble bien qu'une nature si exceptionnelle ait
été vouée aux dieux dès sa naissance. »   6   Il s'adressa
ensuite aux Gymnosophistes : « Très sages, tout est prêt :
pourquoi ne commencez-vous pas la cérémonie ? » Sisimithrès lui répondit en grec, afin que la foule ne comprît
pas : « Ne nous donne plus de tels ordres. Assez jusqu'ici
nous avons souillé nos yeux et nos oreilles. Nous allons
rentrer dans le temple, car les sacrifices humains nous
semblent impies et nous ne pensons pas que la divinité
les trouve agréables[2]. Plût aux dieux que fussent interdits
même les autres sacrifices d'animaux. Les prières et les
parfums sont à notre avis suffisants.   7   Quant à toi,
reste. Un roi est parfois obligé de se plier aux désirs
même inconsidérés de la foule. Accomplis cet affreux sacrifice que les coutumes ancestrales et les antiques lois des
Éthiopiens ne te permettent pas de refuser. Mais il faudra
après te faire purifier, si toutefois cela est nécessaire. Car
il me semble que ce sacrifice ne s'accomplira pas, si j'en

---

ia vit auparavant, αὐτὸ ἔμπνουν μετῆχθαι τὸ ἄγαλμα διὰ τῆς κόρης·
ὑπ᾽ ἀγροικίας εἴκαζον (A VII, 2 5-6).

1. Cf. 1 6-7 où Théagène se permet une plainte analogue.

2. Cf. Plutarque, *Pélopidas*, 21 οἱ δὲ (τῶν μαντέων) τοὐναντίον
ἀπηγόρευον ὡς οὐδενὶ τῶν κρειττόνων καὶ ὑπὲρ ἡμᾶς ἀρεστὴν οὖσαν
οὕτω βάρβαρον καὶ παράνομον θυσίαν…δαίμονας δὲ χαίροντας ἀνθρώπων
αἵματι καὶ φόνῳ πιστεύειν εἶναι μὲν ἴσως ἐστὶν ἀβέλτερον· ὄντων δὲ
τοιούτων ἀμελητέον ὡς ἀδυνάτων.

ὥρᾳ κοσμούμενον. 5 Ἐλύπει μὲν οὖν καὶ ἄλλους τῶν
ὄχλων ἁρμόδιος τῇ θυσίᾳ φανεῖσα, καὶ δεισιδαιμονοῦντες
ὅμως ἥδιστα ἂν εἶδον ἔκ τινος μηχανῆς περισωθεῖσαν.
Πλέον δὲ ἠνία τὴν Περσίνναν, ὥστε καὶ εἰπεῖν πρὸς τὸν
Ὑδάσπην « Ὡς ἀθλία καὶ δυστυχὴς ἡ κόρη σὺν πολλῷ καὶ
οὐκ εἰς καιρὸν τῇ σωφροσύνῃ σεμνυνομένη καὶ θάνατον
τῶν πολλῶν τούτων ἐπαίνων ἀλλαττομένη. Ἀλλὰ τί ἂν
γένοιτο » ἔφη « ὦ ἄνερ ; » Ὁ δὲ « Μάτην » ἔφη « μοι
ἐνοχλεῖς καὶ οἰκτίζῃ τὴν οὐ σῳζομένην ἀλλὰ θεοῖς, ὡς
ἔοικε, διὰ τὸ ὑπερβάλλον τῆς φύσεως ἀρχῆθεν φυλαττομέ-
νην. » 6 Καὶ ἀποστρέψας τὸν λόγον πρὸς τοὺς Γυμνο-
σοφιστάς, « Ἀλλ' ὦ σοφώτατοι » ἔφη « πάντων ηὐτρεπισμένων τί οὐχὶ κατάρχετε τῶν ἱερῶν; » Καὶ ὁ Σισιμίθρης « Εὐφήμησον » ἀπεκρίνατο, ἑλληνίζων ὥστε μὴ τὸ
πλῆθος ἐπαΐειν, « ἱκανῶς γὰρ καὶ μέχρι τούτων ὄψιν τε
καὶ ἀκοὴν ἐχράνθημεν. Ἀλλ' ἡμεῖς μὲν εἰς τὸν νεὼν
μεταστησόμεθα, θυσίαν οὕτως ἔκθεσμον τὴν δι' ἀνθρώπων
οὔτε αὐτοὶ δοκιμάζοντες οὔτε προσίεσθαι τὸ θεῖον νομίζοντες (ὡς εἴθε γε ἦν καὶ τὰς διὰ τῶν ἄλλων ζῴων θυσίας
κεκωλῦσθαι) μόναις ταῖς δι' εὐχῶν καὶ ἀρωμάτων καθ'
ἡμέτερον νόον ἀρκουμένους. 7 Σὺ δὲ ἐπιμένων (ἐπάναγ-
κες γὰρ βασιλεῖ καὶ ἄκριτον ἔστιν ὅτε πλήθους ὁρμὴν
θεραπεύειν) ἐπιτέλει τὴν οὐκ εὐαγῆ μὲν ταύτην θυσίαν διὰ
δὲ τὸ προκατειληφὸς τοῦ Αἰθιοπικοῦ νόμου πάτριον ἀπα-
ραίτητον, καθαρσίων εἰσαῦθις δεησόμενος, ἴσως δὲ καὶ οὐ
δεησόμενος· οὐ γάρ μοι δοκεῖ πρὸς τέλος ἥξειν ἥδε ἡ θυσία

---

5 1-2 οὖν καὶ ἄλλους τῶν ὄχλων ZMPAT : καὶ ἄλλως τὸν ὄχλον V ||
5 σὺν πολλῷ (-ῶν A) codd. (cf. B VIII, 5 4, Θ XX, 4 4) : add. τῷ
κακῷ Coraes πόνῳ Hirschig || 6 οὐκ VMPAT : οὐδ' Z || 7 ἀλλαττομένη
ZMPAT : ἐλαττουμένη (ante ἐπαίνων) V || 8 μοι VZPT : om. MA || 10
φυλαττομένην VMAT : -μένη ZP || 6 1 καὶ VZAT : ἀλλὰ καὶ MP || 2-3
ηὐτρεπισμένων ZMP : εὐτρ. VAT || 3 κατάρχετε VMPAT : κατέρχετε Z ||
5 ἐπαΐειν VMPAT : ἐπαΐειν Z || 7-11 sic interpunximus || 11 νόον MP :
νόμον VZAT || ἀρχουμένους V recte nam τὸ θεῖον = τοὺς θεοὺς : ἀρκούμενον
ZT -μένων MPA || 7 1-2 ἐπάναγκες VMPAT : -αις Z || 6 ἢ VZMAT : om. P.

crois certains signes divins et notamment la lumière surnaturelle qui brille autour de ces étrangers et révèle qu'un
dieu les tient sous sa protection. »

X 1 A ces mots, tout le conseil se leva et se disposa
à se retirer. Alors Chariclée sauta du foyer et courut se
jeter aux genoux de Sisimithrès, malgré tous les efforts
des serviteurs qui essayaient de la retenir, croyant qu'elle
allait implorer son salut. « Très sages, disait-elle, atten-
dez un instant. J'ai un procès à plaider contre les souverains. Je sais que seuls vous pouvez être les juges de si
hauts personnages. 2 Dans la lutte que j'ai à soutenir
pour ma vie, soyez les arbitres. Que je sois immolée aux
dieux, cela n'est ni possible, ni juste : je vous le prouve-
rai. » Ils se prêtèrent volontiers à cette demande et dirent
au roi : « Tu entends la réclamation et les allégations de
cette étrangère? » Hydaspe se mit à rire : « Quel procès,
et sur quel fondement, pourrait naître entre elle et moi?
Quel prétexte, quels droits[1] invoque-t-elle? » 3 « Ses
déclarations, dit Sisimithrès, nous l'apprendront[2]. » « Mais,
répartit Hydaspe, ne dira-t-on pas que je me prête à une
dérision plutôt qu'à un jugement, si l'on voit un roi plaider contre une prisonnière? » « Il n'y a pas de classes
privilégiées aux yeux de la justice, répondit Sisimithrès.
Seul est roi devant les juges celui qui apporte les meil-

---

1. Ἴσα dans ce sens est souvent uni à ὅμοια ou à δίκαια. Parlant
comme un souverain Hydaspe pense qu'il ne peut exister d'égalité entre
lui et Chariclée, entre un roi et sa prisonnière. Mais Sisimithrès a
des principes plus démocratiques ; cf. Démosthène, *Contre Midias*,
67 τῶν ἴσων καὶ δικαίων ἕκαστος ἡγεῖτο ἑαυτῷ μετεῖναι ἐν τῇ
δημοκρατίᾳ.

2. Δηλώσει τὰ λεχθησόμενα est un développement de l'expression
proverbiale αὐτὸ δείξει = l'expérience démontrera ; par ex., Platon
Hippias Majeur, 288 b ὅτι μὲν ἐπιχειρήσει, ὦ θαυμάσιε, εὖ οἶδα· εἰ δ'
ἐπιχειρήσας ἔσται καταγέλαστος αὐτὸ δείξει, et *Théétète* 200 e, où le
scoliaste explique par ἐπὶ τῶν ἐκ τῆς πείρας γιγνωσκομένων. Sur les
variantes de la phrase, cf. Euripide, *Les Phéniciennes*, 623, *Les Bacchantes*, 976, *Oreste*, 1128.

τοῖς τε ἄλλοις ἐκ τοῦ θείου συμβόλοις τεκμαιρομένῳ καὶ
τῷ περιλάμποντι φωτὶ τοὺς ξένους, ὑπερμαχεῖν τινα τῶν
κρειττόνων διασημαίνοντι. »

Χ 1 Καὶ ταῦτα εἰπὼν ἅμα καὶ τοῖς ἄλλοις συνέδροις
ἀνίστατο καὶ πρὸς τὴν μετάστασιν ἐρρυθμίζετο. Ἀλλ' ἥ
γε Χαρίκλεια καθήλατό τε τῆς ἐσχάρας καὶ προσδραμοῦσα
προσπίπτει τοῖς γόνασι τοῦ Σισιμίθρου, τῶν ὑπηρετῶν
παντοίως ἐπεχόντων καὶ τὴν ἱκεσίαν παραίτησιν εἶναι τοῦ
θανάτου νομιζόντων, καὶ « Ὦ σοφώτατοι » ἔλεγε « μικρὸν
ἐπιμείνατε· δίκη γάρ μοι καὶ κρίσις πρόκειται πρὸς τοὺς
βασιλεύοντας, ὑμᾶς δὲ μόνους καὶ τοῖς τοσούτοις δικάζειν
πυνθάνομαι. 2 Καὶ τὸν περὶ ψυχῆς ἀγῶνά μοι διαιτή-
σατε· σφαγιασθῆναι γάρ με θεοῖς οὔτε δυνατὸν οὔτε δίκαιον
εἶναι μαθήσεσθε. » Προσήκαντο ἄσμενοι τὰ εἰρημένα καὶ
« Ὦ βασιλεῦ » ἔφασαν « ἀκούεις τῆς προκλήσεως καὶ ἃ
προΐσχεται ἡ ξένη ; » Γελάσας οὖν ὁ Ὑδάσπης « Καὶ ποία
δίκη » φησίν « ἢ πόθεν ἐμοὶ καὶ ταύτῃ ; προφάσεως δὲ ἐκ
ποίας ἢ ποίων ἴσων ἀναφαινομένη ; » 3 Καὶ ὁ Σισιμίθρης « Αὐτὰ » ἔφη « δηλώσει τὰ λεχθησόμενα. » « Καὶ οὐκ
ἂν δόξειεν » ἔφη « τὸ πρᾶγμα οὐ κρίσις ἀλλ' ὕβρις, εἰ
πρὸς τὴν αἰχμάλωτον βασιλεὺς ὢν διαδικάσομαι; » « Τὰς
ὑπεροχὰς οὐ δυσωπεῖται τὸ δίκαιον » ἀπεκρίνατο πρὸς
αὐτὸν ὁ Σισιμίθρης· « ἀλλ' εἷς ἐστιν ὁ βασιλεύων ἐν ταῖς
κρίσεσιν, ὁ τοῖς εὐλογωτέροις κρατῶν. » 4 « Ἀλλὰ πρὸς

7 συμβόλοις VZAT (et P superscr.) : -ου Μ -ης Ρ.

Χ 1 2 τὴν ZMPAT : om. V ‖ ἐρρυθμίζετο Τ : ἐρυθμ. VZMPA ‖ 3 γε
ZPAT : τε Μ om. V ‖ καθήλατο VZPA : -ετο Μ -ωτο Τ ‖ τε VZA : om. MPT ‖
4 προσπίπτει VPAT : add. τε ZM ‖ 5 καὶ codd. : secludendum censet Ry ‖
5-6 τοῦ θανάτου VZMPRA : τῆς θυσίας Τ ‖ 6 ἔλεγε ZMPAT : ἔφη V ‖ 7 ἐπι-
μείνατε ZMPAT : add. ἔλεγε· V ‖ πρόκειται VZAT : πρόσκ. ΜΡ ‖ 2 7 ποίων
ἴσων VZMA (π. ἴσως; Τ) : ποῖον ἴσον Ρ ‖ 3 3 ἔφη VZMPT : ὁ Ὑδάσπης
ἔφη Α ‖ 4 διαδικάσομαι VZA : δικάσομαι MPT ‖ 5 post ὑπεροχὰς add. ὦ
Ὑδάσπη Α ‖ 6 ὁ βασιλεύων VMPAT : ὦ βασιλεῦ ὢν Z.

leures preuves. » **4** « Mais, dit Hydaspe, la loi vous
fait juges seulement des différends qui s'élèvent entre les
souverains et leurs sujets. » — « La force de la justice,
répartit Sisimithrès, repose, pour les sages, non pas sur une
brillante apparence, mais sur une sage conduite. » — « Il est
évident, dit le roi, qu'elle ne dira rien de sérieux. Comme
le font tous ceux qui se trouvent en danger de mort, elle
va inventer des histoires pour gagner du temps. Qu'elle
parle néanmoins, puisque tel est le désir de Sisimithrès [1]. »

XI **1**   Chariclée était contente de se voir bientôt délivrée du péril qui la menaçait. Mais sa joie redoubla quand
elle entendit le nom de Sisimithrès. C'est lui, en effet, qui
l'avait d'abord recueillie, au moment de son abandon, et
l'avait mise entre les mains de Chariclès, dix ans auparavant, au moment où il avait été envoyé à Katadupa, auprès
d'Oroondatès, pour traiter la question des mines d'émeraudes. A cette époque, il était seulement l'un des Gymnosophistes. Maintenant, il était devenu le président de leur
Conseil. **2**   Chariclée ne reconnut pas son visage, car
elle était très jeune et n'avait que sept ans au moment de
leur séparation. Mais elle se rappela son nom. Aussi était-
elle au comble de la joie : elle espérait avoir en lui un
avocat qui l'aiderait à se faire reconnaître. **3**   Les mains
tendues vers le ciel, elle s'écria, assez fort pour être enten-
due . « O Soleil, le premier de mes ancêtres, et vous,
dieux et demi-dieux, auteurs de notre race, soyez-moi

---

1. Héliodore n'explique jamais de façon systématique quels étaient
les droits politiques et le statut légal des Gymnosophistes, mais le récit
qu'il fait de leurs relations avec le roi laisse entendre que leur situation
était importante et qu'ils pouvaient faire opposition aux volontés du
roi ; cf. XIV, 7 2-3 où Sisimithrès dit οὐ πρὸς τὴν ἑτέρων ἀρέσκειαν
βιοῦμεν. Il apparaît, d'après Diodore de Sicile et Strabon, que les
prêtres de Méroé avaient dans l'antiquité une très grande puissance,
jusqu'au pouvoir de vie et de mort sur le roi, κατὰ τὴν Μερόην οἱ περὶ
τὰς τῶν θεῶν θεραπείας τε καὶ τιμὰς διατρίβοντες μεγίστην καὶ
κυριωτάτην τάξιν ἔχοντες· ἐπειδὰν ἐπὶ νοῦν αὐτοῖς ἔλθῃ πέμπουσιν
ἄγγελον πρὸς τὸν βασιλέα κελεύοντες ἀποθνῄσκειν (Diodore de

τοὺς ἐγχωρίους » ἔφη « καὶ οὐ τοὺς ξένους δικάζειν ὑμᾶς
τοῖς βασιλεύουσιν ὁ νόμος ἐφίησι. » Καὶ ὁ Σισιμίθρης « Οὐ
τοῖς προσώποις μόνον » ἔφη « τὰ δίκαια γίνεται ἰσχυρὰ
παρὰ τοῖς σώφροσιν, ἀλλὰ καὶ τοῖς τρόποις. » « Δῆλον
μὲν » εἶπεν « ὡς οὐδὲν ἐρεῖ σπουδαῖον, ἀλλ', ὅπερ ἴδιον
τῶν τὰ τελευταῖα κινδυνευόντων, λόγων ματαίων ἐσται
πλάσματα πρὸς ὑπέρθεσιν. Λεγέτω δ' οὖν ὅμως, ἐπειδὴ
βούλεται Σισιμίθρης. »

XI 1 Ἡ δὲ Χαρίκλεια καὶ ἄλλως οὖσα εὔθυμος διὰ τὴν
προσδοκωμένην τῶν περιεστηκότων λύσιν, πλέον ἐγεγόνει
περιχαρὴς ὡς τοῦ Σισιμίθρου τοὔνομα ἐπήκουσεν· ἦν γὰρ
δὴ οὗτος ὁ τὴν ἀρχὴν ἐκτεθεῖσαν ἀνελόμενος καὶ τῷ
Χαρικλεῖ παρακαταθέμενος ἔτεσι δέκα πρότερον, ὅτε εἰς
τοὺς Καταδούπους ἐστάλη τῶν σμαραγδείων μετάλλων
ἕνεκεν ὡς τὸν Ὀροονδάτην πρεσβεύων, τότε μὲν εἰς τῶν
πολλῶν Γυμνοσοφιστῶν τυγχάνων, τὸ παρὸν δὲ πρόεδρος
ἀναδεδειγμένος. 2 Τὴν μὲν οὖν ὄψιν τἀνδρὸς οὐκ ἀνέ-
φερεν ἡ Χαρίκλεια, νέα κομιδῇ καὶ ἑπταέτις χωρισθεῖσα,
τοὔνομα δὲ ἀναγνοῦσα περιχαρὴς ἐγεγόνει πλέον, συνήγο-
ρόν τε καὶ συνεργὸν ἔσεσθαι πρὸς τὸν ἀναγνωρισμὸν ἐλπίσασα. 3 Τὰς δὴ χεῖρας εἰς τὸν οὐρανὸν ἀνατείνασα
καὶ βοῶσα ἐξάκουστον « Ἥλιε, γενέαρχα προγόνων ἐμῶν »
ἔλεγε « θεοί τε ἄλλοι καὶ ἥρωες γένους ἡμετέρου καθηγε-
μόνες, ὑμεῖς ἔστε μοι μάρτυρες ὡς οὐδὲν ἐρῶ ψεῦδος, ὑμεῖς

4 2 καὶ οὐ VZMPT : οὐ πρὸς A ‖ ὑμᾶς ZMPAT : ἡμᾶς V ‖ 3 ὁ νόμος
VZAT : νόμος MP ‖ 4 μόνον ἔφη V : ἔφη μόνον ZMPAT ‖ 5 καὶ V (T superscr.) : om. ZMPA ‖ 7 τὰ VZAT : om. MP ‖ ματαίων VMPAT :
μάταιον Z ‖ 8 πλάσματα VMPAT : πλασμάτων Z ‖ 9 Σισιμίθρης codd. :
⟨ὁ⟩ Σισιμ. Hirschig.

XI 1 1 καὶ ἄλλως VZMPT : καίπερ A ‖ 2 περιεστηκότων ZMPAT :
παρεστ. V ‖ 3 ἐπήκουσεν VPAT : ὑπήκ. M ἦκ. Z post Σισιμίθρου ‖ 4 τῷ
VMPAT : τοῦ Z ‖ 9 ἀναδεδειγμένος VZMAT : παραδεδ. P ‖ 2 2 ἑπταέτις
VT. (superscr. P) : -έτης MA -ετῇ P ἑπτὰ ἐτῆς Z ‖ 3 ἀναγνοῦσα VZAT
(superscr. P) : ἀγνοοῦσα MP ‖ 3 1 δὴ VMPT : δὲ ZA ‖ 2 γενέαρχα VZT :
γενέαρχα MPA ‖ 3 ἥρωες post καὶ VZPAT : post ἡμετέρου M ‖ 3-4
γένους — μάρτυρες om. P ‖ 4 μοι VZT : μου A om. M (P).

témoins que je ne dirai rien que de vrai. Aidez-moi à établir mon bon droit dans la cause que j'ai à défendre. Pour
fonder ma démonstration, je poserai d'abord une question : « Sont-ce les étrangers, ô roi, ou les gens du pays que
la loi ordonne de sacrifier ? » — « Les étrangers. » — « Alors
tu n'as qu'à chercher d'autres victimes. Car je suis d'ici,
et née en ce pays : tu vas le constater. »

XII 1   Il se montra surpris et parla de mensonge. « Tu
t'étonnes, reprit Chariclée, de peu de chose. Il y a plus.
Je suis non seulement de ce pays, mais de race royale, et
je touche au trône d'aussi près que possible. » Hydaspe,
encore une fois, manifesta son mépris pour de telles sot-
tises. « Cesse, ô mon père, dit-elle, de traiter ta fille avec
dédain. » Alors, le roi manifesta non plus seulement du
mépris, mais son indignation, contre ces paroles où il ne
voyait que mensonge et dérision. « Sisimithrès et vous
tous, disait-il, voyez-vous à quel point ma patience est
éprouvée ? Cette fille n'est-elle pas folle manifestement ?
elle invente d'impudents mensonges pour essayer d'échapper à la mort. Au moment critique, elle sort de la trappe
et apparaît sur la scène en se déclarant ma fille, alors que
jamais, vous le savez, je n'eus le bonheur d'avoir des enfants.
Une seule fois je fus père d'une fille et en même temps j'appris sa naissance et sa mort.   3   Qu'on l'emmène donc et

Sicile, III, 6). D'après Diodore ce pouvoir fut aboli au temps de
Ptolémée II (vers 250 av. J. C.) par le roi Ergamène qui, au lieu d'obéir
à l'ordre de mourir fit lui-même mettre à mort les prêtres. Plus tard il
rétablit le collège de prêtres en restreignant ses pouvoirs (διωρθώσατο
πρός τὴν ἑαυτοῦ προαίρεσιν). Cf. Strabon, XVII, 2 3, (p. 822-3) : ἐν δὲ
τῇ Μερόῃ κυριωτάτην τάξιν ἐπεῖχον οἱ ἱερεῖς τὸ παλαιόν, οἵ γε καὶ τῷ
βασιλεῖ προσέταττον ἔσθ' ὅτε ἀποθνήσκειν πέμψαντες ἄγγελον καὶ καθίσ-
τασαν ἀντ' αὐτοῦ ἕτερον· ὕστερον δὲ κατέλυσέ τις τῶν βασιλέων τὸ
ἔθος, ἐπιὼν μεθ' ὅπλων ἐπὶ τὸ ἱερόν, ὅπου ὁ χρυσοῦς νεώς ἐστί, καὶ τοὺς
ἱερέας ἀποσφάξας πάντας.

δὲ καὶ συλλήπτορες εἰς τὴν κρίσιν τὴν νυνὶ προκει-
μένην, εἰς ἢν τῶν προσόντων μοι δικαίων ἐντεῦθεν ἄρξο-
μαι. Ξένους, ὦ βασιλεῦ, ἢ καὶ ἐγχωρίους ὁ νόμος ἱερουρ-
γεῖσθαι κελεύει ; » Τοῦ δὲ « Ξένους » εἰπόντος, « Οὐκοῦν
ὥρα σοι » ἔφη « ζητεῖν ἑτέρους εἰς τὴν θυσίαν· ἐμὲ γὰρ
ὁμεδαπήν τε καὶ ἐγχώριον εὑρήσεις. »

XII 1 Τοῦ δὲ θαυμάζοντος καὶ πλάττεσθαι¹ λέγοντος,
ἡ Χαρίκλεια « Τὰ μικρότερα » ἔφη « θαυμάζεις, τὰ μεί-
ζονα δὲ ἐστιν ἕτερα· οὐ γὰρ ἐγχώριος μόνον ἀλλὰ καὶ
γένους τοῦ βασιλείου τὰ πρῶτα καὶ ἐγγύτατα.» Καὶ αὖθις
τοῦ Ὑδάσπου διαπτύοντος ὡς φληνάφους τοὺς λόγους
« Παῦσαι » εἶπεν, « ὦ πάτερ, θυγατέρα τὴν σὴν ἐκφαυ-
λίζων.» 2 Ὁ δὴ βασιλεὺς τὸ ἐντεῦθεν οὐχ ὑπερορῶν
τὰ λεγόμενα μόνον ἀλλ' ἤδη καὶ ἀγανακτῶν ἐφαίνετο,
χλεύην τὸ πρᾶγμα καὶ ὕβριν ποιούμενος· καὶ « Ὦ Σισιμίθρη καὶ οἱ λοιποὶ » ἔλεγεν, « ὁρᾶτε οἷ περιέστη τὰ τῆς
ἀνεξικακίας ; ἢ γὰρ οὐκ ἄντικρυς μανίαν ἡ κόρη νοσεῖ
παρατόλμοις πλάσμασι τὸν θάνατον πειρωμένη διώσασθαι,
θυγατέρα ἐμὴν ὥσπερ ἐπὶ σκηνῆς ἐξ ἀπόρων ἑαυτὴν καὶ
οἷον ἐκ μηχανῆς ἀναφαίνουσα τοῦ μηδεπώποτε, ὡς ἴστε,
παίδων γονὴν εὐτυχήσαντος, ἅπαξ δέ που μόνον ὁμοῦ τε
ἀκηκοότος καὶ ἀποβαλόντος ; 3 Ὥστε ἀγέτω τις, μηδὲ

---

5 νυνὶ VZAT : νῦν MP ‖ 6 τῶν VZA : καὶ τῶν T om. MP ‖ 7 καὶ
VZMPT : om. A ‖ ὁ νόμος VZAT : om. M νόμος post κελεύει P ‖ 8 κελεύει
codd. : in κελεύεις corr. M ‖ 9 ὥρα VMPAT : ὅρα Z ‖ 10 ὑμεδαπήν
Coraes : ἡμεδ. codd. ‖ ἐγχώριον VZMPT : add. οὖσαν A.

XII 1 3 ἐγχώριος VZAT : ἐγχωρίους MP ‖ 4 τοῦ VZPAT : om. M ‖ 2
1 δὴ ZMPA : δὲ V δὴ οὖν T ‖ 2 ἀλλ' ἤδη VMPAT : ἀλλά δη Z ‖ ἐφαίνετο VMPAT : om. Z ‖ 3 χλεύην ZMPAT : χλεύειν V ‖ 4 οἷ VT (οἵ Z) :
οἷα MP οἷον A ‖ 5 μανίαν post ἄντικρυς ZMAT (superscr. P) : post
κόρη V ‖ 6 διώσασθαι MPA : -σεσθαι VZT ‖ 7 θυγατέρα VZAT : -έραν
MP ‖ 8 μηδεπώποτε VZAT : μηδέποτε MP ‖ 9 τε ZMP : τε καὶ VAT ‖
10 ἀκηκοότος VMPAT : -οότος Z ‖ ἀποβαλόντος VMPAT : ἀποβαλ-
λόντος Z.

1) = πλάσσω erdichten

qu'elle n'essaye plus de différer le sacrifice. » — « Personne
ne m'emmènera, s'écria Chariclée, tant que l'ordre n'en
aura pas été donné par les juges. Et toi, tu es partie dans
le procès actuel, et non pas juge. Tuer des étrangers,
peut-être, ô roi, la loi le permet-elle ; tuer tes enfants [1], ni
la nature, ni la loi, ô mon père, ne t'y autorisent. Car tu es
mon père, et aujourd'hui même, en dépit de tes dénéga-
tions, les dieux le prouveront. 4 Tout d'abord, tout
jugement, ô roi, admet surtout deux ordres de preuves :
les preuves écrites et les témoignages oraux. Je te produirai les unes et les autres pour établir que je suis ta
fille. Et le témoin que je citerai n'est pas le premier venu,
c'est notre juge lui-même. Or, un plaideur ne peut apporter de confirmation plus convaincante de ses dires que le
fait d'être connu de son juge. D'autre part, je produirai
cet écrit, qui contient le récit circonstancié de mes aventures [2]. »

XIII 1 A ces mots, elle tira la bande exposée autrefois avec elle, qu'elle portait autour du ventre. Elle la
présenta déroulée à Persinna. A cette vue, la reine demeura
stupide et sans voix [3]. Longtemps elle regarda, tour à tour,
les inscriptions de la bande et la jeune fille. Tremblante,
palpitante, et inondée de sueur, heureuse d'avoir retrouvé
sa fille, elle se trouvait cependant désemparée en présence
de cet événement imprévu et invraisemblable. Elle avait
peur qu'Hydaspe, à la révélation de la vérité, ne manifes-
tât des soupçons, de l'incrédulité, peut-être sa colère et

1. Le nom τεχνοχτονία et l'adjectif τεχνοχτόνος (cf. **XVI, 10 7**) se
trouvent chez différents auteurs, mais le verbe τεχνοχτονεῖν semble être
particulier à Héliodore et à Chariton (B IX, 3).

2. Cf. Δ VIII, 6 10-11 où Persinna dit qu'elle enveloppe les objets
exposés dans ταινία τῇδε, ἐλεεινῷ διηγήματι τῷ σῷ τε κἀμαυτῆς. Γνωρίσματα de V est manifestement une glose ; cf. en A γνωρίσματα καὶ
διηγήματα.

3. Sur αὖος cf. A XII 3 8 ; E II, 1 2 (αὖος ἐγεγόνει πρὸς τὴν ἀκοὴν
τῆς Θίσβης).

ἐπὶ πλέον ἐπινοείτω τῇ θυσίᾳ τὴν ὑπέρθεσιν.» «Οὐκ
ἄξει οὐδείς» ἀνεβόησεν ἡ Χαρίκλεια «τέως ἄν μὴ τοῦτο
κελεύωσιν οἱ δικάζοντες· σὺ δὲ δικάζῃ τὸ παρόν, οὐ ψῆφον
φέρεις. Ξενοκτονεῖν μὲν ἴσως, ὦ βασιλεῦ, ὁ νόμος ἐπιτρέπει, τεκνοκτονεῖν δὲ οὔθ᾽ οὗτος οὔθ᾽ ἡ φύσις σοι, πάτερ,
ἐφίησι· πατέρα γάρ σε τήμερον οἱ θεοὶ καὶ ἀρνούμενον
ἀναδείξουσι. 4 Πᾶσα δίκη καὶ κρίσις, ὦ βασιλεῦ, δύο
τὰς μεγίστας ἀποδείξεις οἶδε, τάς τε ἐγγράφους πίστεις
καὶ τὰς ἐκ μαρτύρων βεβαιώσεις· ἄμφω σοι τοῦ θυγάτηρ
ὑμετέρα εἶναι παρέξομαι, μάρτυρα μὲν οὐχ ἕνα τῶν πολλῶν ἀλλ᾽ αὐτόν γε δὴ τὸν δικάζοντα προκαλουμένη (μεγίστη δὲ οἶμαι τῷ λέγοντι πίστις ἡ τοῦ διαιτῶντος γνῶσις),
γράμματα δὲ τάδε τύχης τῆς ἐμῆς τε καὶ ὑμῶν διηγήματα
προϊσχομένη.»

XIII 1 Καὶ ἅμα λέγουσα τὴν συνεκτεθεῖσαν ἑαυτῇ ταινίαν ὑπὸ τῇ γαστρὶ φέρουσα προὔφερέ τε καὶ ἀνειλήσασα
τῇ Περσίννῃ προσεκόμιζεν. Ἡ δὲ ἐπειδὴ τὸ πρῶτον εἶδεν
ἀχανής τε καὶ αὖος ἐγεγόνει καὶ χρόνον ἐπὶ πλεῖστον τὰ
ἐγγεγραμμένα τῇ ταινίᾳ καὶ τὴν κόρην αὖθις ἐν μέρει
περιεσκόπει· τρόμῳ τε καὶ παλμῷ συνείχετο καὶ ἱδρῶτι
διερρεῖτο, χαίρουσα μὲν ἐφ᾽ οἷς εὕρισκεν ἀμηχανοῦσα δὲ
πρὸς τὸ τῶν παρ᾽ ἐλπίδας ἄπιστον, δεδοικυῖα δὲ τὴν ἐξ
Ὑδάσπου τῶν φανερουμένων ὑποψίαν τε καὶ ἀπιστίαν ἢ

3 3 ἀνεβόησεν VZMAT : ἡ Χαρίκλεια ἀνεβ. P ‖ τέως codd. : an
ἕως addendum? cf. A XV, 6 9 ‖ 5 μὲν MP : om. VZAT ‖ ἴσως —
ἐπιτρέπει VZMAT : ὁ νόμος ἴσως ἐπιτρ. ὦ βασιλεῦ P ‖ 6 τεκνοκτονεῖν
VMAT (-ωνεῖν Z) : τεκτονεῖν P ‖ οὔθ᾽ (1) VMPAT : om. Z ‖ σοι:
VZPAT : om. M ‖ 4 3 μαρτύρων VZAT : τῶν μ. MP ‖ 3-4 θυγάτηρ ὑμετέρα (ὑμ. post εἶναι AT) ZMPAT : θυγατέρα ὑμετέραν V ‖ 6 δὲ οἶμαι:
Hemsterhuys : δὲ (om. P) οἱ καὶ codd. δ᾽ ἔοικε Coraes ‖ 7 τάδε VPZAT :
om. M ‖ τε VZT : om. MPA ‖ καὶ ὑμῶν VZMPT : om. A ‖ διηγήματα ZMP : δείγματα T γνωρίσματα V γνωρ. καὶ διηγ. A.

XIII 1 6 τε codd. : an δὲ? Ry. ‖ 7 ἐξ᾽ VZAT : ἐν MP ‖ 8 τῶν VZA:
om. MPT.

sa vengeance. **2** Hydaspe lui-même remarqua le trem-
blement et l'angoisse de sa femme : « Qu'y a-t-il donc?
lui dit-il. Pourquoi es-tu si émue à la vue de cet écrit? »
« O mon roi, mon maître et mon époux, je ne puis te
dire rien de plus : prends et lis ; cette bande t'apprendra
tout. » Elle la lui remit et retomba dans un morne silence.
3 Hydaspe la prit, fit venir les Gymnosophistes et les
invita à lire avec lui. Il lut et grand fut son étonnement.
Non moins grand paraissait le trouble de Sisimithrès, dont
la physionomie reflétait mille sentiments divers et qui
fixait obstinément la bande et Chariclée[1]. **4** Enfin, quand
il eut été informé de l'abandon et de son motif, Hydaspe
déclara : « Une fille m'était née, autrefois, je le sais. Mais
alors on m'avait annoncé sa mort. Et voici que Persinna
elle-même déclare l'avoir exposée ; je l'apprends aujour-
d'hui. Qui l'a recueillie, sauvée, élevée ? qui l'a emmenée
en Égypte où elle a été faite prisonnière ? **5** Enfin,
comment prouver que cette jeune fille est bien la même et
que l'enfant exposé n'a pas péri ? Quelqu'un n'aurait-il pas
pu trouver ces marques de reconnaissance et abuser de sa
trouvaille ? Ou bien un dieu se moque-t-il de nous : sous
le masque de cette jeune fille[2], munie par lui de ces
signes, il s'amuse à tromper notre désir d'une postérité,

---

1. Cf. VII, 3 5 συνεχές; τε καὶ ἀτενὲς εἰς τὴν Πέρσιηναν ἀφορῶσα.

2. Cette idée qu'un esprit malin doit se cacher sous l'apparence d'un
être humain rappelle B XXV, 3 où Calasiris dit que l'esprit qui le tour-
mente prend la forme de la courtisane Rhodopis, ὁ τότε εἰληχὼς δαίμων
οἰονεὶ προσωπεῖον αὐτὴν ὑπῆλθε. Ce passage laisse supposer que προσωπείῳ
τῇ κόρῃ ταύτῃ est correct ici et que la faute est dans περιθείς, mais en
fait on peut se demander si l'allusion au δαίμων est à sa place ou non
dans le texte. En premier lieu μή τις δαίμων ἡμῖν ἐπιπαίζει est donné
seulement par P et dans ce cas, contrairement au chap. IX, 3 6 (v. p. 85,
note 2), il n'est pas évident pourquoi ces mots auraient été omis par tous
les autres manuscrits ; en second lieu, la pensée est parfaitement
satisfaisante sans cette phrase à condition que προσωπείῳ soit changé
en προσωπεῖον. Cf. vol. I, pp. LXXXI-II.

καὶ ὀργήν, ἂν οὕτω τύχῃ, καὶ τιμωρίαν. 2 Ὥστε καὶ
τὸν Ὑδάσπην ἐνορῶντα εἰς τὸ θάμβος καὶ τὴν συνέχουσαν
ἀγωνίαν « Ὦ γύναι » εἰπεῖν « τί ταῦτα ; ἢ τί πέπονθας
πρὸς τὴν δεικνυμένην γραφήν ; » Ἡ δὲ « Ὦ βασιλεῦ »
εἶπε « καὶ δέσποτα καὶ ἄνερ, ἄλλο μὲν οὐδὲν ἂν εἴποιμι
πλέον, λαβὼν δὲ ἀναγίνωσκε· διδάσκαλός σοι πάντων ἡ ταινία γενήσεται. » Καὶ ἐπιδοῦσα αὖθις ἐσιώπα κατηφήσασα.
3 Δεξάμενος γοῦν ὁ Ὑδάσπης καὶ πλησίον παρεῖναι καὶ
συνεπιλέγεσθαι τοὺς Γυμνοσοφιστὰς παρακαλέσας ἐπῄει
τὴν γραφήν, πολλὰ μὲν αὐτὸς θαυμάζων πολλὰ δὲ καὶ τὸν
Σισιμίθρην ἐκπεπληγμένον καὶ μυρίας τροπὰς τῆς διανοίας ἐκ τῶν ὄψεων ἐμφαίνοντα ὁρῶν συνεχές τε εἰς τὴν
ταινίαν καὶ εἰς τὴν Χαρίκλειαν ἀτενίζοντα. 4 Καὶ τέλος,
ἐπειδὴ τήν τε ἔκθεσιν ἐδιδάχθη καὶ τὴν αἰτίαν τῆς ἐκθέ-
σεως ὁ Ὑδάσπης, « Ἀλλ' ὅτι μὲν ἐτέχθη μοι κόρη τις »
ἔφη « γινώσκω, καὶ ἀποθανοῦσαν τότε πυθόμενος, ὡς αὐτὴ
Περσίννα ἔλεγεν, ἐκτεθεῖσθαι νυνὶ μανθάνω. Τίς δὲ ὁ ἀνελόμενος καὶ διασώσας καὶ θρέψας, τίς δὲ ὁ διακομίσας εἰς
Αἴγυπτον οὗ καὶ αἰχμάλωτος εἴληπται; 5 Ἢ πόθεν
ὅλως ὅτι αὕτη ἐκείνη, καὶ μὴ διέφθαρται μὲν τὸ ἐκτεθὲν
τοῖς δὲ γνωρίσμασιν ἐπιτυχών τις ἀποκέχρηται τοῖς ἐκ
τῆς τύχης; μή τις δαίμων ἡμῖν ἐπιπαίζει καὶ ὥσπερ προσωπεῖον τῇ κόρῃ ταῦτα περιθεὶς ἐντρυφᾷ τῇ ἡμετέρᾳ περὶ
τεκνοποιίαν ἐπιθυμίᾳ καὶ νόθον ἡμῖν καὶ ὑποβολιμαῖον εἰσ-

2 5 οὐδὲν ἂν VZMAT : ἂν οὐδὲν P || 3 1 γοῦν VZMA : οὖν PT ||
5 ὁρῶν VZAT : ὁρῶντα MP || 6 εἰς VZT : om. MPA || ἀτενίζοντα
VZMPT : ἑώρα A || 4 2 ἐδιδάχθη VZMAT : ἐκδ:δ. P || 4 καὶ ἀποθανοῦ-
σαν VZMPT : ἀποθ. δὲ A || post πυθόμενος add. ἐσιώπων A || ὡς VZ :
ὡς δ' MPAT || 5 ἔλεγεν VZMPT : λέγει A || ἐκτεθεῖσθαι ZMPAT : add.
δὲ V || 6 καὶ διασώσας VZT : καὶ σώσας MP om. A || θρέψας VZMPT :
διαθρ. A || 7 οὗ καὶ αἰχμάλωτος VT : οὐ καὶ χμάλ. Z οὐκ αἰχμάλ.
MPA || 5 2 αὕτη ZA : αὐτὴ MPT αὐτῇ V || 3 δὲ VMPAT : τε Z || 4 μή τις
δαίμων ἡμῖν ἐπιπαίζει P : om. VZMAT suspicit Ry. vide Append. II, vol. I,
p. LXXXI || 4-5 προσωπεῖον τῇ κόρῃ ταῦτα Coraes : προσωπείῳ τῇ κόρῃ
ταύτῃ codd. -είῳ τὴν κόρην ταύτην Hirschig || 6 καὶ (2) VZAT : om. MP.

et nous donne un successeur bâtard et supposé, grâce à cette bande qui lui sert à obscurcir et à voiler la vérité. »

XIV 1 Sisimithrès prit alors la parole : « Les premières difficultés sont aisées à résoudre. Celui qui a recueilli l'enfant exposé, qui l'a élevé secrètement, et emmené en Égypte, à l'époque où tu m'y envoyas en ambassade, c'est moi. Or, il ne nous est pas permis de mentir, tu le sais depuis longtemps. Je reconnais la bande. Elle est écrite, tu le vois, en caractères royaux d'Éthiopie, ce qui dissipe toute incertitude sur son origine. Persinna, de sa propre main[1], les a tracés, tu es le mieux placé pour t'en rendre compte. 2 Il y avait d'autres marques de reconnaissance exposées avec elle : ces objets, je les ai donnés à celui qui a reçu de moi la jeune fille. C'était un Grec qui semblait homme de bien. » « Ils sont conservés aussi », dit Chariclée, en montrant les colliers. A leur vue, l'émotion de Persinna redoubla. Hydaspe lui demanda quels étaient ces objets, et si elle pouvait lui donner quelques éclaircissements nouveaux ; elle répondit seulement qu'elle les reconnaissait, mais qu'il vaudrait mieux les examiner à la maison. 3 A ces paroles, Hydaspe redevint inquiet. Chariclée lui dit alors : « Ce sont là des signes de reconnaissance pour ma mère. Mais en voici un qui est proprement à toi : cet anneau. » Et elle lui montrait la pantarbe. Hydaspe reconnut l'anneau qu'il avait offert à Persinna, pour ses fiançailles[2]. « Ma chère, dit-il, je reconnais

---

1. L'emploi adverbial de αὐτοχειρίᾳ est fréquent, mais à l'époque classique le mot est alors joint assez souvent à un verbe signifiant « tuer » ; cf. αὐτόχειρ = meurtrier, employé ainsi par Héliodore, XXI, 1 4. Sur l'emploi du mot joint à un verbe signifiant « écrire », cf. Aristénète, II, 13 τὴν σὴν ἐπιστολὴν ὡς αὐτοχειρίᾳ μάλιστα γεγραμμένην μέσην ὑπέθηκα τοῖς μαστοῖς. Héliodore, il est vrai, n'use pas du datif adverbial, mais il fait du mot un substantif dont Περσίννης est le complément. Et dans ce sens d'autographe αὐτοχειρία est sans autre exemple.

2. Cf. Δ VIII, 7 ; H XI, 8.

ποιεῖ διαδοχήν, καθάπερ νέφει τῇ ταινίᾳ τὴν ἀλήθειαν ἐπισκιάζων. »

XIV 1 Ἐπὶ τούτοις ὁ Σισιμίθρης « Τὰ μὲν πρῶτα » ἔφη « τῶν ζητουμένων ἔχει σοι λύσιν· ὁ γὰρ ἀνελόμενος ἐκτεθεῖσαν καὶ ἀναθρέψας λάθρᾳ καὶ εἰς Αἴγυπτον κομίσας ὅτε με πρεσβευτὴν ἔστειλας, οὗτος εἰμὶ ἐγώ, καὶ ὡς οὐ θεμιτὸν ἡμῖν τὸ ψεῦδος οἶσθα προλαβών. Γνωρίζω καὶ τὴν ταινίαν τοῖς βασιλείοις Αἰθιόπων γράμμασιν ὡς ὁρᾷς κεχαραγμένην καὶ οὐ παρέχουσαν ἀμφιβολίαν ἀλλαχοῦ συντετάχθαι, Περσίννης δὲ αὐτοχειρίᾳ κατεστίχθαι παρὰ σοὶ μάλιστα γνωριζομένην. 2 Ἀλλ' ἦν καὶ ἕτερα συνεκτεθέντα γνωρίσματα, δοθέντα παρ' ἐμοῦ τῷ ὑποδεξαμένῳ τὴν κόρην ἀνδρὶ Ἕλληνί τε καί, ὡς ἐφαίνετο, καλῷ τε καὶ ἀγαθῷ. » « Σῴζεται » ἔφη « καὶ ταῦτα » ἡ Χαρίκλεια, καὶ ἅμα ἐπεδείκνυ τοὺς ὅρμους. Πλέον ἡ Περσίννα ἰδοῦσα κατεπλάγη, καὶ πυνθανομένου τοῦ Ὑδάσπου τίνα ταῦτα εἴη καὶ εἴ τι πλέον ἔχοι ἐκδιδάσκειν ἀπεκρίνατο οὐδὲν ἢ ὅτι γνωρίζει μὲν κατ' οἶκον δὲ ταῦτα ἐξετάζειν καλόν. 3 Αὖθις οὖν ἀδημονῶν ὁ Ὑδάσπης ἐφαίνετο καὶ ἡ Χαρίκλεια « Ταῦτα μὲν ἂν εἴη τῆς μητρὸς τὰ γνωρίσματα· σὸν δὲ ἴδιον ὅδε ὁ δακτύλιος· » καὶ ἐδείκνυ τὴν παντάρβην. Ἐγνώρισεν ὁ Ὑδάσπης, δεδωκὼς δῶρον τῇ Περσίννῃ παρὰ τὴν μνηστείαν. Καὶ « Ὦ βελτίστη » ἔφη « τὰ

7 νέφει VAT (νέφῃ Z) : ἔφην MP || 8 ἐπισκιάζων MA (γρ. περισχ. Μᵐᵍ) : ἐπιπερισχ. V περισχ. ZPT.

XIV 1 3 Αἴγυπτον VZMAT : τὴν Αἴγ. P || 4 εἰμὶ ἐγώ VZA : ἐγὼ εἰμί MPT || οὐ VZMAT : om. P || 7 οὐ παρέχουσαν ZMRAT : ὑπερέχ. V || ἀλλαχοῦ nos et Colonna : ἀλλαχόσε VMPT -ῶσε Z -όθεν A || 8 κατεστίχθαι VMAT : -στήχθαι Z -στίχθη P || 2 2 τῷ VZT : τῷ γε Μ τῷ τε PA || 4 καὶ ταῦτα (ante ἔφη A) VZAT : καὶ om. MP || 5 ἐπεδείκνυ VZPAT : -νυτο Μ || πλέον ZMPAT : καὶ πλ. V οὓς πλ. Coraes || 3 2 ταῦτα VMPAT : ταύτη Z || τὰ VZMP : om. AT || γνωρίσματα VZMPT : χαρίσματα A || 3 ὁ VMPAT : om. Z || 4 ἐγνώρισεν VMPA : -ιζεν ZT || 5 βελτίστη VZT : βέλτιστε MPA.

que ce bijou [1] vient de moi. Mais que tu sois ma fille, toi
qui en fais usage et que tu ne l'aies pas trouvé par hasard [2],
je n'en sais rien encore. Sans parler du reste, il y a ton
teint qui est trop clair pour être celui d'une Éthiopienne. »
4 Sisimithrès intervint : « Elle était blanche aussi celle
que j'ai autrefois recueillie. Le nombre des années con-
corde exactement avec l'âge de la jeune fille : il y a environ
dix-sept ans écoulés depuis l'abandon. Son regard, toute sa
physionomie, son extraordinaire beauté, tout en elle m'apparaît tel qu'autrefois. » **5** « C'est parfait, dit Hydaspe
à Sisimithrès, et tu parles en avocat passionné plutôt
qu'en juge. Mais, prends bien garde, en éclaircissant un
point, de ne pas soulever une autre difficulté redoutable
et dont ma compagne aurait bien du mal à sortir. Comment aurions-nous pu, contre toute vraisemblance, étant
tous deux Éthiopiens, avoir une fille blanche ? » **6** Sisimithrès lança un regard en dessous et sourit ironiquement :
« Je ne sais pas, dit-il, ce qui te prend, de venir, contre
ton caractère, me reprocher ce rôle d'avocat qui ne me
paraît point méprisable, car je définis le bon juge le défen-
seur de la justice. Mais pourquoi voir en moi l'avocat de
la jeune fille plutôt que le tien ? Je démontre que tu es
père [3], grâce aux dieux ; et cette fille que je vous ai sauvée
au berceau, maintenant qu'elle a réussi à atteindre la fleur
de son âge, vais-je l'abandonner ? **7** Pense de nous ce
que tu voudras, cela nous est indifférent [4]. Nous ne vivons

---

1. Il s'agit de l'anneau royal, offert par Calasiris à Nausiclès comme
rançon de Chariclée et décrit longuement en E XIII, 3-4, XIV, 1-4.
Καὶ ἅμα ἐνεχείριζε δακτύλιόν τινα τῶν βασιλικῶν ὑπερφυές τι χρῆμα
καὶ θεσπέσιον etc. (M.).

2. Cf. XIII, 5 3 τοῖς γνωρίσμασιν ἐπιτυχών τις ἀποκέχρηται τοῖς ἐκ
τῆς τύχης.

3. Cf. Δ XII, 3 6-10 εἰδέναι γὰρ αὐτὸν πεισθησόμενον χρόνῳ τε τῆς
συμβιώσεως τὴν ἐπ' αὐτῇ δοκιμασίαν ἔχοντα καὶ τῆς ἐκ παίδων διαδοχῆς
τὴν ἐπιθυμίαν ἀπρουθυκήτως λαμβάνοντα. (M.)

4. Voir p. 88, note 1.

μὲν γνωρίσματα ἐμά, σὲ δὲ ἐμὴν οὖσαν τούτοις κεχρῆσθαι καὶ μὴ ἄλλως ἐπιτυχοῦσαν οὐδέπω γνωρίζω· πρὸς γὰρ τοῖς ἄλλοις καὶ χροιᾳ ξένη τῆς Αἰθιοπίδος λαμπρύνη.» 4 Καὶ ὁ Σισιμίθρης «Λευκὴν» ἔφη «κἀγὼ τότε ἀνειλόμην ἣν ἀνειλόμην, ἄλλως τε καὶ τῶν ἐτῶν ὁ χρόνος συμβαίνει πρὸς τὴν παροῦσαν τῆς κόρης ἡλικίαν, ἑπτακαίδεκά που τῶν πάντων ταύτῃ τε καὶ τῇ ἐκθέσει πληρουμένων. Ἐμοὶ δὲ καὶ τὸ βλέμμα τῶν ὀφθαλμῶν παρίσταται, καὶ τὸν ὅλον τῆς ὄψεως χαρακτῆρα καὶ τὸ ὑπερφυὲς τῆς ὥρας, ὁμολογοῦντα τοῖς τότε τὰ νυνὶ φαινόμενα, γνωρίζω.» 5 «Ταυτὶ μὲν ἄριστα, ὦ Σισιμίθρη» πρὸς αὐτὸν ὁ Ὑδάσπης «καὶ ὡς ἄν τις ἐκθυμότατα συνηγορῶν μᾶλλον ἢ δικάζων. Ἀλλ' ὅρα μὴ μέρος τι λύων ἕτερον ἀνακινεῖς ἀπόρημα δεινόν τε καὶ οὐδαμῶς ἀπολύσασθαι τὴν ἐμοὶ συμβιοῦσαν εὔπορον· λευκὴν γὰρ πῶς ἂν Αἰθίοπες ἀμφότεροι παρὰ τὸ εἰκὸς ἐτεκνώσαμεν;» 6 Ὑποβλέψας οὖν ὁ Σισιμίθρης καί τι καὶ εἰρωνικὸν ὑπομειδιάσας «Σὺ μὲν οὐκ οἶδα» ἔφη «ὅτι πάσχεις, ἀπὸ τρόπου τοῦ σοῦ τὸ παρὸν συνηγορίαν ἡμῖν ὀνειδίζων ἣν οὐκ ἂν ἐν φαύλῳ ποιησαίμην· δικαστὴν γὰρ ὁρίζομαι γνήσιον τὸν τοῦ δικαίου συνήγορον. Τί δὲ οὐχὶ σοὶ μᾶλλον ἢ τῇ κόρῃ συνηγορῶν φανήσομαι, πατέρα σε σὺν τοῖς θεοῖς ἀναδεικνὺς καὶ ἣν ἐκ σπαργάνων περιέσωσα ὑμῖν θυγατέρα ταύτην καὶ νῦν ἀνασφζομένην ἐπ' ἀκμῆς οὐ περιορῶν; 7 Ἀλλὰ σὺ μὲν ἃ βούλει γίνωσκε περὶ ἡμῶν οὐδένα ὑπόλογον τούτου ποιουμένων· οὐ γὰρ πρὸς

---

8 λαμπρύνη VZAT : -ει MP || 4 2 τότε VMPAT : om. Z || ἀνειλόμην VMPAT : ἀνηλ. hic et infra 3 Z || 3 ἄλλως codd. : ἁπλῶς Lb || 6 τὸ βλέμμα post καὶ VZAT : post ὀφθαλμῶν MP || παρίσταται nos : προΐστ. VZMPRA προσίστ. T || 5 1 ταυτὶ VMPAT : ταύτη Z || 4 ἀπόρημα VZP : ἀπόρρ. MAT || 5 οὐδαμῶς ZMPAT : -οῦ V || ἐμοὶ VZPT : ἐμὴν MA || 5-6 λευκὴν VMPAT : -ὸν Z || 6 1 καί τι καὶ VZAT : καί τι MP || 2 ἔφη ZMPAT : om. V || ὅτι VZPT : ὅτι καὶ A ὧ M || 3 ἀπὸ τρόπου T (ἄπο τρόπου Z ἀπὸ τρόπου VA): ἀπὸ τοῦ τρ. MP || 5 ὁρίζομαι V : -ομεν ZMPAT || δὲ ZMPAT : δαὶ V || 7 περιέσωσα post σπαργάνων VMPAT : post ἣν Z || 7 2 τούτου VZT : τοῦτο A τούτοις MP || ποιουμένων VZAT : ποιούμενον MP.

pas pour plaire à autrui ; seule la vertu fait notre envie,
et la satisfaction de notre conscience est notre unique ambition[1]. Quant à la difficulté qui résulte de la couleur, elle
est résolue par l'inscription de la bande. Persinna y avoue
qu'elle s'imprégna des traits d'Andromède et conçut à la
ressemblance de son portrait l'enfant né de son union avec
toi[2]. Si tu veux d'autres preuves, il t'est facile d'examiner
le modèle, Andromède : son image ressemble exactement
à cette jeune fille ».

XV 1   On chargea des serviteurs d'aller décrocher le
tableau et de l'apporter. Ils le dressèrent à côté de Chariclée. Alors éclatèrent des applaudissements et un joyeux
tumulte qui gagnèrent bientôt toute l'assistance, chacun
expliquant à son voisin ce qu'il avait pu comprendre de ce
qui se disait et de ce qui se faisait. Devant une si parfaite
ressemblance, tous éprouvaient un plaisir extrême et une
sorte de stupeur. Si bien qu'Hydaspe lui-même ne pouvait plus douter ; il demeura longtemps immobile, saisi de
joie et d'étonnement.   2   « Ce n'est pas tout, dit Sisimithrès. Il s'agit, en effet, de la royauté, de la légitimité de
ses prétentions à la succession, et par-dessus tout, de la
vérité elle-même. Découvre ton bras, jeune fille. Il avait

1. Les Gymnosophistes sont heureux de ce qui peut satisfaire leur
conscience. Théagène dit dans un sentiment analogue, ἀρκεῖ μὲν
ἴσως καὶ τὸ μηδὲν ἑαυτῷ συνειδότα φαῦλον εὐμενείᾳ τῇ παρὰ τῶν
κρειττόνων ἐπελπίζειν, mais il ajoute καλὸν δὲ καὶ ἀνθρώπων τοὺς
συνόντας πείθοντα σὺν παρρησίᾳ τὸν ἐπίκαιρον τοῦτον βίον διάγειν (Z
XXVI, 9 5 sqq.).

2. Cf. Λ VIII, 5 5-9 où Persinna dans sa lettre à Chariclée dit παρὰ
τὴν ὁμιλίαν τὴν πρὸς τὸν ἄνδρα προσβλέψαι τὴν Ἀνδρομέδαν ἡ γραφὴ
παρασχοῦσα καὶ πανταχόθεν ἐπιδείξασα γυμνήν, ἄρτι γὰρ αὐτὴν ἀπὸ
τῶν πετρῶν ὁ Περσεὺς κατῆγεν, ὁμοιοειδὲς ἐκείνῃ τὸ σπαρὲν οὐκ εὐτυχῶς
ἐμόρφωσεν. La maladresse de la phrase par laquelle Sisimithrès, ici, tente
de décrire la scène est à peine croyable, et même la syntaxe est discutable.
Plusieurs arrangements sans importance ont été proposés (voir note
critique), mais aucun n'emporte la conviction. Peut-être le passage est-il
irrémédiablement corrompu.

τὴν ἑτέρων ἀρέσκειαν βιοῦμεν, αὐτὸ δὲ τὸ καλὸν κἀγαθὸν
ζηλοῦντες ἑαυτοὺς πείθειν ἀγαπῶμεν. Τῆς γε μὴν κατὰ
τὴν χροιὰν ἀπορίας φράζει μέν σοι καὶ ἡ ταινία τὴν λύσιν,
ὁμολογούσης ἐν αὐτῇ ταυτησὶ Περσίννης ἐσπακέναι τινὰ
εἴδωλα καὶ φαντασίας ὁμοιοτήτων † ἀπὸ τῆς κατὰ τὴν
Ἀνδρομέδαν πρός σε ὁμιλίας ὁρωμένην †. Εἰ δ' οὖν καὶ
ἄλλως πιστώσασθαι βούλει, πρόκειται τὸ ἀρχέτυπον· ἐπι-
σκόπει τὴν Ἀνδρομέδαν ἀπαράλλακτον ἐν τῇ γραφῇ καὶ
ἐν τῇ κόρῃ δεικνυμένην. »

XV 1 Ἐκόμιζον ἀράμενοι τὴν εἰκόνα προσταχθέντες
οἱ ὑπηρέται καὶ πλησίον τῆς Χαρικλείας ἀντεγείραντες
τοσοῦτον ἐκίνησαν παρὰ πάντων κρότον καὶ θόρυβον, ἄλλων
πρὸς ἄλλους, ὅσοι καὶ κατὰ μικρὸν συνίεσαν τὰ λεγόμενα
καὶ πραττόμενα, διαδηλούντων καὶ πρὸς τὸ ἀπηκριβωμένον
τῆς ὁμοιότητος σὺν περιχαρείᾳ ἐκπλαγέντων, ὥστε καὶ τὸν
Ὑδάσπην οὐκέτι μὲν ἀπιστεῖν ἔχειν, ἐφεστάναι δὲ πολὺν
χρόνον ὑφ' ἡδονῆς ἅμα καὶ θαύματος ἐχόμενον. 2 Ὁ δὲ
Σισιμίθρης « Ἓν ἔτι λείπεται » ἔφη· « περὶ βασιλείας γὰρ
καὶ τῆς κατ' αὐτὴν γνησίας διαδοχῆς ὁ λόγος καί, πρό γε
πάντων, ἀληθείας αὐτῆς. Γύμνωσον τὴν ὠλένην, ὦ κόρη —

3 αὐτὸ δὲ τὸ H. Richards : τὸ δὲ αὐτὸ codd.; κἀγαθὸν VMPRA :
ἢ ἀγαθὸν Τ τε κἀγ. Ζ; fortasse τὸ δὲ αὐτοκαλοκαγαθὸν scribendum ||
5-6 τὴν λύσιν ὁμολογούσης VZAT : om. MP || 6 Περσίννης codd. : secl.
Naber, sed cf. XVI, 8 4 || 8-10 πρός σε — Ἀνδρομέδαν om. A || 8 πρὸς
VZMT : περὶ P || ὁμιλίας ὁρωμένην VZT : ὁμιλίαν ὁρωμένης MP. locus
vix sanus; ἀπὸ τῆς Ἀνδρομέδας κατὰ τὴν πρός σε ὁμιλίαν ὁρωμένης coni. Toup (Coraes) ἀπὸ τῆς κατὰ τὴν ὁμιλίαν πρός σε Ἀνδρομέδας ὁρωμένης Naber; possis ἀπὸ τῆς κατὰ τὴν Ἀνδρομέδαν ὁρωμένην
πρός σε ὁμιλίας scribere || δ' οὖν ZMP : δὲ VT || 9-10 ἐπισκόπει VZT :
ἐπισκοπεῖν MP || 10 Ἀνδρομέδαν VMPT : -έδα Ζ.

XV 1 1 προσταχθέντες VZPAT : πρὸς τὰ λεχθέντα Μ || 3 ἐκίνησαν
VMPT : -ησε ZA || ἄλλων VZAT (superscr. M) : ἄλλον MP || 5 ἀπη-
κριβωμένον VZMAT : ἀποκρ. P || 7 οὐκέτι VZMPA : μηκέτι Τ || μὲν
VMPAT : om. Ζ || 2 2 γὰρ ZMPAT : γὰρ αὐτῆς V.

une tache noire au-dessus du coude. Il n'est point indé-
cent de montrer ce qui doit prouver ta filiation et ta race. »
Aussitôt Chariclée mit à nu son bras gauche et il y avait
en effet comme un cercle d'ébène qui tachait son bras
d'ivoire[1].

XVI **1** Incapable de se contenir plus longtemps,
Persinna soudain s'élança de son trône, et courut l'embrasser. Elle la tenait serrée dans ses bras et la couvrait
de pleurs. L'excès de sa joie débordait en cris semblables
à un mugissement. Car une joie excessive provoque souvent des larmes et des plaintes[2]. Peu s'en fallut qu'elle ne
tombât[3] avec Chariclée. **2** Hydaspe était ému à la vue
de sa femme en pleurs et son cœur penchait vers la com-
passion. Cependant son regard contemplait le spectacle,
sec et immobile, comme s'il eût été de corne ou de fer, et
il restait là refoulant les larmes prêtes à couler[4]. Son âme,
agitée à la fois par l'amour paternel et un mâle courage,
partagée entre ces deux sentiments, était comme ballottée
par la tempête et attirée tour à tour par chacun d'eux. A la
fin, il céda à la nature, qui l'emporte toujours, et non seulement il crut qu'il était père, mais il se laissa aller à tous
les sentiments d'un père. Persinna était à terre et tenait
sa fille enlacée. Il la releva. On le vit même embrasser
Chariclée et par la libation de ses larmes consacrer sa
paternité. **3** Toutefois, il n'oublia pas ce qu'il avait à

---

1. Cf. Homère, *Iliade*, IV, 141 :

ὡς δ' ὅτε τίς τ' ἐλέφαντα γυνὴ φοίνικι μιήνῃ,

et Virgile, *Énéide*, XII, 67-8 :

indum sanguineo veluti violaverit ostro
si quis ebur.

2. Cf. **3** 4-5 et B VI, **4** 1-3. Un très léger changement dans l'ordre
des mots formerait un trimètre iambique

ἡδονῆς
ὑπερβολὴ καὶ θρῆνον ἀποτίκτειν φιλεῖ,

et il est possible qu'ici, comme dans beaucoup de cas, Héliodore s'inspire
d'un poète. Voir vol. II, p. 79, note 1.

3. Cf. E III, **1** 4-5 ὀλίγου μὲν ἐδέησε καὶ κατενεχθῆναι.

Voir note 4 page 96.

μέλανι συνθήματι τὸ ὑπὲρ πῆχυν ἐσπίλωτο — οὐδὲν ἀπρεπὲς γυμνούμενον τὸ τῶν φύντων καὶ γένους μαρτύριον.» Ἐγύμνωσεν αὐτίκα ἡ Χαρίκλεια τὴν λαιάν, καὶ ἦν τις ὥσπερ ἔβενος περίδρομος ἐλέφαντα τὸν βραχίονα μιαίνων.

XVI 1 Οὐκέτι κατεῖχεν ἡ Περσίννα, ἀλλ' ἀθρόον τε ἀνήλατο τοῦ θρόνου καὶ προσδραμοῦσα περιέβαλέ τε καὶ περιφῦσα ἐδάκρυέ τε καὶ πρὸς τὸ ἀκατάσχετον τῆς χαρᾶς μυκηθμῷ τινι προσεοικὸς ἀνωρύετο (ὑπερβολὴ γὰρ ἡδονῆς καὶ θρηνόν ποτε ἀποτίκτειν φιλεῖ), μικροῦ τε ἔδει συγκατενεχθῆναι τῇ Χαρικλείᾳ. 2 Ὁ δὲ Ὑδάσπης ἠλέει μὲν τὴν γυναῖκα ὀδυρομένην ὁρῶν καὶ εἰς συμπάθειαν ἐκάμπτετο τὴν διάνοιαν, τὸ ὄμμα δὲ οἱονεὶ κέρας ἢ σίδηρον εἰς τὰ δρώμενα τείνας εἱστήκει πρὸς τὰς ὠδῖνας τῶν δακρύων ἀπομαχόμενος· καὶ τῆς ψυχῆς αὐτῷ πατρικῷ τῷ πάθει καὶ ἀνδρείῳ τῷ λήματι κυματουμένης καὶ τῆς γνώμης ὑπ' ἀμφοτέρων στασιαζομένης καὶ πρὸς ἑκατέρου καθάπερ ὑπὸ σάλου μετασπωμένης τελευτῶν ἡττήθη τῆς τὰ πάντα νικώσης φύσεως καὶ πατὴρ οὐκ εἶναι μόνον ἐπείθετο ἀλλὰ καὶ πάσχειν ὅσα πατὴρ ἠλέγχετο· καὶ τὴν Περσίνναν συγκατενεχθεῖσαν τῇ θυγατρὶ καὶ συμπεπλεγμένην ἀνεγείρων οὐκ ἔλαθε καὶ τὴν Χαρίκλειαν ἐναγκαλιζόμενος καὶ δακρύων ἐπιρροῇ πατρικὰ πρὸς αὐτὴν σπενδόμενος. 3 Οὐ μὴν εἰς τὸ παντελές γε

5 συνθήματι VMPAT : σπιλόματι Z ‖ 6 τὸ τῶν Hirschig : τὸ MP τῶν VZAT ‖ 7 αὐτίκα VZAT : αὐτοῖς MP ‖ λαιάν VMPAT : παλαιάν Z ‖ 8 ἔβενο; VMT : -εννο; P -αινο; Z ἐβένου A.

XVI 1 2 περιέβαλέ VMPA : -έβαλλέ(ν) ZT ‖ 3 ἐδάκρυέ VMPT : -υσέ(ν) ZA ‖ 5 μικροῦ nos : -όν codd. ‖ τε VMPAT : δὲ Z ‖ ἔδει VZAT : ἔφθη P ἔφη M ‖ 2 2 ὀδυρομένην VMPAT : -ωμένην Z ‖ 6 τῷ (1) nos : τε codd. ‖ τῷ λήματι Z (τῷ λήμματι VAT) : βουλήματι MP ‖ 6-7 κυματουμένης VMPAT : -ούμενος Z ‖ 7 καὶ τῆς — στασιαζομένης om. MP ‖ στασιαζομένης VAT : -όμενος Z ‖ 12 συμπεπλεγμένην V : συγκαταπεπλεγμ. ZA -πεπληγμ. MT -πεπλημ. P ‖ ἔλαθε ZMPAT : ἐλάνθανε V ‖ 13 ἐναγκαλιζόμενος VMPRAT : ἐναγκαζόμενο; Z ‖ πατρικὰ VZMP : -ῶς A -ῶν T ‖ 3 1 γε ZMPAT : om. V.

faire. Il s'arrêta un instant à regarder le peuple ému comme
lui, et qui, à la vue de cette scène et de ces événements
étranges, versait des larmes de joie et de pitié, poussait
vers le ciel une immense clameur sans écouter la voix du
héraut qui réclamait le silence, ni signifier clairement à quoi
tendaient ces bruyantes manifestations. Le roi tendit et
agita la main, et réussit à apaiser l'agitation houleuse de
son peuple[1].   4 « Vous tous présents, dit-il, vous voyez et
vous entendez que les dieux m'ont fait père, contre toute
espérance. Cette jeune fille est mon enfant, plus d'une
preuve le démontre. Mais tel est l'excès de mon amour pour
vous et pour la patrie que, faisant peu de cas de la perpé-
tuité de ma race et du doux nom de père, double bonheur
que je pouvais obtenir par elle, je suis prêt à la sacrifier au
Ciel, dans votre intérêt.   5   Malgré les larmes que je vous
vois répandre, les sentiments que vous manifestez[2], votre
pitié pour une jeune fille vouée à une mort prématurée,
votre pitié pour moi aussi, qui me vois privée d'une lignée
sur laquelle j'ai compté vainement, il est nécessaire,
cependant, même si par hasard vous ne le vouliez pas,
que j'obéisse à la loi de ce pays et mette au-dessus de mes
intérêts particuliers le bien de la patrie.   6   Plaît-il aux
dieux de me la donner et de me l'enlever en même temps ?
Ce malheur m'est déjà arrivé à sa naissance et il se renou-
velle aujourd'hui quand je l'ai retrouvée. Je ne saurais le

→ Amm. 482

4. La description est manifestement inspirée d'Homère, *Odyssée*,
XIX, 209-12 :

$$\text{αὐτὰρ Ὀδυσσεύς}$$
θυμῷ μὲν γοόωσαν ἑὴν ἐλέαιρε γυναῖκα,
ὀφθαλμοὶ δ'ὡς εἰ κέρα ἕστασαν ἠὲ σίδηρος
ἀτρέμας ἐν βλεφάροισι· δόλῳ δ'ὅ γε δάκρυα κεῦθεν.

1. La métaphore plutôt audacieuse de τὸ κλυδώνιον τοῦ δήμου semble
être sans parallèle. Κλυδώνιον, comme le simple κλύδων dont il est
dérivé, évoque à la fois l'agitation tumultueuse (c'est son sens primitif)
et la multitude ; cf, Eschyle, *Perses* 599 : κλύδων κακῶν = « un déluge
de maux ».

2. Ἀνθρώπινόν τι πάθος a sans doute ici le sens de « sympathie
humaine ». Sur l'emploi particulier de l'expression, cf. Z XXI, 15
(vol. II, p. 145, note 1).

ἐξεκρούσθη τῶν πρακτέων, ἀλλ' ὀλίγον ἐπιστὰς τόν τε
δῆμον κατοπτεύσας ἀπὸ τῶν ἴσων παθῶν κεκινημένον καὶ
πρὸς τὴν σκηνοποιίαν τῆς τύχης ὑφ' ἡδονῆς τε ἅμα καὶ
ἐλέου δακρύοντας ἠχήν τέ τινα θεσπεσίαν ἄχρις αἰθέρος
αἴροντας καὶ οὔτε κηρύκων σιγὴν ἐπιταττόντων ἐπαΐοντας
οὔτε τὸ βούλημα τοῦ ταράχου προδήλως ἐκφαίνοντας, τὴν
χεῖρα προτείνας καὶ κατασείων πρὸς ἡσυχίαν τὸ κλυδώνιον
τοῦ δήμου κατέστελλε· 4 καὶ «*Ω παρόντες» ἔλεγεν
«οἱ μὲν θεοὶ πατέρα με, ὡς ὁρᾶτε καὶ ἀκούετε, πάσης
ἐπέκεινα προσδοκίας ἀνέδειξαν, καὶ θυγάτηρ εἶναί μοι ἥδε
ἡ κόρη πολλαῖς ταῖς ἀποδείξεσι γνωρίζεται· ἐγὼ δὲ τοσαύτην ὑπερβολὴν ποιοῦμαι τῆς εἰς ὑμᾶς τε καὶ τὴν ἐνεγκοῦσαν εὐνοίας, ὥστε μικρὰ φροντίσας καὶ γένους διαδοχῆς καὶ πατρῴας ἀνακλήσεως, ἃ δὴ πάντα μοι διὰ τῆσδε
ἔμελλεν ἔσεσθαι, θεοῖς ἱερουργεῖν ὑπὲρ ὑμῶν ἐπείγομαι.
5 Ὁρῶ μὲν γὰρ ὑμᾶς δακρύοντας καὶ ἀνθρώπινόν τι
πάθος ἀναδεδεγμένους καὶ ἐλεοῦντας μὲν τὴν ἀωρίαν τῆς
κόρης ἐλεοῦντας δὲ καὶ τὴν ἐμοὶ μάτην προσδοκηθεῖσαν
τοῦ γένους διαδοχήν· ὅμως δ' οὖν ἀνάγκῃ, καὶ ὑμῶν ἴσως
μὴ βουλομένων, τῷ πατρίῳ πείθεσθαι νόμῳ, τῶν ἰδίων
λυσιτελῶν τὸ τῆς πατρίδος ἐπίπροσθεν ποιούμενον. 6 Εἰ
μὲν γὰρ τοῖς θεοῖς οὕτω φίλον ὥστε παρέχεσθαί τε ἅμα
καὶ ἀφαιρεῖσθαι (τοῦτο γὰρ ἤδη πάλαι τε πέπονθα γεννη-
θείσης καὶ πάσχω τὸ παρὸν εὑρεθείσης) οὐκ ἔχω λέγειν

2 τῶν πρακτέων VMPAT : τὸ πρακτέον Ζ ‖ 3 κεκινημένον VZMAT :
καὶ κινημ. P ‖ 5 ἐλέου VMPAT : ἐλεσίου Ζ ‖ 5-6 ἠχήν — αἴροντας om.
P post ἐπαΐοντας ponit Μ ‖ 5 ἠχήν VMAT : ἦχον Ζ ‖ 6 κηρύκων VZMPRT :
κήρυκος Α ‖ ἐπιταττόντων VMP : -τάττοντος ΖΑΤ ‖ ἐπαΐοντας VZMAT :
ἐπαΐδοντας P ‖ 7 οὔτε VZAT : ἅτε MP ‖ ἐκφαίνοντας VZMPT : ἐμφ. Α ‖
8 κατασείων ΖΜΡΑ : -σείσας VT ‖ 8-9 τὸ κλυδώνιον τοῦ δήμου VZMPT :
τὸ τοῦ δημ. κλυδ. Α ‖ 4 3 ἀνέδειξαν ΖΜΡΑΤ : ἐπανέδ. V ‖ 5 τε ΖΜΡΑΤ :
om. V ‖ 8 ὑμῶν ΖΜΡΑΤ : ἡμῶν V ‖ 5 1 ὁρῶ μὲν γὰρ VMPT : ὁρῶ μὲν Ζ
ὁ γὰρ Α ‖ 2 πάθος VZPAT : παθόντας Μ ‖ ἀναδεδεγμένους VZ : ἀναδεδειγμ.
ΜΡΑΤ ‖ ἀωρίαν VMAT : ἀορίαν P ἀπορίαν Ζ ‖ 3 ἐμοὶ ΖΑΤ : ἐμὴν VMP ‖
5 πατρίῳ ΖΜΡΤ : -ώῳ VA ‖ 6 3 πάλαι τε VZMPT : καὶ πάλαι Α.

dire, et je vous laisse à décider si cette fille, qu'ils ont
exilée à l'autre bout de la terre, et que, par un miracle[1], ils
ont remise en mes mains comme prisonnière[2], ces mêmes
dieux trouveront agréable qu'on la leur sacrifie. **7** Quand
je ne la connaissais que comme une ennemie, je lui ai
laissé la vie ; elle était prisonnière de guerre et je lui ai
épargné les mauvais traitements. Pourtant, je n'hésiterai
pas à l'immoler, si tel est votre bon plaisir[3]. Je n'aurai pas
la faiblesse, pardonnable peut-être chez un autre père, de
céder à la douleur et de m'abaisser aux prières. Je ne
veux pas implorer de votre pitié l'autorisation d'enfreindre
pour cette fois la loi, et de subordonner celle-ci à la nature et aux affections qu'elle inspire, sous prétexte qu'il y
a d'autres moyens d'honorer la divinité. **8** La sympathie
que vous nous manifestez, la part que vous prenez à notre
douleur me font un devoir de préférer votre intérêt au mien,
de ne compter pour rien la perte de mon unique héritière,
pour rien les larmes de cette malheureuse Persinna qui
se voit en même temps mère pour la première fois et privée
d'enfants. C'est pourquoi, cessez, s'il vous plaît, de pleurer et de nous plaindre en vain, et accomplissons le sacrifice. **9** Et toi, ô ma fille, car c'est la première et la dernière fois que je t'appelle de ce nom désiré, en vain tu es

1. Il est certain que θαυματουργεῖν, qui, au sens classique a le sens
d'étonner par une habileté surhumaine, prend ici un sens nettement
religieux, et les auteurs sacrés l'emploient couramment ainsi. De là à
conclure qu'Héliodore était imprégné de christianisme, il y a vraiment
de l'imprudence. Il ne fait pas oublier qu'il était oriental ni l'époque où
il vivait. Il serait téméraire de se baser sur une simple question de vocabulaire pour nier le paganisme qui apparaît à chaque pas dans le roman.
(M.)

2. L'expression de τύχη αἰχμάλωτος se trouve ailleurs, par ex.
Diodore de Sicile XXVII, 6 et Libanios, *Discours* LIX, 157. L'emploi
de l'adjectif αἰχμάλωτος dans le sens de αἰχμαλωτικός est peu commun,
mais il y en a des exemples même chez les auteurs classiques, εὐνὰν
αἰχμάλωτον (Eschyle, *Sept contre Thèbes*, 364), αἰχμαλώτου δουλοσύνης
(Hérodote, IX, 76). Cf. p. 70, note 1.

3. Cf. X, 4 8 et la note 1, page 88 sur la toute puissance prêtée aux
Gymnosophistes par Héliodore. (M.).

ὑμῖν δὲ καταλείπω σκοπεῖν, οὐδ' εἴπερ ἦν ἐξῴκισαν τῆς
ἐνεγκούσης ἐπὶ πέρατα γῆς ἔσχατα αὖθις δὲ θαυματουρ-
γοῦντες ἐν αἰχμαλώτῳ τῇ τύχῃ φέροντες ἐνεχείρισαν, ταύτην αὐτοῖς πάλιν ἱερουργουμένην προσδέξονται. 7 Καὶ
ἦν ὡς- πολεμίαν οὐκ ἀνεῖλον καὶ αἰχμάλωτον γενομένην
οὐκ ἐλυμηνάμην, ταύτην θυγατέρα φανεῖσαν ἐναγίζειν,
ὡς καὶ ὑμῖν ὄντος κατὰ βούλησιν τοῦ πράγματος, οὐχ
ὑπερθήσομαι οὐδὲ πείσομαι ὃ καὶ ἄλλῳ πάσχοντι πατρὶ
συγγνωστὸν ἴσως ἂν ἦν οὐδὲ ὀκλάσω οὐδὲ εἰς ἱκεσίαν τρέψομαι συγγνώμην δοῦναι καὶ ἀφοσιώσασθαι τὸ παρὸν πρὸς
τὸν νόμον, τῇ φύσει πλέον καὶ τοῖς ἐκ ταύτης πάθεσι
προσθεμένους, ὡς ἐξὸν καὶ ἑτέρῳ τρόπῳ θεραπεύειν τὸ
θεῖον. 8 Ἀλλ' ὅσῳ συμπάσχοντες ἡμῖν οὐ λελήθατε καὶ
ὡς ἴδια τὰ ἡμέτερα πάθη περιαλγοῦντες, τοσούτῳ κἀμοὶ
προτιμότερα τὰ ὑμέτερα ὀλίγον μὲν τῆς ἀκληρίας λόγον
ποιουμένῳ ὀλίγον δὲ τῆς ἀθλίας ταυτησὶ Περσίννης κατοδυρομένης, πρωτοτόκου τε ἅμα καὶ ἀγόνου καθισταμένης·
ὥστε, εἰ δοκεῖ, παύσασθε μὲν δακρύοντες καὶ ἡμᾶς κατοικ-
τιζόμενοι μάτην, τῆς δὲ ἱερουργίας ἐχώμεθα. 9 Σὺ δὲ
ὦ θύγατερ (πρῶτα γάρ σε καὶ ὕστατα τὸ ποθητὸν ὄνομα
τοῦτο προσφθέγγομαι), ὦ μάτην μὲν ὡραία μάτην δὲ

5 εἴπερ ΖΜΡΑΤ : ἥπερ V ‖ 7 αἰχμαλώτῳ VΖΜΡΑ : -ων Τ ‖ τῇ VΖΜΡ :
om. ΑΤ ‖ 8 αὐτοῖς : αὐτοῖς VΖΤ αὐτοὶ ΜΡΑ ‖ 7 1 καὶ codd. : ἀλλ' vult Ry. ‖
2 πολεμίαν V : -έμιον ΜΡΤ -έμιος ΖΑ ‖ 5 πείσομαι VΖΡΑΤ : πῄσ. Μ ‖
δ VΜΡΑΤ : ῷ Ζ ‖ 6 ὀκλάσω V : -άζω ΖΜΡΑΤ ‖ 6-7 τρέψομαι ΜΡΑΤ
(-ωμαι V) : τρέπομαι Ζ ‖ 7-8 ἀφοσιώσασθαι τὸ παρὸν πρὸς τὸν νόμον
(ΜΡ : τῶν νόμων VΖΑΤ) codd. cf. Aristides, Or., XV init. (= legi
religiose parere) : sed hic necesse est ut significet ἀφοσιοῦσθαι vel abo-
minari quo sensu cum accusativo (e. g. Plut., Pomp. 42) vel defunctorie
agere quo sensu aut cum περὶ et genetivo (e. g. Plato, Legg. 752 d) aut
cum accusativo (e. g. Plut., Pericl. 10) iungi solebat. Suspicatur igitur
Ry. secludendum esse παρόν, ut τὸ πρὸς τὸν νόμον pendeat ab ἀφοσιώσασθαι ‖ 9 προσθεμένους codd. : -θέμενος Commelinus ‖ 8 2 ἡμέτερα
VΜΡΑΤ : ὑμ. Ζ ‖ 4 ταυτησὶ VΜΡΤ : ταύτης ΖΑ ‖ Περσίννης codd. :
secl. Naber sed cf. XIV, 7 6 ‖ 4-5 κατοδυρομένης VΜΑΤ : κατοδυρωμ. Ρ
κατωδυρωμ. Ζ ‖ 7 ἐχώμεθα VΖΡΑΤ : ἐχόμεθα Μ ‖ 9 2 τὸ ποθητὸν
VΖΜΑΤ : ποθεινὸν Ρ.

belle, en vain tu as retrouvé tes parents. La terre étrangère a été moins dure pour toi que celle de la patrie ; ailleurs tu as trouvé le salut, et c'est la mort que te réserve
le pays qui t'a donné le jour. N'attendris pas mon courage
par tes pleurs[1]. Montre cette âme généreuse et royale,
dont tu as déjà donné des preuves, c'est le moment plus
que jamais. 10 Suis ton père qui n'a pu t'orner de la
robe nuptiale[2] ni te conduire à la chambre et au lit de tes
noces. C'est pour le sacrifice qu'il te pare et les torches
qu'il allume sont destinées non pas à tes noces, mais à ton
bûcher[3]. C'est cette incomparable et florissante beauté que
je vais mener au sacrifice. Et vous, ô dieux, pardonnez-
moi les propos impies qu'aurait pu arracher l'excès de la
douleur à un homme qui appelle pour la première fois
son enfant et se voit en même temps obligé de le mettre à
mort. »

XVII 1 En prononçant ces paroles, il saisit Chariclée,
comme pour la mener vers l'autel et vers le bûcher qui
était dressé. Mais un feu plus ardent brûlait en son cœur,
et il faisait des vœux pour que ses captieuses propositions
ne fussent pas écoutées. Le peuple éthiopien, en effet,
vivement ému par son discours, ne permit pas que Chariclée fît un seul pas vers le supplice. Une immense et soudaine clameur s'éleva : « Sauve la jeune fille, sauve le
sang royal, sauve celle que les dieux ont sauvée. Nous te
remercions. La loi est satisfaite. 2 Nous avons re-

---

1. La phrase est empruntée à Homère, *Iliade*, IX, 612 : μή μοι σύγγει
θυμὸν ὀδυρόμενος καὶ ἀχεύων.

2. Suidas explique νυμφοστολῆσαι par νύμφην κοσμῆσαι· avec le
sens qui est habituellement donné. Dans Achille Tatius, qui emploie
le mot assez souvent (par ex., Δ I, 4 μενεῖς δὲ παρθένος ἔστ' ἄν σε
νυμφοστολήσω) dans un seul cas l'expression a le sens de « sponsum
ad sponsam deducere », ἐπὶ τὴν Ἀρέθουσαν οὕτω τὸν Ἀλφειὸν νυμφοστο-
λεῖ (A XVIII, 2).

3. Il y a une ressemblance notable entre ce passage et celui où Chariclès décrit à Calasiris le triste destin réservé à sa fille, τὸν ὑμέναιον ᾄδό-

ἀνευραμένη τοὺς γεννήσαντας, ὦ τῆς ἀλλοδαπῆς βαρυτέραν
τὴν πατρίδα δυστυχήσασα, ὦ σωτηριώδους μὲν τῆς ξένης
ἐπ' ὀλέθρῳ δὲ πειρωμένη τῆς ἐνεγκούσης, μή μοι σύγχει
τὸν θυμὸν ὀδυρομένη, ἀλλὰ τὸ ἀνδρεῖον ἐκεῖνό σου φρό-
νημα καὶ βασίλειον νῦν εἴπερ ποτὲ καὶ πρότερον ἐπιδείκ-
νυσο· 10 καὶ ἕπου τῷ γεννήσαντι, νυμφοστολῆσαι μὲν οὐ
δυνηθέντι οὐδὲ ἐπὶ παστάδας καὶ θαλάμους ἀγαγόντι, πρὸς
δὲ θυσίαν κοσμοῦντι καὶ δῇδας οὐ γαμηλίους ἀλλ' ἐπιβω-
μίους ἅπτοντι καὶ τὴν ἄμαχον ταυτηνὶ τοῦ κάλλους ἀκμὴν
ἀνθ' ἱερείων προσάγοντι. Ὑμεῖς δε ἰλήκοιτε ὦ θεοὶ τῶν
εἰρημένων [καὶ] εἰ δή τι πρὸς τοῦ πάθους νικώμενος οὐκ
εὐαγὲς ἐφθεγξάμην ὁ τέκνον ὁμοῦ καλεσάμενος καὶ τεκ-
νοκτόνος γινόμενος. »

XVII 1 Καὶ ταῦτα εἰπὼν ὁ μὲν ἐπέβαλλε τῇ Χαρικλείᾳ
τὰς χεῖρας, ἄγειν μὲν ἐπὶ τοὺς βωμοὺς καὶ τὴν ἐπ' αὐτῶν
πυρκαιὰν ἐνδεικνύμενος πλείονι δὲ αὐτὸς πυρὶ τῷ πάθει
τὴν καρδίαν σμυχόμενος καὶ τὴν ἐπιτυχίαν τῶν ἐνηδρευ-
μένων τῇ δημηγορίᾳ λόγων ἀπευχόμενος. Τὸ δὲ πλῆθος
τῶν Αἰθιόπων ἐσείσθη πρὸς τὰ εἰρημένα καὶ οὐδὲ πρὸς
βραχὺ τῆς Χαρικλείας ἀγομένης ἀνασχόμενοι¹ μέγα τι καὶ
ἀθρόον ἐξέκραγον « Σῷζε τὴν κόρην » ἀναβοῶντες, « σῷζε
τὸ βασίλειον αἷμα, σῷζε τὴν ὑπὸ θεῶν σωθεῖσαν· ἔχομεν
τὴν χάριν· πεπλήρωται ἡμῖν τὸ νόμιμον. 2 Ἐγνωρίσαμεν

4 ἀνευραμένη VMAT : -ομένη ZP ǁ ἀλλοδαπῆς ZMPA : -οῦς VT ǁ
7 ὀδυρομένη VMPAT : -ωμένη Z ǁ 10 4 ταυτηνὶ VZMPT : ταύτην A ǁ
5 ἱερείων VZMPT : -ου A ǁ προσάγοντι ZMPT : -αγαγόντι VA ǁ ἰλήκοιτε
VZT : ἱλίχ. MP ἡλίχ. A ǁ ὦ VT : οἱ MP om. ZA ǁ 6 καὶ secl. Coraes ǁ
πρὸς VMPAT : πρὸ Z ǁ 7 ὁ ZMAT : ὦ V σύ τε ὦ P.

XVII ǁ 1 ἐπέβαλλε VZ : -έβαλε MPAT ǁ 2 ἐπ' αὐτῶν VMPAT : ὑπ'
αὐτῶν Z ǁ 3-4 πλείονι — σμυχόμενος om. Z ǁ 3 αὐτὸς MPAT : om. V
(Z) ǁ πυρὶ VAT : περὶ MP ǁ 4 σμυχόμενος VPAT : σμηχ. M ǁ 4-5 ἐνη-
δρευμένων VZAT : ἐνεδρευομένων MP ǁ 5 λόγων ZMT : λόγον P τῶν
λόγων VA secludere vult Ry.

1) ἀνέχω eintragen

connu notre roi ; montre aussi que tu es père. Les dieux
nous pardonneront cette apparente violation de la loi.
Nous la violerions bien plus en nous opposant à leurs volontés. Que nul ne fasse périr celle qu'ils ont voulu sauver. Tu es le père [1] du peuple, sois aussi père dans ta famille. » Mille cris de ce genre partaient de la foule. Celle-ci
enfin par son attitude même manifesta sa volonté d'empêcher le sacrifice. Elle se plaçait devant Hydaspe, l'arrêtait
et demandait qu'on immolât les autres victimes pour apaiser le Ciel. **3** Le roi sans difficulté et même avec joie
se laissa vaincre ; il se soumit spontanément à la violence
qu'il avait désirée. Le peuple, ivre de satisfaction et d'or-
gueil, prolongeait sans arrêt ses acclamations et manifestait
sa reconnaissance envers lui avec une pétulance excessive ;
il le laissa se rassasier de joie, et attendit qu'il retrouvât
de lui-même son calme.

XVIII **1** Il se rapprocha de Chariclée « Ma chérie,
lui dit-il, tu es bien ma fille. Les signes de reconnaissance me l'ont prouvé. Le sage Sisimithrès l'a confirmé
par son témoignage. Enfin et surtout, la bienveillance
des dieux l'a démontré. Mais quel est donc cet homme qui
a été pris avec toi, qu'on a réservé pour les sacrifices d'actions de grâces aux dieux, et qui est maintenant près des
autels pour être immolé ? **2** Pourquoi l'appelais-tu ton
frère [2], quand pour la première fois à Syéné, vous m'avez
été amenés ? Car je suppose bien que lui, on ne décou-
vrira pas qu'il est notre fils : Persinna a été mère une

μενον ἔτι διεδέχετο θρῆνος καὶ ἀπὸ τῶν παστάδων ἐπὶ τὸ μνῆμα παρε-
πέμπετο καὶ δᾷδες αἱ τὸ γαμήλιον ἐκλάμψασαι φῶς αὗται καὶ τὴν ἐπι-
κήδειον πυρκαϊὰν ἀνῆπτον (B XXIX, 4).

1. La symétrie de la phrase grecque est soulignée par la concision
de la sentence et par la place du mot πατήρ à la fin de chaque
membre. (M.)

2. En réalité, c'est Théagène qui, au moment du premier interroga-
toire des prisonniers, et alors que Chariclée gardait le silence, avait
déclaré qu'ils étaient frère et sœur, Θ XXV, **2** 5. (M.)

⟨σε⟩ὡς βασιλέα· γνώριζε καὶ σὺ σαυτὸν ὡς πατέρα. Ἱλή-
κοιεν οἱ θεοὶ τῆς δοκούσης παρανομίας. Πλέον παρανομήσομεν ἀνθιστάμενοι τοῖς ἐκείνων βουλήμασι· μηδεὶς ἀναιρείτω τὴν ὑπ' ἐκείνων περισωθεῖσαν. Ὁ τοῦ δήμου πατήρ,
γίνου καὶ κατ' οἶκον πατήρ.» Καὶ μυρίας ἐπὶ τούτοις
καὶ ὁμοίας φωνὰς ἱέντες τέλος καὶ ἔργῳ τὸ κωλύειν ἐπε-
δείκνυντο προιστάμενοί τε καὶ ἀνθιστάμενοι καὶ διὰ τῶν
ἄλλων θυσιῶν ἱλάσκεσθαι τὸ θεῖον αἰτοῦντες. 3 Ὁ δὲ
Ὑδάσπης ἑκών τε καὶ χαίρων προσίετο τὴν ἧτταν, τὴν
εὐκτὴν ταυτηνὶ βίαν αὐθαίρετος ὑπομένων καὶ τοὺς δήμους
ἐπαλλήλοις ταῖς ἐκβοήσεσι χρονιώτερον ἐντρυφῶντας καὶ
ταῖς εὐφημίαις ἀγερωχότερον ἐπισκιρτῶντας ὁρῶν τούτοις
μὲν ἐμφορηθῆναι τῆς ἡδονῆς ἐνεδίδου, κατασταλῆναί ποτε
πρὸς ἡσυχίαν ἑκόντας ἀναμένων.

XVIII 1 Αὐτὸς δὲ πλησιαίτερον τῇ Χαρικλείᾳ παρα-
στάς, «Ὦ φιλτάτη» ἔλεγεν, «ἐμὴν μὲν εἶναί σε θυγατέρα
τά τε γνωρίσματα ἐμήνυσε καὶ ὁ σοφὸς Σισιμίθρης ἐμαρτύ-
οησε καὶ τὸ τῶν θεῶν εὐμενὲς πρὸ πάντων ἀνέδειξεν·
ἀλλ' οὑτοσὶ τίς ποτέ ἐστιν, ὃ σοὶ μὲν ἅμα συλληφθεὶς καὶ
εἰς τὰς ἐπινικίους σπονδὰς τοῖς θεοῖς φυλαχθείς, νυνί τε
τοῖς βωμοῖς εἰς τὴν ἱερουργίαν προσιδρυμένος; 2 Ἢ
πῶς αὐτὸν ἀδελφὸν ὠνόμαζες ὅτε μοι τὸ πρῶτον κατὰ
τὴν Συήνην προσήχθητε; οὐ γὰρ δήπου καὶ οὗτος ἡμέτε-
ρος υἱὸς εὑρεθήσεται· ἅπαξ γὰρ Περσίννα καὶ σὲ μόνην

2 2 σε add. Francius ‖ σαυτὸν VZMT : αὐτὸν ΡΑ ‖ 2-3 ἱλήχοιεν VZAT :
ἱλίχ. ΜΡ ‖ 5 περισωθεῖσαν VZMP : σωθ. Α διασωθ. Τ ‖ 7 ὁμοίας VZMAT :
-οις Ρ ‖ καὶ (2) VMPAT : om. Z ‖ 8 καὶ διὰ VMPAT : διὰ Ζ ‖ 3 3 αὐθαίρετος VZMPT : αὐθαιρέτως Α ‖ 5 εὐφημίαις VMPAT : εὐφιμ. Ζ ‖ τούτοις nos : τοῖς ΖΜΡΑ αὐτοῖς VT ‖ 7 ἑκόντας VMPA : om. ΖΤ.

XVIII 1 3 ἐμήνυσε VZMAT : ἐγνώρισε Ρ ‖ σοφός VMPAT : om Z ‖
4 πρὸ ΖMPAT : πρὸς V ‖ 5 οὑτοσὶ ΜΡΑΤ : οὗτος εἰ V οὗτος εἶ Ζ ‖
τίς VMPT : τις Ζ τί Α ‖ σοὶ VMPAT : σὺ Ζ ‖ 5-6 καὶ εἰς — φυλαχθεὶς
om. Μ ‖ 6 φυλαχθεὶς VP : συμφυλ. ΖΑΤ ‖ τε codd., cf. Ε XXXIII,
3 5-6 : δὲ Mitscherlich ‖ 2 2 αὐτὸν ἀδελφὸν ΖMPAT : ἀδ. αὐτ. V ‖ 3 οὗτος
VZAT : αὐτὸς ΜΡ.

fois et de toi seule. » Chariclée rougit et baissa la tête :
« J'ai menti, répondit-elle, en le disant mon frère : j'ai
été obligée de forger cette histoire. Quant à ce qu'il est
vraiment, il le dira mieux que moi : il est homme, il aura
plus de hardiesse que moi qui suis une femme et pourra
s'expliquer sans honte [1]. » 3 Hydaspe ne comprit pas le
sens de ces paroles. « Excuse-moi, ma petite fille, de t'avoir
fait rougir en te posant au sujet d'un jeune homme une
question qui pouvait blesser ta pudeur virginale [2]. Mais, va
te reposer dans la tente avec ta mère. Tu lui donneras plus
de joie aujourd'hui que tu ne lui as causé de douleurs
quand elle t'a enfantée. Qu'elle jouisse de ta présence et
trouve dans le récit de tes aventures une consolation.
Quant à moi, je m'occuperai du sacrifice et ferai mon possible pour trouver une victime à immoler à ta place, en
même temps que ce jeune homme, s'il en est une qui soit
digne de te remplacer. »

XIX 1 Chariclée faillit pousser un cri de douleur,
tant fut forte son émotion à l'annonce de l'immolation
prochaine de Théagène. A grand'peine elle se retint, son-
geant à l'intérêt du moment, et se contraignit à maîtriser
l'excès où pouvait l'égarer sa passion, afin de la mieux
servir. Elle revint donc par un détour à son but. « Sei-
gneur, dit-elle, il n'était peut-être pas nécessaire que tu
cherches une autre jeune fille, puisque le peuple en me
sauvant t'a déjà dispensé de sacrifier une victime féminine.
2 Si toutefois l'on s'obstine à réclamer un couple, une

---

1. Cf. A. XXI, 3 8 sqq. μᾶλλον, ἔφη (ἡ Χαρίκλεια). ὁ μὲν λόγος
ἥρμοζεν ἀδελφῷ τῷ ἐμῷ Θεαγένει τούτῳ· πρέπειν γὰρ οἶμαι γυναικὶ μὲν
σιγὴν ἀνδρὶ δὲ ἀπόκρισιν ἐν ἀνδράσιν. Mais dans cette occasion, elle
prend néanmoins la parole ; car elle savait qu'elle avait une imagination
plus fertile que Théagène, et la situation était critique.

2. La réflexion fait plus d'honneur à son cœur qu'à sa tête. Pour
mener à bien l'intrigue du roman, Héliodore a imaginé un roi idéal d'une
incroyable niaiserie, mais il n'était vraiment pas nécessaire d'attirer
l'attention sur ce trait de caractère si souvent et si ouvertement. Cf. XX, 1
(οὔπω τῶν ὄντων ἐπήβολο; γινόμενος), XXI, 1 (ἀλλ᾽ οὐ συνίημι), etc.

ἐκυοφόρησε.» Καὶ ἡ Χαρίκλεια σὺν ἐρυθήματι κατανεύσασα «Τὸν μὲν ἀδελφὸν ἐψευσάμην» ἔφη «τῆς χρείας
τὸ πλάσμα συνθείσης· ὅστις δέ ἐστιν ἀληθῶς αὐτὸς ἂν
λέγοι βέλτιον, ἀνήρ τε γάρ ἐστιν ἐμοῦ τε τῆς γυναικὸς
εὐθαρσέστερον ἐξαγορεύειν οὐκ αἰσχυνθήσεται.» 3 Καὶ
ὁ Ὑδάσπης μὴ συλλαβὼν τὸν νοῦν τῶν εἰρημένων «Σύγγνωθι» ἔφη «θυγάτριον κατερυθριάσασα δι' ἡμᾶς παρθε-
νικῆς αἰδοῦς ἀνοίκειον πεῦσιν ὑπὲρ νεανίου σοι προσαγα-
γόντας. Ἀλλὰ σὺ μὲν κατὰ τὴν σκηνὴν ἅμα τῇ μητρὶ
κάθησο ἐνευφραίνεσθαί τέ σοι παρέχουσα, πλέον ἢ ὅτε
σε ἔτικτεν ὠδινούσῃ τὴν ἐπὶ σοὶ τὸ παρὸν ἀπόλαυσιν, καὶ
τοῖς κατὰ σαυτὴν διηγήμασι παρηγοροῦσα. Ἡμῖν δὲ τῶν
ἱερείων μελήσει, τῆς ἀντὶ σοῦ σφαγιασθησομένης ἅμα τῷ
νεανίᾳ παντοίως εἴ τινα εὔροιμεν ἀνταξίαν ἐπιλεχθείσης.»

XIX 1 Καὶ ἡ Χαρίκλεια μικροῦ μὲν καὶ ἐξωλόλυξε
πρὸς τὴν δήλωσιν τῆς τοῦ Θεαγένους σφαγῆς ἐκτραχυν-
θεῖσα· μόγις δ' οὖν τὸ συμφέρον τιθεμένη καὶ πρὸς τὸ
ἐκμανὲν τοῦ πάθους διὰ τὸ χρειῶδες ἐγκαρτερῆσαι βιασα-
μένη πάλιν ὑφεῖρπε τὸν σκοπὸν καὶ «Ὦ δέσποτα» ἔλεγεν «ἀλλ' οὐδὲ κόρην μὲν ἴσως ἔτι ἐχρῆν σε ἐπιζητεῖν,
ἅπαξ τοῦ δήμου τὸ ἱερεῖον τὸ θῆλυ δι' ἐμοῦ συγχωρήσαν-
τος. 2 Εἰ δ' οὖν προσφιλονεικοίη τις ἄρτιον καὶ ἐξ

5-6 κατανεύσασα VZAT, cf. Ach. Tat. Ζ XIV, 3 : κάτω νεύσασα MP,
cf. Ε XI, 1 4 ‖ 6 ἐψευσάμην VMPAT : ἔφευσ. Ζ ‖ 8-9 ἐμοῦ τε τῆς γυναικὸς εὐθαρσέστερον (-αίτερον Ζ) VZA : καὶ εὐθαρσ. ἐμοῦ τῆς γυν. MP
εὐθαρσέτερον ἐμοῦ τε τῆς γυν. Τ ‖ 3 2 συλλαβὼν VZPA : συμβαλὼν
ΜΤ ‖ τὸν νοῦν τῶν εἰρημένων VZMAT : τῶν εἰρ. τον νοῦν P ‖ 5 τὴν
VMPAT : om. Ζ ‖ 6 σοι VZPAT : om. Μ ‖ παρέχουσα MPAT : -αν VZ ‖
7 τὴν (τὴν δὲ A) ... ἀπόλαυσιν codd. : τῇ ... ἀπολαύσει puncto post
ὠδινούσῃ Hirschig ‖ 10 ἀνταξίαν VMPAT : ἀντάξιον Ζ.

XIX 1 1 καὶ (2) VZMPT : om. A ‖ ἐξωλόλυξε VZMP : ἐξολώλυξε A
ἐξωλόλυξε Τ ‖ 2 τοῦ ΖMPAT : om. V ‖ Θεαγένους VZAT : νεαν.ου MP ‖
3 τὸ συμφέρον τιθεμένη VMPA (συντιθ. Τ) : τῷ συμφέροντι θεμένη Ζ ‖
καὶ VZAT : om. MP ‖ 6 ἐχρῆν ΖMPAT : χρῆν V ‖ 7 ἅπαξ VZMAT :
ἅμα P.

victime de l'un et de l'autre sexe, tu dois chercher non
pas seulement une jeune fille, mais aussi un autre jeune
homme. Sinon, ce n'est pas une autre jeune fille, mais moi-
même qu'il faut immoler. » « Tais-toi, » reprit Hydaspe,
et il lui demanda pourquoi elle parlait ainsi. « Parce que
je dois vivre avec cet homme et mourir avec lui [1] : telle est
la volonté du Ciel. »

XX 1   A ces mots le roi, qui n'avait encore pas bien
compris ce qu'il en était, répliqua : « Je loue, ma fille, tes
sentiments d'humanité. Voici un étranger, un Grec, de ton
âge, ton compagnon de captivité, tu as vécu familièrement avec lui pendant ton exil. Ton bon cœur en a pitié
et tu songes à le sauver. C'est très bien, mais il n'y pas
moyen de le soustraire au sacrifice. Sans compter que ce
serait une impiété de transgresser ainsi complètement les
rites traditionnels des sacrifices d'actions de grâces ; le
peuple ne le supporterait pas ; c'est à peine [2] déjà s'il a consenti à t'épargner, poussé par la bienveillance divine. »   2
« O roi, dit alors Chariclée, car il ne m'est sans doute pas
possible de t'appeler père, si la bienveillance divine a sauvé
mon corps, la même bienveillance devrait aussi sauver mon
âme et ma vie, ils le savent bien les dieux qui ont réglé
mon sort. Mais s'il se trouve que les Destinées n'y con-
sentent pas, et s'il faut absolument rehausser la cérémonie
du sacrifice de cet étranger, accorde-moi seulement cette
grâce : ordonne que ma propre main immole la victime,

---

1. La seconde partie de la sentence est un lieu commun ; par ex.,
Sophocle, Fragment 867 (Nauck) :

θανόντι κείνῳ συνθανεῖν ἔρως μ' ἔχει.

2. Ceci est faux. Le peuple, dès qu'il a vu Chariclée, a manifesté son
intention de la sauver (ἐλύπει μὲν οὖν καὶ ἄλλους τῶν ὄχλων ἁρμόδιος
τῇ θυσίᾳ φανεῖσα, καὶ δεισιδαιμονοῦντες ὅμως ἥδιστα ἂν εἶδον ἔκ τινος
μηχανῆς περισωθεῖσαν, IX, 5) et il a bien pris toutes dispositions en vue
de la soustraire au sacrifice (ἰλήχοιεν οἱ θεοὶ τῆς δοκούσης παρανομίας.
Πλέον παρανομήσομεν ἀνθιστάμενοι τοῖς ἐκείνων βουλήμασι· μηδεὶς
ἀναιρείτω τὴν ὑπ' ἐκείνων περισωθεῖσαν, XVII, 2).

ἑκατέρου γένους ἐπιτελεῖσθαι τὴν ἱερουργίαν, ὥρα σοι μὴ
κόρην μόνον ἀλλὰ καὶ νεανίαν ἄλλον ἐπιζητεῖν, ἢ μὴ τοῦτο
ποιοῦντα μηδὲ κόρην ἄλλην ἀλλ' ἐμὲ πάλιν σφαγιάζειν. »
Τοῦ δὲ « Εὐφήμησον » εἰπόντος καὶ τὴν αἰτίαν διότι
τοῦτο λέγοι πυνθανομένου, « Ὅτι » ἔφη « ἐμοὶ καὶ ζῶντι
συζῆν καὶ θνήσκοντι συντεθνάναι τῷ ἀνδρὶ τῷδε πρὸς τοῦ
δαιμονίου καθείμαρται. »

XX 1   Πρὸς ταῦτα ὁ Ὑδάσπης, οὔπω τῶν ὄντων ἐπήβολος γινόμενος, « Ἐπαινῶ μέν σε τῆς φιλανθρωπίας, ὦ
θύγατερ » ἔφη, « ξένον Ἕλληνα καὶ ἥλικα καὶ συναιχμά-
λωτον καὶ συνήθειαν πρὸς σε τὴν ἐκ τῆς ἐκδημίας κεκτημένον χρηστῶς κατελεοῦσαν καὶ περισῴζειν ἐπινοοῦσαν,
ἀλλ' οὐκ ἔστιν ὅπως ἂν ἐκεῖνος ἐξαιρεθείη τῆς ἱερουργίας·
ἄλλως τε γὰρ οὐκ εὐαγὲς παντάπασι περιγραφῆναι τὸ
πάτριον τῆς τῶν ἐπινικίων θυσίας, καὶ ἅμα οὐδ' ἂν ὁ δῆμος ἀνάσχοιτο, μόλις καὶ πρὸς τὴν ἐπὶ σοὶ συγχώρησιν
θεῶν εὐμενείᾳ κινηθείς. » 2   Ἡ δὴ οὖν Χαρίκλεια « Ὦ
βασιλεῦ » ἔφη, « πατέρα γάρ σε καλεῖν τάχα οὐκ ἐγγίνεται,
εἰ μὲν δὴ θεῶν εὐμενείᾳ σῶμα τοὐμὸν περισέσωσται, τῆς
αὐτῆς ἂν γένοιτο εὐμενείας καὶ τὴν ἐμὴν ἐμοὶ περισῶσαι
ψυχήν, ἣν ἀληθῶς εἶναί μοι ψυχὴν ἐπικλώσαντες ἴσασιν.
Εἰ δὲ τοῦτο ἀβούλητον Μοίραις εὑρίσκοιτο καὶ δεήσει πάντως τὰ ἱερεῖα κοσμῆσαι σφαγιασθέντα τὸν ξένον, ἓν γοῦν
μοι χαρίσασθαι νεῦσον· αὐτήν με κέλευσον αὐτουργῆσαι τὸ

2 2 γένους ZMPAT : μέρους V ‖ τὴν ἱερουργίαν VZAT : om. MP ‖
ὥρα VMAT : ὅρα ZP ‖ 3 μόνον PT : μόνην VMA om. Z ‖ ἢ VMPA :
εἴ T om. Z ‖ 6 τοῦτο λέγοι VZT : τοῦτο λέγει MA τοῦ λέγειν P ‖ ἐμοὶ
καὶ VZPAT : καὶ ἐμοὶ M ‖ 8 καθείμαρται VPAT : καθήμ. Z καθείμαρτο M.

XX 1 1-2 ἐπήβολος MT : ἐπίβ. ZA ἐπίδουλος V (in ἐπήβ. mut.) P ‖ 3 ξένον V : ξ. καὶ ZMPAT ‖ 4-5 κεκτημένον VZMPT : κεχρημ. A ‖ 5 χρηστῶς
VZMAT : -ὸς P ‖ 6 ἐκεῖνος VZAT : om. MP ‖ 10 θεῶν VMPAT : θεοῦ Z ‖
2 5 μοι VZMAT : om. P ‖ 6 δεήσει VZMT : δεήσῃ P δεήσοι A ‖ 7 τὰ
ἱερεῖα κοσμῆσαι VMPAT : κοσμ. τὰ ἱερ. Z ‖ 8 νεῦσον VZMP : σπεῦσον A
νεῦσαι T.

confie-moi l'épée qui sera pour moi un trésor précieux, et
me permettra de devenir célèbre par mon viril courage[1]
parmi les Éthiopiens. »

XXI 1 Bouleversé par ces paroles, Hydaspe répondit :
« Je ne comprends pas cette volte-face. Tout à l'heure, tu
essayais de défendre cet étranger, et maintenant comme
un ennemi, tu me demandes de le tuer de ta propre main.
2 Mais je ne vois rien d'honorable ni de glorieux pour
une jeune fille de ton âge dans une action pareille. Et quand
cela serait, je ne puis te satisfaire. Seules les personnes
consacrées à Hélios et à Séléné peuvent, selon la coutume
du pays, accomplir ce rite. et encore ne le peuvent-elles
pas toutes, mais seulement celles qui ont femme ou mari.
Ainsi ta virginité m'empêche de satisfaire ton inexplicable
demande. » 3 « Mais, dit Chariclée tout bas à l'oreille
de sa mère, il n'y a pas là d'empêchement. Je sais quelqu'un qui est disposé à me donner le titre d'épouse, si vous
y consentez. » « Nous y consentirons, dit Persinna en souriant, et nous ne tarderons guère à te donner, avec l'aide
des dieux, un mari que nous saurons choisir digne de toi
et de nous. » Chariclée répliqua à haute voix : « Inutile
de chercher. Il est trouvé. »

XXII 1 Elle allait parler plus clairement, car la nécessité rend hardi, et le danger de Théagène, qu'elle avait sous

---

1. La finesse de la psychologie, la vérité des sentiments ne sont pas,
on a pu le constater tout au long du roman, des qualités propres à Héliodore. Cependant, çà et là, on pouvait relever quelques remarques ou
peintures qui révélaient une certaine aptitude à l'analyse et un certain
souci de la vraisemblance. Mais cette fin de l'ouvrage devient pur arti-
fice. Tout est factice, tout est convention. Et c'est là qu'apparaît surtout
la filiation d'Héliodore et de nos Scudéry. On entend bien que Chariclée,
en réclamant une épée et en mettant son « viril courage » au service des
Éthiopiens, en offrant d'immoler elle-même Théagène, veut troubler et
berner son benêt de père. Ces artifices, ces allures d'amazone justicière
n'en sont pas moins choquants et de tels passages confinent à la puérilité.
(M.)

θῦμα καὶ τὸ ξίφος ὡς κειμήλιον δεξαμένην περίβλεπτον
ἐπ' ἀνδρείᾳ παρ' Αἰθίοψιν ἀναδειχθῆναι. »

XXI 1 Διαταραχθεὶς δὲ πρὸς ταῦτα ὁ Ὑδάσπης « Ἀλλ'
οὐ συνίημι μὲν » ἔφη « τὴν πρὸς ἐναντία σου τῆς γνώμης
μεταβολήν, ἀρτίως μὲν ὑπερασπίζειν τοῦ ξένου πειρωμένης νυνὶ δὲ ὡς πολεμίου τινὸς αὐτόχειρα γενέσθαι παρα-
καλούσης. 2 Ἀλλ' οὐδὲ σεμνόν τι καὶ ἐπίδοξον, ὅσα γε
πρὸς σὲ καὶ τὴν σὴν ἡλικίαν, ἐνορῶ τῇ πράξει· καὶ τούτου δὲ ὄντος τὸ δυνατὸν οὐκ ἔστι· μόνοις γὰρ τοῖς ἱερωμένοις τῷ τε Ἡλίῳ καὶ τῇ Σεληναίᾳ πρὸς τῶν πατρίων
ἀποκεκλήρωται ἥδε ἡ πρᾶξις, καὶ τούτοις οὐ τοῖς τυχοῦ-
σιν ἀλλὰ τοῦ μὲν γυναικὶ τῆς δὲ ἀνδρὶ συνοικούσης· ὥστε
ἡ κατὰ σὲ παρθενία κωλύει τὴν οὐκ οἶδ' ὅπως γινομένην
αἴτησιν. » 3 « Ἀλλὰ τούτου γε ἕνεκεν οὐδὲν ἐμπόδιον »
ἔφη ἡ Χαρίκλεια, λάθρα καὶ παρὰ τὸ οὖς τῇ Περσίννῃ
προσκύψασα· « ἔστι γὰρ κἀμοί, μῆτερ, ὃ τὸ ὄνομα τοῦτο
πληρῶν, εἰ καὶ ὑμεῖς βουληθείητε. » « Βουλησόμεθα »
εἶπεν ἡ Περσίννα μειδιάσασα « καὶ αὐτίκα μάλα ἐκδώσομεν, θεῶν νευόντων, σοῦ τε καὶ ἡμῶν ἄξιον ἐπιλεξάμε-
νοι. » Καὶ ἡ Χαρίκλεια γεγωνότερον « Οὐδὲν δεῖ ἐπιλέ-
γειν » ἔφη « τὸν ὄντα ἤδη. »

XXII 1 Καὶ λέγειν τι φανερώτερον μελλούσης (τολμᾶν
γὰρ τὸ κατεπεῖγον καὶ τὴν αἰδῶ τὴν παρθένιον παρορᾶν
τὸ ἐν ὀφθαλμοῖς δρώμενον τοῦ κινδύνου τῷ Θεαγένει κατη-

10 ἀνδρείᾳ ΖΜΡΑΤ : ἀνδρίᾳ V ‖ ἀναδειχθῆναι VZAT : ἀναχθῆναι ΜΡ.

XXI 1 2 μὲν VZMPT : om. A ‖ ἐναντία VZMPT : τὰ ἐν. A ‖ 4 γενέσθαι VZRAT : om. Μ ‖ 2 1 τι VMPAT : γε Ζ ‖ 1-2 ὅσα γε πρὸς σὲ καὶ τὴν
VMPAT : ὅσα καὶ πρὸς τὴν Ζ ‖ 3-4 ἱερωμένοις VZMAT : -ομένοις Ρ ‖
5 ἥ V : om. ZMPAT ‖ 8 αἴτησιν VZAT : αἰτίαν ΜΡ ‖ 3 3 προσκύψασα
VZAT : προσκ. ΜΡ ‖ 5-6 ἐκδώσομεν VMPA : -σωμεν Ζ ἐνδώσομεν Τ ‖
7 δεῖ VZMPA : δεῖ οἶμαι Τ ‖ 8 τὸν VZMPA : τὰ Τ.

XXII 1 1 τολμᾶν VAT : τολμᾷ ΖΜΡ ‖ 2 παρθένιον ΖΜ (-ειον VPT) :
παρθένον A ‖ παρορᾶν VMPAT : περιορᾶν Ζ προορᾶν Bas.

les yeux, la contraignait à oublier la réserve qui convient
aux jeunes filles. Hydaspe incapable de se contenir plus
longtemps. s'écria : « O dieux ! comme vous vous plaisez
toujours à mêler le malheur au bonheur [1]. La joie inespé-
rée que vous m'avez octroyée, vous me la retirez en partie. Vous me rendez une fille que je ne comptais plus revoir,
mais elle est insensée.   2   Ne faut-il pas que sa raison soit
égarée pour qu'elle tienne des propos aussi incohérents ? Elle
nommait son frère celui qui ne l'est pas. Cet homme qui
est là, cet étranger, on lui demande qui il est ; elle répond
qu'elle ne le connaît pas. Puis cet inconnu, elle s'efforce
de le sauver comme un ami. On lui apprend que sa prière
ne peut être exaucée ; alors elle me demande la faveur de
l'immoler elle-même, comme le pire de ses ennemis.   3
Nous lui disons que c'est défendu, et qu'une seule femme,
et une femme mariée [2] a le droit d'accomplir ce sacrifice,
alors elle déclare qu'elle a un mari sans révéler qui il est.
Comment en effet le pourrait-elle, quand elle n'en a pas
et même n'en a jamais eu, comme l'a démontré l'épreuve
du feu ? A moins que, menteur pour elle seule, ce foyer
révélateur des être purs que les Éthiopiens n'ont jamais
trouvé en défaut ne lui ait, par faveur spéciale, permis de
le fouler sans se brûler et de se parer d'une fausse virginité.
Il n'y a qu'elle aussi qui puisse en même temps appeler
quelqu'un son ami et son ennemi, et se donner un frère et
un mari qui n'existent pas.   4   Entre donc, ma femme,
dans la tente, et ramène cette fille à la raison. C'est le
dieu venu pour assister au sacrifice qui la fait ainsi délirer ;
ou bien l'excès de joie provoquée par un bonheur inespéré
égare son esprit.   5   Pour moi, je vais charger quelqu'un
de chercher et de trouver la victime que nous devons im-

---

1. Cf. Euripide, Fragment 21 (Nauck) :

οὐκ ἂν γένοιτο χωρὶς ἐσθλὰ καὶ κακά,
ἀλλ' ἔστι τις σύγκρασις.

2. Polybe est le premier auteur à employer ὕπανδρος = mariée ; mais
cet adjectif dérive naturellement de la phrase d'Homère ὅσσαι νῦν γε
γυναῖκες ὑπ' ἀνδράσιν οἶκον ἔχουσιν (*Odyssée*, VII, 68).

νάγκαζεν), οὐκέτι κατασχὼν ὁ Ὑδάσπης « Ὦ θεοί » ἔφη, « ὡς κακὰ τοῖς καλοῖς ἐοίκατε μιγνύναι καὶ τὴν ἀπ' ἐλπίδος μοι δωρηθεῖσαν πρὸς ὑμῶν εὐδαιμονίαν τὸ μέρος κωλύειν, θυγατέρα μὲν ἀπροσδόκητον ἀλλὰ παράφρονά πως ἀναδείξαντες. 2 Πῶς γὰρ οὐ παραπλῆγος τὸ νόημα τῆς ἀλλόκοτα ῥήματα προιεμένης ; Ἀδελφὸν ὠνόμαζε τὸν μὴ ὄντα· τὸν ὄντα ὅστις ἐστὶν ὁ ξένος ἐρωτωμένη ἀγνοεῖν ἔλεγεν. Αὖθις ἐζήτει περισῴζεσθαι ὡς φίλον τὸν ἀγνοούμενον· ἀδύνατον εἶναι μαθοῦσα τὴν αἴτησιν αὐτὴ καταθύειν ὡσανεὶ πολεμιώτατον ἱκέτευε. 3 Καὶ τοῦτο ὡς οὐ θεμιτὸν λεγόντων, μιᾷ μόνῃ καὶ ταύτῃ ὑπάνδρῳ τῆς τοιᾶσδε θυσίας καθωσιωμένης, ἄνδρα ἔχειν ἐμφαίνει τὸ τίνα οὐ προστιθεῖσα· πῶς γὰρ τόν γε μηδὲ ὄντα μηδὲ γεγενῆσθαι αὐτῇ διὰ τῆς ἐσχάρας ἀποδειχθέντα ; εἰ μὴ ἄρα παρὰ ταύτῃ μόνῃ ψεύδεται μὲν τὸ παρ' Αἰθίοψιν ἀψευδὲς τῶν καθαρευόντων πειρατήριον καὶ ἐπιβᾶσαν ἄφλεκτον ἀποπέμπεται καὶ παρθενεύειν νόθως χαρίζεται· μόνῃ δὲ ἔξεστι φίλους καὶ πολεμίους τοὺς αὐτοὺς ἐν ἀκαρεῖ καταλέγειν, ἀδελφοὺς δὲ καὶ ἄνδρας τοὺς μὴ ὄντας ἀναπλάττειν. 4 Ὥστε, ὦ γύναι, σὺ μὲν εἰς τὴν σκηνὴν εἴσιθι καὶ ταύτην κατάστελλε πρὸς τὸ νηφάλιον εἴτε ὑπό του θεῶν τοῖς ἱερείοις ἐπιφοιτήσαντος ἐκβακχευομένην εἴτε καὶ δι' ὑπερβολὴν χαρᾶς τῶν ἀνελπίστως εὐτυχηθέντων τὸν νοῦν παραφερομένην. 5 Ἐγὼ δὲ τὴν ὀφείλουσαν τοῖς θεοῖς ἀντὶ τῆσδε σφαγιασθῆναι καὶ ζητεῖν καὶ ἀνευρεῖν τινι προστάξας, ἕως ἂν τοῦτο γίνηται, εἰς τὸ χρηματίσαι

5 μιγνύναι VZMAT : μιγῆναι P || ἀπ' ἐλπίδος codd. : παρ' ἐλπίδας Hirschig || 6 ὑμῶν VZAT : om. MP || 7 κωλύειν VMPAT : · τὸ κωλ. Z || 2 2 ὠνόμαζε VMPAT : -άξει Z || 3 τὸν ὄντα VZMP : ὄντα A om. T || ὅστις VZMPT : ὅς A || 5 ἀδύνατον codd. : δ' add. Francius male || 3 2 μιᾷ VMPAT : μία Z || 3 καθωσιωμένης VMPT (καθοσ. A) : καθιερωμένης Z || 3-4 τὸ τίνα nos : τὸν τίνα codd. || 9 φίλους ZMP : φιλίους VAT || 10 ἀδελφοὺς VMPAT : -ὸν Z || 4 2 νηφάλιον VAT : -άλεον ZMP || του VZMT : τοῦ A τε P || 3 ἐκβακχευομένην VMPAT : ἐκβεβακχευμένην Z || 5 2 ἀνευρεῖν VZAT : ἀνερευνεῖν M (unde ἀνευρεῖν Bas) ἀνερευνᾶν P.

moler aux dieux à sa place. Pendant ce temps je donnerai audience aux ambassadeurs et recevrai les présents
qu'ils m'apportent en l'honneur de ma victoire. » **6** A
ces mots, il monta sur un trône élevé, auprès de la tente,
et donna l'ordre d'amener devant lui les ambassadeurs
avec les présents qu'ils pouvaient apporter. L'introducteur[1],
Hermonias, lui demanda s'il devait les présenter tous ensemble ou nation par nation, et isolément.

XXIII 1 « Par ordre et les uns après les autres, dit le
roi, afin de rendre à chacun les honneurs qui lui sont dus. »
« Dans ce cas, prince, reprit l'introducteur, le premier à
venir est le fils de ton frère, Meroèbos ; il vient d'arriver,
et attend en dehors de l'enceinte qu'on annonce sa présence. » **2** « Comment, être stupide et insensé, s'écria
Hydaspe, tu ne me l'as pas dit tout de suite ? Ce n'est pas
un ambassadeur, tu le sais bien, mais un roi, le fils de mon
frère mort récemment ; c'est moi qui l'ai fait monter sur
le trône à la place de son père et je le regarde comme
mon fils. » **3** « Je le savais, maître, répondit Hermonias, mais je savais aussi qu'il faut surtout attendre le
moment convenable et que nul autre soin n'exige plus d'attention de la part des introducteurs[2]. Excuse-moi donc si,
te voyant en conversation avec les princesses, je me suis
gardé te t'arracher à de si douces occupations. » — « Eh !
bien, maintenant du moins, qu'il vienne » dit le roi. Il
s'empressa d'exécuter cet ordre et bientôt revint avec celui
qu'il avait charge d'amener. **4** On vit apparaître Méroèbos. C'était un jeune homme magnifique, à peine sorti de

1. L'εἰσαγγελεύς était un fonctionnaire important de la cour de Perse
où nul, sauf « les Sept »ne pouvait approcher le roi sans être régulièrement
introduit ; cf. Hérodote, III, 84 2. Il était évidemment et surtout
le confident du roi ; cf. Diodore de Sicile, XVI, 47 οὗτος δ' ἦν εἰσαγγελεὺς τοῦ βασιλέως καὶ πιστότατος τῶν φίλων μετὰ Βαγώαν. La même
institution fut maintenue à la cour des Ptolémées (Pap. Tebtunis, 112
28), et Héliodore, à tort ou à raison, l'a supposée en Éthiopie.

2. Cf. Δ XX, 1 6-8 τὸν καιρόν... πρᾶγμα ὃ μεγίστην ἐν ἅπασιν ἔχει
καὶ πολέμοις οὐχ ἥκιστα τὴν ῥοπήν.

ταῖς ἐκ τῶν ἐθνῶν ἡκούσαις πρεσβείαις καὶ δῶρα τὰ ἐπὶ
τοῖς ἐπινικίοις προσκομιζόμενα παρ' αὐτῶν ὑποδέξασθαι
τρέψομαι. » 6 Καὶ ταῦτα εἰπὼν τῆς τε σκηνῆς πλησίον
ἐφ' ὑψηλοῦ προκαθίσας ἥκειν τοὺς πρεσβευτάς, καὶ εἴ τινα
ἐπικομίζοιντο δῶρα προσάγειν, ἐκέλευεν. Ὁ δὴ οὖν εἰσαγγελεὺς Ἑρμωνίας εἰ πάντας ἅμα ἢ ἐν μέρει καὶ ἔθνους
ἑκάστου κεκριμένως καὶ ἰδίᾳ προσάγειν κελεύοι διηρώτα.

XXIII 1 Τοῦ δὲ ἐν τάξει καὶ διηρημένως εἰπόντος,
ὡς ἂν καὶ τῆς πρὸς ἀξίαν ἕκαστος μεταλαμβάνοι τιμῆς,
πάλιν ὁ εἰσαγγελεὺς « Οὐκοῦν » ἔφη « ὦ βασιλεῦ, πρῶτος
ἀδελφοῦ τοῦ σοῦ παῖς ἥξει Μερόηβος, ἀρτίως μὲν ἥκων,
ἀπαγγελθῆναι δὲ ἑαυτὸν πρὸ τῆς παρεμβολῆς ἀναμένων. »
2 « Εἶτα, ὦ νωθέστατε καὶ ἠλίθιε » πρὸς αὐτὸν ὁ Ὑδάσπης, « οὐ παραχρῆμα ἐμήνυες, οὐ πρεσβευτὴν ἀλλὰ βασιλέα τὸν ἀφιγμένον ἐπιστάμενος καὶ τοῦτον ἀδελφοῦ παῖδα
τοῦ ἐμοῦ τελευτήσαντος μὲν οὐ πρὸ πολλοῦ πρὸς ἐμοῦ δὲ
εἰς τὸν ἐκείνου θρόνον ἐνιδρυθέντα καὶ ἀντὶ παιδὸς ἐμοὶ
γινόμενον; » 3 « Ἐγίνωσκον ταῦτα » εἶπεν « ὦ δέσποτα » ὁ Ἑρμωνίας· « ἀλλὰ καιροῦ στοχάζεσθαι πρὸ πάντων ἐγίνωσκον, πράγματος τοῖς εἰσαγγελεῦσιν, εἴπερ τινὸς
ἄλλου, δεομένου προνοίας. Σύγγνωθι οὖν εἰ πρὸς τὰς βασι-
λίδας σε κοινολογούμενον ἀπασχολῆσαι τῶν ἡδίστων ἐφυ-
λαξάμην. » « Ἀλλὰ νῦν γοῦν ἡκέτω » τοῦ βασιλέως εἰπόντος, ἀπέτρεχέ τε ὁ προσταχθεὶς καὶ αὐτίκα ἐπανῄει μετὰ
τοῦ προστάγματος. 4 Καὶ ὤφθη ὁ Μερόηβος, ἀξιοπρε-
πές τι νεανίου χρῆμα, τὴν μὲν ἡλικίαν ἄρτι τὸν μείρακα

---

4 ἐθνῶν VZAT : θεῶν MP ‖ 6 1 τῆς τε VMPAT : καὶ τῆς Z ‖ 2 ἐφ'
VZPAT : ἀφ' M ‖ 4 Ἑρμωνίας VZAT (ut semper) : Ἁρμωνίας MP (ut
semper) ‖ ἅμα VZPAT : om. M ‖ 5 κεκριμένως codd. cf. XXIII, 1 1 :
-μένους Bas ‖ καὶ ἰδίᾳ VAT : ἰδίᾳ Z καὶ δὴ εἰ καὶ ἰδίᾳ MP ‖ κελεύοι
VMPAT : -ει Z ‖ διηρώτα VZMAT : om. P.

XXIII 1 2 μεταλαμβάνοι VZMPT : -λάβοι A ‖ 4 παῖς VMPAT :
om. Z ‖ 3 1-2 εἶπεν ὦ δέσποτα VMPAT : ὦ δέσπ. εἶπεν Z ‖ 4 δεομένου
VZAT : -όμενον MP ‖ 6 ἡκέτω VZAT : ἱκ. MP ‖ 4 2 τι VMPAT : τε Z ‖
νεανίου VMPAT : om. Z.

l'adolescence [1] ; il avait dix-sept ans ; par sa taille. il dépassait presque tous les assistants : une garde brillante lui faisait cortège. Les soldats éthiopiens qui formaient le cercle, saisis d'admiration et de respect, s'écartaient pour lui livrer passage.

XXIV 1 Hydaspe lui-même ne voulut pas l'attendre assis sur son trône. Il alla à sa rencontre, et, après l'avoir embrassé avec une tendresse paternelle, le fit asseoir à son côté. Il lui prit la main et dit : « Tu es venu bien à propos, mon fils, pour assister aux fêtes de la victoire et célébrer les sacrifices du mariage. Les dieux et les héros, nos ancêtres et les auteurs de notre race, nous ont fait trouver une fille, et à toi, je pense, une épouse. 2 Mais tu auras de plus amples explications un peu plus tard. Pous le moment si tu as quelque demande à formuler en faveur de tes sujets [2], parle. » Méroèbos, à ce nom d'épouse, éprouva à la fois tant de joie et de pudeur qu'on le vit rougir sous son teint noir : on eut dit une flamme qui brillait au travers de la suie. 3 Après un moment de silence : « Les autres ambassadeurs, mon père, dit-il, t'offriront pour couronner ta brillante victoire les plus riches produits de leur pays. Quant à moi, j'ai pensé que ta haute valeur guerrière et ton illustre vaillance [3] ne pouvaient être dignement honorés que par le don d'un homme aussi généreux que toi. Celui que je t'amène est non moins irrésistible dans les combats

---

1. Sur παραλλάττειν dans ce texte, cf. Plutarque, *Alcibiade*, 7 τὴν παιδικὴν ἡλικίαν παραλλάττων ἐπέστη γραμματοδιδασκάλῳ. Μεῖραξ ou μειράκιον désignent un âge antérieur à νεανίας. Cf. Philostrate, *L'Héroïque*, p. 676 τῶν Αἰακιδῶν λελεῖφθαι τὰ πολέμια δι' ἡλικίαν φησίν, αὐτός μὲν γὰρ εἶναι μειράκιον ἐκείνων δὲ τὸν μὲν Ἀχιλλέα εἶναι νεανίαν τὸν δ' Αἴαντα ἄνδρα.

2. Héliodore ne nomme pas le peuple sur lequel régnait le fils de son frère.

3. Sur γεννάδας, cf. ς II, 1 10 (ὁ γεννάδας ἡμῖν Ναυσικλῆς). Ἀριστεύς, commun en poésie, mais ordinairement au pluriel, est rare en prose. Il apparaît d'après les inscriptions qu'il était usité dans les titres honorifiques.

παραλλάττων, δεκάδα ἐτῶν πρὸς ἑβδομάδι πληρῶν, μεγέθει
δὲ τοὺς παρόντας σχεδὸν ἅπαντας ὑπερκύπτων, λαμπροῦ
μὲν δορυφορήματος ὑπασπιστῶν προπομπεύοντος, τοῦ δὲ
περιεστῶτος Αἰθιοπικοῦ στρατοῦ θαυμασμῷ τε ἅμα καὶ
σεβασμῷ πρὸς τὸ ἀκώλυτον τὴν πάροδον διαστέλλοντος.

XXIV 1 Οὐ μὴν οὐδὲ ὁ Ὑδάσπης ἐπὶ τῆς καθέδρας
ἐκαρτέρησεν, ἀλλ᾽ ὑπήντα τε καὶ μετὰ πατρικῆς τῆς φιλοφροσύνης περιπτυξάμενος πλησίον τε ἑαυτοῦ καθίδρυσε
καὶ τὴν δεξιὰν ἐμβαλὼν « Εἰς καιρὸν ἥκεις » ἔλεγεν « ὦ
παῖ, τά τε ἐπινίκια συνεορτάσων καὶ τὰ γαμήλια θύσων·
οἱ γὰρ πατρῷοι καὶ γενεάρχαι θεοί τε καὶ ἥρωες ἡμῖν
μὲν θυγατέρα σοὶ δὲ νύμφην, ὡς ἔοικεν, ἐξευρήκασιν·
2 Ἀλλὰ τῶν τελειοτέρων αὖθις ἀκουσόμενος, εἴ τί με
βούλει χρηματίσαι τῷ ἔθνει τῆς ὑπὸ σοὶ βασιλείας ἀνάγγελλε. » Ὁ δὴ Μερόηβος πρὸς τὴν ἀκοὴν τῆς νύμφης
ὑφ᾽ ἡδονῆς τε ἅμα καὶ αἰδοῦς οὐδὲ ἐν μελαίνῃ τῇ χροιᾷ
διέλαθε φοινιχθείς, οἱονεὶ πυρὸς αἰθάλην τοῦ ἐρυθήματος
ἐπιδραμόντος. 3 Καὶ μικρὸν ἐφησυχάσας « Οἱ μὲν ἄλλοι » ἔφη « ὦ πάτερ, τῶν ἡκόντων πρέσβεων τοῖς ἐκ τῆς
ἑαυτῶν ἐξαιρέτοις ἕκαστος τὴν σὴν περίβλεπτον νίκην
στέφοντες ξενιοῦσιν· ἐγὼ δὲ σὲ τὸν ἐν πολέμοις γεννάδαν τε
καὶ ἀριστέα διαφανέντα προσφόρως τε καὶ ἀπὸ τῶν ὁμοίων
δωρήσασθαι δικαιώσας, ἄνδρα σοι προσκομίζω πολέμων μὲν

3 παραλλάττων ΜΡΑΤ (παραλάτ. Ζ) : -αλλάξας V ‖ 3'δεκάδα Hemsterhuys : δέχα δὲ codd. ‖ ἑβδομάδι Μ : -μᾷ ΡΑ -μάδα VZ -μάσι Τ.

XXIV 1 2 μετὰ VZΡΑΤ : χατὰ Μ ‖ 3 τε VZΜΑΤ : om. Ρ ‖ ἑαυτοῦ VZΡΑ
(αὐτοῦ Τ) : ἑαυτῷ Μ ‖ 6 καὶ (1) VΜΡΑ : om. ΖΤ ‖ γενεάρχαι VZΑΤ :
γενάρχαι ΜΡ ‖ καὶ ἥρωες bis Ζ ‖ 7 σοὶ VZΜΑΤ : σὺ Ρ ‖ 2 1 τῶν τελειοτέρων VZΤ (-ωτέρων Α) : τοῖς — τέροις ΜΡ ‖ 2-3 ἀνάγγελλε (-γελε ΖΡ)
codd. : ἀπάγγ. Hirschig ‖ 3 δὴ VZΑΤ : δ' ἢ ΜΡ δὲ Ras. et edd. praeter Hirschig ‖ 5 πυρός V : πυρὶ Α πρὸς ΖΜΡΤ ‖ αἰθάλην VZΜΡΤ :
-ίλη Α ‖ 3 2 ἔφη VZΡΑΤ : ἔφησεν Μ ‖ 4 γεννάδαν Coraes et Τ : -άδα
VZΜΡΑ ‖ 5 προσφόρως VZΡΑΤ : -φόρω Μ ‖ 6 πολέμων VZΜΡΤ :
π.λλῶν Α.

sanglants qu'invincible à !a lutte ou au pugilat, dans la
poussière du stade[1]. » En même temps il fit signe à l'homme
de venir.

XXV 1   Il s'avança et se prosterna devant Hydaspe.
La taille de ce géant, digne des anciens âges[2], était telle que
même courbé pour baiser le genou du roi il semblait
presque aussi haut que les personnages assis sur l'estrade.
Sans attendre qu'on l'y invitât, il se dépouilla de ses vête-
ments et se dressa nu, provoquant à la lutte quiconque voudrait se mesurer à lui, avec ou sans armes. Nul ne se présen-
tait, malgré les appels réitérés du roi par la voix du héraut.
« Je te donnerai tout de même, déclara Hydaspe, un prix
digne de toi. » 2   Il dit et lui fit amener un éléphant âgé
et énorme. Quand l'animal fut là, il le reçut avec grand plaisir. Mais le peuple aussitôt se mit à trépigner d'aise, car
la plaisanterie du roi l'avait ravi et il voyait dans cette
dérision de la jactance du géant une revanche de ce qu'il
avait pris pour une humiliation. Après lui, on amena les
ambassadeurs des Sères. Ils apportaient des étoffes tissées
avec le fil que produisent les araignées de leur pays : une
robe teinte en pourpre, l'autre d'une blancheur éclatante.

XXVI 1   Le roi reçut leurs présents. Ils demandèrent
la grâce de quelques-uns de leurs compatriotes qui avaient

---

1. Le sens est clair, « l'homme est invincible aussi bien sur le champ de
bataille que sur l'arène ». Il est toutefois plausible d'adopter la conjecture
de Naber et d'écrire μαγῶν au lieu d'αἵματων. Mais le balancement de
la phrase ἐν κόνει καὶ σταδίοις laisse supposer que l'hendiadys existe
dans les deux cas et que l'opposition est entre le sang du champ de bataille
et la poussière de l'arène. Si μαγῶν de Naber était la bonne leçon, il
vaudrait mieux interpréter κόνις comme κονίστρα ; cf. *Athénée*, 518 d,
ἐν Κρότωνι δὲ σκάπτοντί τινι τὴν τῶν ἀθλούντων κόνιν ἐπιστάντες τινὲς
Συβαριτῶν ἐθαύμαζον λέγοντες εἰ τηλικαύτην ἔχοντες πόλιν οἰκέτας μὴ
κέκτηνται τοὺς σκάψοντας ἑαυτοῖς τὴν παλαίστραν.

2. Suidas explique ὠγύγιον par ἀρχαῖον, παλαιόν ἢ ὑπερμέγεθες.
Le mot n'implique pas en lui-même une idée de grandeur, mais cette
idée, qui est bien réelle ici, s'explique par la tendance naturelle des
hommes à exagérer le passé.

καὶ αἱμάτων ἀθλητὴν ἀνανταγώνιστον πάλην δὲ καὶ πυγμὴν τὴν ἐν κόνει καὶ σταδίοις ἀνυπόστατον.» Καὶ ἅμα νεύσας ἥκειν ὑπεδείκνυ τὸν ἄνδρα.

XXV 1 Καὶ ὃς προσελθὼν εἰς μέσους προσεκύνει τὸν Ὑδάσπην, τοσοῦτός τις τὸ μέγεθος καὶ οὕτως ὠγύγιος ἄνθρωπος ὥστε τὸ γόνυ τοῦ βασιλέως φιλῶν μικροῦ φανῆναι τοῖς ἐφ' ὑψηλοῦ προκαθημένοις ἐξισούμενος. Καὶ μηδὲ τὸ κελευσθῆναι ἀναμείνας, τὴν ἐσθῆτα ἀποδὺς γυμνὸς εἱστήκει, πάντα τὸν βουλόμενον ὅπλων τε καὶ γυμνῶν χειρῶν εἰς ἅμιλλαν προκαλούμενος. Ὡς δὲ οὐδεὶς παρῄει πολλάκις διὰ κήρυκος τοῦ βασιλέως προτρεψαμένου « Δοθήσεταί σοι» ἔφη «καὶ παρ' ἡμῶν» ὁ Ὑδάσπης «ἰσοστάσιον τὸ ἔπαθλον.» 2 Καὶ εἰπὼν ἐλέφαντα πολυετῆ καὶ παμμεγέθη προσκομισθῆναι αὐτῷ προσέταττεν. Ὡς δὲ ἤχθη τὸ ζῷον, ὁ μὲν ὑπεδέχετο ἄσμενος, ὁ δῆμος δὲ ἀθρόον ἐξεκάγχασε, τῷ ἀστεϊσμῷ τοῦ βασιλέως ἡσθέντες καὶ τὴν δόξασαν αὐτῶν ὑποκατάκλισιν τῷ ἐπιτωθασμῷ τῆς κατ' ἐκεῖνον μεγαλαυχίας παρηγορηθέντες. Μετὰ τοῦτον οἱ Σηρῶν προσήγοντο πρεσβευταί, τῶν παρ' αὐτοῖς ἀραχνίων νήματά τε καὶ ὑφάσματα τὴν μὲν φοινικοβαφῆ τὴν δὲ λευκοτάτην ἐσθῆτα προσκομίζοντες.

XXVI 1 Καὶ τούτων τῶν δώρων ὑποδεχθέντων καὶ ἀφεθῆναι αὐτοῖς τῶν πάλαι τινὰς ἐν δεσμωτηρίῳ κατακρι-

7 καὶ VZMP : om. AT ‖ αἱμάτων codd : μαχῶν Naber ‖ ἀνανταγώνιστον VZMT : ἀνταγ. ΡΑ ‖ πάλην VZΡΑΤ : πάλιν Μ ‖ δὲ ΖΜΡΑΤ : τε V‖8 κόνει (εἰκόνει Ρ) καὶ σταδίοις ΜΡΑΤ : κονικοῖς σταδίοις VZ ; ἐν κόνει καὶ σταδίοις = ἐν σταδίων κόνει ut videtur, nisi κόνις = κόνιστρα(παλαίστρα), cf. Athen. XII, p. 518 d ‖9 ὑπεδείκνυ VΜΡΑΤ : ἐπεδείκνυε Ζ.

XXV 1 6 ὅπλων τε καὶ VZΡΑΤ : καὶ μεθ' ὅπλων καὶ Μ ‖ γυμνῶν VΑΤ : -ὸν Ρ -αῖς Μ om. Ζ ‖ 6-7 χειρῶν VZΡΑΤ : ταῖς χερσὶν Μ ‖ 7 προκαλούμενος ΖΜΑΤ : προσκ. VΡ ‖ 2 4 ἐξεκάγχασε (-κάχχασε V) VΤ : ἐξεβάχχευσε ΖΜΡΑ ‖ 5 δόξασαν ΖΜΡΑΤ : δόξαν V ‖ αὐτῶν : αὐτῶν VΖ -ῷ ΑΤ -οῖς ΜΡ ‖ 6 ἐκεῖνον Coraes : ἐκείνου ccdd. ‖ οἱ VZΡΑ : καὶ οἱ Μ δὲ οἱ Τ ‖ 8 τε VZΑΤ : om. ΜΡ.

été condamnés et emprisonnés. Hydaspe la leur accorda.
Les envoyés de l'Arabie heureuse se présentèrent avec des
plantes odoriférantes, de la cannelle, du cinnamome et
tous les parfums que produit l'Arabie. De chacun, il y avait
une grande quantité. L'air en était embaumé. **2** Après arrivèrent les ambassadeurs des Troglodytes. Ils offrirent de
l'or de fourmilière et une paire de griffons attelés avec des
rênes d'or[1]. Vinrent ensuite les députés des Blemmyes ; ils
apportaient des arcs et des flèches à pointe d'os de dragon,
disposées en forme de couronne[2]. « Voici, roi, dirent-ils,
les présents que nous t'offrons. Ils sont moins somptueux
que ceux des autres. Mais ces armes, aux bords du Nil et
sous tes yeux, ont fait leurs preuves. » **3** « Aussi bien,
reprit Hydaspe, sont-ils à mes yeux plus précieux que les
dons les plus riches, car c'est à eux que je dois les autres
qui me sont apportés aujourd'hui. » Il les pria ensuite de
formuler leurs désirs. Ils demandèrent une diminution
d'impôts. Il leur accorda une exemption totale pour dix ans.

XXVII **1** Le défilé des ambassades était à peu près ter-
miné. Chacune avait reçu du roi des dons égaux à ceux qu'elle
avait offerts, la plupart même, des dons plus précieux.
Enfin parurent les députés des Auxomites. Ils n'étaient

1. Il y a là peut-être un souvenir de Philostrate qui, dans la *Vie
d'Apollonius*, VI, 1, associe griffons et fourmis avec l'or. Cette association
était d'ailleurs fréquente (cf. Arrien, *Anabase*, V, 4 3) et les historiens
s'étendaient longuement sur la nature remarquable et les activités de
ces animaux. Hérodote, III, 102 sqq. (cf. Strabon, XV, 1 44, pp. 705-6)
parle des fourmis fouilleuses d'or dans l'Inde, qui étaient « plus grosses
que des renards, plus petites que des chiens, et d'une vélocité incroyable ». Il est surprenant qu'Héliodore ne développe pas ce thème.
Achille Tatios n'aurait certes pas manqué une si belle occasion. Héliodore ne donne pas non plus de détails sur les griffons qui, d'après la
légende, étaient des gardiens de l'or (χρυσοφύλακες, Hérodote, IV, 13 1 ;
cf. Philostrate, *loc. cit.*) ou des chercheurs d'or (Philostrate, *Vie d'Apollonius*, III, 48). La légende se retrouve dans la littérature moderne
(cf. Milton, *Le Paradis Perdu*, II, 943-7).

2. Cf. Θ, XIX, 3-4 où cet équipement est attribué au peuple du pays du
cinnamome. Les Blemmyes ont joué un rôle différent (Θ XVIII, 1-2, 7).

των άξιωσάντων έπινεύσαντος τοῦ βασιλέως οἱ Ἀράβων
τῶν εὐδαιμόνων προσῇεσαν [καὶ] φύλλου τε τοῦ θυώδους
καὶ κασίας καὶ κινναμώμου καὶ τῶν ἄλλων οἷς ἡ Ἀραβία γῆ
μυρίζεται, ἐκ πολλῶν ταλάντων ἑκάστου, τὸν τόπον εὐω-
δίας ἐμπλήσαντες. 2 Παρῇεσαν μετὰ τούτους οἱ ἐκ τῆς
Τρωγλοδυτικῆς, χρυσόν τε τὸν μυρμηκίαν καὶ γρυπῶν ξυνωρίδα χρυσαῖς ἁλύσεσιν ἡνιοχουμένην προσκομίζοντες.
Ἐπὶ τούτοις ἡ Βλεμμύων παρῄει πρεσβεία, τόξα τε καὶ
βελῶν ἀκίδας ἐκ δρακοντείων ὀστῶν εἰς στέφανον διαπλέξασα καὶ « Ταῦτά σοι » ἔλεγον « ὦ βασιλεῦ, τὰ παρ' ἡμῶν
δῶρα, πλούτου μὲν τοῦ παρὰ τῶν ἄλλων λειπόμενα, παρὰ
δὲ τὸν ποταμὸν ὑπὸ σοὶ μάρτυρι κατὰ Περσῶν εὐδοκιμή-
σαντα. » 3 « Πολυτελέστερα μὲν οὖν » ἔφη ὁ Ὑδάσπης
« τῶν πολυταλάντων ξενίων, ἅ γε καὶ τὰ ἄλλα νυνί μοι
προσκομίζεσθαι γέγονεν αἴτια. » Καὶ ἅμα εἴ τι βούλοιντο
ἐπαγγέλλειν ἐπέτρεπε, καὶ μειωθῆναι αὐτοῖς ἐκ τῶν φόρων
αἰτησάντων, τὸ σύμπαν εἰς δεκάδα ἐτῶν ἀφῆκε.

XXVII 1 Καὶ πάντων σχεδὸν τῶν κατὰ πρεσβείαν
ἀφιγμένων ὀφθέντων καὶ τοῖς ἴσοις ἑκάστους καὶ φιλοτιμο-
τέροις τοὺς πλείστους ἀμειψαμένου τοῦ βασιλέως, τελευταῖοι παρῆσαν οἱ Αὐξωμιτῶν πρεσβευταί, φόρου μὲν οὐκ

XXVI 1 4 καὶ secl. Coraes ‖ τε VMPAT : om. Z ‖ θυώδους VMPA
(θρυ- T) : θυμιώδους Z ‖ 5 κασίας VZA : κασσίας T κάδας MP ‖ 6-32 ἑκάστου — πολυταλάντων om. T ‖ 6 τόπον VZA et M ex τρόπου mut. : τρόπον P ‖ 2 1 παρῇεσαν VZ (-ίεσαν A) : παρῆσαν MP ‖ 4 ἐπὶ τούτοις (add.
δὲ Z) VZA : om. MP ‖ παρῄει VZM (-ίει A) : ἔτι παρείη P ‖ πρεσβεία
VMPA : -είαν Z ‖ 5-6 διαπλέξασα VZMP : περιπλ. A ‖ 6 ἔλεγον Z : -γεν
VMPA ‖ τὰ παρ' ἡμῶν VMPA : παρ' ἡμῶν τὰ Z ‖ 3 2 τὰ ἄλλα VMPT :
τὰ om. A τὰ ἄλλων Z ⟨τοῦ⟩ τὰ ἄλλα coni. Ry. (Coraes) ‖ 3 γέγονεν
VZPAT : λέγομεν M ‖ βούλοιντο ZMPAT : -οιτο V ‖ 4 ἐπαγγέλλειν
VZ (cf. Β XXIII, 4 3) : ἀπαγγ. MPAT ‖ 5 δεκάδα VZT : δέκα MPA ‖
ἀφῆκε VA : ἀνῆκε ZMT (ἀνεῖχε P).

XXVII 1 2 ἑκάστους VMPA : -οις T ἕκαστον Z ‖ καὶ φιλ. VMPAT :
ἢ φιλ. Z ‖ 3-4 τελευταῖοι VMZAT . -ον P ‖ 4 παρῆσαν (-εῖσαν P) codd. :
-ῄεσαν Coraes fort. recte, cf. XXVI, 2 1 ‖ Αὐξωμιτῶν VA : Ἀξιωνι-
τῶν Z Ἀξιομιτῶν MP Ἀζωμιωτῶν T.

pas tributaires mais amis et alliés du roi. Pour marquer leur satisfaction de le voir victorieux, ils offrirent eux aussi des présents, notamment un animal d'une espèce étrange, merveilleuse. Sa taille était celle d'un chameau ; sa peau, comme celle d'un léopard, était mouchetée de taches marbrées[1]. **2** Le train de derrière et le ventre étaient bas et semblables à ceux d'un lion ; les épaules, les jambes de devant et le poitrail avaient une hauteur hors de proportion avec les autres membres. Grêle était son cou et ce corps énorme se prolongeait en col de cygne. Sa tête, semblable à celle du chameau, était à peu près deux fois plus grosse que celle de l'autruche de Libye. Il roulait des yeux terribles qui semblaient fardés. **3** Sa démarche étrange et balancée ne ressemblait à celle d'aucun animal terrestre ou aquatique. Il n'avançait pas les pieds alternativement et l'un après l'autre, mais portait en même temps en avant les deux jambes droites d'abord, puis les jambes gauches, et se soulevait ainsi tantôt sur un côté et tantôt sur l'autre. Si lent à se mouvoir d'ailleurs et d'une nature si douce qu'une corde mince, attachée à sa tête, suffisait à son conducteur pour le diriger et le mener où il voulait. Il suivait avec la même docilité que s'il eût été tenu par des chaînes à toute épreuve. **4** La vue de cet animal frappa d'étonnement le peuple, qui lui trouva sur le champ un nom inspiré par sa forme même. D'après les aspects les plus caractéristiques de son corps, il l'appela chameau-léopard[2]. Son apparition provoqua un grand tumulte dans l'assemblée.

1. Il n'est pas évident que ἐπιδερμίδα soit une explication, encore moins une altération, de δοράν, mais δοράν et ἐπιδερμίδα peuvent être l'un et l'autre une explication de χροίαν qui dans le grec post-classique tendait à signifier « couleur » plutôt que « peau », comme le sens le requiert ici. Pour justifier le rejet de καὶ δοράν on peut dire que le premier membre de la symétrie comprend qu'un seul nom (μέγεθος) et que Dion Cassius, XLIII, 23 (τὴν χροίαν κατέστικται ὥσπερ πάρδαλις) et Strabon XVI, 4 16 (p. 775) en décrivant cet animal se servent du mot χροιά seul ; cf. Diodore de Sicile, II, 51.

2. Les girafes avec leur forme extraordinaire intéressaient les anciens et il en subsiste nombre de descriptions. Aucune n'a été plus développée

ὄντες ὑποτελεῖς, φίλιοι δὲ ἄλλως καὶ ὑπόσπονδοι, καὶ τὸ
ἐπὶ τοῖς κατωρθωμένοις εὐμενὲς ἐνδεικνύμενοι δῶρα καὶ
οὗτοι προσῆγον ἄλλα τε καὶ δὴ καὶ ζῴου τινὸς εἶδος ἀλλοκότου τε ἅμα καὶ θαυμασίου τὴν φύσιν, μέγεθος μὲν εἰς
καμήλου μέτρον ὑψούμενον χροιὰν δὲ καὶ δορὰν παρδάλεως
φολίσιν ἀνθηραῖς ἐστιγμένον. 2 *Ἦν δὲ αὐτῷ τὰ μὲν
ὀπίσθια καὶ μετὰ κενεῶνας χαμαίζηλά τε καὶ λεοντώδη,
τὰ δὲ ὠμιαῖα καὶ πόδες πρόσθιοι καὶ στέρνα πέρα τοῦ ἀνα-
λόγου τῶν ἄλλων μελῶν ἐξανιστάμενα· λεπτὸς ὁ αὐχὴν καὶ
ἐκ μεγάλου τοῦ λοιποῦ σώματος εἰς κύκνειον φάρυγγα
μηκυνόμενος· ἡ κεφαλὴ τὸ μὲν εἶδος καμηλίζουσα τὸ μέγεθος δὲ στρουθοῦ Λιβύσσης εἰς διπλάσιον ὀλίγου ὑπερφέ-
ρουσα καὶ ὀφθαλμοὺς ὑπογεγραμμένους βλοσυρῶς σοβοῦσα.
3 Παρήλλακτο καὶ τὸ βάδισμα χερσαίου τε ζῴου καὶ ἐνύ-
δρου παντὸς ὑπεναντίως σαλευόμενον, τῶν σκελῶν οὐκ
ἐναλλὰξ ἑκατέρου καὶ παρὰ μέρος ἐπιβαίνοντος, ἀλλ' ἰδίᾳ
μὲν τοῖν δυοῖν καὶ ἅμα τῶν ἐν δεξιᾷ χωρὶς δὲ καὶ ζυγηδὸν
τῶν εὐωνύμων σὺν ἑκατέρᾳ τῇ ἐπαιωρουμένῃ πλευρᾷ μετα-
τιθεμένων. Ὁλκὸν δὲ οὕτω τὴν κίνησιν καὶ τίθασον τὴν
ἕξιν ὥστε ὑπὸ λεπτῆς μηρίνθου τῇ κορυφῇ περιελιχθείσης
ἄγεσθαι πρὸς τοῦ θηροκόμου, καθάπερ ἀφύκτῳ δεσμῷ τῷ
ἐκείνου βουλήματι ὁδηγούμενον. 4 Τοῦτο φανὲν τὸ ζῷον
τὸ μὲν πλῆθος ἅπαν ἐξέπληξε, καὶ ὄνομα τὸ εἶδος ἐλάμβανεν ἐκ τῶν ἐπικρατεστέρων τοῦ σώματος, αὐτοσχεδίως
πρὸς τοῦ δήμου καμηλοπάρδαλις κατηγορηθέν· ταράχου γε
μὴν τὴν πανήγυριν ἐνέπλησε.

5 φίλιοι VMPT : φίλει ZA ‖ 6 ἐνδεικνύμενοι ZMPAT : δεικν. V ‖
7 οὗτοι VZMA : αὐτοὶ PT ‖ καὶ (2) VZAT : om. MP ‖ 9 καὶ δορὰν
(δωρὰν Z) VZAT : καὶ ἐπιδερ(-δορ- M)μίδα MP ; an secludenda ? (Ry.) ‖
παρδάλεως VZAT : om. MP ‖ 2 3 πρόσθιοι VZMAT : -ται P ‖ 5 κύκνειον
VPA (κύν. M) : κύκνιον Z κύκλιον T ‖ 6-7 μέγεθος δὲ VZPAT : δὲ μεγ. M ‖
7 ὀλίγου Coraes : ὀλίγον codd. ‖ 3 4 τοῖν VMPAT : τοῖς Z ‖ τῶν VMPT :
τοῖς Z τὸν A ‖ 5 ἐπαιωρουμένῃ VZM : ἐπηωρημένῃ PT ἐπιρρεομένῃ A
ἐπαιρομένη Hirschig ut ex V (= Z) ‖ 6 οὕτω VZMAT : om. P ‖ 4 4 κατ-
ηγορηθέν VZMPT : γρ. ὀνομαζόμενον V marg. ὀνομαζομένου A.

XXVIII 1 Voici en effet ce qui arriva. Près de l'autel de
Séléné se tenait une paire de taureaux ; auprès de celui
d'Hélios, quatre chevaux blancs tout prêts à être sacrifiés [1].
2 Cet animal étrange, inconnu, ce monstre nouveau pour
eux les troubla comme l'apparition d'un fantôme. Épouvantés et rompant les liens avec lesquels leurs gardiens
les retenaient, un des taureaux, le seul sans doute qui
eût aperçu l'animal et deux chevaux s'élancèrent en une
fuite éperdue. Arrêté par le cercle des soldats dont les boucliers serrés formaient une barrière infranchissable, ils
couraient au hasard dans l'enceinte, faisaient des virevoltes
précipitées et renversaient tout objet, tout être vivant qui se
trouvait sur leur passage. 3 Cet incident provoquait
des cris divers : clameurs d'effroi de ceux sur qui s'élançaient les animaux, exclamations joyeuses de ceux qui se
réjouissaient et riaient aux éclats de les voir se précipiter sur
les autres, les jeter à terre et les piétiner [2]. Inquiétées par ce
bruit, Persinna et Chariclée elles-mêmes ne purent rester
tranquilles dans leur tente : elles écartèrent un peu la toile
pour voir ce qui se passait. 4 A ce moment, Théagène,
animé soit par son propre courage soit par une impulsion
divine, et s'apercevant que les gardes postés auprès de lui
s'étaient dispersés au milieu du tumulte, s'élança soudain.
Il était à genoux près de de l'autel et s'attendait d'un

que celle d'Héliodore, qui donne des détails nulle part ailleurs mention-
nés ; il se peut qu'il se soit livré sur elles à une étude personnelle. Cf.
H. Rommel, *Die naturwissenschaftlich-paradoxographischen Exkurse bei
Philost. Heliod. und Ach. Tat.*, pp. 61-3.

1. Au chapitre VI, **5** les offrandes sont appelées βοῶν ξυνωρίς et
τέθριππον λευκόν. Τέτρωρον, substantif neutre, ne paraît que dans la prose
post-classique ; τέτρωρος, adjectif qualifiant ἵπποι, ἅρμα etc..., ne paraît
que chez les poètes.

2. Lucrèce au début du livre II parle du plaisir égoïste éprouvé par
l'homme qui, à l'abri, voit les autres au danger,

  Suave, mari magno turbantibus aequora ventis,

  e terra magnum alterius spectare laborem ;

  Non quia vexari quemquam est jucunda voluptas,

  Sed quibus ipse malis careas quia cernere suave est.

Mais en vérité les Éthiopiens se montrent durs à l'excès dans l'explosion

XXVIII 1 Γίνεται γάρ τι τοιοῦτο. Τῷ βωμῷ τῆς μὲν Σεληναίας παρειστήκει ταύρων ξυνωρὶς τῷ δὲ τοῦ Ἡλίου τέτρωρον ἵππων λευκῶν εἰς τὴν ἱερουργίαν ηὐτρεπισμένων. 2 Ξένου δὲ καὶ ἀήθους καὶ τότε πρῶτον ἀλλοκότου ζῴου φανέντος οἱονεὶ πρὸς φάσμα διαταραχθέντες, πτοίας τε ἐνεπίμπλαντο καὶ τῶν κατεχόντων τὰ δεσμὰ σπαράξαντες τῶν τε ταύρων ἄτερος (ὁ μόνος, ὡς ἔῴκει, τὸ θηρίον κατωπτευκώς) καὶ δύο τῶν ἵππων εἰς φυγὴν ἀκατάσχετον ὥρμησαν, διεκπεσεῖν μὲν τὸν περίβολον τοῦ στρατοῦ μὴ δυνάμενοι πυκνῷ τῷ συνασπισμῷ τῶν ὁπλιτῶν εἰς κύκλον τετειχισμένον, φερόμενοι δὲ ἀτάκτως καὶ τὸ μεσεῦον ἅπαν δρόμοις σεσοβημένοις ἐξελίττοντες τό τε προστυχὸν ἅπαν εἴτε σκεῦος εἴτε ζῷον ἀνατρέποντες· 3 ὥστε καὶ βοὴν αἴρεσθαι συμμιγῆ πρὸς τὸ γινόμενον, τὴν μὲν ὑπὸ δέους οἷς προσπελάσειαν, τὴν δὲ ὑφ' ἡδονῆς οἷς καθ' ἑτέρους ἐναλλόμενοι τέρψιν τε καὶ γέλωτα τὴν τῶν ὑποπιπτόντων συντριβὴν παρεῖχον. Ἐφ' οἷς οὐδὲ ἡ Περσίννα καὶ ἡ Χαρίκλεια μένειν ἐφ' ἡσυχίας κατὰ τὴν σκηνὴν ἐκαρτέρησαν, ἀλλὰ τὸ παραπέτασμα μικρὸν παραστείλασαι θεωροὶ τῶν δρωμένων ἐγίνοντο. 4 Ἐνταῦθα ὁ Θεαγένης, εἴτ' οὖν οἴκοθεν ἀνδρείῳ τῷ λήματι κινούμενος εἴτε καὶ ἔκ του θεῶν ὁρμῇ χρησάμενος, τούς τε παρεστῶτας αὐτῷ φύλακας πρὸς τῆς καταλαβούσης ταραχῆς διεσκεδασμένους θεασάμενος ὠρθώθη τε ἀθρόον, εἰς γόνυ πρὸς τοῖς βωμοῖς πρότερον ὀκλάζων καὶ τὴν ὅσον οὐδέπω σφα-

XXVIII 1 1 τι VMPAT : om. Z ǁ 2 τῷ δὲ τοῦ VZMP : τὸ δὲ τοῦ T τοῦ δὲ Α ǁ 3 ηὐτρεπισμένων MPT : εὐτρ VZA ǁ 2 1 δὲ VMAT : δὴ ZP ǁ τότε πρῶτον codd. : cum φανέντος iungenda ut videtur ; locus fortasse corruptus ǁ 2 φάσμα VZMAT : σφάγμα P ǁ 4 ἄτερος VZMPT : ἔτ. Α ǁ ἐῴκει VZ : ἔοικε Α ἐδόκει MPT ǁ 5 κατωπτευκώς VZPAT : κατοπτ. Μ ǁ 8 τετειχισμένον ΜΡ : -μένων VAT -μένοι Z ǁ 9-10 δρόμοις; — ἅπαν om. Μ ǁ 9 δρόμοις VZAT : -οι P ǁ 10 προστυχόν VPAT : -ταχὸν Z ǁ 3 2 προσπελάσειαν (-ειεν V) VZAT : προσελ. ΜΡ ǁ 6 παραπέτασμα (cf. Z III, 2 2) VZAT : καταπ. ΜΡ ǁ 4 2 οἴκοθεν VZMAT : εἶκ. P ǁ λήματι Z : λήμματι VMPAT ǁ 3 ἔκ του VAT (ἐκ τοῦ Z) : ἐκ τῶν ΜΡ ǁ 5 εἰς VZAT : καὶ εἰς ΜΡ.

moment à l'autre à être égorgé. Il prit un morceau de bois
sur l'autel, s'empara d'un des chevaux qui ne s'étaient pas
échappés, sauta sur son dos, et saisit les crins de son cou.
La crinière lui sert de frein ; il le presse du talon, en
guise de fouet l'excite sans répit avec le morceau de bois
et court après le taureau échappé. **5** D'abord les assistants
crurent que Théagène voulait s'enfuir et à grands cris chacun
exhortait son voisin à ne pas laisser franchir la haie des soldats. Mais la suite leur fit connaître qu'il n'y avait chez lui ni
peur, ni désir d'échapper au sacrifice. **6** Il rejoignit au plus
vite le taureau ; pendant quelque temps, il le chassa par
derrière, en le piquant pour l'irriter et le faire courir plus
rapidement. De quelque côté qu'il précipitât sa course
furieuse, il le suivait, évitant avec soin les retours et les
attaques [1] de l'animal.

XXIX 1 Quand il l'eut habitué à sa vue et à ce manège,
il se mit à chevaucher côte à côte avec lui. Cheval et
taureau mêlaient leur souffle et leur sueur. Le rythme
de leur marche était si bien accordé [2] que les deux têtes
paraissaient de loin appartenir à un même animal [3], Théagène est vivement applaudi. On porte aux nues l'homme
qui a su, par un tour de force inouï, réaliser cet attelage d'un
cheval et d'un taureau. **2** La multitude manifestait ainsi

de leur joie, quand ils voient leurs camarades renversés et piétinés.
Συντριβή, une expression énergique (cf. συντρίβειν), ne se trouve employé
ailleurs dans le sens matériel de « piétinement », mais, comme σύντριμμα et
σύντριψις, qui à l'occasion étaient des termes médicaux, il est pratiquement
réservé au vocabulaire théologique et équivaut en latin à *contritio*.

1. Coray a raison de corriger en ἐμβολάς le ἐκβολάς, qui n'a pas de sens,
bien qu'Hirschig, qui le traduit par *exitus*, et Colonna le maintiennent.
Même si ἐκβολαί correspondait à l'intention de faire symétrie avec ἐπιστρο-
φαί, il serait déplacé dans ce texte ; les compléments d'ἐκκλίνων doivent
évidemment être des expressions évoquant une attaque et non une expulsion ; cf. XXXII, 14 et Polybe, I, 34 4 ἐκκλίνοντες τὴν τῶν θηρίων ἔφοδον. La confusion de ἐμβολαί avec ἐκβολαί est courante ; par ex., A I, 13
et Hérodote, IX, 39 1.

2. La forme classique de l'adjectif est ὁμοταγής (Aristote) ; ὁμόταχος
ne se rencontre pas ailleurs.

3. Sur l'emploi de συμφυεῖς, cf. E IV, 5 1-2 καὶ πάντων ἅμα εἰς

γῆν ἀναμένων, καὶ σχίζαν τῶν ἐπικειμένων τοῖς βωμοῖς
ἀναρπάζει, καὶ τῶν οὐ διαδράντων ἵππων ἑνὸς λαβόμενος
τοῖς τε νώτοις ἐφίπταται καὶ τῶν αὐχενίων τριχῶν ἐπι-
δραξάμενος καὶ ὅσα χαλινῷ τῇ χαίτῃ χρώμενος μυωπίζει
τε τῇ πτέρνῃ τὸν ἵππον καὶ ἀντὶ μάστιγος τῇ σχίζῃ συνεχῶς ἐπισπέρχων ἐπὶ τὸν διαδράντα τῶν ταύρων ἤλαυνε.

5 Τὰ μὲν δὴ πρῶτα φυγὴν εἶναι τοῦ Θεαγένους τὸ γινόμενον οἱ παρόντες ὑπελάμβανον καὶ σὺν βοῇ μὴ συγχωρεῖν
διεξελάσαι τὸ ὁπλιτικὸν ἕρκος τῷ πλησίον ἕκαστος ἐνεκε-
λεύετο· προϊόντος δὲ τοῦ ἐγχειρήματος ὅτι μὴ ἀποδειλιάσις
ἦν μηδὲ ἀπόδρασις τοῦ σφαγιασθῆναι μετεδιδάσκοντο.

6 Καταλαβὼν γὰρ ὡς ὅτι τάχιστα τὸν ταῦρον ἐπ' ὀλίγον
μὲν κατ' οὐρὰν ἤλαυνεν, ὑπονύττων τε ἅμα καὶ εἰς ὀξύτερον δρόμον τὸν βοῦν ἐρεθίζων· καὶ ὅποι δὴ καὶ ὁρμήσειε
τρεπομένῳ συνεφείπετο τὰς ἐπιστροφάς τε καὶ ἐμβολὰς
πεφυλαγμένως ἐκκλίνων.

ΧΧΙΧ 1 Ὡς δὲ εἰς συνήθειαν τῆς τε ὄψεως τῆς ἑαυτοῦ καὶ τῆς πράξεως ἐνεβίβασεν, ἀντίπλευρος ἤδη παρίπ-
πευε χρωτί τε χρωτὸς ἐπιψαύων καὶ ἱππείῳ ταύρειον
ἄσθμα καὶ ἱδρῶτα κεραννύων καὶ τὸν δρόμον οὕτως ὁμό-
ταχον ῥυθμίζων ὡς καὶ συμφυεῖς εἶναι τὰς κορυφὰς τῶν
ζῴων τοὺς πορρωτέρω φαντάζεσθαι καὶ τὸν Θεαγένην λαμπρῶς ἐκθειάζειν ξένην τινὰ ταύτην ἱπποταύρου ξυνωρίδα
ζευξάμενον. 2 Τὸ μὲν δὴ πλῆθος ἐν τούτοις ἦν· ἡ Χαρί-

7 σχίζαν VMPAT : σχίζων Ζ ‖ 8 ἀναρπάζει VMPAT : ἀναρτίζει Ζ ‖ 10 ὅσα
VΖΑΤ : ὡς ΜΡ ‖ 11 τε VΖΜΑΤ : om. Ρ ‖ μάστιγος VΖΡΑΤ : -ιχος Μ ‖
12 ἐπὶ τὸν VΖΑΤ : om. ΜΡ ‖ τῶν ταύρων VΖΑΤ : τὸν ταῦρον ΜΡ ‖5 1-2 τὸ
γινόμενον VΖΑΤ : om. ΜΡ ‖ 2 συγχωρεῖν VΖΡΑΤ : ξυγχ. Μ ‖ 3 διεξελάσαι
VMPAT : ἐξελ. Ζ ‖ 3-4 ἐνεκελεύετο VΖΑ : ἐκελ. Τ διεκελ. ΜΡ ‖ 4 δὲ ΖΜΡΑΤ :
δ', V ‖ 5 μηδὲ ἀπόδρασις om. Τ ‖ ἀπόδρασις VMPΑ : ἀπόδροσις Ζ ‖
6 3 ὅποι VMPΤ : ὅπου ΖΑ ‖ 4 ἐμβολὰς Coraes : ἐκβολὰς codd.

ΧΧΙΧ 1 1 τῇς (2) VΖΤ: om. ΜΡΑ ‖ 1-2 ἑαυτοῦ Μ: αὐτοῦ Τ αὐτοῦ VΖΡΑ ‖
2 τῆς VΖΑΤ : om. ΜΡ ‖ 3 ἱππ- (ἱπ- Ζ) είῳ VΖΡΑΤ : -είου Μ ‖ 5 τῶν ΖΜΡΑΤ :
τῷ V ‖ 6 Θεαγένην ΥΜΡΑ : -γένη ΖΤ ‖ 7 ἱπποταύρου VΖΜΑΤ : ὑπὸ ταύρου
Ρ ‖ ξυνωρίδα VMPΑΤ : ξυνορ. Ζ ‖ 8 ζευξάμενον VΖΜΡΤ : ζευγνύμενον Α.

son enthousiasme. Cependant Chariclée, à cette vue,
était dans d'horribles transes. Ne sachant où il voulait en
venir, elle redoutait une chute, et la perspective de le voir
blessé la torturait comme si sa propre vie était en jeu.
Persinna elle-même s'en aperçut : « Mon enfant, lui dit-
elle, qu'as-tu donc ? On dirait que tu cours les mêmes dangers que cet étranger. 3 Moi-même, je n'y suis pas
insensible, j'ai pitié de sa jeunesse. Je fais des vœux pour
qu'il échappe à ce danger et soit conservé pour le sacrifice, afin que les dieux ne soient pas privés totalement des
victimes que nous devons leur offrir. » — « La plaisante
chose, repartit Chariclée, de souhaiter qu'il ne meure pas
afin qu'il puisse mourir [1] ! Mais, ma mère, si tu le peux,
sauve cet homme ; fais-moi cette grâce. » 4 Persinna,
sans comprendre la vraie raison de cette prière, soupçonnait cependant un motif amoureux. « Il n'est pas possible,
dit-elle, de le sauver. Toutefois si tu as des relations avec
cet homme, ce qui expliquerait de si vives alarmes, con-
fie-toi à moi, comme à une mère, désormais ne me cache
rien. Si ta jeunesse s'est laissé entraîner à quelque faiblesse
indigne de ta vertu, la tendresse d'une mère sait excuser [2]
sa fille et l'expérience d'une femme comprendre la faute
d'une autre femme et jeter un voile sur elle. » 5 A ces
mots Chariclée fondit en larmes : « Voilà bien, dit-elle, ce
qui aggrave mes malheurs : ceux qui devraient me comprendre ne me comprennent pas, et quand je dis mes infor-
tunes, on ne m'entend pas. Je vais donc désormais parler
sans fard, et me confesser ouvertement, puisque j'y suis
forcée. »

λήθην ἐμπεσόντες ἐπὶ πλεῖστου ἀλλήλων οἱονεὶ συμπεφυκότες, et I,
XXXV, 2 2.

1. Nouvel exemple de ces jeux de mots si chers à Héliodore. Il est
vrai que le concetti n'est pas ici un simple heurt de mots, mais corres-
pond à une idée, si peu intéressante qu'elle soit. (M.)

2. Persinna s'était déjà montrée conciliante sur ce chapitre de la
morale et prête à admettre les circonstances atténuantes ; cf. p. 83,
note 2. (M.)

κλεια δὲ δρῶσα τρόμῳ καὶ παλμῷ συνείχετο, τό τε ἐγχείρημα ὅ τι καὶ βούλοιτο διαποροῦσα καὶ εἴ τι σφάλμα συμβαίη τὴν ἐκείνου τρῶσιν ὡς ἰδίαν σφαγὴν ὑπεραγωνιῶσα· ὥστε μηδὲ τὴν Περσίνναν λαθεῖν, ἀλλ' « *Ὦ τέκνον » εἰπεῖν, « τί μοι πέπονθας ; προκινδυνεύειν ἔοικας τοῦ ξένου. 3 Πάσχω μέν τι καὶ αὐτὴ καὶ οἰκτείρω τῆς νεότητος· διαδρᾶναί γε μὴν τὸν κίνδυνον εὔχομαι καὶ φυλαχθῆναι τοῖς ἱεροῖς, ὡς ἂν μὴ παντάπασιν ἀτέλεστα ἡμῖν τὰ πρὸς τοὺς θεοὺς ἐγκαταλειφθείη. » Καὶ ἡ Χαρίκλεια « Γελοῖον » ἔφη « τὸ εὔχεσθαι μὴ ἀποθανεῖν ἵνα ἀποθάνῃ. Ἀλλ' εἰ ἄρα σοι δυνατόν, ὦ μῆτερ, περίσῳζε τὸν ἄνδρα ἐμοὶ χαριζομένη. » 4 Καὶ ἡ Περσίννα, πρόφασιν οὐ τὴν οὖσαν ἀλλ' ἐρωτικὴν ἄλλως ὑποτοπήσασα, « Οὐ δυνατὸν μὲν » ἔφη « τὸ περισῴζειν· ὅμως δ' οὖν τίς σοι κοινωνία πρὸς τὸν ἄνδρα δι' ἣν οὕτως ὑπερφροντίζεις θαρροῦσα ὡς πρὸς μητέρα λοιπὸν ἐξαγόρευε· κἄν τι νεώτερον ⟨ἢ⟩ κίνημα κἂν παρθενίᾳ μὴ πρέπον, ἡ μητρῷα φύσις τὸ θυγατρὸς καὶ τὸ θῆλυ συμπαθὲς τὸ πταῖσμα τὸ γυναικεῖον οἶδεν ἐπισκιάζειν. » 5 Ἐπιδακρύσασα οὖν ἐπὶ πλεῖστον ἡ Χαρίκλεια « Καὶ τοῦτο » ἔφη « δυστυχῶ πρὸς τοῖς ἄλλοις ὅτι καὶ τοῖς συνετοῖς ἀσύνετα φθέγγομαι καὶ λέγουσα τὰς ἑαυτῆς συμφορὰς οὔπω λέγειν νομίζομαι· πρὸς γυμνὴν δὲ λοιπὸν καὶ ἀπαρακάλυπτον χωρεῖν τὴν ἐμαυτῆς κατηγορίαν ἀναγκάζομαι. »

2 2 τρόμῳ VMPAT : τρ. τε Ζ ‖ 3 εἴ τι σφάλμα VZPAT : εἰ ἐπίσφ. Μ ‖ 3-4 συμβαίη VMPA : -βαίνοι ZT ‖ 4 ἰδίαν VZMAT : ἰδίᾳ P ‖ 5-6 λαθεῖν sc. ἡ Χαρίκλεια, εἰπεῖν sc. τὴν Περσίνναν subjecto mire mutato ‖ 3 2 γε μὴν VMPT : τε μὴν Α δὲ Ζ ‖ εὔχομαι ZMPAT : om. · V ‖ 3 ἀτέλεστα VZMT : ἀτελέστατα PA ‖ 4 ἐγκαταλειφθείη ZRAT (-ήη Μ) : καταλ. V ‖ 4 3 τίς σοι VZM : τί σοι P τίς ἡ AT ‖ 4 post πρὸς μὲν Ζ in rasura ‖ δι' ἣν codd. : δι' ὃν Francius ‖ θαρρ⌐ῦσα (θαρσ. Α) codd. : θαρροῦσα δὲ legisse videtur Amyot ‖ 5 πρὸς VZAT : om. MP ‖ ἐξαγόρευε VZMPT : -ρευσον Α ‖ ἢ addidimus ‖ 6 κἂν παρθενίᾳ VZMPT : καὶ παρθένῳ A ‖ 7 συμπαθὲς VMAT : τὸ συμπ. ZP ‖ γυναικεῖον VMPAT : οἰκεῖον Ζ ‖ οἶδεν VMPA : οἶδα Ζ οἶδας T ‖ 5 4 ἑαυτῆς (cf. Β ΧΙ, 1 3 et al.) codd. : ἐμαυτῆς Hirschig nescimus unde ‖ 6 ἀναγκάζομαί VZPAT : καταναγχ. Μ.

XXX 1 Après cette déclaration, elle allait découvrir
la vérité, quand elle en fut de nouveau empêchée par une
clameur retentissante qui s'éleva de la foule. Théagène
lance son cheval à toute vitesse [1]. A peine a t-il dépassé le
taureau, au moment où le poitrail de sa monture arrive à
la hauteur de la tête du taureau, il laisse aller le cheval
en liberté, 2 saute sur le cou de l'autre animal. Il appuie
sa tête entre les cornes, qu'il entoure de ses bras comme
d'une couronne, les mains nouées sur le front du taureau.
Le reste de son corps est suspendu sur l'épaule droite et
il se laisse ainsi emporter sans toucher terre, presque
sans secousses, malgré les bonds impétueux de l'animal.
3 Quand il sentit que le taureau s'essoufflait sous son far-
deau, et que ses muscles se relâchaient de leur effort exces-
sif, au moment même où il passait devant le trône d'Hydaspe, il se tourna et se laissa glisser en avant. Il jette ses
pieds dans les jambes de la bête, et heurte sans arrêt ses
sabots pour entraver sa marche. 4 Arrêté dans sa course
impétueuse, accablé sous le poids du vigoureux jeune
homme, il fléchit sur les genoux et soudain tombe la tête
la première, roule sur les épaules et sur le dos. Longtemps il resta étendu à la renverse, les cornes fichées en
terre et la tête immobile, enracinée, tandis que ses jambes
s'agitaient vainement et battaient l'air de mouvements

---

1. Ce n'est pas purement le hasard qui guide Héliodore dans le choix
de cet exploit de son héros. Théagène était un Thessalien et la Thessalie
était renommée pour ses courses de taureaux. Introduites d'abord à
Rome par César (Pline, *Histoire Naturelle*, VIII, 45 182), elles de-
vinrent un spectacle fréquent des amphithéâtres. Mais si de nombreux
auteurs traitent ce sujet (Pline, *loc. cit.*, Suétone, Claudius, 21, Dion
Cassius, LXI, 9) aucun n'a décrit ces courses avec autant d'ampleur
qu'Héliodore. La description qui s'en rapprocherait le plus se trouve
dans une épigramme de Philippe (ii⁰ s. av. J. C.) = *Anth. Pal.* IX, 543:

Θεσσαλίης εὔιππος ὁ ταυρελάτης χορὸς ἀνδρῶν,
  χερσὶν ἀτευχήτοις θηρσὶν ὁπλιζόμενος,
πτερνοτυπεῖς πώλους ζεῦξε σκιρτήματι ταύρων,
  ἀμφιβαλεῖν σπεύδων πλέγμα μετωπίδιον·
ἀκρότατον δ' ἐς γῆν κλίνας ἅμα κεύροπον ἅμμα
  θηρός τὴν τόσσην ἐξεκύλισε βίην.

XXX 1 Ταῦτα εἶπε, καὶ βουλομένη τὰ ὄντα ἀνακαλύπτειν αὖθις ἐξεκρούσθη βοῆς πολυηχεστάτης πρὸς τοῦ πλήθους ἀρθείσης. Ὁ γὰρ δὴ Θεαγένης [εἰς] ὅσον εἶχε τάχους ἐφεὶς τῷ ἵππῳ χρήσασθαι καὶ προφθάσαντα μικρὸν τὰ στέρνα τῇ κεφαλῇ τοῦ ταύρου παρισῶσαι, τὸν μὲν ἄνετον φέρεσθαι μεθίησι μεθαλάμενος, 2 ἐπιρρίπτει δὲ ἑαυτὸν τῷ αὐχένι τοῦ ταύρου καὶ τοῖς κέρασι τὸ ἑαυτοῦ πρόσωπον κατὰ τὸ μεταίχμιον ἐνιδρύσας τοὺς πήχεις δὲ οἱονεὶ στεφάνην περιθεὶς καὶ εἰς ἅμμα κατὰ τοῦ ταυρείου μετώπου τοὺς δακτύλους ἐπιπλέξας τό τε ὑπόλοιπον ἑαυτοῦ σῶμα παρ' ὦμον τοῦ βοὸς τὸν δεξιὸν μετέωρον καθεὶς, ἐκκρεμὴς ἐφέρετο, πρὸς βραχὺ μὲν τοῖς ταυρείοις ἅλμασιν ἀναπαλλόμενος. 3 Ὡς δὲ ἀγχόμενον ἤδη πρὸς τοῦ ὄγκου καὶ χαλῶντα τοῦ ἄγαν τόνου τοὺς τένοντας ᾔσθετο καὶ καθ' ὃ μέρος ὁ Ὑδάσπης προὐκαθέζετο περιελθόντα, παραφέρει μὲν εἰς τοὐμπροσθεν καὶ προβάλλει τῶν ἐκείνου σκελῶν τοὺς ἑαυτοῦ πόδας, ταῖς χηλαῖς δὲ συνεχῶς ἐναράττων τὴν βάσιν ἐνήδρευεν. 4 Ὁ δὲ τὴν ῥύμην τοῦ δρόμου παραποδιζόμενος καὶ τῷ σθένει τοῦ νεανίου βριθόμενος τά τε γόνατα ὑποσκελίζεται καὶ ἄθρουν ἐπὶ κεφαλὴν σφενδονηθεὶς κύμβαχός τε ἐπ' ὦμους καὶ νῶτα ῥιπισθεὶς ἥπλωτο ὕπτιος ἐπὶ πλεῖστον, τῶν μὲν κεράτων τῇ γῇ προσπεπηγότων καὶ εἰς τὸ ἀκίνητον τῆς κεφαλῆς ῥιζωθέντων, τῶν σκελῶν δὲ ἄπρακτα σκαιρόντων καὶ εἰς κενὸν ἀερονομούν-

XXX 1 3 εἰς secl. Hirschig (cf. Η XVI, 5 9) ‖ 5 τὸν μὲν ΖΜΡΑΤ : τὸ μὲν V ‖ 6 μεθαλάμενος Ζ : μεθαλλόμενος VMPAT ‖ 2 1 ἑαυτόν ΖΜΡΑΤ : αὐτόν V ‖ 3 κατὰ VΖΑΤ : πρὸς ΜΡ ‖ οἱονεὶ VMPAT : οἷον εἰς Ζ ‖ 3-4 στεφάνην VMPAT : στέφανον Ζ ‖ 4 ἅμμα VMPT : ἅμα Ζ et Α εἰς omisso ‖ 5 ἑαυτοῦ VΖΜΑΤ : αὐτοῦ Ρ ‖ 3 1 ἤδη VΖΜΑΤ : ἴδοι Ρ ‖ πρὸς VMPAT : ὑπὸ Ζ ‖ 3 ὁ Ὑδάσπης VMPAT : ὁ om. Ζ ‖ προὐκαθέζετο ΜΡΑΤ : προεκαθ. V προκαθ. Ζ ‖ 5 ἐναράττων ΖΡ (ἐναρρ. ΜΤ) : ἐναλλάττων V ταράττων Α ‖ 4 3 ὑποσκελίζεται VΖΜΡΑ : ὑπεσκελίζετο Τ ‖ 4 κύμβαγός VMPAT : -βαλός Ζ ‖ ῥιπισθεὶς VΖΜΡΑ : ῥιπτηθεὶς Τ ; suspectum at cf. XXXΙΙ, 1 5-6 ‖ 6 ῥιζωθέντων VΖΜΡΤ : -θείσης Α ‖ 7 σκαιρόντων VΖΜΡΤ : λακτιζόντων Α ‖ ἄπρακτα σκαιρόντων καὶ fortasse secludenda (Ry.) ‖ κενὸν VΖΡΑ ; και:ὸ/ ΜΤ.

désespérés[1]. **5** Théagène s'appuie sur lui et le retient de
la main gauche. Il lève la droite vers le ciel et l'agite sans
cesse. Il tourne vers Hydaspe et le peuple un visage
joyeux et par son sourire l'invite à partager sa joie. Le
mugissement du taureau est la trompette de sa victoire.
La foule y répond par une clameur confuse, où l'on ne
distingue aucune louange précise. Toutes ces bouches
largement ouvertes semblent une voix unique exhalant
l'admiration et poussant vers le ciel un cri prolongé et
soutenu. **6** Sur l'ordre du roi, les serviteurs accourent.
Les uns relèvent Théagène et l'amènent à Hydaspe. Les
autres attachent une corde aux cornes du taureau, le
ramènent morne et la tête baissée, et le lient de nouveau
auprès de l'autel avec le cheval qu'ils avaient repris. **7**
Hydaspe se disposait à adresser la parole à Théagène et à
s'occuper de lui. Le peuple, à qui le jeune homme plaisait
et était sympathique depuis qu'il l'avait vu, avait été étonné
de sa force. Poussé surtout par la jalousie qui le mordait
au cœur[2] contre l'Éthiopien, champion de Méroèbos, il
s'écria d'une voix unanime « qu'on le mette aux prises avec
l'homme de Méroèbos. Que celui qui a reçu l'éléphant se
mesure avec celui qui a reçu le taureau, » répétaient-ils sans
arrêt. **8** Cédant à leurs instances, Hydaspe y consentit.

---

1. Le texte est suspect à deux points de vue. D'abord, Héliodore étant
habitué à ménager d'exactes symétries, il est surprenant qu'il ait mis
deux participes dans le premier membre de phrase, et trois dans le second,
étant donné surtout que ἄπρακτα σκαιρόντων et εἰς κενόν ἀερονομούντων
ont un sens analogue. Ensuite, τὴν ἥτταν ἀλυόντων est une expression
bizarre. L'usage de ἀλύειν = « être désemparé » n'est pas rare dans la
prose post-classique et se rencontre dans Héliodore et dans Chariton (Δ II, 8), mais si un accusatif de relation est possible (par ex.,
Δ VII, 7 6 τὴν διάνοιαν ἀλύει:), on ne trouve d'autre exemple d'un
accusatif complément d'objet que chez Oppien, *Halieutiques*, IV, 195
οἷον δὲ μετὰ φρεσὶν ἄχθος ἀλύει. Si l'expression est exacte, il semble
qu'elle ait pu être substituée à τῇ ἥττῃ ἐναλυόντων pour éviter
l'hiatus.

2. Cf. XXV, 2 4-6. La foule était secrètement humiliée de ce que personne n'eût relevé le défi de l'Éthiopien.

των και την ήτταν άλυόντων. 5 Έπέκειτο δε ὁ Θεαγένης, ταῖν χεροῖν την λαιὰν μόνην εἰς τὸ ἐπερείδειν ἀπασ-
χολῶν, την δεξιὰν δὲ εἰς τὸν οὐρανὸν ἀνέχων καὶ συνεχὲς
ἐπισείων εἰς τε τὸν Ὑδάσπην καὶ τὸ ἄλλο πλῆθος ἱλαρὸν
ἀπέβλεπε, τῷ μειδιάματι πρὸς τὸ συνήδεσθαι δεξιούμενος
καὶ τῷ μυκηθμῷ τοῦ ταύρου καθάπερ σάλπιγγι τὸ ἐπινίκιον
ἀνακηρυττόμενος. Ἀντήχει δὲ καὶ ἡ τοῦ δήμου βοή, τρα-
νὸν μὲν οὐδὲν εἰς τὸν ἔπαινον διαρθροῦσα, κεχηνόσι δὲ
ἐπὶ πολὺ τοῖς στόμασιν ἐξ ἀρτηρίας μόνης τὸ θαῦμα ἐξε-
φώνει, χρόνιόν τε καὶ ὁμότονον εἰς οὐρανὸν παραπέμπουσα. 6 Κελεύσαντος οὖν τοῦ βασιλέως ὑπηρέται προσ-
δραμόντες οἱ μὲν τὸν Θεαγένην προσῆγον ἀναστήσαντες
οἱ δὲ τοῦ ταύρου τοῖς κέρασι καλωδίου βρόχον ἐπιβαλόντες
εἷλκόν τε κατηφιῶντα καὶ τοῖς βωμοῖς αὖθις τοῦτόν τε
καὶ τὸν ἵππον συλλαβόντες προσεδέσμευον. 7 Καὶ τοῦ
Ὑδάσπου μέλλοντός τι πρὸς τὸν Θεαγένην λέγειν τε καὶ
πράττειν ὁ δῆμος ἅμα μὲν ἡσθεὶς τῷ νέῳ καὶ ἐξ οὗπερ τὸ
πρῶτον ὤφθη προσπαθών, ἅμα δὲ καὶ τῆς ἰσχύος ἐκπλα-
γείς, πλέον δέ τι καὶ πρὸς τὸν Αἰθίοπα, τὸν ἀθλητὴν τὸν
Μεροήβου, ζηλοτυπίᾳ δηχθείς, « Οὗτος τῷ Μεροήβου
ζευγνύσθω » πάντες ὁμοθυμαδὸν ἀνεβόησαν. « Ὁ τὸν ἐλέφαντα λαβὼν τῷ τὸν ταῦρον ἑλόντι διαγωνιζέσθω » συνεχὲς ἐξεφώνουν. 8 Καὶ ἐπὶ πλεῖστον ἐγκειμένων ἐπέ

8 την ήτταν άλυόντων ⟨άδημονούντων Α) codd. : τῇ ήττῃ ἐναλυόντων
coni Ry., cf. Ζ IX, 1 8 et Philo II 369, 372 (Mangey) || 5 2 ταῖν ZMPΑΤ :
τοῖν V || μόνην VZMPΑ : μὲν Τ || 3 τὸν οὐρανὸν VP : τὸν om. ΖΜΑΤ || ἀνέ-
χων VZAT : om. ΜΡ || συνεχὲς VMPΑΤ : -ῶς Ζ || 4 ἱλαρὸν VZMAT : -ῶς Ρ ||
7 ἡ VMPΑΤ : om. Ζ || 8 διαρθροῦσα ZMPΤ : διαιθροῦσα V διαρθοῦσα Α ||
9 μόνης VZMAT : μόνη Ρ || 9-10 ἐξεφώνει VZMΑΤ : -ουν Ρ || 10-11 παρα
πέμπουσα VΖΤ (ἀναπ. Α) : -οντα Μ -οντες Ρ || 6 2 Θεαγένην VMPΑ : -νη
ΖΤ || ἀναστήσαντες VZMAT : om. Ρ || 3 ἐπιβαλόντες VZPΑΤ : ἐπιβάλλοντες
Μ || 7 2 τι VMPΑΤ : om. Ζ || Θεαγένην VMPΑ : -νη ΖΤ || 3 καὶ bis Μ ||
5 πλέον VMPΑΤ : om. Ζ || τὸν ἀθλητὴν VZMPΤ : τὸν om. Α || τὸν Μερ.
VZMAT : τοῦ Μερ. Ρ || 6 ζηλοτυπίᾳ VMPΑΤ᷅: -ίαν Ζ || 7 ὁμοθυμαδὸν VM :
om. Ζ ὁμοθύμως PΤ idem post ἀνεβόησεν Α || 8 ἑλόντι VZPΑΤ : λαβόντι Μ ||
8-9 συνεχὲς ΖΜPΑ : -ῶς VΤ.

On amène dans l'enceinte l'Éthiopien, qui promène autour de lui des regards méprisants et terribles, marche à pas traînants[1], et d'un large mouvement balance ses bras qui viennent toucher alternativement ses coudes.

XXXI 1 Quand il fut arrivé près de la tente royale, Hydaspe se tourna vers Théagène et lui dit en grec : « Étranger, il faut que tu te mesures avec lui ; tel est le désir du peuple. » « Que sa volonté soit faite, répondit Théagène. Mais quel est le genre de combat ? » « La lutte », dit Hydaspe. « Pourquoi pas le combat à l'épée et en armes ? Je pourrais alors, vainqueur[2] ou immolé par mon adversaire, émouvoir Chariclée. Elle a bien eu le cœur de garder le silence sur moi jusqu'ici, et il me semble même qu'elle m'a complètement oublié. » 2 « Pourquoi viens-tu mêler ici le nom de Chariclée ? Enfin c'est ton affaire. Mais c'est à la main nue et non à l'épée que tu dois lutter, car il est interdit de voir du sang répandu avant le moment du sacrifice » Théagène comprit qu'Hydaspe craignait de le voir mourir avant le sacrifice : « Tu as raison, dit-il, de me réserver pour les dieux : ils sauront s'occuper de moi. » 3 Aussitôt il ramasse de la poussière, la répand sur ses épaules et sur ses bras encore trempés de sueur depuis sa chasse au taureau. Il secoue celle qui ne tenait pas, étend

---

1. Sur ὁλκά = lentement, cf. Γ V, 5 2 où le comparatif est employé, et I XXVII, 3 6 (adjectif). Ce sens est particulier à Héliodore.

2. Il est difficile de juger si Héliodore a écrit μέγα ou si μέγα était primitivement une note marginale pour expliquer τι = « de quelque importance », sens fréquent par ex. chez Platon. Comme ῥέζειν est un mot presque exclusivement poétique, il se peut qu'il y ait là le souvenir et la reprise d'une expression d'un poète. Sur l'union de ῥέζειν et de παθεῖν, cf. Pindare, *Néméennes*, IV, 31-2 ἐπεὶ ῥέζοντά τι καὶ παθεῖν ἔοικεν ; mais une analogie plus étroite se révèle avec Homère, *Iliade*, XXII, 305 :

ἀλλὰ μέγα ῥέξας τι καὶ ἐσσομένοισι πυθέσθαι.

Si μέγα est exact, il devait être entre ἵνα et τι, d'où il a pu tomber par accident. Omis par un copiste, le mot aurait été écrit en marge, puis replacé au hasard dans le texte par des manuscrits postérieurs.

νευσέ τε δ Ὑδάσπης καὶ ἤγετο εἰς μέσους δ Αἰθίοψ, ὑπέρ
οπτόν τι καὶ σοβαρὸν περισκοπῶν ὁλκά τε βαίνων καὶ
πλατυνομένοις ἐναλλὰξ τοῖς ἀγκῶσι τοὺς πήχεις ὑποσοβῶν.

XXXI 1 Κἀπειδὴ τοῦ συνεδρίου πλησίον ἐγεγόνει, πρὸς
τὸν Θεαγένην βλέψας δ Ὑδάσπης καὶ ἑλληνίζων « Ὦ
ξένε » ἔφη « τούτῳ σε χρὴ διαγωνίσασθαι· δ δῆμος κε
λεύουσι. » « Γινέσθω τὸ δοκοῦν » δ Θεαγένης ἀπεκρίνατο.
« Ἀλλὰ τίς δ τρόπος τῆς ἀγωνίας ; » « Πάλης » εἶπεν δ
Ὑδάσπης. Καὶ ὃς « Τί δὲ οὐχὶ καὶ ξιφήρης καὶ ἔνοπλος,
ἵνα τι ῥέξας ἢ παθὼν ἐκπλήσσω Χαρίκλειαν, τὴν σιωπῶν
εἰς δεῦρο τὰ καθ' ἡμᾶς καρτεροῦσαν, ἢ καὶ εἰς τέλος, ὡς
ἔοικεν, ἡμῶν ἀπεγνωκυῖαν ; » 2 Καὶ δ Ὑδάσπης « Τί
μὲν βούλεταί σοι » εἶπε « τὸ παραπλέκειν ὄνομα Χαρι
κλείας αὐτὸς ἂν γινώσκοις· παλαίειν δ' οὖν σε καὶ οὐ
ξιφήρη πυκτεύειν χρεών· αἷμα γὰρ ἐκχεόμενον ὀφθῆναι
πρὸ τοῦ καιροῦ τῆς θυσίας οὐ θεμιτόν. » Συνεὶς οὖν δ
Θεαγένης ὅτι δέδοικεν δ Ὑδάσπης μὴ προαναιρεθῇ τῆς
θυσίας « Εὖ ποιεῖς » ἔφη « τοῖς θεοῖς με φυλάττων, οἷς
καὶ μελήσει περὶ ἡμῶν. » 3 Καὶ ἅμα κόνιν ἀνελόμενος
καὶ ὤμοις τε καὶ πήχεσιν ἔτι πρὸς τῆς βοηλασίας ἱδρῶτι
νενοτισμένοις ἐπιχεάμενος τήν τε μὴ προσιζήσασαν ἀπο-

8 3 τι A : τε VZMPT ‖ ὁλκά τε (τι P) VZPAT et Mᵐᵍ : ἄχροις ποσί
τε M ‖ βαίνων VMPAT : προβ. Z ‖ 4 πλατυνομένοις Coraes : -νόμενος
VZMPT πλατυνόμος A ‖ τοῖς ἀγκῶσι om. T.

XXXI 1 2 Θεαγένην VMPA : -νη ZT ‖ 3 χρὴ VMPAT : om. Z ‖ 4 γινέ
σθω VMPAT : γεν. Z ‖ 5 πάλης codd. : πάλη Bekker ‖ 6 ὃς τί δὲ ZAT
(ὃς πί δαὶ V) : ὅτι δὲ MP ‖ ἔνοπλος A et Coraes ,cf. B VII, 3 5-6 et al. :
ἐνόπλιος VZMPT ‖ 7 τι ῥέξας ZMP : addunt μέγα post ῥέξας V post τι
AT ‖ ἐκπλήσσω pos (-ήξω Coraes) : ἐμπλήσω codd. ‖ 9 ἀπεγνωκυῖαν
VMPAT : ἀπογεγνοκυῖαν Z ‖ 2 2 σοι εἶπε Coraes : σοι ἐπὶ codd. σῷ ἔπι
Lb. ‖ τὸ ZMPAT : τῷ V ‖ 3 ἂν VZPAT : om. M ‖ γινώσκοις VZAT
(superscr. P) :-εις MP ‖ 4 ὀφθῆναι post ἐχχεόμενον ZMPT : post χαιροῦ (5)
VA‖ 3 3 νενοτισμένοις (ex -μένος corr. in VZ) VZMAT : -μένος P ‖
προσιζήσασαν VMPAT : -ιζήσαν Z.

ses mains en avant, s'affermit sur ses pieds pour être plus
stable, plie le jarret[1], arrondit les épaules et le dos,
incline légèrement le cou, tend tous les muscles de son
corps et se tient immobile, impatient d'être aux prises avec
son adversaire. **4** L'Éthiopien le regardait avec un sourire moqueur et hochait la tête ironiquement pour montrer
le peu de cas qu'il faisait d'un tel rival. Tout à coup il se
précipite, son bras comme un levier frappe le cou de Théagène ; le coup retentit au loin ; il reprend son air avan-
tageux et son sourire orgueilleux. **5** Théagène, en homme
exercé dès sa jeunesse aux luttes du gymnase[2], et instruit
exactement de toutes les finesses de cet art auquel préside
Hermès, jugea bon de céder d'abord, et, en présence d'un
adversaire dont il venait d'éprouver la puissance, au lieu
de se lancer directement sur une masse si monstrueuse
et si sauvage, il résolut de tromper par son adresse cette
force brutale. **6** Aussitôt, bien qu'il eût été à peine
ébranlé par le coup, il feignit d'avoir plus de mal qu'il
n'en avait en réalité et présenta l'autre côté du cou pour être
frappé. L'Éthiopien en effet l'attaqua une seconde fois et
Théagène cédant sous le choc fit semblant de tomber en
avant presque jusqu'à terre.

XXXII 1 L'Éthiopien le croit vaincu. Plein de confiance et sans précaution il s'élançait déjà contre lui une
troisième fois et son bras tendu allait s'abattre encore,

1. Sur σιμώσας, qui ne diffère pas ici pour le sens de γυρώσας, cf.
Achille Tatios, A XII, 3 (ἵππος) τὸν αὐχένα σιμώσας φρίξας τε τὴν
κόμην et Theodorus Prodromus I 228.

2. Si ἀνήρ est exact, et il est plus aisé de voir pourquoi il a pu être
omis par Z que de comprendre comment il a été interpolé dans les autres
manuscrits, l'ordre attendu des mots serait οἷα δὴ ἀνὴρ γυμνασίων καὶ
ἀλοιφῆς ἐκ νέων ἀσκητής, et la position insolite de ἀνήρ serait due au désir
d'éviter un hiatus. Il n'existe pas d'évidence pour l'emploi du mot ἀλοιφή
pour décrire un gymnaste, mais on peut citer en sa défense ἀλείφεσθαι
= γυμνάζεσθαι (cf. inscriptions et Arrien, *Entretiens d'Épictète* I 2 26 ἀνὴρ
Ὀλύμπια κεκηρυγμένος καὶ ἠγωνισμένος... οὐχὶ παρὰ τῷ Βάτων: ἀλειφό-
μενος). D'ailleurs ἀλοιφῆς se joint ici à γυμνασίων pour former un hendiadys.

σεισάμενος, προβάλλει τε ἐκτάδην τὼ χεῖρε καὶ τοῖν ποδοῖν
τὴν βάσιν εἰς τὸ ἑδραῖον διερεισάμενος τήν τε ἰγνὺν σιμώσας καὶ ὤμους καὶ μετάφρενα γυρώσας καὶ τὸν αὐχένα
μικρὸν ἐπικλίνας τό τε ὅλον σῶμα σφηκώσας εἱστήκει τὰς
λαβὰς τῶν παλαισμάτων ὠδίνων. 4 Ὁ δὲ Αἰθίοψ ἐνορῶν
ἐμειδία τε σεσηρὸς καὶ εἰρωνικοῖς τοῖς νεύμασιν ἐκφαυλί-
ζειν ἐῴκει τὸν ἀντίπαλον· ἀθρόον τε ἐπιδραμὼν τόν τε
πῆχυν τῷ αὐχένι τοῦ Θεαγένους ὥσπερ τινὰ μοχλὸν ἐπα-
ράσσει καὶ βόμβου πρὸς τῆς πληγῆς ἐξακουσθέντος αὖθις
ἐθρύπτετο καὶ ἐπεγέλα βλακώδες. 5 Ὁ δὲ Θεαγένης,
οἷα δὴ γυμνασίων ἀνὴρ καὶ ἀλοιφῆς ἐκ νέων ἀσκητὴς τήν
τε ἐναγώνιον Ἑρμοῦ τέχνην ἠκριβωκώς, εἴκειν τὰ πρῶτα
ἔγνω καὶ ἀπόπειραν τῆς ἀντιθέτου δυνάμεως λαβὼν πρὸς
μὲν ὄγκον οὕτω πελώριον και θηριωδῶς τραχυνόμενον μὴ
ὁμόσε χωρεῖν, ἐμπειρίᾳ δὲ τὴν ἄγροικον ἰσχὺν κατασοφί-
σασθαι. 6 Αὐτίκα γοῦν ὀλίγον ὅσον ἐκ τῆς πληγῆς κρα-
δανθείς, πλέον ἢ ὡς εἶχεν ἀλγεῖν ἐσκήπτετο καὶ τοῦ αὐχένος θάτερον μέρος ἔκδοτον εἰς τὸ παίεσθαι προὐβάλλετο.
καὶ τοῦ Αἰθίοπος αὖθις πλήξαντος συνενδοὺς τῇ πληγῇ
μικροῦ καὶ καταφέρεσθαι ἐπὶ πρόσωπον ἐσχημάτιζετο.

XXXII 1 Ὡς δὲ καταγνοὺς καὶ ἀποθαρσήσας ὁ Αἰθίοψ
ἀφυλάκτως ἤδη τὸ τρίτον ἐπεφέρετο καὶ τὸν πῆχυν αὖθις
ἀνατείνας κατασείσειν ἔμελλεν, ὑπεισῆλθέ τε ἀθρόον ὁ

5 ἰγνὺν VZT : -ύαν MP -ύην A ‖ 8 παλαισμάτων VZMT : παλασμ. A
πελασμ. P ‖ **4** 1 αἰθίοψ VMPAT : -ωψ Z ‖ 2 ἐμειδία VZPAT : -ίασε M ‖
σεσηρὸς VMPAT : -ὼς Z ‖ εἰρωνικοῖς VMPAT : -ῶς Z ‖ τοῖς νεύμασιν
VMPAT : ἐκνεύμ. Z ‖ 6 ἐθρύπτετο VZPAT : ἐκρύπ. M ‖ ἐπεγέλα
VMPAT : ἀπεγ. Z ‖ **5** 2 ἀνὴρ mAT : om. Z ‖ 3 εἴκειν VZPAT : ἦκειν M ‖
4 λαβὼν H. Richards : λαβόντα codd. ‖ **6** 1 πληγῆς Koenius : γῆς codd. ‖
2 ἢ VZ : om. MPAT ‖ 2-3 τοῦ αὐχένος VMPAT : om. Z ‖ 3 προὐβάλλετο
VAT : προὐβάλετο ZMP ‖ 4 συνενδοὺς VMPAT : συνδοὺς Z ἐνδοὺς
Hirschig ‖ 5 ἐπὶ πρόσωπον M (ἐπιπρ. ZPA) : ἐπικαταπρόσ. V ἐπὶ ἄπορον T.

XXXII **1** 2 ἀφυλάκτως VZMAT : ἀφύλακτος P ‖ ἐπεφέρετο VZMAT :
ἐφέρ. P ‖ 3 κατασείσειν VAT : -σείειν ZMP ‖ ὑπεισῆλθέ VMPAT : ἐπ. Z.

quand soudain Théagène se jeta sous lui et baissa la tête,
pour éviter le coup. De son bras droit, il ramène le bras
gauche de son adversaire qui chancelle, enlacé par lui et
entraîné vers le sol par l'élan de sa propre main qui ne
rencontre que le vide. Théagène le saisit sous l'aisselle,
l'étreint par derrière **2** et arrive à peine à entourer son
épaisse ceinture ; de son talon il lui martèle à coups redou-
blés les chevilles et les pieds, le force à s'agenouiller ; il
lui serre les pieds avec ses jambes et enfonce ses genoux
dans les flancs, arrache du sol les mains sur lesquelles
l'Éthiopien arcboutait sa poitrine, lui replie les bras autour
de la tête, les ramène sur le dos et les épaules et le force
à s'allonger à plat ventre sur le sol[1]. **3** Une acclamation
unanime et plus forte que jamais s'éleva alors dans la foule.
Le roi lui-même s'émut et s'élança de son trône : « Cruelle
nécessité, dit-il. Quel homme la loi nous oblige à immoler ! » Il appelle aussitôt le jeune homme : « Voici, lui
dit-il, la couronne rituelle qui t'est réservée comme
victime, tu la mérites d'ailleurs pour cette victoire
glorieuse, mais inutile et éphémère. **4** Je ne puis,
comme je le voudrais, t'arracher au sort qui t'attend. Du
moins je t'accorderai tout ce qui est en mon pouvoir. Si
tu vois quelque chose qui puisse te faire plaisir[2], avant de

---

1. Ce passage décrit probablement les phases ordinaires de la lutte et
cette description a dû être le sujet de mainte œuvre d'art ; cf. Philostrate, *Les Statues*, II, 6 (p. 819).

2. Il n'y a pas de raison de suspecter ἦσαι, car le verbe à sens actif
se rencontre une fois chez Achille Tatios (A II, 2), une fois chez Élien
(*De la Nature des Animaux*, X 48 ταῦτα τὸν νεανίαν ἦσε) et à plusieurs
reprises dans Philostrate. Cet emploi, d'origine ionienne peut-être, est
en somme limité au grec post-classique ; il était courant chez les philosophes qui opposaient ἥδειν et λυπεῖν suivant l'opposition bien connue
de ἡδονή et λυπή (cf. W. Schmid, *Der Atticismus...*, III, p. 200). Il est
vrai que ἦσαι est susceptible d'être confondu avec ὀνῆσαι par les
copistes (par ex., Ach. Tat., *loc. cit.*) et que ὠφελεῖν de M paraît une
explication de ὀνῆσαι (μόνον de P laisse supposer une origine analogue),
mais le sens s'oppose ici à la graphie de ὀνῆσαι. Le fait que la victoire de
Théagène soit qualifiée de ἀνόνητος est ici hors du propos ; à un homme
sur le point de mourir on offre plutôt un plaisir qu'un profit.

Θεαγένης κεκυφώς, τὴν καταφορὰν ἐκκλίνας, πήχει τε
τῷ δεξιῷ τὸν ἐκείνου λαιὸν βραχίονα προσαναστείλας ἐρρί-
πισέ τε τὸν ἀντίπαλον, ἅμα τι καὶ τῇ καταφορᾷ τῆς ἰδίας
αὐτοῦ χειρὸς εἰς κενὸν ἐνεχθείσης πρὸς τὸ ἔδαφος ἐπι-
σπασθέντα, καὶ ὑπὸ τὴν μασχάλην ἀναδὺς τοῖς τε νώτοις
περιεχεῖτο, 2 καὶ παχεῖαν τὴν γαστέρα χαλεπῶς ταῖς
χερσὶ διαζώσας τὴν βάσιν τε κατὰ τὰ σφυρὰ καὶ ἀστραγάλους τῇ πτέρνῃ σφοδρῶς τε καὶ ἐπαλλήλως ἐκμοχλεύσας
εἰς γόνυ τε ὀκλάσαι βιασάμενος ἀμφιβαίνει τοῖς ποσὶ καὶ
τοῖς κατὰ τοὺς βουβῶνας τὰ σκέλη καταπείρας τούς τε
καρποὺς οἷς ἐπερειδόμενος ὁ Αἰθίοψ ἀνεῖχε τὰ στέρνα
ἐκκρουσάμενος καὶ τοῖς κροτάφοις εἰς ἅμμα τοὺς πήχεις
περιαγαγὼν ἐπί τε τὰ μετάφρενα καὶ ὤμους ἀνέλκων ἐφα-
πλῶσαι τῇ γῇ τὴν γαστέρα κατηνάγκασε. 3 Μιᾶς δὴ οὖν
βοῆς ἐπὶ τούτοις καὶ γεγωνοτέρας ἢ 'τὸ πρότερον ὑπὸ τοῦ
πλήθους ἀρθείσης, οὐδὲ ὁ βασιλεὺς ἐκαρτέρησεν ἀλλ' ἀνή-
λατό τε τοῦ θρόνου καὶ « Ὦ τῆς ἀνάγκης » ἔλεγεν· « οἷον
ἄνδρα καταθύειν ὑπὸ τοῦ νόμου πρόκειται. » Καὶ ἅμα προσκαλεσάμενος « Ὦ νεανία » πρὸς αὐτὸν ἔφη, « στεφανω-
θῆναι μέν σε καὶ ἐπὶ ταῖς θυσίαις, ὡς ἔθος, ἀπόκειται·
στεφανοῦ δ' οὖν καὶ νῦν τὴν ἐπίδοξον μὲν ταύτην ἀνόνη-
τον δέ σοι καὶ ἐφήμερον νίκην. 4 Κἀπειδή μοι τοῦ προ-
κειμένου καὶ βουλομένῳ ῥύσασθαί σε οὐ δυνατόν, ὅσα γοῦν
ἔφειται παρέξομαι· καὶ εἴ τι γινώσκεις ἔτι σε ζῶντα ᾖσαι

---

4 κεκυφώς VZMAT : καὶ κεχ. P ‖ 5 προσαναστείλας VMPT (προαναστ. A) :
προσανατείνας Ζ ‖ 5-6 ἐρρίπισε codd. mire ; cf. XXX, 4 4 ‖ 6 ἅμα τι P :
ἅμματι VZMT ἅμα A ‖ 7 ἐνεχθείσης VZPAT : -η Μ ‖ 8 καὶ VMPAT :
om. Ζ ‖ ἀναδὺς VZAT : ὑποδὺς ΜΡ ‖ 2 2 τε VZPAT : om. Μ ‖ κατὰ
ΜΡΑΤ : καὶ VZ ‖ 2-3 ἀστραγάλους VT (τοὺς ἀστ. Ρ) : -αγάλου Ζ -άγαλα
A ‖ 8 περιαγαγὼν codd. : περιαγὼν Bas. unde περιάγων edd. plurimi ‖
τὰ VA cf. supra 2 : om. ZMPT ‖ ἀνέλκων VMPAT : καὶ ἀν. Ζ ‖ 3 2-3 ὑπὸ
τοῦ πλήθους VZMAT : om. P ‖ 5 ὑπὸ VZMAT : ἀπὸ P ‖ 8 στεφανοῦ
ΖΜΡΑΤ : -οῦμεν V ‖ δ' οὖν VZPAT : δὴ Μ ‖ καὶ νῦν VMPAT : om. Ζ ‖
μὲν ΖΜΡΑΤ : om. V ‖ 9 σοι VMPT : σου A συ Ζ ‖ 4 1 μοι VMPAT :
om. Ζ ‖ 2 βουλομένῳ VMPAT : -μένου Ζ ‖ 3 γινώσκεις VZMAT : -οις; P ‖
ᾖσαι VZAT : μόνον P ὠφελεῖν M unde ὀνῆσαι coni. Coraes.

disparaître, demande-le moi. » A ces mots, il posa sur la
tête de Théagène une couronne d'or ornée de pierres précieuses, non sans verser quelques larmes qu'il ne put dis-
simuler. « Eh ! bien, dit Théagène, je vais te faire une
demande ; exauce-la, comme tu l'as promis. Puisqu'il
m'est absolument impossible d'échapper au sacrifice, commande du moins que je sois sacrifié par la main de la fille
que tu viens de retrouver. »

XXXIII 1 Ces paroles frappèrent Hydaspe qui les
rapprocha de la demande semblable présentée par Chariclée[1]. Mais il ne jugea pas utile, pour le moment[2], de tirer
au clair cette question. « Ce sont des choses possibles, ô
étranger, lui dit-il, que je t'ai prié de demander et que je t'ai
promis de t'accorder. C'est une femme mariée qui doit
immoler la victime et non une jeune fille, aux termes de la
loi. » — « Mais elle a un mari elle aussi, répartit Théagène. »
2 — « Voilà, dit le roi, les divagations d'un moribond.
Cette fille ne connaît ni mariage, ni mari, le feu l'a bien
prouvé. A moins que ce ne soit Méroèbos ce mari dont
tu veux parler[3]. Mais je ne sais comment tu aurais pu le
savoir. D'ailleurs il n'est pas encore son mari, je l'ai seulement appelé son fiancé. » « Tu peux ajouter qu'il ne sera
jamais son époux, dit Théagène, si je connais bien les
sentiments de Chariclée et s'il faut en croire une victime
inspirée. » 3 Méroèbos intervint alors : « Mon bon ami,

---

1. Cf. XX, 2 8 αὐτήν με κέλευσον αὐτουργῆσαι τὸ θῦμα.
2. Sur l'emploi de συνέχειν, cf. Δ IX, 4 2 συνέχειν γὰρ δεήσει τούς
γάμους « nous devons la marier au plus tôt ».
3. Lucien (Le Soléciste, 7) blâme l'emploi de πλήν εἰ μή comme formant pléonasme (πρός τόν λέγοντα πλήν εἰ μή, ταῦτα, ἔφη, διπλᾶ
χαρίζῃ) ; mais il n'est pas rare, surtout après une proposition négative.
Ici comme en Η X, 2 6 Héliodore en use après une proposition affir-
mative ; là-dessus, cf. Denys d'Halicarnasse, Antiquités Romaines, IV,
74 1, τὰ μὲν μειῶσαι τὰ δ' ἀφελεῖν ἡμᾶς οἴομαι δεῖν... πλὴν εἰ μὴ κατὰ
καίρους τινὰς ἑορταίους.....

δυνάμενον αἴτησον. » Καὶ ἅμα λέγων χρυσοῦν τε καὶ λιθο-
κόλλητον τῷ Θεαγένει στέφανον ἐπέθηκε, καί τι καὶ ἐπι-
δακρύων οὐκ ἐλάνθανεν. Ὁ δὴ Θεαγένης « Οὐκοῦν αἰτήσω »
ἔφη, « καὶ δέομαι δὸς ὑποσχόμενος· εἰ τὸ διαδρᾶναί με τὴν
ἱερουργίαν πάντως ἀνέφικτον, χειρὶ γοῦν τῆς εὑρημένης
σοι νυνὶ θυγατρὸς κέλευε. »

XXXIII 1 Δηχθεὶς δὴ πρὸς τὸ εἰρημένον ὁ Ὑδάσπης
καὶ πρὸς τὸ ὅμοιον τῆς Χαρικλείου παρακλήσεως τὸν νοῦν
ἀναπέμπων, οὐ δοκιμάζων δὲ ἐν συνέχοντι τῷ καιρῷ τὸ
ἀκριβὲς ἀνιχνεύειν, « Τὰ δυνατὰ » εἶπεν, « ὦ ξένε, καὶ
αἰτεῖν ἐπέτρεψα καὶ δώσειν ἐπένευσα· γεγαμῆσθαι οὖν χρὴ
τὴν σφαγιάζουσαν, οὐ παρθενεύειν· ὁ νόμος διαγορεύει. »
« Ἀλλ' ἔχει ἄνδρα καὶ αὐτὴ » πρὸς αὐτὸν ὁ Θεαγένης.
2 « Φληναφοῦντος » εἶπεν ὁ Ὑδάσπης « καὶ τῷ ὄντι
θανατῶντος οἱ λόγοι. Γάμου καὶ ἀνδρὸς ὁμιλίας ἀπείρατον
τὴν κόρην ἡ ἐσχάρα διέδειξε· πλὴν εἰ μὴ Μερόηβον ἄνδρα
τουτονὶ λέγεις οὐκ οἶδ' ὅθεν ἐγνωκώς, οὔπω μὲν ἄνδρα νυμφίον δὲ πρὸς ἐμοῦ μόνον ὠνομασμένον. » « Ἀλλ' οὐδὲ
ἐσόμενον πρόσθες » εἶπεν ὁ Θεαγένης, « εἴ τι ἐγὼ τοῦ
Χαρικλείου φρονήματος ἐπήσθημαι· κἀμοὶ ὡς θύματι μαν-
τευομένῳ πιστεύειν ἔσται δίκαιον. » 3 Πρὸς ταῦτα ὁ

4 χρυσοῦν VZPAT : -ὸν Μ ‖ 6 δὴ VMPAT : δ' οὖν Ζ ‖ 8 ἀνέφικτον
nos et J. Jackson (cf. Β ΧΧΙV, 6 8) : ἄφυκτον codd. ἄνευκτον H. Richards ‖
ante χειρὶ add. ἱερουργηθῆναι Hirschig ; idem voluit H. Richards.

XXXIII 1 1 δὴ MPT et A superscr. : δὲ ΖΑ οὖν V ‖ 2 Χαρικλείου
VZMPA : -είας Bas. Τ ‖ παρακλήσεως codd. : προκλ. Bas. ‖ 5 γεγαμῆσθαι
VMPAT : -εῖσθαι Ζ ‖ χρὴ VZAT : χρῆναι ΜΡ ‖ 6 παρθενεύειν Bekker tacite :
-εύουσαν codd. ‖ 7 ἄνδρα VAT (καὶ ἄνδρα Ζ) : om. ΜΡ ‖ 2 1 φληναφοῦντος
VZMPT : -ῶντος Α ‖ 3 διέδειξε VMPT : ἔδειξεν Ζ ἐδίδαξε Α ‖ πλὴν εἰ
μὴ codd. (cf. Η Χ, 2 6) : πλὴν ἢ Bas unde πλὴν εἰ rest. Coraes ‖ 4 του-
τονὶ VZMP : τοῦτον ΑΤ ‖ λέγεις VZMAT : -οις Ρ ‖ οὔπω VMPAT : οὐ Ζ ‖
ἄνδρα VZAT : om. ΜΡ ‖ 4-5 νυμφίον VMPAT : τοῦ (erasum) φίον Ζ ‖ 5 πρὸς
ΖΜΡΑΤ : πρὸ V ‖ post ὠνομασμένον add. καὶ ἐσόμενον Τ ‖ 6 πρόσθες
VZPAT : πρόσχες Μ ‖ 7 κἀμοὶ : καὶ μοι codd. ‖ ὡς VMPAT : ὦ Ζ.

ce n'est pas vivantes que les victimes prophétisent, mais
une fois égorgées et ouvertes, et ce sont leurs entrailles
qui révèlent aux prêtres l'avenir [1]. Ainsi, ô mon père, tu
avais bien raison de dire que cet étranger divague [2] comme
un moribond. Ordonne donc qu'on le mène aux autels, et
toi-même, après avoir achevé ce qui peut te rester à faire,
accomplis le sacrifice. »   4   On emmena Théagène au
lieu ordonné. Chariclée, en le voyant victorieux, avait
respiré un peu et conçu de meilleurs espoirs. Mais voici
qu'on l'emmenait de nouveau et ce furent encore des
lamentations. Persinna lui prodiguait ses consolations.
« Peut-être, disait-elle, pourrait-on sauver ce jeune homme,
si tu voulais achever tes confidences et t'expliquer plus
clairement. » Chariclée, pressée par les circonstances et
voyant que la situation ne comportait plus aucun délai, se
décida à entrer dans le vif de son récit.

XXXIV   1   Hydaspe demanda à l'introducteur s'il restait encore des ambassadeurs à entendre. « Ceux de Syéné
seulement, prince, dit Hermonias. Ils apportent une lettre
et des présents d'Oroondatès. Ils viennent d'arriver à l'instant. » — « Qu'ils approchent donc eux aussi, » déclara
Hydaspe. Ils se présentèrent et remirent la lettre au roi
2   qui l'ouvrit et lut ce qui suit. « A sa Majesté très
clémente et très heureuse, à Hydaspe, roi des Éthiopiens,
Oroondatès, satrape du grand roi. Tu m'as vaincu par les

---

1. Ἀνατέμνειν dans le sens de « disséquer » et σημείωσις dans celui
de « diagnostic » étaient de ces termes médicaux qui ne sont pas rares
chez Héliodore. Leur emploi ici est manifestement voulu ; les prophètes
prévoient l'avenir d'après l'inspection des entrailles d'une victime comme
les médecins diagnostiquent une maladie d'après la dissection d'un mort.

2. Παραφθέγγεσθαι signifie ici « parler à tort et à travers », c'est-à-dire
« d'une façon incohérente ». La même expression est employée par le
scoliaste pour expliquer παρὰ νοῦν θροεῖν dans Sophocle, *Philoctète*,
1195. En E VIII, 4 4, ἠρέμα καὶ ἑλληνιστὶ παραφθεγγόμενος ὡς ἂν
λανθάνοι τοὺς παρόντας, le sens de παραφθεγγόμενος est « parlant à
part ». Chacun de ces emplois semble logique, bien que ni l'un ni
l'autre n'apparaissent à l'époque classique.

Μερόηβος « Ἀλλ' οὐ ζῶντα » εἶπεν, « ὦ βέλτιστε, τὰ
θύματα, σφαγιασθέντα δὲ καὶ ἀνατμηθέντα τὴν ἀπὸ τῶν
σπλάγχνων σημείωσιν τοῖς μαντικοῖς ὑποδείκνυσιν· ὥστε
ὀρθῶς ἔλεγες, ὦ πάτερ, θανατῶντα παραφθέγγεσθαι τὸν
ξένον. Ἀλλὰ τοῦτον μέν, εἰ κελεύοις, ἀγέτω τις ἐπὶ τοὺς
βωμούς· σὺ δέ, εἴ τι λείπεται διοικησάμενος, ἔχου τῆς
ἱερουργίας. » 4 Καὶ ὁ μὲν Θεαγένης ἤγετο οἷ προστέ-
τακτο· ἡ Χαρίκλεια δὲ ἐπὶ τῇ νίκῃ μικρὸν ἀναπνεύσασα
καὶ τὰ βελτίονα ἐλπίσασα, πάλιν ἀγομένου πρὸς θρήνοις
ἦν. Καὶ τῆς Περσίννης πολλὰ παρηγορούσης καὶ « Εἰκὸς
σωθῆναι τὸν νέον, εἴ μοι καὶ τὰ λειπόμενα καὶ σαφέστερα
τῶν κατὰ σαυτὴν ἐξαγορεύειν βούλοιο » λεγούσης, ἡ μὲν
Χαρίκλεια βιασθεῖσα καὶ τὸν καιρὸν οὐκ ἐνδιδόντα ὑπέρθεσιν ὁρῶσα, πρὸς τὰ καιριώτερα τῶν διηγημάτων ὥρμησεν.

XXXIV 1 Ὁ δὲ Ὑδάσπης εἴ τινες ὑπολείπονται τῶν
πρεσβευσάντων τοῦ εἰσαγγελέως ἐπυνθάνετο. Ὁ δὲ Ἑρμωνίας « Οἱ ἐκ Συήνης » ἔφη « μόνοι, βασιλεῦ, γράμματα
μὲν Ὀροονδάτου καὶ ξένια κομίζοντες, ἄρτι δὲ καὶ πρὸ
βραχέος ἐπελθόντες. » « Ἡκόντων οὖν καὶ οὗτοι » τοῦ
Ὑδάσπου φήσαντος, παρῆσαν καὶ τὸ γράμμα ἐνεχείριζον.
2 Καὶ ἀνειλήσας ἐπελέγετο, καὶ ἦν τοιόνδε· Βασιλεῖ
φιλανθρώπῳ καὶ εὐδαίμονι τῷ Αἰθιόπων Ὑδάσπῃ Ὀροονδάτης ὁ μεγάλου βασιλέως σατράπης. Εἰ νικῶν κατὰ τὴν

3 2 ἀλλ' οὐ VMPAT : ἆρα οὐ Ζ ‖ 3 θύματα VMPAT : θαύμ. Ζ ‖ 6 μὲν
ZMPAT : om. V ‖ κελεύοις ZMPA : -εις VΤ ‖ ἐπὶ VMPAT : παρὰ Ζ ‖
4 1 οἷ VZMAT : ᾗ Ρ ‖ 1-2 προστέτακτο VMP : προσέτ. Ζ προσετέτ. ΑΤ ‖
3 βελτίονα VMPAT : βέλτιστα Ζ, cf. Α ΧΧVΙΙ, 1 2 ‖ θρήνοις ZMPT
(τοῖς θρ. Α) : -ους V ‖ 5 μοι VMPAT : om. Ζ ‖ 8 καιριώτερα VMPΤ :
καιριώτατα ΖΑ.

XXXIV 1 2 πρεσβευσάντων ZMPAT : -σόντων V ‖ εἰσαγγελέως
VMPΑΤ : -γελλέως Ζ ‖ 3 μόνοι VZMAT : μόνον Ρ ‖ 5 βραχέος MPΤ :
-έως ΖΑ βαχέως; V ‖ οὗτοι VMPAT : οἱ Ζ ‖ 2 1 ἐπελέγετο VZMPΤ :
διήρχετο Α ‖ 2 τῷ VZP : τῶν ΜΑΤ ‖ 2-3 Ὑδάσπῃ — σατράπης om. Ζ
(Ὑδάσπῃ om. Α).

armes, tu m'as vaincu encore plus par ta bonté, en me rendant spontanément toute ma satrapie[1]. Aussi ne serais-je pas surpris, si tu m'accordais maintenant une humble demande. 3 Une jeune fille, que l'on m'amenait de Memphis, s'est trouvée mêlée aux hasards de la guerre. Faite prisonnière elle a été par ton ordre envoyée en Éthiopie, au témoignage de ceux qui étaient avec elle et qui ont réussi alors à échapper au danger. Je te demande en grâce de la libérer et de m'en faire présent : je serais heureux moi-même de revoir cette jeune fille et je voudrais surtout la rendre à son père. Il a erré à travers une grande partie de la terre, à la recherche de sa fille. Il se trouvait dans la place d'Éléphantiné quand la guerre l'a surpris. Je passais en revue les survivants de la lutte. Je le vis et il me pria de l'envoyer vers ta clémence[2]. 4 Cet homme est là, auprès de toi, avec les autres députés. Ses manières montrent assez sa noblesse et sa vue commande le respect. Fais-lui cette grâce, prince, de me le renvoyer ; qu'il me revienne père, non plus seulement de nom, mais effectivement. » 5 La lettre lue, le roi dit : « Quel est donc, parmi les députés présents, celui qui cherche sa fille ? » On lui montra un vieillard. « Étranger, lui dit-il, toutes les demandes d'Oroondatès je suis prêt à les satisfaire. Mais je n'ai fait amener que dix jeunes captives. L'une d'elles a été reconnue : elle n'est pas ta fille. Les autres, tu peux les examiner ; cherche. Si tu la trouves, prends-la. » 6 Le vieillard prosterné lui baisait les pieds. On fit venir les jeunes filles. Il les examina et ne trouva pas celle qu'il cherchait. Retombé dans une morne tris-

---

1. Cf. Θ XXVI, 3 où Hydaspe dit à Oroondates σὺ δὲ, εἰ περιγένοιο, τῶν ἐξ ἀρχῆς σατράπευε καὶ ἐπίστελλε πρὸς βασιλέα τῶν Περσῶν ὡς ἀδελφός ὁ σὸς Ὑδάσπης τῇ μὲν χειρὶ κεκράτηκε τῇ δὲ γνώμῃ πάντα σοι τὰ σὰ μεθῆκε, et Θ XXI, 1 6-7 νικᾶν γὰρ καλὸν τοὺς ἐχθροὺς ἑστῶτας μὲν ταῖς μάχαις πεπτωκότας δὲ ταῖς εὐποιίαις.

2. Πρὸς τὸ σὸν ἥμερον est sans doute l'équivalent de πρὸς τὴν σὴν ἡμερότητα et est une manière originale de dire πρὸς σὲ τὸν ἥμερον ὄντα. L'emploi de l'adjectif neutre est analogue à celui du participe neutre comme nom ; voir vol. II, p. 9, note 2.

μάχην πλέον γνώμη ἐνικήσας καί μοι σατραπείαν ὅλην ἑκὼν
παρεχώρησας, οὐκ ἂν θαυμάσαιμι τὸ παρὸν εἰ βραχεῖαν
αἴτησιν ἐπινεύσειας. 3 Κόρη τις ἀγομένη πρός με ἀπὸ
τῆς Μέμφεως τοῦ πολέμου γέγονε πάρεργον, καὶ ὅτι αἰχμάλωτος ἐκ σοῦ προστάγματος εἰς Αἰθιοπίαν ἐπέμφθη πρὸς
τῶν σὺν αὐτῇ γεγονότων καὶ διαδράντων τὸν τότε κίνδυνον ἐπυθόμην· ταύτην αἰτῶ λυθῆναί μοι καὶ δοθῆναί μοι
δῶρον, ἐφιέμενος μὲν καὶ αὐτὸς τῆς παιδός, πλεὸν δὲ περι-
ποιῆσαι τῷ πατρὶ βουλόμενος, πολλὴν ἀληθέντι γῆν καὶ κατὰ
ζήτησιν τῆς θυγατρὸς ἐν Ἐλεφαντίνῃ τῷ φρουρίῳ κατὰ τὸν
πόλεμον καταληφθέντι, καὶ ἐπισκοποῦντί μοι μετὰ ταῦτα
τοὺς περισῳζομένους ὀφθέντι καὶ ἐκπεμφθῆναι πρὸς τὸ
σὸν ἥμερον ἀξιώσαντι. 4 Ἔχεις αὐτόθι μετὰ τῶν ἄλλων
πρέσβεων τὸν ἄνδρα, ἱκανὸν μὲν ἐξ ἤθους τὴν εὐγένειαν
ἐμφῆναι, ἱκανὸν δὲ καὶ ἐξ ὄψεως δυσωπῆσαι. Χαιροντά
μοι τοῦτον, ὦ βασιλεῦ, ἀντίπεμψον, πατέρα μὴ μόνον
ὀνομαζόμενον ἀλλὰ καὶ γεγενημένον. 5 Ταῦτα ὡς ἀνέγ-
νω, « Τίς οὖν τῶν παρόντων ὁ τὴν θυγατέρα ἐπιζητῶν ; »
ἠρώτησεν. Ὑποδειξάντων δέ τινα πρεσβύτην, « Ὦ ξένε »
πρὸς αὐτὸν ἔφη « πάντα, αἰτοῦντος Ὀροονδάτου, ποιεῖν
ἕτοιμος· ἀλλὰ δέκα μὲν ἀχθῆναι μόνας αἰχμαλώτους ἐκέλ-
λευσα νεάνιδας· μιᾶς δὲ τέως ὅτι μὴ ἔστι σὴ θυγάτηρ ἐπεγ-
νωσμένης, τὰς ἄλλας ἐπισκόπησον καὶ γνωρίζων, εἰ εὕροις,
λάμβανε. » 6 Προκύψας ἐφίλει τοὺς πόδας ὁ πρεσβύτης.
Καὶ ἀχθείσας τὰς κόρας ὡς ἐπισκοπῶν τὴν ἐπιζητουμένην
οὐχ ηὗρισκεν, αὖθις κατηφήσας « Ὦ βασιλεῦ, οὐδεμία

3 1 πρός με VZPAT : om. M ‖ 4 τὸν τότε VZAT : τόν τε Μ τότε τὸν P ‖
5 καὶ δοθῆναί μοι (μοι οm. T) VZT : om. MPA ‖ 9 καταληφθέντι VMPAT :
καταλειφθ. Z ‖ μετὰ VZAT : κατὰ MP ‖ 4 1 μετὰ VZPAT : παρὰ Μ ‖ 3 δὲ καὶ
ZMPAT : om. V ‖ 4 ῶ VMPAT : om. Z ‖ 5 3 ἠρώτησεν VZMPT : ἐπηρ. A ‖
ὑποδειξάντων VZPAT : καὶ ὑποδ. M ‖ δέ VZMAT : δὴ P ‖ πρεσβύτην VZMT :
-ευτὴν PA ‖ 5 ἀχθῆναι μόνας ZMPAT : μόνας ἀχθ. V ‖ 6 τέως ZMPAT :
ἴσως V ‖ 6 1 προκύψας VMPAT : προσκ. Z ‖ πρεσβύτης VZMAT : -ευτὴς
P ‖ 2 ἐπιζητουμένην VMP : ζητ. ZT οὐχ εὑρισκομένην A ‖ 3 ηὗρισκεν
V : εὕρ. ZMPAT, cf. XXXVI, 4 4, XLI, 2 7.

tesse, il dit : « Ọ roi, ce n'est aucune de celles-ci. » « Je tc
suis tout acquis, tu le vois, répondit Hydaspe. N'accuse
que le sort si tu ne trouves pas celle que tu cherches. Il
n'y a pas d'autre captive ici, ni dans tout le camp, tu peux
t'en assurer par tes propres yeux. »

XXXV 1 Le vieillard se frappe le front, répand des
larmes, lève la tête et promène ses regards sur la foule
autour de lui. Soudain, comme un fou, il se mit à courir,
jusqu'aux autels. Il enroule la bordure du grossier manteau [1]
dont il se trouvait revêtu, la jette comme une corde au cou de
Théagène et l'entraîne, en criant d'une voix retentissante :
« Je te tiens, maudit scélérat. » 2 Les gardiens s'ef-
forcent en vain de résister et de le lui arracher. Il ne le
lâche pas, il s'attache à lui étroitement [2] et réussit enfin, en
dépit de toute résistance, à l'amener devant Hydaspe et
les membres du Conseil. « O roi, dit-il, c'est lui qui a enlevé
ma fille, c'est lui qui a désolé ma maison, et arraché celle
qui était toute ma vie du sein même des autels d'Apollon
Pythien. Et maintenant le voici, ce saint homme, prosterné
auprès des divins autels. » A ce spectacle un frémissement
parcourut toute l'assistance. Ceux qui n'avaient pas
entendu les paroles avaient vu les gestes et tous étaient
frappés d'étonnement.

XXXVI 1 Hydaspe l'invitant à expliquer plus clairement ce qu'il voulait, le vieillard, qui n'était autre que
Chariclès, se garda bien de révéler toute la vérité à la famille

----

1. Le prophète Chariclès était suivant l'usage habillé d'un grossier
manteau qui était particulier aux Spartiates à l'époque classique et
avait été adopté par les philosophes (Socrate, par exemple), notamment
par les Cyniques, qui en faisaient l'emblème de la vie austère qu'ils pré-
tendaient mener. C'était aussi l'habit du pauvre, et Chariclès était un
réfugié.

2. Cf. XXIX, 1 5 (συμφυεῖς) et E IV, 5 2 (οἱονεὶ συμπεφυπότες).

τούτων ἐστίν » ἔλεγε. « Τὴν γνώμην » ἔφη ὁ Ὑδάσπης « τὴν
ἐμὴν ἔχεις· μέμφου δὲ τὴν τύχην, εἰ τὴν ἐπιζητουμένην οὐχ
εὑρίσκεις. Ὅτι γὰρ ἄλλη μήτε ἤχθη παρὰ ταύτας μήτε ἔστι
κατὰ τὸ στρατόπεδον ἔξεστί σοι περισκοποῦντι πεισθῆναι. »

XXXV 1 Ῥαπίσας τὸ μέτωπον ὁ πρεσβύτης καὶ ἐπι-
δακρύσας, ἀνανεύσας τε καὶ περιαθρῶν ἐν κύκλῳ τὸ πλῆθος, ἀθρόον ὥσπερ τις ἐμμανὴς ἐξέδραμε, καὶ τοῖς βωμοῖς
προσελθὼν τοῦ τε τριβωνίου (τοῦτο γὰρ ἔτυχεν ἀμπεχόμε-
νος) τὸ κράσπεδον εἰς βρόχον περιειλήσας ἐπιβάλλει τε
τῷ αὐχένι τοῦ Θεαγένους καὶ εἷλκεν ἐξάκουστον βοῶν,
« Ἔχω σε, ὦ πολέμιε » λέγων « ἔχω σε, ὦ παλαμναῖε καὶ
ἀλιτήριε. » 2 Καὶ τῶν φρουρούντων ἀντέχειν καὶ ἀποσ-
πᾶν βιαζομένων, ἀπρὶξ ἐχόμενος καὶ οἱονεὶ συμπεφυκὼς
ἀγαγεῖν εἰς τὸ πρόσωπον τοῦ τε Ὑδάσπου καὶ τῶν συνέ-
δρων ἐξενίκησε· καὶ « Ὦ βασιλεῦ » ἔλεγεν, « οὗτός ἐστιν
ὁ τὴν ἐμὴν θυγατέρα συλαγωγήσας· οὗτος ὁ τὴν ἐμὴν
οἰκίαν εἰς ἀπαιδίαν ἐρημώσας καὶ ἐκ μέσων τῶν τοῦ
Πυθίου βωμῶν τὴν ἐμὴν ψυχὴν ἀναρπάσας καὶ νῦν ὡς
εὐαγὴς τοῖς τῶν θεῶν βωμοῖς προσκαθήμενος. » Ἐσείσθησαν πρὸς τὰ γινόμενα σύμπαντες, τὰ μὲν ῥήματα οἱ συνιέντες τὰ δρώμενα δὲ οἱ λοιποὶ θαυμάζοντες.

XXXVI 1 Καὶ τοῦ Ὑδάσπου σαφέστερον λέγειν ὁ βούλοιτο κελεύοντος, ὁ πρεσβύτης (ἦν δὲ ἄρα ὁ Χαρικλῆς)

6 ἄλλη μήτε VZRAT : μήτε ἄλλη M ‖ ἤχθη VZRAT : ἐλθη M ‖ 7 πεισθῆναι VZAT : om. MP.

XXXV 1 1 ῥαπίσας VZMPT : add. οὖν A, cf. Θ XVI, 1 1 ‖ μέτωπον VMP : πρόσωπον ZAT ‖ 5 τε VMPT : om. ZA ‖ 7-8 ἔχω σε ὦ πολέμιε
—ἀλιτήριε VZMPT : ἔχω σε ὦ παλαμναῖε λέγων καὶ ἀλιτήριε A ‖ 2 5 συλα-
γωγήσας VZPT : συλλαγ. MA ‖ οὗτος VZA : οὗτός ἐστιν MPT ‖ ἐμὴν
VZAT : om. MP ‖ 6 μέσων VMPT : μέσου ZA ‖ 8-9 ἐσείσθησαν VZAT :
ἐπείσθ. MP ‖ 9 σύμπαντες VMPAT : ἅπαντες Z ‖ οἱ Z : οὐ VMAT om. P ‖
10 δρώμενα δὲ VMPRAT : δ' ὁρώμ. Z.

XXXVI 1 1 λέγειν post σαφέστερον VZPAT : post βούλοιτο M ‖ ὁ
VZA : ὅτι MPT.

de Chariclée, craignant le courroux de ses vrais parents, si elle
avait disparu durant sa fuite vers l'intérieur[1]. Il retrancha de
son récit tout ce qui pouvait être dangereux et donna seulement les détails suivants : 2 « J'avais une fille, ô roi. Elle
était si sage et si belle que vous ne sauriez croire ce que j'en
pourrais dire, si vous ne l'avez pas vue. Elle était vierge et
consacrée au service d'Artémis, à Delphes. 3 Ce monstre-
là, d'origine thessalienne, était venu à Delphes, ma ville, à
la tête d'une théorie sacrée, pour accomplir un pèlerinage
national. Secrètement il enleva la jeune fille dans le sanctuaire même d'Apollon. Un tel sacrilège doit vous toucher
vous aussi, car il a atteint un de vos dieux, Apollon,
identique à Hélios, et il a profané son saint temple. 4 Il
eut pour complice de ce crime impie un faux prophète de
Memphis. Je le poursuivis d'abord en Thessalie et le récla-
mai aux habitants de la région de l'Œta ; mais je ne pus
le trouver, bien qu'ils m'eussent abandonné ce scélérat et
autorisé à l'égorger, en quelque lieu que je le découvrisse.
Je supposai qu'ils s'étaient réfugiés à Memphis, la patrie

---

1. Le texte tel qu'il est donné par les manuscrits, quoique sans sens, a
été adopté par la plupart des éditeurs, y compris Colonna. Coray, dont la
correction fut adoptée par Bekker, écrivait ἐκείνη τῆς αἰδοῦς au lieu de
ἐκείνης τὴν αἰδῶ. Cette correction rétablit la syntaxe, mais ses probabi-
lités paléographiques sont petites ; il est invraisemblable que quelqu'un
ait commis la faute d'écrire un accusatif impossible à la place d'un génitif
qui s'impose, étant donné surtout que dans ce cas les deux formes ne sont
pas faciles à confondre et que, de plus, un participe au génitif suivait
immédiatement. La faute, pensons nous, ne se trouve pas dans la désinence
casuelle mais dans le mot lui-même et nous nous sommes permis de remplacer τὴν αἰδῶ par τὴν ἄνω qui qualifie τὴν φυγήν de sorte que le sens est
« Chariclée étant autrefois disparue pendant sa fuite vers l'intérieur ».
On peut observer que αἰδώς n'a pas un rapport étroit avec la pensée.
Chariclès n'a pas encore vu Chariclée, il ne sait même pas qu'elle a atteint
Méroé vivante. Il avait au moins autant de raisons de s'assurer contre le
risque qu'elle eût complétement disparu que contre le risque de sa vir-
ginité perdue.

τὰ μὲν ἀληθέστερα τοῦ γένους τῆς Χαρικλείας ἀπέκρυπτε μή
πη ἄρα καὶ κατὰ τὴν φυγὴν ἐκείνης τὴν ἄνω προαφανισ-
θείσης πόλεμον καθ' ἑαυτοῦ πρὸς τῶν ἀληθῶς γεννησάν-
των ἐπισπάσηται διευλαβούμενος, ἐξετίθετο δὲ ἐπιτέμνων
ἃ μηδὲν ἔβλαπτε, καὶ ἔλεγεν· 2 « Ἦν μοι θυγάτηρ, ὦ
βασιλεῦ, τίς μὲν τὴν φρόνησιν καὶ οἷα τὸ εἶδος θεασάμενοι
μόνον ἐπαξίως ἄν με λέγειν ἐπιστεύσατε· ἦν δ' οὖν παρ-
θενευομένη καὶ ζάκορος τῆς ἐν Δελφοῖς Ἀρτέμιδος.
3 Ταύτην ὁ θαυμάσιος οὗτος, Θετταλὸς ὢν γένος καὶ εἰς
Δελφοὺς τὴν ἐμὴν πόλιν ὥς τι πάτριον ἐπιτελέσων ἀρχι-
θεωρὸς ἀφιγμένος, ἔλαθεν ἐκ τῶν ἀδύτων αὐτῶν τὴν κόρην
ἀποσυλήσας, καὶ ἀδύτων τοῦ Ἀπόλλωνος· διὸ καὶ εἰς ὑμᾶς
ἀσεβεῖν δικαίως ἄν νομισθείῃ, τὸν πάτριον ὑμῶν θεὸν
Ἀπόλλωνα, τὸν αὐτὸν ὄντα καὶ Ἥλιον, καὶ τὸ ἐκείνου
τέμενος βεβηλώσας. 4 Συνεργοῦ δὲ αὐτῷ πρὸς τὴν
ἐναγῆ ταύτην πρᾶξιν ψευδοπροφήτου τινὸς Μεμφίτου
γεγονότος, ἐπειδὴ κατὰ τὴν Θετταλίαν μεταθέων καὶ παρὰ
Οἰταίων ὄντων αὐτοῦ πολιτῶν ἐξαιτῶν οὐδαμῶς ηὕρισκον,
ἔκδοτον ἐκείνων τουτονὶ καὶ εἰς σφαγήν, ὅπου ποτὲ ἄν
εὑρίσκηται, ὡς ἀλάστορα παραχωρησάντων, ὁρμητήριον
εἶναι τῆς φυγῆς τὴν Καλασίριδος Μέμφιν εἰκάσας εἴς τε

3 τὰ μὲν ἀληθέστερα ZMPAT : τὸ μὲν ἀληθέστερον V || 4 πη
VZMP : ποι T πως A || καὶ codd. : secl. Coraes !| ἐκείνης codd. :
-η Coraes !| τὴν ἄνω nos : τὴν αἰδῶ VZAT om. P τῆς αἰδῶ M τῆς
αἰδοῦς Coraes || 5 τῶν VZMAT : τὸν P || ἀληθῶς VZMAT : ὡς ἀλ. P ||
7 ἃ — ἔλεγεν om. Z || μηδὲν MPAT : μὴ δὲ V || 2 3 μόνον VZAT :
om. MP || δ' οὖν VZMAT : οὖν P |'. 4 ζάκορος VZMAT : ζώκ. P || 3 1 γένος
VT : τὸ γένος ZMPA. cf. XLI, 4 4 et H XVII, 3 4 || 4 εἰς ὑμᾶς
VZAT : ὑμᾶς MP ubi superscr. ὑμῖν || 5 ἀσεβεῖν VMPAT : ἀδικῆν Z || 6 καὶ
ἥλιον VMPAT : καὶ om. Z || 7 τέμενος VZMPT : ἱερὸν τέμ. A || 4 1-2 τὴν
ἐναγῆ (εὐαγῆ V) VZMPT : τὴν ἀκάθαρτον καὶ ἐν. A || 2 τινὸς Μεμφίτου
(-ήτου P) VMPAT : om. Z || 3 Θετταλίαν VMPAT : σθεττ. Z || 3-4 μεταθέων
— πολιτῶν VZA (idem αὐτοῦ ante ὄντων posito T) : ἐγενόμην τῶν ὄντων
πολιτῶν M ἀπάρας ἐγὼ συχνῶν ὄντων πολιτῶν P || 4 ηὕρισκον V : εὑρ.
MPAT εὕρισκεν Z || 5 ἐκείνων VZMAT : ἐκεῖνον P || τουτονὶ VZT : τοῦτον εἰ
MP τοῦτον A || σφαγὴν ZA : φαγὴν V φυγὴν MPT || ποτὲ ἄν VMPAT :
ἄν ποτε Z || 6 εὑρίσκηται VZMAT : -εται P || 7 εἴς τε VZAT : τε οπι. MP.

de Calasiris. Je m'y rendis. Calasiris, comme il le méritait,
était mort, quand j'y arrivai. Thyamis, son fils, me donna
sur ma fille les renseignements les plus complets, et m'apprit, entre autres choses, qu'elle avait été envoyée à Oroondatès, dans la ville de Syéné. **5** Mais je ne pus atteindre
Oroondatès à Syéné[1], où je me rendis aussi, car la guerre me
surprit à Éléphantiné d'où je suis venu jusqu'ici te présenter l'humble requête expliquée dans la lettre. Tu tiens le
voleur. Fais rechercher ma fille : tu rendras service à un
homme accablé de malheurs et tu n'auras qu'à te féliciter
de montrer le cas que tu fais du satrape et de son intervention en ma faveur. »

XXXVII **1** Il se tut et se mit à pousser de plaintives
lamentations. Hydaspe se tourna vers Théagène : « Eh !
bien, dit-il, qu'as-tu à répondre à cela ? » « Toutes ses
accusations sont vraies. Je suis coupable envers cet homme
de vol, de rapt, de violence et d'injustice, mais à vous je
n'ai fait que du bien. » « **2** Rends donc, reprit Hydaspe,
celle qui ne t'appartient pas, et puisque tu es déjà promis
à la divinité, tu subiras la mort glorieuse de la victime
sacrée, au lieu du supplice vengeur du criminel. » « Mais,
dit Théagène, ce n'est pas celui qui a commis le vol, mais
celui qui détient l'objet volé qui doit le restituer. C'est
toi qui le détiens. Rends-le, à moins que cet homme
n'avoue lui-même que Chariclée est ta fille. » **3** Dès ce

---

1. Les mots καὶ τῆς Συήνης ne peuvent être justes, bien qu'aucun
éditeur, même Coray, ne semble les avoir suspectés. Le sens défend de
considérer τῆς Συήνης comme symétrique de τοῦ Ὀροονδάτου et subor-
donné à ἀποτύχων, mais la syntaxe interdit toute autre interprétation,
car traduire avec Hirschig « ayant manqué même à Syéné Oroondatès »
ne peut se justifier. Pour ces raisons nous avons écrit κατὰ τὴν Συήνην.
Ἦλθον γὰρ κἀκεῖσε est une reminiscence d'Homère (*Odyssée*, VI, 164)
déjà utilisée par Héliodore en B XXIX, 1 6 (ἦλθες γὰρ κἀκεῖσε) ; mais
on ne peut suivre Colonna lorsqu'il prétend qu'en 5 3 on doit préférer
ἐνθάδε à ἐνταῦθα sous prétexte qu'Homère emploie ἐνθάδε, *loc. cit.*,
172.

ταύτην ἀφικόμενος, καὶ τὸν μὲν Καλάσιριν, ὡς ἐχρῆν,
τεθνηκότα καταλαβών, παρὰ Θυάμιδος δὲ τοῦ ἐκείνου παιδὸς ἅπαντα τὰ περὶ τὴν θυγατέρα ἐκδιδαχθείς, τά τε ἄλλα
καὶ ὅτι πρὸς Ὀροονδάτην εἰς τὴν Συήνην ἐξαπέσταλτο,
5 καὶ τοῦ μὲν Ὀροονδάτου κατὰ τὴν Συήνην ἀποτυχών
(ἦλθον γὰρ κἀκεῖσε), κατὰ δὲ τὴν Ἐλεφαντίνην ὑπὸ τοῦ
πολέμου καταληφθείς, ἥκω τὰ νῦν ἐνταῦθα καὶ γίνομαι
ἱκέτης οὕτως ὡς ἡ ἐπιστολὴ διηγήσατο. Τὸν ἀποσυλήσαντα
ἔχεις· τὴν θυγατέρα ἐπιζήτησον, ἐμὲ πολυτλήμονα ἄνθρω-
πον εὐεργετῶν καὶ σαυτῷ χαριζόμενος, εἰ τὸν πρεσβεύοντα
ὑπὲρ ἡμῶν σατράπην ὀφθείης αἰδούμενος. »

XXXVII 1 Καὶ ὁ μὲν ἐσιώπησεν ἐπιθρηνῶν γοῶδες [1]
τοῖς εἰρημένοις. Ὁ δὲ Ὑδάσπης πρὸς τὸν Θεαγένην « Τί »
ἔφη « πρὸς ταῦτα ἐρεῖς ; » Ὁ δὲ « Ἀληθῆ » ἔφη « πάντα
τὰ κατηγορηθέντα. Λῃστὴς ἐγὼ καὶ ἅρπαξ καὶ βίαιος καὶ
ἄδικος περὶ τοῦτον, ἀλλ' ὑμέτερος εὐεργέτης. » 2 « Ἀπόδος οὖν » ἔφη « τὴν ἀλλοτρίαν » ὁ Ὑδάσπης, « διὰ τὸ
προκαθωσιῶσθαι τοῖς θεοῖς, τὴν ἐκ τῆς θυσίας ἐπίδοξον,
οὐ τὴν ἐκ τῆς τιμωρίας ἔνδικον, σφαγὴν ὑφέξων. » « Ἀλλ'
οὐχ ὁ ἀδικήσας » εἶπεν ὁ Θεαγένης, « ἀλλ' ὁ τὸ ἀδίκημα
ἔχων ἀποδιδόναι δίκαιος· ἔχεις δὲ αὐτός. Ἀπόδος, εἰ μὴ
σὴν θυγατέρα εἶναι Χαρίκλειαν καὶ οὗτος ὁμολογήσειεν. »

10 τά τε ἄλλα VZAT : om. MP ‖ 11 ἐξαπέσταλτο VZT : ἐξυπ. Μ ἐξεπ. Ρ
ἀπέσταλται Α ‖ 5 1 κατὰ τὴν Συήνην nos : καὶ τῆς Συήνης codd. ‖
3 καταληφθείς ΖΜΡΑΤ : ληφθείς V ‖ ἐνταῦθα ΖΜΡΑΤ : ἐνθάδε V ‖
4-5 οὕτως — ἔχεις VZAT : om. MP ‖ 4 ὡς VAT : καθὼς Ζ ‖ 5 ἐπιζήτησον
VZAT : ἐπιζητήσων ΜΡ ‖ ἐμὲ VΖΜΤ : ἐμὲ δὴ Ρ ἐμέ τε Α ‖ πολυτλήμονα
codd. : πολυτήμονα ed. Comm. unde πολυπήμονα Bourdelotius ‖ 6 καὶ
VΖΜΑΤ : ἅμα καὶ Ρ ‖ εἰ VΖΜΑΤ : καὶ Ρ.

XXXVII 1 1-2 ἐπιθρηνῶν — εἰρημένοις VΖΜΡΤ : om. Α ‖ 2 Θεαγένην
ΜΡΑ : -γένη VΖΤ ‖ 3 ἔφη πάντα ΜΡΑΤ : ἔφη om. V πάντα ἔφη Ζ ‖
4-5 ἐγὼ — ἄδικος VAT (idem omissis καὶ ἄδικος Ζ) : ἐγὼ καὶ ἄδικος
καὶ βίαιος ΜΡ ‖ 2 3 προκαθωσιῶσθαι Coraes (qui σε quoque addidit) :
προκαθοσ(-ωσ- Α)ιώσασθαι codd. ‖ 4 ἔνδικον (ἔνδοξον Α) σφαγὴν ὑφέξων VZAT : ὑφ. σφαγ. ἔνδ. Μ σφαγ. ὑφ. ἔνδ. Ρ ‖ 7 σὴν VΜΡΑΤ : σὺν Ζ.

1) γοῶδης *kläglich, klagend*

moment, il n'était personne qui ne se sentît transporté et la stupeur était générale. Sisimithrès s'était contenu jusque-là, bien qu'il sût depuis longtemps à quoi s'en tenir sur ce qui se disait et se faisait, car il préférait attendre que la lumière se fît peu à peu et que la vérité s'imposât d'elle-même. Il courut alors vers Chariclès et l'embrassa, en disant : « Elle est sauvée celle que tu regardais comme ta fille et que je t'ai confiée autrefois. Elle a été trouvée et reconnue par ses vrais parents, et tu les connais[1]. »

XXXVIII **1** Chariclée alors s'élança de la tente ; oubliant totalement la retenue qui convenait à son sexe et à son âge, comme une bacchante agitée par un transport furieux, elle alla se jeter aux genoux de Chariclès : « O mon père, lui dit-elle, ô toi qui ne mérites pas moins mon respect que ceux qui m'ont donné le jour, punis-moi comme tu le voudras, je suis une impie, une parricide. Peut-être les dieux sont-ils responsables de ce qui s'est passé et leur providence a conduit les événements : n'en tiens aucun compte. » **2** Persinna, d'un autre côté, embrassait Hydaspe et disait à son mari : « Tout cela est vrai, n'en doute pas ; ce jeune Grec est bien réellement le fiancé de notre fille. Elle vient de m'en faire, et non sans peine, la confidence. » **3** Le peuple, de son côté, poussait des acclamations et dansait de joie. Tous les âges, toutes les conditions communiaient dans un même sentiment de bonheur en présence de cette scène. La plupart des paroles leur échappaient, mais ils conjecturaient la vérité d'après

---

1. Ici comme en **XXXVI, 1** on peut déduire que Chariclès a depuis longtemps connu toute la vérité au sujet de Chariclée. Mais comment et quand l'a-t-il apprise ? La soudaine expulsion de Sisimithrès par Oroondatès l'a empêché d'entendre de lui le récit des événements au moment où, pour la première fois, il prit la jeune fille sous sa protection (B **XXXII, 3**) et il apparaît d'après Δ **V, 1** que jamais il n'a lu la lettre de Persinna. Dès que Chariclée est partie avec Calasiris, emportant les documents avec lui, Chariclès n'avait plus de moyen de recueillir les informations dont on lui prête ici la connaissance. Héliodore a commis une inadvertance

3 Οὐκέτι καρτερεῖν οὐδεὶς ἠνέσχετο, ἀλλ' ἅμα πάντων σύγχυσις ἐγίνετο. ⟨Ὁ⟩ Σισιμίθρης δὲ ἐπὶ πολὺ διαρκέσας καὶ πάλαι τὰ λεγόμενα καὶ πραττόμενα γνωρίζων, εἰς τὸ ἀκριβὲς δὲ περιελθεῖν τὰ φανερούμενα πρὸς τοῦ κρείττονος ἀναμένων, προσέδραμέ τε καὶ τὸν Χαρικλέα περιεπτύσσετο, καὶ « Σῴζεταί σοι ἡ νομισθεῖσα καὶ παρ' ἡμῶν ἐγχειρισθεῖσά ποτε θυγάτηρ » ἔλεγε, « θυγάτηρ ἀληθῶς οὖσα καὶ εὑρεθεῖσα ὧν γινώσκεις. »

XXXVIII 1 Καὶ ἡ Χαρίκλεια τῆς σκηνῆς ἐξέδραμε καὶ πᾶσαν τὴν ἐκ φύσεώς τε καὶ ἡλικίας αἰδῶ παραγκωνισαμένη βάκχιόν τι καὶ ἐμμανὲς ἐφέρετο καὶ τοῖς γόνασι τοῦ Χαρικλέους προσπεσοῦσα « Ὦ πάτερ » ἔλεγεν, « ὦ τῶν φύντων οὐδὲν ἔλαττον ἐμοὶ σεβάσμιε, τιμώρησαι ὡς βούλει τὴν ἀθέμιτον ἐμὲ καὶ πατραλοίαν, κἂν εἰς βούλημά τις ἀναφέρῃ θεῶν κἂν εἰς διοίκησιν ἐκείνων τὰ δεδραμένα μὴ προσέχων. » 2 Ἡ Περσίννα καθ' ἕτερον μέρος τὸν Ὑδάσπην ἐνηγκάλιζετο, καὶ « Πάντα οὕτως ἔχειν, ἄνερ, πίστευε » πρὸς αὐτὸν ἔλεγε « καὶ νυμφίον εἶναι τοῦ θυγατρίου τὸν Ἕλληνα τουτονὶ νεανίαν ἀληθῶς γίνωσκε, ἄρτι μοι ταῦτα ἐκείνης καὶ μόλις ἐξαγορευσάσης. » 3 Ὁ δῆμος ἑτέρωθεν σὺν εὐφήμοις ταῖς βοαῖς ἐξεχόρευε, πᾶσα ἡλικία καὶ τύχη συμφώνως τὰ γινόμενα θυμηδοῦντες, τὰ μὲν πλεῖστα τῶν λεγομένων οὐ συνιέντες, τὰ ὄντα δὲ ἐκ

3 1 οὐδεὶς ἠνέσχετο (ex συνέσχ. mut. P) VMPAT : οὐεὶς δηνέσχ. Ζ ‖ 2 ὁ addidimus ‖ δὲ VMPT : om. ΖΑ ‖ 7 ἔλεγε θυγάτηρ VMPAT : om. Ζ.

XXXVIII 1 2 τε VMPT : γε Ζ om. Α ‖ παραγκωνισαμένη VMPT : παραγκωνησαμένη Ζ (παρεγ- Α) ‖ 3 βάκχιόν VZP : -ειόν ΡΑ βακχεῖόν Τ ‖ ἐμμανὲς VMPAT : -ῆς Ζ ‖ 5 τιμώρησαι VMPA : -σον ΖΤ ‖ 7 τὰ δεδραμένα Ζ : τὰ δεδρασμένα VMPT τῶν δεδρασμένων Α, cf. Ζ XXI, 1 10, Η V, 2 2 ‖ 2 1 ἡ Περσίννα VZAT : add. δὲ ΜΡ, sed cf. infra 3 1 ‖ 4 γίνωσκε VΖMAT : -κεν Ρ ‖ 5 ἄρτι μοι — ἐξαγορευσάσης; VΖΑΤ : om. ΜΡ ‖ 3 1-2 ὁ δῆμος codd. : ὁ δὲ δῆμος Coraes, sed cf. supra 2 1 ‖ 2 ἑτέρωθεν VΜΡ : -θε Τ -θι ΖΑ ‖ εὐφήμοις VMPAT : -μίαις Ζ ‖ ταῖς VZPAT : om. Μ ‖ ἐξεχόρευε VMPAT : ἐξηγόρευε Ζ ‖ 3 τὰ γινόμενα codd. mire ; θυμηδεῖν ἐπί τινι scripsit auctor supra III, 3 5.

ce qu'ils connaissaient déjà de Chariclée. A moins qu'ils
ne fussent éclairés par une inspiration de la divinité qui
seule avait ménagé ce dénouement théâtral, **4** résolvant
les dissonances les plus pénibles en une heureuse harmo-
nie, mêlant, dans un accord parfait, la joie et la douleur,
le rire et les larmes, et terminant en une fête un sombre
drame. Le rire se mêlait aux larmes, la joie aux lamentations ; on trouvait ceux qu'on ne cherchait pas, on perdait
ceux qu'on croyait avoir trouvés, et enfin, au lieu de voir
couler le sang des victimes, on assistait à de pures et pieuses
cérémonies.

XXXIX **1** En effet, Hydaspe demanda à Sisimithrès :
« Que faire, très sage conseiller ? Refuser aux dieux le
sacrifice qui leur est dû serait une impiété. Mais égorger
ceux qu'ils nous ont donnés ne serait pas moins un sacrilège. Voyons ce que nous devons faire. » Sisimithrès lui
répondit, non plus en grec, mais en éthiopien, afin d'être
compris de tous : « O roi, une joie trop vive, à ce qu'il
paraît, obscurcit l'intelligence même des hommes les plus
avisés[1]. **2** Sinon tu aurais pu comprendre depuis longtemps que les dieux n'agréaient pas le sacrifice que tu
étais prêt à leur offrir. La bienheureuse Chariclée était
déjà au pied de l'autel, quand ils t'ont fait découvrir en
elle ta propre fille et ont fait surgir comme par miracle,
du fond de la Grèce, son père nourricier. Ce sont eux aussi
qui jetèrent le trouble et l'épouvante parmi les chevaux
et les taureaux attachés près des autels, pour donner à
entendre qu'il fallait renoncer à sacrifier les victimes qu'on
regardait comme les plus parfaites. Enfin pour couronner

excusable ; Coray attribue à tort à Chariclès les paroles de Sisimithrès
en B XXXI, 2 6 πόθεν τέ ἐστι καὶ τίνος ἔγνων, étourderie qui surprend
chez un critique si averti et si soigneux.

1. Sisimithrès est généreux. Hydaspe a fait preuve d'une singulière
lourdeur d'esprit pendant tout le jugement. Cf. p. 100, note 2.

τῶν προγεγονότων ἐπὶ τῇ Χαρικλείᾳ συμβάλλοντες, ἢ τάχα
καὶ ἐξ ὁρμῆς θείας ἢ σύμπαντα ταῦτα ἐσκηνογράφησεν εἰς
ὑπόνοιαν τῶν ἀληθῶν ἐλθόντες. 4 Ὑφ' ἧς καὶ τὰ ἐναντι-
ώτατα πρὸς συμφωνίαν ἡρμόζετο, χαρᾶς καὶ λύπης συμπεπλεγμένων, γέλωτι δακρύων κεραννυμένων, τῶν στυγνοτάτων
εἰς ἑορτὴν μεταβαλλομένων, γελώντων ἅμα τῶν κλαιόντων
καὶ χαιρόντων τῶν θρηνούντων, εὑρισκόντων οὓς μὴ ἐζήτουν
καὶ ἀπολλύντων οὓς εὑρηκέναι ἐδόκουν, καὶ τέλος τῶν
προσδοκηθέντων φόνων εἰς εὐαγεῖς θυσίας μεταβαλλομένων.

XXXIX 1 Τοῦ γὰρ Ὑδάσπου πρὸς τὸν Σισιμίθρην
« Τί χρὴ δρᾶν, ὦ σοφώτατε » εἰπόντος· « ἀρνεῖσθαι τὴν
τῶν θεῶν θυσίαν οὐκ εὐσεβές, σφαγιάζειν τοὺς παρ' αὐτῶν
δωρηθέντας οὐκ εὐαγές· ἐπινοητέον ἡμῖν τὸ πρακτέον »,
ὁ Σισιμίθρης, οὐχ ἑλληνίζων ἀλλ' ὥστε καὶ πάντας ἐπαΐειν
αἰθιοπίζων, « Ὦ βασιλεῦ » εἶπεν, « ἐπισκιάζονται, ὡς
ἔοικεν, ὑπὸ τῆς ἄγαν χαρᾶς καὶ οἱ συνετώτατοι τῶν ἀνδρῶν.
2 Σὲ γοῦν καὶ πάλαι συμβάλλειν ἐχρῆν ὅτι μὴ προσίενται
οἱ θεοὶ τὴν εὐτρεπιζομένην θυσίαν, νῦν μὲν τὴν πανόλβιον
Χαρίκλειαν ἐξ αὐτῶν σοι τῶν βωμῶν θυγατέρα ἀναδείξαντες
καὶ τὸν ταύτης τροφέα, καθάπερ ἐκ μηχανῆς, ἐκ μέσης
τῆς Ἑλλάδος ἐνταῦθα ἀναπέμψαντες, αὖθις τὴν πτοίαν
καὶ τὸν τάραχον τοῖς προσβωμίοις ἵπποις τε καὶ βουσὶν
ἐπιβαλόντες καὶ τὸ διακοπήσεσθαι τὰ τελεώτερα νομιζόμενα
τῶν ἱερείων συμβάλλειν παρέχοντες· νῦν τὴν κορωνίδα τῶν

5 ἐπὶ VMPA : om. ZT ‖ 6 σύμπαντα VMA : σὺ πάντα P πάντα Z om. T ‖
7 ὑπόνοιαν Coraes : ἐπίνοιαν codd. ‖ 4 2-3 συμπεπλεγμένων VZMAT :
-πλεμένων P ‖ 3-4 γέλωτι — μεταβαλλομένων VZMPT : om. A ‖
3 κεραννυμένων ZMPT : συγκερ. V ‖ 4 κλαιόντων VZMAT : κλεόντων
P ‖ 6 ἀπολλύντων VZMAT : ἀπολύντων P.

XXXIX 1 2 δρᾶν ZMPAT : δᾶν V ‖ 4 τὸ πρακτέον codd. : τι πρ.
Bas. ‖ 5 ἑλληνίζων VMPAT : ἐλλιν. Z ‖ ἀλλ' ὥστε καὶ VZAT : ἄλλως τε
καὶ MP ‖ 7 τῶν VMPAT : om. Z ‖ 2 1 συμβάλλειν VZMPT : συμβαλεῖν A ‖
post προσίενται add. (ex 1 6) et del. ὡς ἔοικεν Z ‖ 4 τροφέα VZMAT :
-αία P ‖ μέσης VZMPT : μέσου A ‖ 5 τῆς ZMPAT : om. V ‖ 6 τε VZAT :
om. MP ‖ 7 ἐπιβαλόντες VZA : -βάλοντες T -βάλλοντες P -βάλλοντες M.

leurs bienfaits, et comme point culminant du drame[1], ils ont fait apparaître ce jeune grec, en qui s'est révélé le fiancé de ta fille. 3 N'allons pas méconnaître ces miracles de la divinité ; conformons-nous à sa volonté, en offrant des sacrifices plus saints, et en abolissant pour toujours les sacrifices humains. »

XL 1 Ces paroles de Sisimithrès, prononcées d'une voix haute et claire, avaient été entendues de tous. Hydaspe, usant alors lui aussi de la langue vulgaire, prit par la main Chariclée et Théagène et dit à l'assistance : « Puisqu'il est démontré que la volonté divine a conduit ces événements, ce serait un crime de s'y opposer. 2 Aussi, en présence des dieux qui en ont ainsi disposé, et de vous tous, qui vous montrez dociles à leurs décrets, je déclare ces jeunes gens unis par les liens du mariage et les autorise à mener une vie commune pour procréer légalement des enfants. Si vous le voulez bien, nous allons confirmer cette résolution par un sacrifice et nous acquitter de nos devoirs religieux. »

XLI 1 L'armée accueillit ces paroles par des acclamations et se mit à battre des mains, comme si les noces se célébraient déjà. Hydaspe s'était approché des autels. Au moment où il allait commencer le sacrifice : « Divin Hélios, dit-il, et toi, divine Séléné, puisque vous avez voulu que fussent déclarés mari et femme Théagène et Chariclée, ils ont bien le droit de devenir vos prêtres. » 2 A ces mots,

---

1. Le contexte ainsi que la phrase précédente τὴν κορωνίδα τῶν ἀγαθῶν (cf. Plutarque, *Œuvres morales*, 789 a οὐκ ἐῶν ἐπὶ τὴν δᾶδα καὶ τὴν κορωνίδα τοῦ βίου προελθεῖν) laissent entendre que λαμπάδιον δράματος devrait marquer la fin ou le point culminant de l'intrigue. Mais cette comparaison qu'Héliodore fait avec un drame (cf. tome I, p. 3, note 3), et ce n'est pas la première métaphore qu'il emprunte à l'art du théâtre, est tout à fait obscure. Sur λαμπάδιον et son rapport avec le théâtre il n'existe pas de témoignage fourni par la littérature ou les inscriptions, mais son emploi est attesté par Pollux qui

ἀγαθῶν καὶ ὥσπερ λαμπάδιον δράματος τὸν νυμφίον τῆς κόρης τουτονὶ τὸν ξένον νεανίαν ἀναφήναντες. 3 Ἀλλ' αἰσθανώμεθα τοῦ θείου θαυματουργήματος καὶ συνεργοὶ γινώμεθα τοῦ ἐκείνων βουλήματος καὶ ἐχώμεθα τῶν εὐαγεστέρων ἱερείων, τὴν δι' ἀνθρώπων θυσίαν καὶ εἰς τὸν ἑξῆς αἰῶνα περιγράψαντες. »

ΧΛ 1 Ταῦτα τοῦ Σισιμίθρου λαμπρῶς τε καὶ εἰς ἐπήκοον ἁπάντων ἐκβοήσαντος, ὁ Ὑδάσπης τὴν ἐγχώριον γλῶτταν καὶ αὐτὸς νῦν ἱείς, τῆς τε Χαρικλείας καὶ τοῦ Θεαγένους ἐπιδεδραγμένος, « Οὐκοῦν, ὦ παρόντες » ἔλεγε, « θεῶν νεύματι τούτων οὕτω διαπεπραγμένων τὸ ἀντιβαίνειν ἀθέμιτον· 2 ὥστε ὑπὸ μάρτυσιν αὐτοῖς τε τοῖς ταῦτα ἐπικλώσασι καὶ ὑμῖν ἀκόλουθα ἐκείνοις φρονεῖν ἐνδεικνυμένοις ξυνωρίδα ταύτην γαμηλίοις νόμοις ἀναδείκνυμι καὶ συνεῖναι θεσμῷ παιδογονίας ἐφίημι. Καὶ εἰ δοκεῖ, βεβαιούτω τὰ δόξαντα ἡ θυσία καὶ πρὸς τὰ ἱερὰ τρεπώμεθα. »

ΧΛΙ 1 Τούτοις εἰρημένοις ἐπευφήμησεν ὁ στρατός, καὶ κρότον τῶν χειρῶν ὡς ἐπιτελουμένοις ἤδη τοῖς γάμοις ἐπεκτύπησαν. Καὶ πλησίασας τοῖς βωμοῖς ὁ Ὑδάσπης καὶ μέλλων ἀπάρχεσθαι τῶν ἱερείων « Ὦ δέσποτα » εἶπεν « Ἥλιε καὶ Σελήνη δέσποινα, εἰ μὲν δὴ ἀνὴρ καὶ γυνὴ Θεαγένης τε καὶ Χαρίκλεια βουλήμασιν ὑμετέροις ἀνεδείχθησαν, ἔξεστιν αὐτοῖς ἄρα καὶ ἱερατεύειν ὑμῖν. » 2 Καὶ ταῦτα εἰπὼν

10 τουτονὶ ΖΜΡΑΤ : τοῦτον V ‖ 3 2 αἰσθανώμεθα VMT : -όμεθα ΖΡ αἰσθάνομαι Α ‖ 2-3 καὶ συνεργοὶ — βουλήματος om. Z ‖ 3-4 εὐαγεστέρων VMΡΑΤ : εὐγενεστ. Z ‖ 4 ἱερείων VAT : ἱερῶν Μ om. ΖΡ ‖ δι' ΖΜΡΑΤ : τῶν V ‖ 5 περιγράψαντες VΖΑΤ : παραγο. ΜΡ.

ΧΛ 1 1 τοῦ Σισιμίθρου VΖΑΤ : τὸν Σισιμίθρην ΜΡ ‖ 2 ἐκβοήσαντος VΖΜΑΤ : -σαντα Ρ ‖ 3 νῦν ἱείς nos : συνείς codd. ἀφιείς Coraes ‖ 2 3 νόμοις VΖΡΑΤ : γάμοις Μ ‖ 4 θεσμῷ VΖΜΡ (καὶ συνεῖναι θ. om. Τ) : θεσμῶν Α δεσμῷ Bas. et edd. plurini ‖ 5 τρεπώμεθα VAT : τραπ. ΖΜΡ.

ΧΛΙ 1 1 τούτοις εἰρημένοις VΜΡΑΤ et superscr. Z : -των -μένων Z ‖ ἐπευφήμησεν VΖΡΑΤ : -μισεν Μ ‖ 2 ἐπιτελουμένοις ΖΜΡΑΤ : ἐπὶ τελ. V ‖ 3 ἐπεκτύπησαν VΜΡΑΤ : -σεν Z ‖ 5 μὲν VΖΜΑΤ : μὴ Ρ ‖ 7 αὐτοῖς ΖΜΡ : -οὺς VA om. Τ.

il prit sa mitre et celle de Persinna et posa ces insignes du sacerdoce sur la tête de Théagène et sur celle de Chariclée. Chariclès alors se rappela l'oracle de Delphes et il vit que se réalisait l'ancienne prédiction divine, d'après laquelle les jeunes gens, après leur fuite de Delphes, *arriveraient à la terre sombre brûlée par le soleil. Là ils trouveront la belle récompense de leur vertu, et une blanche couronne ceindra leurs tempes noircies.* » **3** Couronnés de leurs mitres blanches, revêtus des insignes et des fonctions du sacerdoce, ils accomplirent un heureux sacrifice, puis, au son des flûtes, ils furent accompagnés à la ville. Sur un char traîné par des chevaux se tenait Théagène avec Hydaspe, sur un autre, Sisimithrès avec Chariclès. Un char attelé de taureaux blancs portait Chariclée et Persinna [1]. Parmi les acclamations, les applaudissements et les danses, le cortège se déroula jusqu'à Méroé, où devaient être célébrées avec plus de solennité les très augustes cérémonies du mariage.

Ainsi finit l'histoire éthiopique de Théagène et Chariclée. L'auteur en est un Phénicien d'Émèse, de la race d'Hélios, Héliodore, fils de Théodose.

---

dans son article περὶ προσώπων κωμικῶν classe le λαμπάδιον parmi les νέων γυναικῶν πρόσωπα (IV, 151) et en donne plus tard l'explication suivante, τὸ δὲ λαμπάδιον ἰδέαν τριχῶν ἔχει πλέγματος εἰς ὀξὺ ἀπολήγοντος, ἀφ' οὗ καὶ κέκληται. Que λαμπάδιον soit du vocabulaire de la coiffure le fait est attesté aussi par Dicéarque, τὸ δὲ τρίχωμα ξανθόν, ἀναδεδεμένον μέχρι τῆς κεφαλῆς· ὃ δὴ καλεῖται ὑπὸ τῶν ἐγχωρίων λαμπάδιον (*Geographi Graeci Minores*, I, p. 103). Il semble donc que λαμπάδιον, en matière de théâtre, signifie un masque représentant une jeune femme dont la chevelure se relève en pointe. A moins qu'Héliodore, élargissant l'idée exprimée par « pointe », entende par λαμπάδιον « le point culminant de la pièce », il est difficile de discerner s'il était convenable de comparer son héros à ce masque. Il est téméraire de supposer, comme l'a fait Coray, que ce masque ne figurait qu'à la fin d'une pièce pour cette seule raison qu'il est mentionné en fin de liste par Pollux.

1. Sur la correction de ce passage, cf. *Mélanges Navarre*, p. 369.

τήν τε αὐτοῦ καὶ τὴν Περσίννης μίτραν, τὸ σύμβολον τῆς
ἱερωσύνης, ἀφελών, τὴν μὲν τῷ Θεαγένει, τὴν αὑτοῦ, Χαρικλείᾳ δὲ τὴν Περσίννης ἐπιτίθησιν· οὗ γεγονότος ἐνθύμιον
τοῦ χρησμοῦ τοῦ ἐν Δελφοῖς ὁ Χαρικλῆς ἐλάμβανε καὶ τοῖς
ἔργοις βεβαιούμενον τὸ πάλαι παρὰ τῶν θεῶν προαγορευθὲν
ηὕρισκεν, ὃ τοὺς νέους ἔφραζεν ἐκ τῶν Δελφῶν διαδράντας

ἵξεσθ' ἡελίου πρὸς χθόνα κυανέην,
Τῇ περ ἀριστοβίων μέγ' ἀέθλιον ἐξάψονται
Λευκὸν ἐπὶ κροτάφων στέμμα μελαινομένων.

3 Στεφθέντες οὖν οἱ νέοι λευκαῖς ταῖς μίτραις, τήν τε
ἱερωσύνην [ἅμα τῷ Ὑδάσπῃ] ἀναδησάμενοι καὶ τὴν θυσίαν
αὐτοὶ καλλιερήσαντες, ὑπὸ λαμπάσιν ἡμμέναις, αὐλῶν τε καὶ
συρίγγων μελῳδίαις, ἐφ' ἅρματος ἵππων μὲν ὁ Θεαγένης
ἅμα τῷ Ὑδάσπῃ (ὁ Σισιμίθρης δὲ καθ' ἕτερον ἅμα τῷ
Χαρικλεῖ), βοῶν δὲ λευκῶν ἡ Χαρίκλεια ἅμα τῇ Περσίννῃ,
σὺν εὐφημίαις καὶ κρότοις καὶ χοροῖς ἐπὶ τὴν Μερόην
παρεπέμποντο, τῶν ἐπὶ τῷ γάμῳ μυστικωτέρων κατὰ τὸ
ἄστυ φαιδρότερον τελεσθησομένων. 4 Τοιόνδε πέρας
ἔσχε τὸ σύνταγμα τῶν περὶ Θεαγένην καὶ Χαρίκλειαν
Αἰθιοπικῶν· ὃ συνέταξεν ἀνὴρ Φοῖνιξ Ἐμισηνός, τῶν ἀφ'
Ἡλίου γένος, Θεοδοσίου παῖς Ἡλιόδωρος.

2 2 τήν τε αὐτοῦ (αὑτοῦ VZA) VZMAT : om. P ‖ τὴν (2) MP : τῆς VAT ·
τὴν τῆς Z fort. recte ‖ Περσίννης VZRA (-ίνης M) : ἱερωσύνης T ‖ 3 τὴν
μὲν τῷ VMRAT : τῷ μὲν Z ‖ αὐτοῦ MT : αὑτοῦ VZPA ‖ τὴν (2) ZMRAT :
τῆς V ‖ 5 Δελφοῖς VZMAT : -ῆς P ‖ 6 τὸ πάλαι VZMAT : καὶ τὸ π. P ‖
προαγορευθὲν ZMPAT : προσαγ. V ‖ 7 ηὕρισκεν VMAT : εὕρ. ZP ‖ Δελφῶν
VZMP : ἀδελφῶν A ὑσῶν T ‖ 8 ἵξεσθ' VMPAT : ἤξ. Z ‖ ἡελίου VZPAT :
ἡλίου M ‖ 9 τῇ περ VMRAT (τῇ περι Z) : τῇ παρ' Bas. ‖ ἀριστοβίων VZAT :
ὅσιον MP ‖ ἀέθλιον VMRAT : ἀέθλων Z ‖ 10 λευκὸν V (superscr.) A : -ῶν
VZMPT ‖ 3 1 στεφθέντες οὖν VMRAT : στεφθέν (in fine pag.) δ' οὖν Z ‖
2 ἅμα τῷ Ὑδάσπῃ seclusimus ‖ 4 μὲν ὁ nos : ὁ μὲν codd. ‖ 5 ὁ Σισ. P :
ὁ om. VZMAT ‖ ἕτερον VZMA : ἑτέρῳ P ἕτερον μέρος T ‖ 6 ἅμα τῇ nos
αὐτῇ MP σὺν τῇ VZAT ‖ 8 τῷ γάμῳ VMRAT : τὸν γάμον Z ‖ 4 1 πέρας
VMRAT : τὸ πέρας Z ‖ 2 Θεαγένην VMRAT : -γένη Z ‖ 3 ἐμισηνός Z
(-ινός V) : ἐμεσηνός MRT (-ινός A) — τέλος τῶν αἰθιοπικῶν Ἡλιοδώρου,
ὁμοῦ βιβλία δεκα V τέλος τῶν περὶ Θεαγένη καὶ Χαρίκλειαν αἰθιοπικῶν.
ἡ Χαρίκλεια Z εἴληφε τέρμα βίβλος Ἡλιοδώρου MP.

TABLE DES MATIÈRES

ACHEVÉ D'IMPRIMER
EN JANVIER 1991
SUR LES PRESSES
DE
L'IMPRIMERIE F. PAILLART
A ABBEVILLE

DÉPÔT LÉGAL : 1er TRIMESTRE 1991
N°. IMP. 7830, N°. D. L. ÉDIT. 2815